蒋绍愚文集

第二卷

汉语历史词汇学概要

蒋绍愚 著

商务印书馆
创于1897 The Commercial Press

图书在版编目(CIP)数据

汉语历史词汇学概要/蒋绍愚著. —北京:商务印书馆,2024
(蒋绍愚文集;第二卷)
ISBN 978-7-100-23258-6

Ⅰ. ①汉… Ⅱ. ①蒋… Ⅲ. ①古汉语—词汇 Ⅳ. ①H131

中国国家版本馆 CIP 数据核字(2023)第 239045 号

蒋绍愚文集
(第二卷)
汉语历史词汇学概要
蒋绍愚 著

商 务 印 书 馆 出 版
(北京王府井大街36号 邮政编码100710)
商 务 印 书 馆 发 行
北京捷迅佳彩印刷有限公司印刷
ISBN 978-7-100-23258-6

2024年2月第1版 开本 889×1194 1/32
2024年2月北京第1次印刷 印张 15⅛
定价:128.00元

文集自序

感谢商务印书馆给我出版《蒋绍愚文集》。《文集》共七卷，前六卷都是学术专著，第七卷是论文选集。各卷的出版情况和大致内容如下：

第一卷　《古汉语词汇纲要》

此书 1989 年 12 月由北京大学出版社出版。2005 年版权归商务印书馆。2005 年韩国首尔大学李康齐教授译为韩文，由韩国中国书屋出版。2021 年商务印书馆将此书收入“中华当代学术著作辑要”中。

此书是 20 世纪 80 年代我在北京大学中文系给研究生开设的“古汉语词汇”课的基础上写成的，主要用“义素”“义位”等概念来分析古汉语词汇的一些问题。

第二卷　《汉语历史词汇学概要》

此书 2015 年 11 月由商务印书馆出版。

“汉语历史词汇学”包括两个方面：一是对汉语历史词汇所做的史的研究，二是对汉语历史词汇的理论研究。此书主要是后一方面，力求站在现代语言学的高度，对汉语历史词汇的有关理论问题进行研究，较多地吸取了现代语义学和认知语言学的研究成果，并力图和汉语历史词汇的实际紧密结合，用于分析和解决汉语历史词汇研究的问题。此书的内容曾在北京大学中文系、香港科技大学人文学院、香港中文大学中文系和浙江大学中文系讲过。

第三卷 《近代汉语研究概要》(修订本)

我写过一本《近代汉语研究概况》,北京大学出版社 1994 年 2 月出版,是对近代汉语语音、语法、词汇研究成果的介绍。后来又写了《近代汉语研究概要》,里面多了一点自己对近代汉语语音、语法、词汇的研究,2005 年 11 月由北京大学出版社出版。2017 年 7 月又由北京大学出版社出版了《近代汉语研究概要》(修订本),根据 2005 年以后的研究进展,对《近代汉语研究概要》做了较大幅度的修订。此书于 2021 年获教育部全国优秀教材二等奖。2019 年,韩国外国语大学的教授崔宰荣、林弥娜把此书的语法部分译为韩文,在韩国 BP Press 出版。2022 年,日本神户外国语大学教授竹越孝着手把此书的语法部分译为日文,尚待出版。

撰写和出版此书的缘由是受命于朱德熙先生,以推进近代汉语的研究。这在此书的"序"中已有交代。

第四卷 《唐诗语言研究》(修订本)

《唐诗语言研究》1990 年 5 月由中州古籍出版社出版。2008 年 8 月由语文出版社出版了增订本,2023 年 3 月由语文出版社出版修订本。

此书的原著是在我给北京大学中文系学生开设的"唐诗语言研究"的基础上写成的,从唐诗的格律、唐诗的词语、唐诗的语法、唐诗的修辞四个方面对唐诗的语言做了全面的介绍。增订本收了我的《唐诗词语小札》和两篇有关唐诗语言的论文。修订本进一步核实了例句,并对原著做了较大幅度的修订。

第五卷 《唐宋诗词的语言艺术》

此书 2022 年 8 月由商务印书馆出版。2022 年 9 月被评为当月的“中国好书”。

此书的内容和《唐诗语言研究》不同。一是把研究的范围扩大到宋诗和唐宋词，二是从阅读和鉴赏的角度来谈唐宋诗词的语言艺术，希望能帮助读者提高唐宋诗词的阅读和鉴赏能力。

第六卷 《论语研读》(修订本)

《论语研读》2018 年 9 月由上海中西书局出版。2021 年又由上海中西书局出版了《论语研读》(修订本)。

此书是在我给北京大学国学研究院为博士生开设的“《论语》研读”课的基础上写成的。主要从语言文字的角度来分析历来对《论语》的各种解读究竟哪一种正确。

第七卷 《汉语词汇语法史论文选》

我在汉语词汇语法史方面的论文，商务印书馆曾给我出版过三个论文集：2000 年 8 月出版的《汉语词汇语法史论文集》，收入 1980—1999 年的论文 22 篇；2012 年 4 月出版的《汉语词汇语法史论文续集》，收入 2000—2010 年的论文 30 篇；2022 年 3 月出版的《汉语词汇语法史论文三集》，收入 2011—2020 年的论文 18 篇。

这次《文集》中的《汉语词汇语法史论文选》，从上述三个论文集中选取了论文 21 篇，加上 2021 年后发表的论文 4 篇，共 25 篇。这是我从 1980 年以来所写的论文的总选集。其中《古汉语词典的编纂和资料的运用》是我参加《汉语大词典》的修订工作后写的。我曾为《古汉语常用字字典》的 1—6 版统稿，又和张万起一起主编了《商务馆学生古汉语词典》和《古汉语常用词词典》，近年来又参加了《汉语大词典》的修订，对古汉语词典编纂的甘苦有些体会。

这个《文集》是我一生的学术总结。在编纂《文集》的过程中，我把这些专著和论文都重新看了一遍，觉得里面有不少地方说得不对。这些地方,在《文集》中都保留原样,不加改动,但用“今按”的方式加以纠正。有重要补充的也用“今按”表示。如果有我自己未能觉察的错误,请专家和读者指出并予以纠正。

蒋绍愚

2023 年 3 月于北京大学

前　　言

1989年,我出版了一本《古汉语词汇纲要》。承读者不弃,这本书现在还在发行。韩国首尔大学教授李康齐把这本书译成韩文,2012年在韩国出版。这本书是我在25年前对一些问题的看法。曾有人建议我出一个修订本,我想,近年来学术发展很快,与其出修订本,不如重写一本,所以《古汉语词汇纲要》一直没有修订。

《古汉语词汇纲要》出版以后,我一直在北京大学中文系为博士生和硕士生开设"古汉语词汇"的课程,后来改名为"汉语历史词汇",讲的主要是一些和汉语历史词汇研究有关的理论性的问题。按照北大的传统,讲课内容必须逐年更新,所以,每学期讲授的内容都会吸取一些国内外的新成果、新观点,其中也有我自己新的思考。经过几年的积累,课程的内容已经和《古汉语词汇纲要》大不一样。这个新的课程内容,除在北大中文系讲授外,我2003年在香港科技大学人文学院讲过一个学期,2010年在香港中文大学中文系讲过一个学期,2011年又在浙江大学集中讲授了三个月。每次讲授,内容都有更新。在浙大讲的那一次,我自己觉得系统性和深度都比以往几次有所提高,回到北京后,想在此基础上整理成书稿。但一动笔,就觉得不少问题还没有想清楚,还需要再看书,再思考。这样,又经过整整三年,才写出了这部书稿。当然,书稿中还有不少问题是需要继续思考和探索的,但与其自己闭门思索,还不如先把书稿拿出来,请同行和读者批评,然后再继续学习和思考。

这本书的书名原来拟定为《汉语历史词汇学研究概要》,根据出版社朋友的建议,改为《汉语历史词汇学概要》,和原先的《古汉语词汇纲要》配套。很感谢商务印书馆的支持,为我出版此书。也感谢责编龚英为这部书稿的出版所付出的辛劳。

我在《古汉语词汇纲要》的前言里提出"建立汉语历史词汇学"。当时思想上并不是很清楚,后来才逐渐明确。提出"汉语历史词汇学"这个名称,是学科建设的需要。原先,在说到汉语历史词汇研究的时候,大致用的是"古汉语词汇研究"或"汉语词汇史研究"的名称。"古汉语词汇"是和"现代汉语词汇"相对而言的,时代是从甲骨文时期到 19 世纪末。但是,近年来近代汉语研究蓬勃发展,"近代汉语"这个名称已为人们熟悉,如果再用"古汉语词汇"来概括晚唐五代以后的汉语词汇,显然有点不合适。"汉语词汇史研究"这个名称,在时限上没有问题,既可以包括上古、中古,也可以包括近代;而且,其范围也比较广,断代词汇的研究,专书词汇的研究,以至于对某些词语演变的研究,也都可以说是属于汉语词汇史研究的一部分。但对汉语历史词汇的研究还有另一个角度,其侧重点不在于词汇史的构建,而偏重于词汇理论方面的探讨,比如,对词义和词义演变规律的研究,同义词和反义词的研究,音义关系的研究,词义和句法界面的研究,词汇系统的研究,以及从认知的角度和从类型学的角度对这些问题的研究,这些就不大好归于汉语词汇史研究的范围。而用"汉语历史词汇学"这个名称,就可以把史的研究和理论的研究都包括在内。当然,史的研究和理论的研究不是互不相关的，而是紧密关联的，史的研究需要有理论的眼光和理论的思考，理论的研究需要有史的研究作为坚实的基础。这两方面研究的综合，就是汉语历史词汇学。

这本书定名为《汉语历史词汇学概要》，但主要不是侧重于汉语词汇史的构建和探讨，而是侧重于一些有关汉语历史词汇研究的理论问题的讨论。此书的内容、观点、研究方法和《古汉语词汇纲要》有较大的不同，较多地吸取了现代语义学和认知语言学的研究成果，并力图和汉语历史词汇的实际紧密结合，用以分析和解决汉语历史词汇研究的问题。书中结合概念化和词化的理论来讨论词义问题，用概念要素分析法来分析词义，用概念场的理论来分析词汇系统及其演变，对词义和词义演变，以及词汇和语音、词义和句法的关系等提出了自己的看法，对词义的扩大、缩小，同义词和反义词以及词汇和文化等以往讨论的较多的问题也提出了一些新的看法。全书分八章，每章讨论一个问题。全书以汉语历史词汇研究的问题为主，但有些问题是古今共同的，所以也涉及一些现代汉语词汇的现象和问题。书中介绍了一些国内外学者有关的观点和研究成果，其中有的问题展开了一些讨论，有的只是概述，不做过多的评论。书中的主要内容，是我对这些理论问题的思考。其中有些问题，我曾经写成论文在刊物上发表过，这次写在书里，有些观点仍然保留，有些观点做了些修改，有些是我反复思考后的最新看法。这些问题，虽然我已经思考了多年，但我自知有些还是不成熟的，希望得到同行和读者的批评。有些问题比较复杂，我在书中只是提出了问题，而没有勉强做出一个结论。这是我的一贯态度：学无止境，我的一些一得之见，绝不敢说就是定论，而只是提出来供大家讨论。学术讨论是学术发展的动力，通过学术讨论，一定能深化我们的认识,提高我们的水平。

汉语历史词汇学这个学科的建设,需要大家共同努力。老一辈学者为这个学科奠定了基础。从20世纪80年代至今,汉语历史词汇学的研究已经有了很大进展。近年来,一些优秀的中青年学者做出了很多新的成果,使这个学科的发展富有活力。瞻望前景,我们满怀希望。汉语历史词汇的发展有如此悠久的历史,汉语历史词汇的有关现象是如此丰富多样,展示汉语词汇历史发展的脉络,揭示汉语词汇历史演变的规律,根据汉语历史词汇的特点做出理论的创造,是我们肩负的历史责任。我相信,经过不断的努力,到本世纪末,汉语历史词汇学将站在世界语言学的最前沿。

蒋绍愚

2014年10月于北大

目　　录

第一章　字和词

汉语的基本结构单位是什么？是词还是字？这是研究汉语词汇碰到的第一个大问题。以往，这似乎是一个不成问题的问题，因为普遍认为汉语的基本结构单位是词，所以研究汉语词汇，当然就是研究各种各样与词有关的问题，比如，造词法和构词法，词义和词义的演变，同义词和反义词，词的层级系统等等，都是以“词”为基本单位来进行研究的。但现在，学术界对于汉语的基本结构单位有不同的看法，有的学者认为“词”是印欧系语言的一种基本结构单位，而不是汉语的基本结构单位；汉语的基本结构单位不是“词”，而是“字”。持这种看法的学者，把自己的这种看法称为“‘字本位’理论”。按照这种理论，似乎“汉语词汇学”这个名称就得改变，要改为“汉语字汇学”或别的名称。不过，名称的问题还不是最重要的，最重要的是：以往人们把“词”作为汉语的基本结构单位来研究是否错了？现在是不是应该把“字”（而不是“词”）作为汉语的基本结构单位来进行研究？本章要讨论的就是这些问题：“字”和“词”是什么关系？哪一个是汉语的基本结构单位？应该怎样看待“字”？应该怎样确定“词”？

一　“字本位”理论

把“词”看作汉语的基本结构单位，这是一种传统的看法，大家比较熟悉，不用详细介绍。而且，通过对“‘字本位’理论”的讨论，自然就可以对这种观点做一个评价。

提出关于"'字本位'理论",阐述得最充分,影响最大的学者是徐通锵先生。徐通锵先生是一位勤奋的、严肃的学者,语言学界的同人不管对他的"'字本位'理论"是否赞同,对他都是很尊敬的。他的观点,在他的《汉语字本位语法导论》一书中说得最清楚。下面,就介绍这本书中一些关于"'字本位'理论"的观点。至于我对这些观点的看法,将在本章的后面几节中再谈。

徐通锵《汉语字本位语法导论》(以下简称《导论》)关于"'字本位'理论"有这样一些论述:

> "以'字'为汉语基本结构单位的'字本位'理论与现在通行的以'词'为汉语基本结构单位的语言理论是两种不同的理论体系……'词'是印欧系语言的一种基本结构单位,汉语的'词'是从西方语言学中输入的一种语言结构单位,其内涵与'字'有重要的区别。"(总序)

那么,什么是语言的基本结构单位呢?《导论》说:

> "只有成为音义关联基点的结构单位才有资格成为一种语言的基本结构单位。"(P.25)

根据这个界定,《导论》认为汉语的基本结构单位是"字",并且给"字"下了定义:

> "字是汉语的基本结构单位,它的特点是'1个字·1个音节·1个概念'的一一对应。"(P.26)
>
> "'字'这样的结构单位,形、音、义三位一体,听觉单位、书写单位、结构单位三位一体。"(P.79)
>
> "我们可以从语言学的角度将字定义为'一个音节关联着一个概念的结构单位'。……概念不是指义项,而是指字所表

达的那个抽象、概括、笼统的意义。……义项是这种抽象概念意义的具体化……”(P. 12)

而“词”是印欧语的基本结构单位，它的特点是：

“词是多音节语的一个基本结构单位。……词的结构就是‘1 个词 · n 个音节 · 1 个概念’。”(P. 27)

“(印欧语)各层的结构单位的特点是形、音、义三者分离，听觉单位、书写单位、结构单位三者分离。”(P. 79)

虽然汉语的“字”和印欧语的“词”的特点结构不同，但它们都是各自语言的基本结构单位，因为：

“汉语的基本结构单位是‘字’，印欧语的基本结构单位是‘词’和‘句’。结构特征有原则的区别，但都各自凝聚着自己语言的特点。……字与词、句的结构特征虽然不同，但它们都是各自语言的基本结构单位，是对现实的编码，因而是语言中最容易识别的符号，相互隐含有共同的结构原理，具有一系列共同的特点。这就是：

第一，现成的，拿来就能用。像汉语的天、地、人、山、叫、走……都是储存在每一个汉人脑子里的现成的结构单位，man, tree, work, book, table……和由一致关系控制的主谓结构都是储存在英语社团中每一个人的脑子里的结构单位。

第二，离散的，封闭的，很容易与其它结构单位区分开来，像汉语的天、地、人等结构单位的封闭性、离散性特点非常突出，一个字一个音节，界限清楚；英语的词不管有几个音节，但都只能有一个重音，主谓结构的句子与特定的语调相联系，人们能轻易地将它们与其它结构单位区分开来。

第三，在语言社团中具有心理现实性，即使没有受过教育的人,也知道一句话中有几个结构单位,例如说汉语的人都清楚地知道'鸡叫了三遍,天快亮了'这个句子有9个字,而印欧语社团有心理现实性的结构单位是词和句。"(P.38)

上面所举的"天、地、人、山、叫、走"等都是单音节的字,说文言中这种单音节的字是汉语的基本结构单位大概问题不大;这些字在现代汉语中也仍然能单用。但在现代汉语中,"日"已经变成"太阳","月"已经变成"月亮","虎"已经变成"老虎","战"已经变成"打仗",很多概念都是用两个字来表达了,那么字还是不是汉语的基本结构单位呢?《导论》解释说:

"文言以字为基本结构单位,特点就是'1个字·1个音节·1个概念',但以口语为基础的白话早已突破这个'1'的限制,形成'2个字·2个音节·1个概念'的字组;也就是说,字组已成为表达概念的结构单位,而字在这种字组中已处于理据载体的地位,……但并没有因此而丧失它作为汉语基本结构单位的地位。……字组的生成是以字为基础的,因而在解释多音节单位的时候,就需要着重关注单音节字的字义之间的组配生成关系以及它们与字组整体所表达的概念意义之间的关系,如用现在流行的话来说,就是不能只讲词义,不讲字义。"(P.131)

二 前辈学者的有关论述

在讨论"字"和"词"的问题时,不能不涉及前辈学者赵元任、王力、吕叔湘的看法。这些前辈学者都是著名的语言学大师,他们对汉语做了深入的研究,对于汉语的本质和特点有深刻的了解,他们的话当然是很值得重视的。

2.1 在《汉语字本位语法导论》中，作者除了阐述自己的看法，还引了这些前辈学者的一些论述，作为"'字本位'理论"的依据。如：

"如果我们观察用某一种语言说出的大量话语，例如英语，考虑一下这些话语中小片段的情况，并拿它们跟汉语中同样的小片段作个比较，我想，'字'这个名称（这样说是因为我希望先避免把 word 这个词用于汉语）将和 word 这个词在英语中的角色相当。也就是说，说英语的人谈到 word 的大多数场合，说汉语的人说到的是'字'。这样说，绝不意味着'字'的结构特性与英语的 word 相同，甚至连近于相同也谈不上。'字'和 word 的关系就好比通常用'橘子'对译英语的orange，其实橘子在构造上属红橘（tangerine），与 orange 是不同的植物。""汉语中没有词但有不同类型的词概念"，"按西方语言学家的眼光来分析汉语并确定像结构词这样的单位可能有用……但这不是汉人想问题的方式，汉语是不计词的，至少直到最近还如此。在中国人的观念里，'字'是中心主题，'词'则在许多不同的意义上，都是辅助性的副题，节奏给汉语裁定了这一样式。"——赵元任（1975）

"汉语词汇的基本单位还是一个一个的单字。应该把现代汉语中最有活力的两千来个字（估计不超过此数）给学生讲清楚。不能把汉字只看成符号，像对待外国语的字母那样。"——吕叔湘（1962）

"'词'在欧洲语言里是现成的，语言学家的任务是从词分析语素，它们遇到的是 reduce（缩减），deduce（推断），produce（生产）这些词里有两个语素还是只有一个语素的问题。汉语恰恰相反,现成的是'字',语言学家的课题是研究哪些字群是词,哪些是词组。汉语里的'词'之所以不容易归纳出一个令人满意的定义,就是因为本来没有这样一种现成的东西。其实啊,讲汉语语法也不一定非有'词'不可。那末为什么还一定要把它规定下来呢?原来'词'有两面性,它既是语法结构的单位,又是组成语汇的单位,这两方面不是永远一致,而是有时候要闹矛盾的。讲汉语语法,也许'词'不是绝对必要,可是从语汇的角度看,现代汉语的语汇显然不能再以字为单位;如果改用拼音文字,这个问题就非常突出了。所以汉语里的'词'的问题还是得解决,可是只有把它当作主要是语汇的问题来处理,而不专门在语法特征上打主意,这才有比较容易解决的希望。"——吕叔湘(1963)

"汉语基本上是以字为单位的,不是以词为单位的。要了解一个合成词的意义,单就这个词的整体去理解它还不够,还必须把这个词的构成部分(一般都是两个字)拆开来分别解释,然后合起来解释其整体,才算是真正彻底理解这个词的意义了。"——王力(1982)

2.2 看了这些引述,读者也许会觉得这些前辈学者都是持"'字本位'理论"的。但是,实际上,这些前辈学者有关"字"和"词"的论述不止上面所引这些。所以,要全面理解这些前辈学者的看法,还必须再多引一些,然后综合起来,探讨一下他们究竟是什么看法。

首先看赵元任的论述。赵元任的 *A Grammar of Spoken Chinese*(美国加州大学出版社,1968)有两个中文译本:吕叔湘译《汉语口语语法》(商务印书馆,1979)和丁邦新译《中国话的文法》(香港中文大学出版社,1980)。下面的引文,两个译本相互参见。

赵元任《中国话的文法》第三章：

词跟语位

咱们用英文说或写英文中的小单位时，都会讲到 word，但并不是每一个语言都有一种单位跟英语里 word 的功用大体一样(更谈不到完全一样)。中文句子中，有一种小单位“词”跟英文里的 word 相同的地方很多，而不同的地方极少，用起来或不至于有严重误解的危险。……

社会学上的字

我所谓社会学上的字，是一种大小介于音位跟句子之间的单位，是不讲究语言学的一般大众都知道、谈到、天天用到，而且在许多方面都跟它有实际关系的东西。它也是小孩学着说，老师在学校里教学生写和念、作家按一千个单位算稿费，电报局的职员按每一个单位计算收费的东西；它是一种人们说话会用错的东西，而且用对了或用错了，会受到褒贬。因此，它跟英文日常谈话所用的小单位 word，具有完全一样的社会性特色。在中文里，跟英文的 word 相当的社会学上的单位就是“字”。……一个不识字的人，也会像识字的人一样，顺口的说：“你敢说一个‘不’字！”或“他对那件事一个字没提。”从这个事实可以看出，“字”多半是指语言上而不是文字上的单位。……

社会学上的字跟语言学上的词，彼此不同。……不管咱们给造句学上的“词”下的定义是怎么科学化，都改变不了一般中国老百姓对中国话里的小单位“字”的概念。比方有人要问“现在”这个造句词(syntactic word)是什么意思，他会说：“‘现在’，这两个字是什么意思?”……以英文来说，有一个电台的喜剧广播员说过一句话,相当于中国人说的“现在这两个字”的意味,他说:“I’ll tell you what I’ll do in just two words—re-sign. ”……

中文的语位:单音节性

跟“字”最相近的语言学上的单位是语位(morpheme),也就是一个语言里头有意义的最小单位。(73—74 页)

赵元任《汉语口语语法》:

未必每种语言都有一种单位它的作用大致(更不用说完全了)跟英语里的 word 相同。……社会学的词和语言学的词。我说的社会学的词就是“字”,不光是写出来的字,也是嘴里说的字。如“你敢说一个‘不’字!”词,也就是语言学的词,我管它叫“句法词”。这对一般中国人说来是个不熟悉的名字。比如“现在”是个词,但是如果有人要问这个词的意思,他总是说:“‘现在’这两个字是什么意思?”

跟“字”最相近的语言学单位是语素。语素的通常定义是语言中最小的有意义的单位。(78—79 页)

类似 word 的各种单位(word-like units)综合表

(吕 100—102,丁 104—106。术语以吕译为主,括号中的术语为丁译。)

语素(语位)

<table>
<tr><td rowspan="2">语缀,助词(附加词,语助词)</td><td rowspan="2">根词(词根)</td><td colspan="5">根语素(语根)</td></tr>
<tr><td>宽(常用)</td><td>窄(限用)</td><td>宽(常用)</td><td>窄(限用)</td><td>宽(常用)</td></tr>
<tr><td colspan="4">黏着(连用)</td><td colspan="3">自由:句法词(独用:造句词)</td></tr>
<tr><td colspan="6">单音节</td><td>多音节</td></tr>
<tr><td>(1)</td><td>(2)</td><td>(3)</td><td>(4)</td><td>(5)</td><td>(6)</td><td>(7)</td></tr>
</table>

（续表）

d b	c c	c a	a a	b a	d d	d d
初一 一第 一子 一头	金（子） 银（子） 桃（儿） 杏（儿）	五一 哪一 每一 半一	（一）责（一） （一）威（一） （一）盟（一） （一）协（一）	鱼 门 灰 谁	（蚕）眠 嗑（瓜子儿） （雨）潲 迟（鱼）	萝卜 葡萄 蜈蚣 踌躇
一巴 一着 一化 一的	石（头） 后（头） 尾（巴） 托（着）	一个 一条 一张 一千	（一）力（一） （一）劳（一） （一）往（一） （一）武（一）	绿 好 快 分	闭（眼睛）	柠檬 逻辑 苤蓝 菩萨
一啊 一吗	向（着）	就 刚 还 望	（一）社（一）	飞 行 能 不		

语素组合（语位群）

黏着（连用）		自由：句法词（独用：造句词）	黏着（连用）	自由：句法词（独用：造句词）		
宽（常用）	窄（限用）			临时词（过渡词）	复合词（语汇性复合词）	不加分析复合词（不能分析的复合词）
单音节			多音节			
(8)	(9)	(10)	(11)	(12)	(13)	(14)
c c	d d	c b	d d	0 b	a a	a b
半儿 会儿 这么 zèm 多么 duóm	（三眼）井儿 （糊弄）局儿	天儿 口儿 味儿 玩儿	无政府（主义） 中华（书局）	五片 三万 每本 他们	本来 难受 好看 后悔	知道 苗条 巴结 斟酌
			国际（法） 这么 zème 多么 duóme	拿出来	已竟 片儿汤 搬不倒儿 参观	琢磨 豆腐 目的 规范
					考虑 图书馆	

赵元任《汉语词的概念及其结构和节奏》(1975):

印欧系语言中word(词)这一级概念单位……在汉语里没有确切的对应物。在汉语的文言阶段,即古代经典和早期哲学家所用的语言中,单个音节恐怕在相当程度上类似西方观念上的一个word。但到了现代汉语,这种情况已大为改观。……

"字"这个名称(这样说是因为我希望先避免把word这个词用于汉语)将和word这个词在英语中的角色相当。也就是说,在说英语的人谈到word的大多数场合,说汉语的人说到的是"字"。这样说,绝不意味着"字"的结构特性与英语的word相同,甚至连近于相同也谈不上。……

为什么非要在汉语里找出其它语言中存在的实体呢?更有成效的进一步研究应该是确定介乎音节词和句子之间的那级单位是什么类型的。至于把这些类型的单位叫做什么,应该是其次考虑的问题。……

在处理音节词时,有个很诱人的想法是以它的书写形体来确定它的同一性。……然而,不论用什么标准来衡量是不是"同一个"都会有大量的交叉。……

如果……同一个字形可以一贯地看作一个音节词,不同的字形就是不同的音节词;那么我们也算是有个可作依据的工作概念。这种概念虽然还不能称作"词"的概念,至少还是有用的。然而,正像前面指出的,字形可不是这种东西。……

按西方语言学家的眼光来分析汉语并确定像结构词这样的单位可能有用。一方面跟音节词的"字"区分开来,另一方面跟短语和句子区分开来，我想这样做是有用的，并且一直在试着做。但这不是汉人想问题的方式，汉语是不计词的，至少直到最近还如此。在中国人的观念里，"字"是中心主题，"词"则在许多不同的意义上，都是辅助性的副题，节奏给汉语裁定了这一样式。

(愚按：在赵的英文原文中，"结构词"是 the structural word，"音节词"是 word-syllable。)

吕叔湘《汉语里"词"的问题概述》(1959)：

"词"的问题在汉语研究中是个新问题。古代中国学者研究的对象是"字"——用一个汉字来代表的、有一定意义的单音节，它在现代汉语里，从语言学上看，可能是一个词，也可能只是一个词的一部分。……毫无疑问，不但在古代，甚至在现代，这个有意义的单音节——"字"，还是享有相当大的自主性，在说汉语的人的语言生活里起极其重要的作用，远过于像俄语这种语言里的"词根"。但是无论如何，它不是语言学意义上的"词"，而后者在现代汉语里所起的作用正在渐渐地重要起来。

吕叔湘《汉语语法分析问题》(1984)：

要做语法结构的分析，首先得确定一些大、中、小的单位，……中国传统的用语是"字"和"句"，……用传统的"字"和"句"来分析古汉语的语法结构，也许还可以试试，用来分析现代汉语，显然行不通了，现在用"词"和"句子"来代替"字"和"句"，"词"比"字"大，"句子"比"句"大，多少跟"字"相当的单位，现在管它叫"语素"；多少跟"句"相当的单位，有的管它叫

"小句"(分句),有的管它叫"短语"(词组)。讲西方语言的语法,词和句子是主要的单位,语素、短语、词组是次要的。(这是就传统语法说,结构主义语法里边语素的地位比词重要。)讲汉语的语法,由于历史的原因,语素和短语的重要性不亚于词,小句的重要性不亚于句子。

王力《汉语史稿》(1957):

文字是语言的代表。我们要讲汉语的历史,不能不谈一谈汉字的历史。但是,文字本身不是语言,所以我们不另立文字一章,只在绪论里谈一谈就是了。

古人把文字和语言混为一谈。因此,他们就把语音的变迁误认为字音的变迁,他们就把语义的变迁误认为字义的变迁。这种看法有很大的缺点:假定语音或语义变了之后同时换了一个字来做代表,单纯从文字上看,就看不出文字发展的过程。尤其严重的是:由于偶然的机会,同一个字在不同时代代表着两个毫不相干的意义(例如"目的"的"的"和词尾的"的"),如果认为是语义的变迁,那就完全错了。

2.3　下面,我们综合这些论述,来全面地看一下赵元任、吕叔湘、王力这三位大师对"字"和"词"究竟持什么看法。

赵元任对"字"非常重视。他指出:字不仅是文字单位,而且是语言单位。"在中国人的观念里,'字'是中心主题,'词'则在许多不同的意义上,都是辅助性的副题。"但是,尽管如此,他还是把"社会学的字"和"语言学的词"区分开来,他对"字"的强调,是在社会学意义上说的,即从说话人的心理上来说的。他从来没有说"字"是汉语语言学的基本单位。

赵元任指出："word"是印欧系语言里的单位，"在汉语里没有确切的对应物"。那么，"字"和"词"哪一个和"word"更接近一些呢？他说："'字'这个名称……将和word这个词在英语中的角色相当。也就是说，在说英语的人谈到word的大多数场合，说汉语的人说到的是'字'。这样说，绝不意味着'字'的结构特性与英语的word相同，甚至连近于相同也谈不上。"也就是说，作为社会学的单位，"字"和"word"相当；而作为语言学的单位，"字"的结构特性和"word"连相近也谈不上；而作为语言学的单位，和"word"相近的是"词"："中文句子中，有一种小单位'词'跟英文里的word相同的地方很多，而不同的地方极少，用起来或不至于有严重误解的危险"。

赵元任说："为什么非要在汉语里找出其它语言中存在的实体呢？"单从这句话看，他的意思好像是在汉语中不必找出"词"这个单位。但他在同一段话中又说："按西方语言学家的眼光来分析汉语并确定像结构词这样的单位可能有用。一方面跟音节词的'字'区分开来，另一方面跟短语和句子区分开来，我想这样做是有用的，并且一直在试着做。"可见他认为在汉语中找出"词"这种单位还是有用的。确实，他在同一本书《中国话的文法》里花了很大篇幅来找出汉语中"类词"(word-like)的单位。

注意：在这个问题上，上面的引文中有一句话："汉语是不计词的。"好像赵元任明确主张"词"不是汉语的基本结构单位。这里有一个翻译的问题。赵元任这段话的原文是：

It may be useful to analyze the Chinese language from the viewpoint of Occidental linguist and identify such units as the structural word, as distinguished on the one hand from word-syllable or tzu4 and on the other hand from phrases and sentences. I think it is useful to do so, and I have been trying to do so. But it is not the Chinese way of thinking, at least not until recent times, which don' t count. In Chinese conceptions, tzu4 is the central theme, tzu2 in rather varying senses is a subsidiary theme, and rhyme gives the language style. (*Linguistic Essays by Yuanren Chao*,商务印书馆,2006。pp. 1006—1007)

文中 count 的意思是 to have value, force, or importance。"but it is…"以下应翻译为"但这不是中国人的想法,至少直到近世还是如此,不过这些并不重要"。(见王庆《评徐通锵的"字本位"理论和学风》,《外国语言文学》2009 年第 4 期)所以,上面所引译文中"汉语是不计词的"是误译,并不符合赵元任的意思。

吕叔湘也指出英语的"word"和汉语的"词"的差别,他说:欧洲语言中的 word 是现成的,汉语中现成的是字而不是词。对汉语中词切分的困难,他也说得很清楚。在他 1963 年的文章中甚至说过:"讲汉语语法也不一定非有'词'不可。"不过在他 1984 年的文章中明确地说:"要做语法结构的分析,首先得确定一些大、中、小的单位。"在文章中所讨论的现代汉语中的单位是语素、词、短语、小句和句子。

吕叔湘对"字"也很重视,他说:"不能把汉字只看成符号。"字"在说汉语的人的语言生活里起极其重要的作用"。他认为现代汉语中多少跟"字"相当的单位是"语素",而讲现代汉语语法,"语素和短语的重要性不亚于词"。

那么,在吕叔湘看来,现代汉语中的基本结构单位是不是"字"?在 1984 年的《汉语语法分析问题》一文中,他明确地说:"用传统的‘字’和‘句’来分析古汉语的语法结构，也许还可以试试，用来分析现代汉语，显然行不通了，现在用‘词’和‘句子’来代替‘字’和‘句’。”至于他的那句话：“汉语词汇的基本单位还是一个一个的单字。”应该理解为：汉语词汇的基本构成单位是语素，而汉语中语素的重要性不亚于词。

王力讲“字”的地方不多。这和他对“字”的看法有关。他认为“文字是语言的代表”，“文字本身不是语言”。所以，研究汉语要研究词，而不是研究字。是的，在1982年为人写的一篇序中，他说过：“汉语基本上是以字为单位的，不是以词为单位的。”但接下去他就说：“要了解一个合成词的意义，单就这个词的整体去理解它还不够，还必须把这个词的构成部分（一般都是两个字）拆开来分别解释，然后合起来解释其整体，才算是真正彻底理解这个词的意义了。”可见他是把“字”看作词的构成部分，并没有说研究汉语不要研究“词”，也没有说“字”是汉语的基本结构单位。在王力的著作（比如《汉语史稿》和《汉语词汇史》）中，所研究的全是“词”而不是“字”。

三　什么是汉语的基本结构单位

现在，我们回过头来讨论“字本位”问题。为了便于讨论，《导论》中有些话，在这里要再重复引用一次。

3.1　“字本位”理论牵涉到多个方面。这里只讨论一个中心问题：什么是“字本位”理论所说的“字”？这种“字”是不是汉语的基本结构单位？

在徐通锵《语言论》里面，“字”没有很明确的定义，而且，说“惊心动魄”也是一个“字”。在徐通锵《汉语字本位语法导论》里面，

"字"有一个明确的定义:

"字是汉语的基本结构单位,它的特点是'1个字·1个音节·1个概念'的一一对应。"(P.26)

"我们可以从语言学的角度将字定义为'一个音节关联着一个概念的结构单位'。"(P.12)

显然,这里所说的"字"不等于一个一个的汉字,汉字是文字单位、书写单位,而这里所说的"字"首先是语言单位,是听觉单位。当然,如果在书面上记录下来,则同时又是文字单位、书写单位。正因为这样,所以《导论》说:

"'字'这样的结构单位,形、音、义三位一体,听觉单位、书写单位、结构单位三位一体。"(P.79)

这就又和汉字的"字"有关系了。

那么,这种"字"为什么是汉语的基本结构单位呢?

关于语言的基本结构单位,《导论》有一个明确的说明:

"(语言的基本结构单位)具有一系列共同的特点。这就是:

第一,现成的,拿来就能用。像汉语的天、地、人、山、叫、走……都是储存在每一个汉人脑子里的现成的结构单位,man, tree, work, book, table……和由一致关系控制的主谓结构都是储存在英语社团中每一个人的脑子里的结构单位。

第二,离散的,封闭的,很容易与其它结构单位区分开来,像汉语的天、地、人等结构单位的封闭性、离散性特点非常突出,一个字一个音节,界限清楚;英语的词不管有几个音节,但都只能有一个重音,主谓结构的句子与特定的语调相联系,人们能轻易地将它们与其它结构单位区分开来。

第三，在语言社团中具有心理现实性，即使没有受过教育的人，也知道一句话中有几个结构单位，例如说汉语的人都清楚地知道'鸡叫了三遍，天快亮了'这个句子有9个字，而印欧语社团有心理现实性的结构单位是词和句。"(P.38)

3.2　现在我们来看，在汉语中，什么是《导论》所说的"形、音、义三位一体，听觉单位、书写单位、结构单位三位一体"的单位？或者"'1个字·1个音节·1个概念'的一一对应"的单位？不错，《导论》所举的"天、地、人、山、叫、走"等就是这种单位。但实际情况却远没有那样简单。

汉字并不是非个个都是"形、音、义一体"的。比如，同是一个"行"字，古今都有两个音：胡郎切，今音 háng；户庚切，今音 xíng。"行"这个字并非"形、音、义一体"的单位。也许有人会说："字本位"的"字"不是书写单位，是语言单位，所以不应该拿汉字"行"作为一个单位。好的，那就不谈"行"这种多音字，把多音字都按照音的不同，分为不同的单位。那么，这样分出来的单位(即"字本位"所说的"字")，是否就是《导论》所说的"'1个字·1个音节·1个概念'的一一对应"的单位呢？也不是，在现代汉语中，读 xíng 的至少有两个意义："行走"和"可以(行，不行)"。读 háng 的至少也有两个意义："行列"和"行业"。"行走"和"可以"这两个意义，"行列"和"行业"这两个意义，从历史上看，当然有联系，但在现代汉语中，很难说还是"一个概念"。如果要"'1个字·1个音节·1个概念'的一一对应"，那么读 xíng 的和读 háng 的还得各拆成两个单位。这样拆出来的是什么单位呢？应该说就是通常所说的"语素"。

如果通常所说的"语素"，按"字本位理论"把它叫作"字"，那还仅仅是名称的不同。问题在于:这种单位究竟是不是汉语的基本结构单位?我们用《导论》所说的三条来衡量。

不过,《导论》所说的三条,我想做一点修改。《导论》的第一条,“现成的,拿来就能用”。什么叫“现成的”?其实就是:在语言形式上是现成的,即“离散的,封闭的,很容易与其它结构单位区分开来”;在社会心理上是现成的,即“在语言社团中具有心理现实性”,人们很容易认为它是一个单位。所以,“现成的”和第二、第三条重复,可以去掉;只保留“拿来就能用”。但“拿来就能用”是含糊的:拿来做什么用?是构词,还是造句?构词时拿来就能用,这就是语素。造句时拿来就能用,这就是词。这就是通常所说的:语素是最小的有意义的单位,词是最小的能独立运用的有意义的单位。如果把“拿来就能用”换成“能独立运用”,意思就明确了。所谓“能独立运用”,指的是:它是词库中的一个成员,能用来构成句子;在语法方面,它是语法分析的基本单位。用这一条来衡量,应该说:“行走”的“行”,在现代汉语中只能用来构词,不能独立运用,它既不是现代汉语词库中的成员,也不是语法分析的基本单位,所以不是现代汉语的基本结构单位。

如果把《导论》的三条改为上面所说的三条,而且用(1)、(2)、(3)来标示,那就是:(1)拿来就能独立运用的,是某种语言里词库中的成员,是语法分析的基本单位;(2)离散的,封闭的,很容易与其他结构单位区分开来;(3)在语言社团中具有心理现实性。那么,我们会看到,这三条对确定语言基本单位都是应当考虑的,但不同的语言情况不同。在英语等印欧系语言中,这三条是一致的。也就是说,(1)语言学的基本单位,是(2)现成的,就是(3)社会心理的基本单位:这就是英语的 word。在汉语中,这三条有时是一致的，如“天”、“地”、“人”、“山”、“叫”、“走”等，以及一些区分很明显的复音词，如“萝卜”、“银行”等。它们是(2)现成的，是(3)社会心理的基本单位，又是(1)能独立运用的。所以，毫无疑问，它们是汉语的基本结构单位。这三条有时是不一致的，如“萝”和“行(háng)”，它们确实是(2)现成的(有一个固定的音节，是一个独立的汉字，人们很容易把它们和别的语言单位区分开来)，是(3)社会心理的基本单位，但它们不能(1)独立运用。所以，它们不是“语言学的词”，而只是“社会学的字”。又如：“黑板”、“大米”这些单位，不是(2)现成的(即没有明显的语音标志或意义标志说明它们是一个语言单位)，不是(3)社会心理的基本单位(一般人在指称它们时也不会说“黑板/大米这个词”，而会说“黑板/大米这两个字”)，但它们能(1)独立进入现代汉语词库，是现代汉语语法分析的基本单位。所以，它们是“语言学的词”。“社会学的字”不是语言的基本结构单位，“语言学的词”才是现代汉语的基本结构单位。

3.3　在研究讨论什么是汉语的基本结构单位时，必须分清语言学的基本单位和社会心理的基本单位。我们再来看前面所引的赵元任的话：

> “‘字’这个名称……将和 word 这个词在英语中的角色相当。……这样说，绝不意味着‘字’的结构特性与英语的 word 相同，甚至连近于相同也谈不上。”

为什么他既说“字”和“word”相当，又说“字”和“word”的结构特性连近于相同也谈不上呢？我认为，“相当”是就其都是社会心理的基本单位来说的，“(字)它跟英文日常谈话所用的小单位 word，具有完全一样的社会性特色”。“连相近也谈不上”是就其是否是语言的基本结构单位来说的，word 是语言基本结构单位，

“字”不是。

> “在中国人的观念里,‘字’是中心主题,‘词’则在许多不同的意义上,都是辅助性的副题,节奏给汉语裁定了这一样式。”

这也是说,中国人社会心理上的单位是“字”而不是“词”。他的下面一段话可以参看:

> “社会学上的字跟语言学上的词,彼此不同。……不管咱们给造句学上的‘词’下的定义是怎么科学化,都改变不了一般中国老百姓对中国话里的小单位‘字’的概念。比方有人要问‘现在’这个造句词(syntactic word)是什么意思,他会说:‘“现在”,这两个字是什么意思?’”

显然,他说的是在中国人的观念里,社会学的“字”比语言学的“词”重要。他绝不至于说,从语言学的观点来看,现代汉语的基本结构单位不是“现在”,而是“现”和“在”这两个字。

《导论》从老百姓的用语习惯来论证“字”是汉语的基本结构单位。说:

> “要人家话说得慢一点,只能说‘请你一个字一个字慢慢说’,绝不会是‘一个词一个词慢慢说’。这一点,无论是山村老妇,还是语言学的泰斗,都得这么说,概莫能外。”(P.12)

其实,这和赵元任说的:“‘现在’,这两个字是什么意思?”是同一个道理,只能证明“字”是中国人熟悉的社会心理单位,不能证明“字”是现代汉语的基本结构单位。而且,要人家话说得慢一点,当然只能说“请你一个字一个字慢慢说”。但对方同意了这个请求,是否真的只能“一个字一个字慢慢说”呢?比如下面一句话:

> “一个蛐蛐儿在石头上趴着。”

甲说快了，乙听不清，要甲“一个字一个字慢慢说”。甲会怎样说呢？

他绝不会说：“一/个/蛐/蛐/儿/在/石/头/上/趴/着。”

而只会说：“一个/蛐蛐儿/在/石头上/趴着。”

可见，即使普通老百姓，说话也不会是“一个字一个字”说的。他不懂什么是“词”，但自然会把一句话切分成若干不同的单位，而切出来的大体是词，而不是字。

所以，结论是：“字”是中国人熟悉的社会心理单位，而汉语的基本结构单位是“词”而不是“字”。

当然，汉语中的“词”不是现成的，所以，要确定“词”会有很多困难。这个问题，下面还要谈到。

四　怎样看待“字”

上面说了“字”不是现代汉语的基本结构单位。那么，“字”究竟是什么单位呢？

有两种不同的“字”：一是传统所说的汉字，一是“字本位”理论所说的“字”。我们先讨论前者。

4.1　应该说，汉字主要是记录语言的书写单位。（说“主要是”，意思就是“不仅仅是”。这在下面还会谈到。）字和所记录的语言单位（词或语素，下同）的关系有的比较简单，是一对一的关系。比如，“人”这个字就记录了“人”这个词，“狮”这个字就记录了“狮”这个语素。但很多情况下不那么简单。因为这种关系在一般文字学书中都已谈过，所以，这里只是简要地讲一讲。

吕叔湘《汉语语法分析问题》：

汉语的语素和汉字，多数是一对一的关系，但是也有别种情况。语音、语义、字形这三样的互相异同搭配，共有八种可能：

(音)	(义)	(形)	(例)	(语素)	(字)
同	同	同	圓	1	1
同	同	异	圓、园	1	1(异体字)
同	异	同	会合　会能	2	1(多义字)
异	同	同	妨 fāng—fáng	1	1(多音字)
异	异	同	行 xíng—háng	2	1(多音多义字)
异	同	异	行、走	2	2(同义字)
同	异	异	圆、园	2	2(同音字)
异	异	异	圆、方	2	2

一个字有几个读音、几个意义的，一般都应是几个不同的语言单位。一个字一个读音，但有几个意义，而且几个意义差得很远，也是几个不同的语言单位。下面举“和”字为例，看一看形、音、义的复杂关系。

在《现代汉语词典》(第6版)里，同一个读音的，hé分为三个词条，huò分为两个词条，其他的两个读音各列一条，共七个词条(七个词)：(引例时例句从略)

和[1](龢)hé

❶平和；和缓。❷[形]和谐；和睦。❸[动]结束战争或争执。❹[动](下棋或赛球)不分胜负。❺(Hé)[名]姓。

和[2] hé

❶连带。❷[介]引进相关或比较的对象。❸[连]表示并列关系；跟；与。❹[连]表示选择关系，常用在“无论、不论、不管”后。❺[名]加法运算中，一个数加上另一个数所得的数。

和³ Hé

名指日本。

和 hè

动❶和谐地跟着唱。❷依照别人诗词的题材或体裁做诗词。

和 hú

动打麻将或斗纸牌时某一家的牌合乎规定的要求，取得胜利。

和¹ huò

动把粉状或粒状物掺和在一起，或加水搅拌使成较稀的东西。

和² huò

量用于洗东西换水的次数或一剂药煎的次数。

这是“和”在现代汉语中的音和义。在古代汉语中，“和”的意义更多，如读 hé 的“和”还有这样几个意义：1. 车铃；2. 棺题；3. 即和南（佛教用语，敬礼）。也就是说，“和”字在古代汉语中记录了更多的词。

跟“和”相关的字形：“和”的“调和”义也可以写作“龢”（见上面所引《现代汉语词典》），可以写作“盉”，而在《说文》中，“和”写作“咊”。此外，“车铃”的“和”也写作“鉌”。在《龙龛手鉴》中还有一个俗字“惒”，是“和”的异体字。加起来，共有六个相关的字形。

4.2　这样的例子可以举出很多。归纳起来，字和所表达的语言单位的关系，是一对多和多对一的关系。

（一）所谓“一对多”，是指一个字可以记录几个不同的语言单

位。这包括下面几种情况:

1. 同形字。两个字的字形看起来完全一样,但音或义并不相同,实际上,两个字的构造也不相同。如"姥",音 mǔ,老女为姥,是个会意字。"姥",音 lǎo,外婆,是个形声字。"胄",胄裔的"胄",篆文从肉。"胄",甲胄的"胄",篆文从冃。篆文中两字不同形,隶变后变为同形。

2. 简化字。如繁体的"干"、"乾"、"幹"、"榦"原来是不同的字,记录不同的语言单位,简化后都作"干",变为一个字,实际上记录了四个不同的语言单位。

3. 多音多义字,如"和"字有几个不同的音义。即使是同一个读音,也还有几个意义,如"和"这个字读 hé 时有"和谐"义,又有连词的用法。这两个意义在历史上有演变关系,但到后代已看不出其间的关系,应该看作同一个字记录两个不同的语言单位。

(二)所谓"多对一",是指可以用几个不同的字来记录同一个语言单位。这包括下面几种情况:

1. 异体字:如"和"与"咊"、"惒"、"盉"、"龢"。在"车铃"这个意义上,"和"与"鉌"也是异体字。

2. 通假字:如"早"和"蚤"。

都是几个不同的字记录同一个语言单位。

在"一对多"的情况下,不能说一个字就代表一个语言单位。在"多对一"的情况下,不能说几个不同的字形就代表几个不同的语言单位。如果要研究的是语言单位,就必须把书写单位"字"加以"分"和"合"。"一对多"的字要分,如"和"所表达的语言单位要分开,分成七个(现代汉语中)或十个(古代汉语中)语言单位。"多对一"的字要合,如"和"与"咊"、"惒"、"盉"、"龢"等要合:这几个不同的书写单位表达的语言单位是同一个，语言单位要合一。

从书写单位“字”出发，有时（在“一对多”和“多对一”的情况下）必须经过“分”和“合”，才能得出我们需要的语言单位。在这种情况下，如果径直以“字”为单位来研究，把“和”（包括形容词和连词等）看作一个单位，把“龢”等看作另一些单位，这显然是行不通的。

正因为“字”和“词/语素”这种复杂的对应关系，所以，赵元任才说：

“在处理音节词时，有个很诱人的想法是以它的书写形体来确定它的同一性。……然而，不论用什么标准来衡量是不是‘同一个’都会有大量的交叉。……

如果……同一个字形可以一贯地看作一个音节词，不同的字形就是不同的音节词；那么我们也算是有个可作依据的工作概念。这种概念虽然还不能称作‘词’的概念，至少还是有用的。然而，正像前面指出的，字形可不是这种东西。”

也正因为如此，赵元任说：

“在说英语的人谈到 word 的大多数场合，说汉语的人说到的是‘字’。这样说，绝不意味着‘字’的结构特性与英语的 word 相同，甚至连近于相同也谈不上。”（因为 word 是语言单位，“字”是书写单位。）

4.3 那么，“字”大致和什么语言单位相当呢？我们说，如果经过了必要的“分”和“合”，那么得出的语言单位，在现代汉语中有的是词，如连词“和”；多数情况下是语素，如表“和谐”义的“和”，虽然有时也能单用，如“两个人面和心不和”，但多数情况下是作为“和谐”、“和睦”、“和气”等复音词的构词成分来使用。所以，赵元任、吕叔湘都说,和"字"最相近的语言学单位是"语素"。

有的学者不同意这种观点。如:

王洪君(1994):

"(汉语中被称为'语素'的成分和英语的 morpheme)两者的共同点在于都是最小的音义结合体。两者的不同点则至少有如下几点:1)汉语的最小音义结合体大多是单音节的,有声调作为明显的标志。……英语的 morpheme 与语音单位没有大致重合的关系,它可能是单音节,也可能多音节,还可能跨着音节界线。可能不足一拍,可能多节拍,也可能跨节拍。它也没有重音。(英语的重音到词一级才确定。)2)汉语的最小音义结合体大多数是自由的,而且不管是自由还是粘着,音形大多是稳定的,即以不变的形式加入以下所有层次的组合。英语的 morpheme 大多是粘着的,语音形式是不确定的,要先通过构词或构形规则组成有重音的词,形式才稳定下来,才能进入短语结构的构造。英语中与语音单位大致重合的语法单位落在 word 上。英语 word 是以不变之音形参加以下各层组合的最小成分。

以上两点区别不是无足轻重的,它说明了汉语中最小的音义结合体与英语的 morpheme 在各自语言体系中地位的不同。英语中(也许所有语言都同样)并非没有与语音单位大致重合的语法单位,只是它落在了 word 上。除个别虚词外,每个 word 都有一个,也只有一个主重音。由一个主重音联系在一起的若干节拍,形成语音上的一级单位,称作 phonological word(语音词)。英语的 word 是以不变的音形参加以下各层组合的最小成分。

可以看出，汉语中所谓‘语素’仅在‘最小的音义结合体’这一意义上与英语的 morpheme 相当，而在是否是语音、语法单位的交汇，是否以不变之音形参与更大结构的构造等特点上都不同于 morpheme，而与 word 相当。我们认为，其不同点是更重要的，它们是一个语法系统最基础的语法单位所应有的特征。把英语的 morpheme 译为‘语素’，把汉语中这种一音一义的小单位也称为‘语素’，实在是太委屈后者了。

……为什么我们要放着能反映汉语系统中的语法、语音单位在何处交汇这一重要事实的‘字’这一名称不用，而要去与跟‘字’并不相当的 morpheme 去模拟而另起‘语素’这一新的名称呢？”

文章把文字、语音、语法三种不同性质的单位加以区分，提出了“文字的字”、“语音的字”和“语法的字”，并分别给以定义：

文字的字：“占据一个方形空间的小单位。”

语音的字：“一个音节。”

语法的字：“与单个音节结合在一起的意义上有同一性的语法单位。”

这个问题可以讨论。作者论证了汉语中被称为“语素”的成分和英语的 morpheme 的差别，认为汉语中最小的音义结合体和英语的 morpheme 在各自语言体系中的地位不同，把汉语中这种语言单位称作“语素”，是“太委屈它了”，提出应该称之为“字”。这种看法也有它的道理。但是，汉语的各种大、中、小的单位，如语素、词、词组、小句、句子，本来都只是和英语的 morpheme，word，phrase，clause，sentence 大致相当。汉语的“词”和英语的 word 的差异，赵元任、吕叔湘已经谈得很多了。汉语的“词组”、“小句”

和英语的 phrase，clause 也有较大的差别，研究汉语语法的学者或者以“词组”为中心，或者以“小句”为中心，英语的 phrase，clause 显然没有这样重要的作用。但这并不妨碍我们把“词组”和“小句”作为汉语的一级单位。同样，汉语的语素确实和英语的 morpheme 有较大差别。但它们有一个共同点：都是比“词”或 word 小的单位，都是语言中最小的有意义的语言成分。我们把“字”表达的语言单位称为“语素”，并不是说它和英语的 morpheme的性质完全一样，也不是说它和英语的 morpheme 的作用完全一样，正如前引的吕叔湘所说的那样：“讲汉语的语法，由于历史的原因，语素和短语的重要性不亚于词，小句的重要性不亚于句子。”汉语的语素确实比英语的 morpheme 重要得多。这是我们必须看到的(下文就要讲述这个问题)。

如果把字所表达的语言单位不叫作“语素”，而叫作“字”，这固然是和 morpheme 分开了，但和人们传统所说的“字”却混淆了。在本小节的开头我们说过：有两种“字”，一种是传统所说的“字”，另一种是“字本位理论”所说的“字”。什么是传统所说的“字”？传统所说的“字”不仅仅是书写单位，也是语言单位(音义结合的单位)。如“这句话一个字也不能改！”“字”指的显然是语言单位；赵元任举的“你敢说一个‘不’字”，“‘不’字”也是语言单位。但尽管如此，“字”作为语言单位是和“字”作为书写单位紧密联系的，如果同一个语言单位而用两个不同的字形表达，如“和”与“龢”，人们绝不会因为它们所表达的语言单位相同(都是音 hé，义为“调和，和谐”)而说它们是一个字，只会说：“和”与“龢”两个字是异体字。相反，如果同一个字形表达两个语言单位，如“和”(音 hé，义为“调和，和谐”)与“和”(音 huò，义为“搅拌”)，人们绝不会说它们是两个字，而只会说："和"这个字有两个读音，两个意义。这种观念是根深蒂固的。语言学家使用的新术语，如果和这种观念抵触，就很不容易被人们接受。"字本位"所说的"字"是人们不熟悉的，不但老百姓不熟悉，语言学家也不熟悉。尽管王洪君为"文字的字"、"语音的字"、"语法的字"都下了定义，但并没有说清楚这三者究竟是什么关系，实际上，正如上面所说，形、音、义三者的关系是很复杂的。更重要的是，像这种"语法的字"，和人们固有的"字"的观念相差太远。人们不容易理解：为什么"和"与"龢"这两个字是一个"语法的字"，而同一个"和"字却说成两个甚至七个或十个不同的"语法的字"。又如：现代汉语中使用频率最高的一个"的"字，有四个读音和意义：1. de 助词。2. dì 目的。3. dí 的确。4. dī 打的。这四个不同的音义肯定是四个不同的语言成分，照"字本位"理论的看法，应该称为四个"字"（语法的字）。但不论是老百姓还是语言学家，都不会说"的"是"四个字"，老百姓会说"的"是一个字，四个读音，四个意思。语言学家会说"的"这个汉字，表达四个语素。

五　"字"的重要作用

不过，"字本位"理论强调"字"的作用，这对我们有启发。确实，像吕叔湘所说："不但在古代，甚至在现代，这个有意义的单音节——'字'，还是享有相当大的自主性，在说汉语的人的语言生活里起极其重要的作用，远过于像俄语这种语言里的'词根'。"这个问题，下面分几点来谈。

5.1　字之所以重要，首先是由于字所表达的语言学单位"语素"在汉语中十分重要。语素是构成复合词的基础；有些汉字后来虽然不能单独使用，但作为语素仍非常活跃。

(一)很多被认为是“语素”的“字”,在现代汉语中有时可以单用。

民　一般要说“人民”,但还可以说:“拥政爱民”、“军爱民,民拥军”。

金　一般要说“金子”,但还可以说:“金银财宝”、“开口是银,闭口是金”。

桌　一般要说“桌子”,但还可以说:“桌椅板凳”、“摆了一桌的菜”。

(二)词典中有不少义项是语素义。

如《现代汉语词典》:(摘引,不全录)

[家] ❹经营某种行业的人家或具有某种身份的人:农~、东~。❺掌握某种专门学识或从事某种专门活动的人:专~、画~。❻学术流派:儒~、法~。❼指相对各方中的一方:上~、下~。❽谦辞:~父、~兄。❾人工饲养或培植的:~畜、~禽。

[光] ❷景物:风~、春~。❸光彩;荣誉:增~。❹指好处:沾~、叨~。❺敬辞:~临、~顾。❼明亮:~明、~泽。❾一点儿不剩;全没有了;完了:精~、用~。❿(身体)露着:~膀子、~着身子。

词典应该是以词为条目,收词的义项,为什么要收语素的义项?因为这些单音词,很多情况下同时又是语素,而且这些语素很常用,缺了这些语素义,词典就不完整,不能给读者提供帮助。

(三)语素可以很灵活地组词,有些语素的组词能力比相应的词要强。

如:在现代汉语中,“狮”和“虎”是语素,“狮子”和“老虎”是词。但“狮”、“虎”的组词能力比“狮子”、“老虎”强。“雄狮”、“睡狮”、

"醒狮"、"狮吼"中的"狮"都不能换成"狮子"。"虎将"、"虎威"、"虎穴"、"虎视"中的"虎"不能换成"老虎"。

在现代汉语中,"taxi"的译音词"的士"组词能力很有限,但语素"的"虽不能单用,却很快地构成了一串新词:"面的"、"打的"、"的哥"等。

陈卫恒(2011)说:"从汉语词汇化的进程来看,与汉语不断由双音词组凝固为新的双音词的进程相伴,也有不少双音词在进一步组合中沉淀或还原为单音节的字或词素,作为字组左右扩展的背景参照或者'核心'。……比如:我们知道,现代汉语'杯'字不能单说,而要说'杯子';但是若要以'杯子'为参照左右进一步扩展,就会又还原为'杯'。如:水杯、茶杯、保温杯,杯具、杯身。同样的,彩蝶、蛛网、扎啤等,也是这种例子。"(P. 181—182)这话说得很对。不过,与其说"沉淀或还原",还不如说在汉人的心理中,单音节的语素是一个更基本的单位,作为一种茶具的概念,储存在人们心理中的不是"杯子",而是"杯"。这就是赵元任说的:"在中国人的观念里,'字'是中心主题,'词'则在许多不同的意义上,都是辅助性的副题,节奏给汉语裁定了这一样式。"吕叔湘说的"汉语词汇的基本单位还是一个一个的单字",也是这个意思。

用语素组词不但十分自由,而且成词以后意蕴十分丰富。如20世纪20年代的诗人戴望舒用"雨"和"巷"组合成一个新词"雨巷",非常形象地表达了江南春雨中的小巷的情景。这虽然是诗人个人的创造,但很快就广为传播,进入了全民语言。

正因为表达汉语语素的"字"有这样重要的作用,所以一些计算语言学家把"字"作为基本单位,并提出汉语的表义特征是"字义基元化,词义组合化"(黄曾阳《HNC(概念层次网络)理论》,清华大学出版社,1998)。但是,照我的理解,作为基元的"字"还应该是书写单位的汉字经过分合以后而形成的表达语素的单位。比如,在考虑现代汉语复合词的构成时,"和"这个汉字至少应该分为两个基元:1. 构成"和平"、"和睦"的"和[1]"(也可以写作"龢");2. 构成"总和"、"和数"的"和[2]"。同样,"公"这个汉字,也应分为两个基元:1. 构成"公鸡"、"老公"的"公[1]";2. 构成"公共"、"公园"的"公[2]"。而且,有些凝固得很紧的双音词,在现代汉语已经作为一个单一的意义单位,无法把它拆成两个字或语素来理解。如"和气"、"气魄"中的"气",虽然是一个语素,但说现代汉语的人已经无法明确说出它的意义,更不能用它来组成其他复合词。我们可以把那些有单独意义、有构词能力的语素称为"基本语素"(如"狮、虎、杯"等以及"煤气"、"气愤"中的"气"),把那些没有单独意义、没有构词能力的语素称为"非基本语素"(如"和气"、"气魄"的"气")。那些表达基本语素的字可以是"基元",表达非基本语素的不是"基元","基元"还是"和气"、"气魄"等词。

以上说的是作为"有意义的单音节"的"字"的作用。作为兼具形音义的符号,"字"还有它另外一些重要作用。

5.2　汉字具有表义的作用。

汉字主要是记录语言的符号,但它不仅仅是记录语言的符号。《汉语字本位语法导论》说:"目前流行的定义是:'文字是记录语言的书写符号系统。'这个定义不能说'错',但应该说,不是很全面,因为这种'记录'不一定完全是被动的记录,也可能在记录语言的同时,它本身也兼具符号的作用,形成一种以其形体表达现实的表义符号系统。"从汉字的总体情况来看,这样说大致是可以的。对汉字形体的表义作用应该给予充分的重视。

语言中的词或语素都是音义结合体，都提供了音和义的信息。不过，音的信息是明显的，一个词或语素总会有一个音。义的信息则不那么明显，特别是几个同音的词或语素，如果脱离了上下文，人们往往不容易知道它们意义的区别。而很多汉字其形体具有明显的表义作用。

有些汉字是象形字或会意字，从字的形体可以直接了解字的意义。经过隶变，很多字线条化了，象形的意味大大减少。但稍具文字知识，有些字还是可以从字形来了解其意义。如："目"，表示眼睛；"牧"，表示人在放牛。

更多的汉字是形声字，字的声符通常表示字的读音，形符通常表示字义所属的意义范畴。一个不认识的字，根据其声符和形符大致可以猜测其读音和大致意义。这一点，每一个人在自己学习汉字的过程中都会有体会：有一些难字，可能开始时并不知道其读音，但是，根据字的偏旁，根据这些字经常出现的上下文，可以猜出其大致意义。比如，"驖"，大概是一种马；"赆"，大概和钱财有关；"饕餮"两个字，大概和吃有关。也就是说，人们在学习过程中，不是先把这些字和语言中的词或语素联系起来，从而知道它们的意义，而是直接根据其字形和经常出现的场合，来推知其意义。

汉语中有不少同音词。如："湅"、"练"、"炼"三个词，读音完全一样，如果用拼音文字，liàn，liàn，liàn 也完全一样。但写成汉字，其偏旁就显示了意义范畴的不同。《说文》："炼，冶金也。"段注："湅，治丝也。练，治缯也。炼，治金也。"又如："揉"、"蹂"、"糅"、"鞣"、"辋"这五个字，读音都一样；都是以"柔"为声符，加上不同的偏旁。仅仅看其偏旁，就大致可以知道，"揉"是手的动作，"蹂"是脚的动作，"糅"可能与谷物有关，"鞣"可能与皮革有关，

"辏"可能与车辆有关。从这个角度讲,汉字的形体结构比词或语素表达了更多的信息,汉字的表义功能要大于语言中的"语素"或"词"。

不过,这一点不能说过头。在长期的历史发展过程中,汉字的字形和意义都有了很大的变化。特别是发展到现代汉字阶段,很多汉字就无法从字形推求字义了。如:莫,甲骨文是在四个中中一个日,表示日暮。现在,"莫"字已经没有了"日暮"的意义,形体上也看不出四个中了。还有一些形声字,在篆书中就是"省声",即声符只保留一部分。"夜"篆文作"夜",《说文》分析其字形结构说:"从夕,亦省声。"声符"亦"已经省去一部分(所谓"省声"),形符也不像"夕"了。更多的汉字形体在历史上发生了变化,至今已看不出什么是声符,什么是义符。如:"责"篆文作"責",从贝,朿声,后来"朿"变成了"主",看不出读音了。"责"的常用意义是"责任"、"责备",也和钱财没有直接关系了。"青"篆文写作"靑",从丹,生声。在楷书中声符和形符都看不出来了,更无法从字形推求字义。指示代词"這"(简化为"这"),从字形看也是一个形声字,从辵,言声。本音鱼彦切,义为"迎也"。但指示代词"這"的词义和"辵"毫无关系,读音和"言"也毫无关系。后来用这个字表示指示代词,和它原来的音义都无关。"验"字和马无关,"赓"字也和钱财无关。还有一些字,如"万"、"为"、"书"等,只是一些简单的笔画线条,是记录语言中词或语素的符号,它们的形体结构没有提供任何读音和意义的信息。说现代汉字是一个完整的"以其形体表达现实的表义符号系统",这话就要大打折扣。

5.3　汉字使得汉语的符号系统繁简适中。

尽管发展到现阶段,有不少汉字已经不提供任何读音和意义的信息了，但作为形体不同的汉字，还是有它巨大的作用：不同的汉字区分了汉语的大量同音词，使得汉语的符号系统部不至于太简单；同时，一个汉字往往表达几个意义，又使得汉语的符号系统不至于太繁复。

汉语是单音节语言，音节数不多，所以有大量的同音词（homophone）（英语也有，如 threw，through，但不如汉语多）。如果不用汉字分化，只用不同的音节来构成一个符号系统，这个符号系统就太简单，难以表达意义。另一方面，汉字往往是一字多义（polysemy），例如“看”，主要有六个义项：①使视线接触人或物。②观察并加以判断。③访问。④对待。⑤诊治。⑥照料。这六个义项属于同一个词，都用一个“看”字表达。这又控制了符号系统使之不过于繁复，所以有“词涯八千”之说。否则，如果一个意义就用一个符号，则符号会高达数万，这样的符号系统又过于繁复，人们难以掌握和使用。《史记》用字 4932 个，频次最高的 1—1308 个字占全书用字量的 26.5%，但覆盖全书 95%的内容。这 1300 个字大部分是多义的，如果一字一义，势必增加用字量。（参见郑锦全《从计量理解语言认知》，李波《史记字频研究》）

下面举例谈谈汉字区分同音词的作用。如：yóu 这个音节，《现代汉语词典》有如下条目：尤，由，邮（郵），犹（猶），油，柚，疣（肬），斿，莜，莸（蕕），铀（鈾），蚰，鱿（魷），游（遊），楢，輶（輶），鲉（鮋），猷，蝣，蝤，繇，圝。

这些字在现代汉语中是完全同音的。从历史上考察，可以分为三类：

由，油，蚰，斿，游（遊），蝣，犹（猶），莸（蕕），猷，楢，輶（輶），蝤。（上古为余母，幽部。《广韵》为以周切。）

尤,疣(肬),邮(郵)。(上古为匣母,之部。《广韵》为羽求切。)

繇,䌛。(上古为余母,宵部。《广韵》为以周切。)

虽然古音分得细一些,但仍有不少同音的。这些词主要靠汉字来加以区分。

5.4　汉字可以超时代,超地域。

词语是在不停的变化之中的。不同的时代,不同的地域,读音都会不同。如"金",上古是见母侵部,拟音为 kǐəm。在现代方言中,广州话还读 kɐm。"直",上古是澄母职部,拟音为 dǐək。在现代方言中,澄海话还读 dik。如果是用拼音文字来记录,那么,前一个时代的文字,可能后一个时代的人不认识,这个地区的文字,可能那个地区的人不认识。

汉字虽然有表音的成分,但不与特定的语音联系。同一个字的读法,古今可以不同,方言可以不同(当然,古今的读音和不同方言的读音会有对应关系,但使用汉字的人一般对此是不注意的),但大家都认得是同一个汉字,所以能超时代、超地域。

5.5　汉字的变化反映和适应了语言的发展。

这样说,并不意味着汉字是一成不变的。在历史上,汉字也有很多变化。除了字体的变化,有些变化是反映和适应语言的变化的。这个问题不可能展开讲,只能简单地举例谈一谈。

如区别字和累增字,反映了词义的引申和发展。

"取",本义是割取战俘的耳朵,引申为取得东西,又引申为娶妻。为了使引申义区别于本义,后来出现了区别字"娶",专表娶妻。

"益",本义是水漫出,引申为增益,而且引申义用得更多。为了使本义区别于引申义,后来出现了累增字"溢",专表水漫出。

"戚",本义是一种斧,又假借为"忧戚"的"戚"。为了使假借义区别于本义，后来出现了区别字“慼”，专表忧戚。

“然”，本义是燃烧，又假借为“然否”的“然”，而且假借义用得更多。为了使本义区别于假借义，后来出现了累增字“燃”，专表燃烧。

又如“父”和“爸”。“父”上古为並母，鱼部，拟音为 bĭwa。后来並母分出奉母，鱼部字的主要元音多数变为 u。所以现代“父”读作 fu(去声)。但是口语中表“父亲”的这个词的读音仍然是 pa(去声)，所以人们又新造一个汉字“爸”来记录这个读音。原有的“父”仍然保留，在用法上和“爸”有一些区别。

5.6 汉字是人们最熟悉的社会学的单位。因为这种单位的存在，形成汉语中一些特有的现象。例如：

(一)一些本来不能拆开的单纯词可以扩展成一个复杂的动宾词组。如：

慷慨—慷他人之慨　　上当—上了他的当　　鞠躬—鞠了一个躬

这是因为，人们总觉得这些单纯词是由两个字组成的，而每个字都是有意义的，前一个字和后一个字会构成一种意义关系，而且通常把它们看作是动作和对象的关系。这样，在对象的前面当然可以加上修饰语。这就形成了这种扩展。

这种扩展也会在一些复合词中出现，而且，如果经常出现，还会使后一个字的意义和词性产生变化。如：

敬礼—敬一个礼—敬一个举手礼/敬一个注目礼/敬一个军礼

“敬”和“礼”本是并列的动词，《吕氏春秋·宠怀》：“求其孤寡而振恤之，见其长老而敬礼之。”“敬礼之”是“尊敬并礼遇他们”。

现代“礼”演变为名词“表示尊敬的言语或动作”(参见《现代汉语词典》)。

(二)一些复杂的词组可以简缩为一两个字。

如:“核武器扩散”可以简称为“核扩散”,“非典型性肺炎”可以简称为“非典”。“北大西洋公约组织”可以简称为“北约”。这都是抽取其中的一两个字来代表整个词组。这是由“字”在汉语中的重要性决定的。现在,又有把原指军事组织的“北约”和“华约”用来指高考时以北大为首的和以清华为首的两个联合自主招生组合,这又是汉字“北”和“华”生成的有趣联想。

英语中也有这样的缩写,但往往是几个词起首的字母的拼合,如:NATO:North Atlantic Treaty Organization. AIDS:Acquired Immune Dificiency Syndrome。

又如:“百花齐放,百家争鸣”的方针可以简称为“双百方针”,“民族主义,民权主义,民生主义”可以简称为“三民主义”,“不打棍子,不揪辫子,不戴帽子”的政策可以简称为“三不政策”,“马上文章,枕上文章,厕上文章”可以简称为“三上文章”,“工业现代化,农业现代化,国防现代化,科技现代化”可以简称为“四化”。这些也都着眼于每个词组中都有相同的一个字;而且,这个字可以只是字形相同,而意义未必相同。如“三民主义”的三个“民”,仔细分析,其意义是不同的:“民权,民生”中的“民”是“人民,老百姓”,“民族”中的“民”不是“人民,老百姓”。

英语中这样的简缩不多,偶尔有一些,也是以字母来代表整个词。如:Three R's:reading,writing,arithmetic。因为英语是多音节语言,音节这个语言单位在英语中没有什么重要作用,更没有把音节和意义联系起来,所以,像这样的简缩很少见。

5.7　因为汉语中词不是现成的，而字是现成的，所以，作为汉语习得的起点，是字而不是词。

这里所说的汉语习得，包括汉族的儿童学习汉语，也包括外族人学习汉语。两者的汉语习得情况不完全一样，但以字为汉语习得的起点，这是一致的。

小孩学语文，从来都说"识字"，而不说"识词"。这不是一个人们表达习惯的问题，而是一个实际上以什么为起点的问题。以词为起点是不可能的，什么是汉语的词，这个问题太复杂了，连语言学家都不能轻易地回答，根本不可能让一个初学汉语的人去掌握汉语的词。以字为起点是比较现实的办法，不管是孩子还是成人，都可以先从一些笔画简单的汉字开始，做到能认能写，然后逐步认识更多的汉字，并进而会读会写更多的双音词。

当然，所谓"认字"的过程，实际上还是以汉字为起点，来掌握汉语的语素或词①，这里包括了我们前面所说的把汉字加以分和合的过程。比如一年级的小学生，在认"长"这个字的时候，必然要知道这个字有 cháng 和 zhǎng 两种读音，在学"和"这个字的时候，必然要知道这个字虽然就读 hé 一个音，但"你和我"的"和"跟"和气"的"和"是两个不同的意思。在学了"和"这个字以后，如果他在某处看到一个"咊"字，人们会告诉他，这是"和"的另一种写法。学了"和"字、"气"字，又学了"平"字、"天"字、"生"字，他就会读和写"和气"、"和平"、"天气"、"生气"。

而且，我们也不能把话说过头，说"认字"的过程只能是从字到

---

①　今按：这句话说得不对。儿童在认字之前，就已经通过听说掌握了这些语素或词的音义，"认字"只是在此基础上再掌握字形。

词。一些凝固得很紧而又很常见的双音词(如“和气”、“和平”、“天气”、“生气”等),孩子不可能先懂得其中“和”字跟“气”字的意义,才学会这些双音词。孩子在学习时先在听和说的过程中懂得了“和气”、“和平”、“天气”、“生气”这些词的意思,现在只是会读会写而已;而不可能是先掌握了“和”跟“气”这两个字的多种意义,然后拿它来和另一些汉字“平”、“天”、“生”来合成“和气”、“和平”、“天气”、“生气”这些词。但即使长大以后,他也不会去理会这里面的“气”这个字究竟是什么意思。所以,我们说汉字很重要,但不能过分夸大汉字在汉语习得中的作用。尽管孩子学汉语是以字为起点,并不能说他们学习时是以字为基本单位,实际上,还是以词和基本语素(如上面说到的“狮”、“虎”、“杯”等)为基本单位的。

5.8 汉字不仅在汉语习得中很重要,而且在词典编纂中也很重要。汉语有“字典”和“词典”之分。字典是以字为单位的,词典是以词为单位的。但是,在词典中有时也还是以字为单位。

“通假”是汉语(特别是古代汉语)中常见的现象。比如,“蚤起”的“蚤”,是把“蚤”借作“早”用。这种现象,在字典、词典中怎样处理呢?如果以字为单位,当然是在“蚤”这个字条下说明这个字有时借作“早”用,即标明“蚤”有一个义项是“通‘早’”。如果以词为单位,就应该在“早”这个词条下说明这个词有时借用“蚤”字表达。但《汉语大词典》并没有采用后一种做法,而是在“蚤”条下立一个义项:

蚤 1. 跳蚤。3. 通“早”。

其实,通假是文字问题,不是词汇问题。就词而言,无所谓这个词通那个词。严格地说,在“蚤”下说“通‘早’”,实际上还是把“蚤”作为一个字条来处理。各种词典中说“某通某”的很多,凡是这样来处理的，都是以字为单位来处理。

《现代汉语词典》在处理字词关系时是比较严格的，经常在字头的右上角用1、2来区分字形相同的几个不同的词。如：开[1]是动词，开[2]是含金量单位。喂[1]是招呼的声音，喂[2]是喂养的喂。但"蚤"条下却没有分1、2，而是作为一条：

蚤 zǎo 跳蚤。

〈古〉又同"早"。

这也是把"蚤"既作为词条（"跳蚤"），又作为字条（"〈古〉又同'早'"）。

复音条目的处理也有这个问题。如"翔实"，这个词里的"翔"其实就是"详"，"翔"是个通假字。如果严格地以词为单位，是应该放在"详"这个词条下的。但《现代汉语词典》在"详"下收了【详实】，作为参见条，在"翔"下收了【翔实】条，作为主条。这仍是以字为单位的。

不过，通假义的条目是放在词下，还是放在字下，这不是一个理论问题，而是一个应用问题。读者是在阅读时看到了"蚤起"和"翔实"，但不知道其意思，才来查词典的。"蚤起"放到"蚤"下，"翔实"放到"翔"下，读者立即能查到。如果放在"早"下和"详"下，读者就无从查找了。

六 怎样确定词

怎样确定词，对汉语研究来说，是一个很复杂的问题。这里只能谈个大概。

6.1 各种不同的词。

说到确定词，首先要注意，从各种不同的角度看，有各种不同的词。

(一)语法词和词汇词

吕叔湘《汉语语法分析问题》指出了两者的不同。他说:

“整个组合如果能单用就是词(或短语),如果不能单用就不是词而只是构词的成分,这样规定看上去是合理的。可是遇到一个问题:比如说‘高射’不是词,‘高射炮’才是一个词,孤立起来看这个例子,说得通,但是‘高射机关枪’呢,就有点为难了。‘高射’不能单说,这是事实,能不能算是可以单用呢?值得考虑。有很多语素组合是属于‘高射’一类的,这一类组合又常常跟别的组合(不能单用的和能单用的)连成很长一串,例如‘袖珍英汉词典|大型彩色纪录片|同步稳相回旋加速器|多弹头分导重入大气运载工具’,等等。说这些都只是一个词,行吗?从语法理论这方面讲,没有什么不可以,但是一般人不会同意。一般人心目中的词是不太长不太复杂的语音语义单位,大致跟词典里的词目差不多。这可以叫做‘词汇的词’,以区别于‘语法的词’。咱们不能忘了,词这个东西,不光是语法单位,也是词汇单位。二者有时候一致,有时候不一致,因为所用的标准不同。袖珍,英汉,大型,彩色,同步,稳相,多弹头,这些都可以算是词汇词。”

“从词汇的角度看,双语素的组合多半可以算一个词,……四个语素的组合多半可以算两个词。……在这里,语素组合的长短这个因素起了很大的作用。”

这段文章的意思是说:什么是词,可以有不同的标准。能单用的才是词,不能单用的就不是词而是构词成分,这是确定语法词的标准。按照这个标准,像“袖珍”和“英汉”这些单位都不能单说(不能单独成句，不能用来回答问题），所以不是词，只是构词成分；只有和别的单位组合，成为可以单说的“袖珍英汉词典”，才是一个词。根据这种标准确定的词，可以叫“语法词”。但一般人心目中的“词”不能太长，现代汉语中大多数词都是双音节，而像“袖珍”和“英汉”等单位就是双音节的，而且它们有明确的意义（袖珍：体积较小便于携带的。英汉：英语和汉语），虽然不能单说，但是可以单用（即和其他单位自由组合，比如“袖珍学生词典”、“袖珍收音机”、“英汉对照”、“英汉比较”等），具备这些条件也可以看作是词。根据这种标准确定的词，可以叫“词汇词”。

（二）韵律词

冯胜利（2000）提出了“韵律词”的概念。这是对上述吕叔湘提出的问题的进一步深化。吕叔湘说：“例如‘袖珍英汉词典｜大型彩色纪录片｜同步稳相回旋加速器｜多弹头分导重入大气运载工具’，等等。说这些都只是一个词，行吗？从语法理论这方面讲，没有什么不可以，但是一般人不会同意。一般人心目中的词是不太长不太复杂的语音语义单位，大致跟词典里的词目差不多。”冯胜利接着说：“一般人”的语感是哪里来的？确定“不太长”的标准是什么？他认为，这可以通过韵律来确定。

“一个在韵律结构中可以独立的基本单位，就是一个词。为了跟语素词或句法词区分开来，叫做‘韵律词’（prosodic word，简称 Pr word）。”“汉语的标准音步是两个音节，……因此汉语的‘标准韵律词’只能是两个音节。”但“三音节可以构成一个‘超音步’。是音步就可以构成韵律词，因此‘超音步’也可以导致韵律词，故名之曰‘超韵律词’。”

但是，有了“韵律词”这个概念，“并不意味着我们可以不要传统的'词'和'短语'这两个概念",韵律词"不能取代词和短语的职责"。根据"韵律词"的概念,可以清楚地区分出"可成词"的形式和"不可成词"的形式;"不可成词"的形式都是短语,"可成词"的形式中则有词也有短语,但不是一般短语,而是可成词性短语。

这就是说,"韵律词"跟"短语"和"词"(包括"语法词"和"词汇词")不是一个层面上的。韵律词可以是短语(如"念书"),也可以是词(如"大树"、"大车"),而同样是词,又有"语法词"(冯称之为"句法词")和"词汇词"之分。至于"韵律词"究竟是"短语"还是"词",究竟是"句法词"还是"词汇词",还要根据一定的标准做仔细的区分。

比如:"大盘子"、"小狗"、"大褂儿"、"小豆",都是韵律词。那么它们究竟是短语还是词呢?如果是词,究竟是句法词还是词汇词呢?

冯胜利认为,确定词的依据是"词汇的完整性"(Lexical Integrity Hypothesis)原则:短语(句法)规则不能影响到(适用于)词汇内部的任何成分。比如:表示"大小"的修饰语必须放在表示颜色的修饰语之前。但是,可以说"白大褂儿"、"红小豆"。这只能解释为:"大褂儿"、"小豆"是词,"大"、"小"是词汇的内部成分,所以上述修饰语规则不能干涉词汇的内部成分。那么,"大盘子"、"小狗"是词还是短语呢?我们可以说"大白盘子"、"小黑狗",符合上述修饰语规则,从这么看,它们应该是短语。但我们不能说"很大盘子"、"很小狗",说明"大"、"小"还是词汇的内部成分,从这么看,它们又应该是词。

既然都是词,"大盘子"、"小狗"和"大褂儿"、"小豆"在上述修饰语规则面前为什么表现不同呢?冯胜利认为:"小狗"和"小豆"

都是词(因为前面都不能加“很”),但“小狗＝小的狗”,说明“小狗”是句法上合成的单位,是句法词。“小豆≠小的豆”,说明“小豆”是词法里构成的单位,是词汇词。句法词是可以随时拆开的,所以“小狗”可以拆开,中间加进“黑”去。而词汇词中的成分之间的关系比句法词紧密,所以中间拆不开。

应当注意,冯胜利所说的“句法词”、“词汇词”和吕叔湘所说的“语法词”、“词汇词”内涵不完全一样,用以确定词的标准也不完全一样。但他们说的,对我们研究汉语历史词汇学都是很有价值的。汉语历史词汇学研究的主要是那些两个或三个音节的韵律词(还有四个音节的成语),至于这些韵律词里面,哪些是短语,哪些是词,更是需要深入研究的。下面会涉及这个问题。

此外,董秀芳《汉语的词库与词法》(2004)还提出了“词汇词”和“词法词”的概念,她说的“词汇词”和吕、冯所说的又有不同。不过她说的“词汇词”和“词法词”主要讨论一个词是不是词库的成员,不涉及“词”与“非词”的问题,所以在本章不做介绍,放到第二章中去讨论。

6.2　确定词的两个重要问题

确定词有两个重要问题:大小问题,异同问题。赵元任、吕叔湘都谈到这两个问题。

赵元任说:

> “咱们可以从句子里的语位连锁关系来看词的单位,也就是看语位在什么情形下合在一起变成词,又在什么情形下是独立的词。这就是词的连接性。……是有关大小的问题。”(《中国话的文法》,P.77)
>
> “咱们上头的讨论,主要是讲多长的一截话可以单独看成

一个词。这是有关大小的问题。另一个不同但是相关的是关于种类的问题,也就是什么时候是同一个词,什么时候是不同的词。语位方面,也有同样的问题。”(同上,P.93)

吕叔湘说:

“语素有三方面的问题:大小问题,异同问题,以及与汉字对应的问题。”

“汉语的语素,单音节的多,也有双音节的。……有很多双音节,里边是两个语素还是一个语素可以讨论,例如‘含糊’(比较‘含混’、‘胡涂’),‘什么’(比较‘这么’、‘那么’、‘怎么’)。这是语素的大小问题。”

“一个语素可以有几个意思,只要这几个意思联得上,仍然是一个语素。……如果几个意思联不上,就得算几个语素。……有时候,几个语素联得上联不上难于决定,例如快速、锐利的‘快’和愉快、痛快的‘快’。这是语素的异同问题。”

“这两个问题都可以说是‘一个还是两个?’的问题,不过前一个是一根绳子切不切成两段的问题,后一个是一根绳子掰不掰成两股的问题。”

“辨认语素跟读没读过古书有关系。读过点古书的人在大小问题上倾向于小,在异同问题上倾向于同。”(《汉语语法分析问题》,P.490—491)

吕叔湘谈的是语素的问题,但词同样有这两个问题。下面分开谈。

(一)词的异同问题

汉语的单个的字,不论是在现代汉语中还是在古代汉语中,很多是有多个意义的。对这种现象,究竟是应该看作同一个词有多个义项,还是应该看作是几个不同的词?按道理说,正如吕叔湘所说,只要这几个意思联得上,就是一个词。如果几个意思联不上,就得算几个词。但实际情况相当复杂。

《现代汉语词典》原则上是这样做的。比如前面已经举过的例子:动词"开"的几个相关义项标作"开[1]",含金量单位的"开"标作"开[2]"。但是,也有的条目下几个义项是否意义有联系还很难说。如"匡"下列四个义项:

匡❶〈书〉纠正。❷〈书〉救;帮助。❸〈方〉粗略计算;估计。❹料想。

❶❷是有联系的,❸❹是有联系的。但❶❷和❸❹之间的关系看不出来,应该看作两个词。

至于古汉语词典,一般都是把一个字头分为不同音项,同一音项下的若干义项都一一列出,而不考虑这些义项之间意义有无联系,也就是说,不考虑它们是一个词还是几个词。古代汉语中同一个字的各个义项之间意义有无联系,有的容易判断,有的不好判断。如"厉"的"磨刀石"、"危险"、"严厉"、"带之垂者"、"连衣涉水"等义项之间意义有无联系,"厉"应该看作是一个词还是几个词,这个问题就不大好回答。这是需要深入研究的。

两个音节的组合也有"同一性"的问题,不过比单音节的简单一些。如:

魂兮归来!君无上天些。(《楚辞·招魂》)

上天降灾,使我两君匪以玉帛相见。(《左传·僖公十五年》)

布衣不完,蔬食不饱。(《大戴礼记·曾子制言中》)

贱为布衣,贫为匹夫。(《荀子·大略》)

显然,前一个是短语,后一个是词,两者没有同一性。但也有比较复杂的。如:

悠悠我里,亦孔之痗。(《诗经·小雅·十月之交》)

萧萧马鸣,悠悠旆旌。(《诗经·小雅·车攻》)

悠悠万事,唯此为大。(《后汉书·李固传》)

这几个“悠悠”是一个词还是几个词,就需要讨论。

同一性的问题有时还和汉字有关。有的词在历史发展过程中写成不同的汉字,特别是用区别字或累增字来表示,是否就意味着它的词义发生了较大的变化,应该看作一个新的词了?这不能一概而论,要具体分析。

像“取妇”后来写作“娶妇”,“(水)益出”后来写作“溢出”,说明人们觉得“娶妇”的“娶”和“取物”的“取”有较大区别,“溢出”的“溢”和“增益”的“益”有较大的区别,可以看作是一个新的词了。但下面这些例子有所不同:

1)落,草曰零,木曰落。　　　　䨓,雨零也。

2)颠,顶也。　　　　槙,木顶也。

3)淤,淀滓浊泥也。　　　　瘀,积血也。

4)息,生也。　　　　瘜,寄肉也。

5)然,是也。　　　　嘫,语声也。《说文句读》:“然否之然,盖亦此字。”《说文通训定声》:“谓相应之声。经典皆以然为之。”

6)果—菓

7)穿—穿

这些后起的字虽然存在,但使用得不普遍,说明只有一部分人觉得这种意义和原来的意义有较大的区别，需要用不同的字形来表示，而多数人还是认为这种意义仍可用原来的字形表示。所以，不能根据这些并不普遍的写法而认为这些词已发展出一个新词。

（二）词的大小问题

词的大小问题就是词和短语的区分问题。汉语中词和短语的区分确实是个难题。研究现代汉语的学者曾提出"扩展"、"替换"、"插入"等方法，吕叔湘《汉语语法分析问题》从五个方面来谈这个问题：

一、这个组合能不能单用，这个组合的成分能不能单用；

二、这个组合能不能拆开；

三、这个组合能不能扩展；

四、这个组合的意义是不是等于它的成分的意义的总和；

五、这个组合有多长。

但不能完全解决这个问题。

在古代汉语中不像现代汉语那样可以用重音、轻声、变调等来检验，处理起来更为困难。研究者也曾提出一些区分古代汉语中复音词和词组的办法，如：

马真（1980）主要从词汇意义的角度提出确定古代汉语复音词的五条标准：

A. 各成分的原义融化在新的整体组合中。如："先生"。

B. 各成分意义互补，凝结成更概括的意义。如："恭敬"。

C. 其中一个成分意义消失。如："市井"。

D. 重叠后在原义基础上增加某种附加意义。如："滔滔"。

E. 其中一个成分是没有词汇意义的附加成分。如："率尔"。

伍宗文（2001）谈到先秦汉语复音词（合成词）判定的五个方面

的标准:

A. 形式标志:唐钰明(1986)把“某个形式是否有合文这个形式标记”作为判定复音词的依据之一。但不能说凡用合文来记录的都是复音词。

B. 意义标准:有些复合词可以根据其意义来判定。如“璞玉(=璞)”,“虫蝗(=蝗)”之类“小名加大名、大名加小名”的双音节组合;“鱼鳞(=鳞)”,“瞋目(=瞋)”之类从综合到分析的双音节组合;“南面(天子)”,“知识(朋友)”之类不能直接从两个语素推知其意义的双音节组合;“卜筮”,“辽远”,“是非”等产生概括意义的双音节组合;以及“利害(=利)”,“股掌(=掌)”之类的偏义复词,都可以断定为复合词。

C. 修辞手段:表示由修辞手段而产生的新义的双音节组合,应该看作复合词。如“蟊贼”(比喻“害人者”),“布衣”(借代“平民”),“晏驾”(委婉语,指“君主死亡”),等等。

D. 语法性质:双音节组合的语法性质发生了变化,可以断定是复合词。如“砥砺”(原为名词,变为动词),“执事”(原为述宾,变为名词)。相同句式中处于对应句法位置,和单音词对应的双音节组合,也可以判定是复合词。如《吕氏春秋》:“日短至,则伐林木,去竹箭。”/《礼记》:“日短至,则伐木,去竹箭。”前一句中的“林木”相当于后一句中的“木”。一些双音节组合处在“相~~”、“不~~”、“所~~”、“~~者”的语法格式中,如“相教诲”、“不欣喜”、“所憎恶”、“谄谀者”,可以判定是复合词。

E. 见次频率:“贤人”、“忠臣”现代汉语是词,古代汉语频率高,也应该是词。

王云路(2010)也提出判断复合词的五个标准:

词频标准。

词性标准。

词义标准。

构词标准。

音节标准。

也可以参考。这里就不详细介绍了。

但是，不论用什么标准，都无法把词和短语彻底地区分开。这是因为：汉语从短语到词是一个连续统，最典型的词和最典型的短语当然是区分得很清楚的，但处于两者中间地带的单位是短语还是词就无法清楚地区分，特别因为汉语的词“不是现成的”，很多没有明显的形式标志，区分起来更加困难。而且，从历史上看，很多词都是由短语凝固而成的，处于凝固过程中的单位，究竟是短语还是词也难以判断。这是汉语的词和短语很多难以区分的原因。

（三）顺便说一说，词的大小问题和异同问题，不仅汉语有，其他语言也有。

1. 异同问题

任何语言都有词义的引申，引申得远了，都有是看作一个词还是两个词的问题。

索绪尔《普通语言学教程》：

“一个词可以表达相当不同的概念，而它的同一性不致因此遭受严重的损害。（试比较 adopter une mode‘采用一种时式’和 adopter un enfant‘收养一个小孩’，la fleur du pommier‘苹果花’和 la fleur de la noblesse‘贵族的精华’等等）”（P. 153）

布龙菲尔德《语言论》:

“凡是具有相同的语音形式(而只是意义不同)的不同的语言形式就叫做‘同音异义词’(homonyms)。由于我们没有把握来确定意义,所以我们往往不能决定用于不同场合的某个语音形式是否总具有相同的意义或者代表一组同音异义词。例如,英语的动词 bear 在 bear a burden(负重担),bear troubles(受累),bear fruit(结果实),bear offspring(生孩子)这些中间可以看成同一个形式或者是两个或者甚至两个以上的同音异义词。”(P. 173)

“在很多情况下,我们往往犹豫,究竟是把一个形式看成是带有好几种意义的形式呢,还是看作一套同音异义词。这一类的例子如:air (空气,大气,调子,乐曲,风度)(最后这个意义包括 airs〔拿架子〕),key(用于开关的工具,钥匙;音乐里的音调),charge(攻击,装置,谴责,使负债),sloth(一种动物的名字,懒惰)。”(P. 180)

Saeed “*Semantics*” 是这样来处理这个问题的:

他把下面的三个 foot 看作三个“语义词”(semantic words=lexeme):

foot: part of the leg below the ankle;

foot: base or bottom of something;

foot: unit of length, one third of a yard.

把 walks, walking, walked 看作三个“语法词”(grammatical words),而对 heat(v.)和 heat(n.)是不是几个不同的语义词或语法词没有谈。

可见,英语也是存在词的同一性问题的。

2. 大小问题

英语的词一般是很容易从形式上辨认的，对这些词来说，不存在短语和词的区分问题。如：day and night 是词组，daybreak 是词，day-dream 也是词。但英语中也不是每一个词在形式上都很清楚，如：present-day 也可以写作 present day；washing-machine 也可以写作 washing machine；如果光看书写形式，就分不清是短语还是词了。布龙菲尔德《语言论》第十四章"形态类型"详细地讨论了复合词和短语的区别，可见，在西方语言中，词和短语的区别也不是一目了然的。

当然，总的看来，词的确定问题在汉语（尤其是古代汉语）中要比在西方语言中困难得多，这是需要我们认真研究的。

参考文献：

陈卫恒　2011　《音节与意义暨音系与词汇化、语法化、主观化的关联：豫北方言变音的理论研究》，北京语言大学出版社。

董秀芳　2004　《汉语的词库与词法》，北京大学出版社。

冯胜利　2000　《汉语韵律句法学》，上海教育出版社。

黄曾阳　1998　《HNC（概念层次网络）理论》，清华大学出版社。

李　波　2006　《史记字频研究》，商务印书馆。

吕叔湘　1959/1993　《汉语里"词"的问题概述》，《吕叔湘文集》，商务印书馆。

吕叔湘　1963/1993　《语文常谈》，《吕叔湘文集》，商务印书馆。

吕叔湘　1984/1993　《汉语语法分析问题》，《吕叔湘文集》，商务印书馆。

马　真　1980　《先秦复音词初探》，《北京大学学报》第5期。

王洪君　1994　《从字和字组看词和短语——也谈汉语中词的划分标准》，《中国语文》第2期。

王　力　1957/1988　《汉语史稿》，《王力文集》第九卷，山东教育出版社。

王　力　1982　《实用释义组词词典·序》，北京华文出版社。

王　力　1990　《汉语词汇史》,《王力文集》第十一卷,山东教育出版社。

王　庆　2009　《评徐通锵的"字本位"理论和学风》,《外国语言文学》第4期。

王云路　2010　《中古汉语词汇史》,商务印书馆。

伍宗文　2001　《先秦汉语复音词研究》,巴蜀书社。

徐通锵　2008　《汉语字本位语法导论》,山东教育出版社。

赵元任　1968/1979　《汉语口语语法》,吕叔湘译,商务印书馆。

赵元任　1968/2002　《中国话的文法》(增订版),丁邦新译,香港中文大学出版社。

赵元任　1975/2002　《汉语词的概念及其结构和节奏》,《赵元任语言学论文集》,商务印书馆。

郑锦全　1998　《从计量理解语言认知》,《汉语计量与计算研究》(邹嘉彦等编),香港城市大学。

布龙菲尔德　1933/1985　《语言论》,袁家骅、赵世开、甘世福译,商务印书馆。

索绪尔　1916/1985　《普通语言学教程》,高名凯译,商务印书馆。

Saeed, john I.　1997/2000　*Semantics*,外语教学与研究出版社。

第二章　构词法、造词法和词汇化

本章讨论词的构成。我们先谈大家熟悉的构词法，然后再谈造词法和词汇化。

一　汉语构词法

构词法是对词的结构的分析。人们对汉语构词法比较熟悉，这里谈得简略一些。

1.1　早在 20 世纪 50 年代，陆志韦就写了《汉语的构词法》，对现代汉语的 4 万多个词做了详细的分析。

1.2　刘叔新《汉语描写词汇学》一书，把汉语构词法的各种格式称为“现代汉语词式”，他的分析如下：

现代汉语词式

- 基本词式
  - 单项式（猫、蛤蟆）
  - 复合式
    - 质限格（报纸）
    - 态饰格（彩排）
    - 支配格（司机）
    - 补足格（说服）
    - 陈说格（日食）
    - 并联格（混乱）
    - 重述格（框框）
    - 统量格（人次）
    - 表单位格（书本）
    - 杂合格（财迷、开锅、捣鬼、木耳）
  - 派生式（苦头）
  - 重复合式（联合国）

他的“复合词”的构词方式的名称比较独特。通常,人们会把“报纸”称为“定中式”,“彩排”称为“状中式”,“司机”称为“述宾式”,“说服”称为“述补式”,“日蚀”称为“主谓式”,“混乱”称为“并列式”等等,也就是说,是用表示句法关系的术语来称构词式。他不采取这种通常的做法,是基于他的一个观点:“汉语复合词两词素的关联中看不出任何语法形式和语法意义来”。

1.3 这个问题该怎样看?确实,有一部分复合词的构成是“非句法式”的,但大部分复合词的构成是“句法式”的;这些“句法式”的复合词的结构,用表示句法关系的术语来称呼是可以的。这个问题,在下一节再讨论,这里不详谈。

这里要说的是:在那些“句法式”的复合词的两个语素之间,既有结构关系,又有语义关系,两者都需要分析,才能准确地把握复合词。“定中”、“并列”等名称只表明了两个语素之间的结构关系,而同是“定中式”或“并列式”的复合词,两个语素之间的语义关系还可能是不同的。因此,仅仅分析其结构关系是不够的,对其语义关系还需要进一步分析。比如:

渔船(V+N)(定+中)(N是V的工具)

储光羲《同王十三维偶然作》诗:“使妇提蚕筐,呼儿榜渔船。”

渔师(V+N)(定+中)(N是V的施事)

《礼记·月令》:“乃命水虞、渔师收水泉池泽之赋。”

《宋书·隐逸传》:“渔师得鱼卖不?”

渔色(V+N)(述+宾)

《礼记·坊记》:“诸侯不下渔色。”

渔火(N+N)(定+中)(渔=渔船)

张继《枫桥夜泊》诗："月落乌啼霜满天，江枫渔火对愁眠。"

渔征(N+N)(定+中)(渔=渔人)

《周礼·渔人》："凡渔征入于玉府。"

渔樵(V+V)(并列)

马戴《过野叟居》："居止白云内，渔樵沧海边。"

(N+N)(并列)

王维《桃源行》："平明闾巷扫花开，薄暮渔樵乘水入。"

渔泽(V+N)(定+中)

王昌龄《淇上酬薛据兼寄郭微》："渔泽屡栖泊。"

(V+N)(述+宾)

魏源《次韵前出塞》之五："危竭还渔泽。"

这些复合词中的"渔船"、"渔师"、"渔火"、"渔征"结构关系都是定中式，但语义关系都不相同："渔船"、"渔师"的"渔"是动词性的(打鱼)，"船"和"师"是名词性的，而且，同是名词性语素的"船"和"师"跟动词性语素"渔"的语义关系又不一样："船"是打鱼的工具，"师"是打鱼的人(施事)。"渔火"中的"渔"指"渔船"，"渔火"是渔船上的灯火。"渔征"中的"渔"指"渔人"，"渔征"是对渔人的征税。"渔樵"的结构关系是并列式，但上引马戴诗的"渔樵"是两个动词性语素的并列，意思是"打鱼和砍柴"，王维诗的"渔樵"是两个名词性语素的并列，意思是"渔夫和樵夫"。同一个"渔泽"有两种结构关系：一是定中，"打鱼之泽"；一是述宾，"渔于泽"。同一个"渔师"，结构关系都是定中式，"师"都是名词，但意义不同：一个"渔师"是掌渔事之官，一个"渔师"是捕鱼之人。如果不分析语义关系，只分析结构关系，那就不能对这些复合词的词义有正确的理解。

二 构词法和句法

词的结构和句法结构有没有关系？这有两种看法：一种认为复合词的构成成分间的关系和句法关系基本一致，一种认为复合词的构成成分间的关系和句法关系完全不同。本节讨论这个问题。

2.1 刘叔新《汉语描写词汇学》认为复合词的构成成分间的关系和句法关系完全不同。书中说：

> “从汉语复合词两词素的关联中看不出任何语法形式和语法意义来。”“在一个词的内部存在词与词的句法关系，这是荒谬的，逻辑上绝对讲不通。”

他举例说：“徒劳”、“司令”、“贡献”等，前一语素在现代汉语中不能单独成词，所以两个语素之间“不可能是词同词的语法关系”。“彩排”、“耳语”、“追加”、“报纸”等，“每个当中的结构成分表面上像是单用着的词，其实并不是，不能认为它们两个两个地构成有句法关系的词组。”“蚕蚁”、“牛黄”、“潮白”等，“要用词与词组合的方式来表示这里每个单位所表示的意思”，只能把原单位扩展开来，如“(细小如)蚂蚁般的幼蚕”等。可见，“复合词并非词与词组合关联的结构，其中不存在句法关系”。

他进一步说：“有可能表示复合词内词素间的语法关系的形式手段，只有两词素的连接顺序，而它却事实上同语法的词序(或语序)并没有共同的功能和特性。”词序表现某种句法关系，“词素序却不能如此”。复合词的词素序“所表现的词素之间的关系，……只是词素意义彼此一般不很明晰的结合所形成的关联类型，就是说，它完全不是语法关系”。比如，“事物义词素—活动义词素”的词素序，“既可因应于类似主谓关联的陈述关系(日食、肺积水)，形成名词，又可因应于类似状中关联的状态修饰关系（耳语、彩排），形成动词”。

“有一部分复合词，其内部的词素结构关系，……实在不可能存在任何语法关系的痕迹。”如：

“财迷”、“球迷”、“开锅”、“落选”、“落伍”；“捣鬼”、“狼狈”、“亏累”、“木耳”。(P. 72—78)

2.2　对这个问题应该怎样看？

我们不妨参考一下布龙菲尔德《语言论》对英语复合词的分析。

布龙菲尔德《语言论》把英语复合词分为三类：

“句法式的(syntactic)复合词，其成员以短语中词与词的同样语法关系彼此相处；比方，在英语中，复合词 blackbird 和 whitecap(浪头白沫)……的成员具有形容词加名词这种跟短语 black bird 和 white cap（白的帽子）中的词同样的结构。”这类复合词还有：dreadnaught(无所畏惧的人)(相应的短语是 dread naught，无所畏惧)，lickspittle(奉承者)（相应的短语是 lick spittle，舔唾沫）。

“句法复合词和短语不同的地方仅仅在于那些(在该种语言中)能把复合词跟短语区分开来的主要特征上——在英语里，主要就靠只有一个高重音。”

“非句法式的(asyntactic)复合词，如 doorknob，其成员彼此相处的位置跟该种语言的句法结构上没有平行的结构——因为英语没有 * door knob 这样的短语类型。”这类复合词还有：horsefly（马蝇），bedroom，playground，foretell，broadcast，everywhere，dining-room，cry-baby，dry-clean， foot-sore, crestfallen(垂头丧气的),fly-blown(产蝇卵的),frost-bitten(受霜害的)。还包括一些不明出处的成员,如:smokestack, mushroom。

"半句法式的(semi-syntactic)复合词":"成员的关系跟某种句法结构相同,但复合词还跟短语有些细微的差别。譬如,复合动词 housekeep 之不同于短语 keep house,仅在于词序这一个特征上。"这类复合词还有:blue-eyed(和短语 blue eyes 不同), turnkey(狱吏)(和短语 turn keys/turn the key 不同)。

"尽管非句法式复合词的成员之间的关系必然是含糊的,然而我们有时候还是能引申句法式和半句法式的主要分类以便把非句法式的这一类也包括进去。"譬如,在英语里,"大部分的非句法式复合词似乎都有一种修饰加中心结构",如:doorknob。而 choo-choo, bye-bye 可以看作是并列关系。

"另一种常用的分类方法着眼于作为一个整体的复合词跟它的成员的关系。"即分为"向心"(endocentric)和"离心"(exocentric)两类。如:blackbird 整个复合词是个名词,其中心成分 bird 也是名词,这个复合词和它的中心成分具有同样的功能,这个复合词就是"向心"的。turnkey 的首要成员是不定式动词,而复合词本身是名词,这个复合词就是"离心"的。bittersweet(又甜又苦)是向心的。bittersweet(白英,一种植物)是离心的。

(以上见布龙菲尔德《语言论》1985 年中译本 P. 291—294)

赵元任、陆志韦等认为复合词的构成成分间的关系和句法关系基本一致。赵元任第一次用主谓、动宾、动补等表示句法关系的名称来描写复合词的构词。陆志韦(1957)明确指出复合词构成成分间的关系和句法关系一致,在他分析的四万多个汉语复合词中,绝大多数是"语法结构"的,只有100个左右是"非语法结构"的。

赵元任《中国话的文法》赞同这种观点,并用来分析汉语的构词法。书中说:

"向心复合词或离心复合词——复合词跟别的结构一样,可以看它的功能是否跟它的成分之一相同,是否跟中心相同,或跟两者都不同,而分成向心式和离心式两种。"向心式的如:"鸡蛋"、"鸡蛋糕"、"劳驾"、"存钱"。离心式的如:"本分"、"外行"、"四海"、"买卖"。

"造句性复合词或非造句性复合词。……中文里头,大多数的复合词是造句性的,只有小部分的复合词,各成分之间的关系不明,才认为是非造句性的。陆志韦分析了四万个复合词,只找到大约一百个,其中的构词成分关系不明。"例如:"知道"、"丁香"、"刀尺"、"月亮"、"工夫"。"这些词的本源,当然都可以用历史研究的方法找出来,但是从描写的层次来看,都是非造句性复合词,差不多跟'不能分析的复合词'类似。"(P.192—193)

赵元任又说:

"由词根造成的复合词,……所牵涉的关系跟造句的结构类似。"(P.107)

汤廷池《汉语语法中的并入现象》(1991)说:"词语结构与其他句法表显层次(如深层结构、表层结构、逻辑形式)同受原则系统支配。"

周荐(2003)对《现代汉语词典》中的复合词做了穷尽的分析,

其中可用语法结构的名称的有32346个,不能用语法结构的名称的只有1109个。这个统计大体上支持了陆志韦的分析。他说:“现代汉语双音复合性单位……能够套用句法结构的模式加以理解、解释的就占96.57%之多。”但起决定作用的不是句法模式,而是两个字之间“意义上、习惯上的容受性”。“字与字的堆砌”既有句法层面上的词——句法词,也有词法层面上的词——词法词。

2.3 应该说,复合词的构造和句法结构是否一致,这个问题不能一概而论。把复合词分为“句法式”、“半句法式”、“非句法式”三类,这是对的。非句法式的复合词当然和句法结构不同,句法式的、半句法式的复合词其结构和句法结构基本上是一致的;而汉语中句法式的、半句法式的复合词占绝大多数。就是刘叔新《汉语描写词汇学》中所说的那些“其内部的词素结构关系,……实在不可能存在任何语法关系的痕迹”的复合词(已见前引),其实也可以找到相应的句法构造。如:

财迷:相应的句法组合有:故国之恋,故乡的思念,童年的回忆,器物的制作。

开锅:相应的句法组合有:开了锅,红了樱桃,死了丈夫。

落选:相应的句法组合有:名落孙山。

从历史发展来看,很多复合词是由词组凝固而成的,在凝固的过程中,两个构成成分(原来是词,后来是语素)之间的关系基本上没有变化,原来是并列关系后来还是并列关系,原来是偏正关系后来还是偏正关系。所以,可以说汉语复合词的结构和句法结构基本上是一致的,在讨论汉语构词法时,用“并列”、“偏正”、“主谓”等句法结构的名称是可以的。

但这不等于说词的结构和句法结构完全等同。词的结构和句法结构毕竟是两个层面的东西，说一些词的结构和句法结构"基本上一致"，是说它们的构成原则一致，但词的结构比句法结构要紧密得多。在第一章，我们讨论过"词汇的完整性"(Lexical Integrity Hypothesis)原则，这个原则指的是：短语（句法）不能影响到（适用于）词汇内部的任何部分。具体地说是：

1. 词的组成部分不能受修饰语修饰。

blackboard—* very blackboard

红脸（这两个好朋友又红脸了）—* 很红脸

2. 词的中间不能插入其他成分。

house-keeping—* house, I mean, keeping.

铁路—* 铁的路

3. 词的组成部分不能并列。

blackboard and bulletin board—* black-bulletin board

火车和汽车—* 火汽车

4. 句法结构不涉及词内结构。

drivers of trucks filed them up with Arco Diesel.

them 可以复指 trucks.

? truck-drivers filed them up with Arco Diesel.

them 不能复指 trucks.

（黄月圆，1995）

第四方面黄月圆没有提供汉语的例句。这里补充一个：

将兵须善待之。（"之"是复指前面的"兵"，因为"将兵"是个词组。）

将军(jiāngjūn)须善待之。（"之"不能复指前面的"军"，因为"将军"是个词。）

当然,上述规则也不是绝对的,黄月圆(1995)也举出有些语言中的词不受这些限制。实际上,在汉语中也不完全如此。例如:现代汉语中“车票”和“月票”都是词,但可以说“车月票”。这和词的凝固程度有关。但总的说来,词的结构和句法结构是有区别的。

另外,“词法规则是有弹性的,允许空缺和特异性的存在;而句法规则更为硬性,其运用具有更强的周遍性,不太会存在空缺,在语义解释上也有较强的一致性,所允许的变异极小”。(董秀芳2004)比如,像“纸张”、“马匹”、“船只”、“车辆”等,这种“名—量”结构在句法结构中没有,只在构词法里有,而且,也不是任何一个名词和任何一个量词都可以结合成词。而“一张纸”、“五匹马”之类的“数—量—名”句法结构却不受限制,可以大批地生成。又如,赵元任说:“中国话里大部分的结构都是向心的,所以大多数的造句结构都可以拿代表整个词语的中心词来解释。离心结构的复合词,比离心结构的词组常见。”(《中国话的文法》P. 140)其原因就在于词的结构允许特殊性,那些离心结构的复合词往往有它特殊的意义。比如他举的例子“跑街”,如果是向心结构就是一个词组,表示一种动作,其意义可以从“跑”和“街”推知,也可以用“跑”和别的处所词组成“跑路”、“跑学校”……等一大批词组。如果是离心结构就是一个复合词,表示替人上街办事的人,这个词的意义就有特殊性,不能简单地从“跑”和“街”的意义推知,而且“跑”也不能和别的处所词构成另一个复合词。

所以,尽管词组“大树”和复合词“大豆”都可以分析为“定语+中心语”的结构关系,词组“跑路”和复合词“跑街”都可以分析成“动+宾”的结构关系(这是它们基本一致的地方),但两者的结构还是有区别,不能把词的结构和句法的结构完全等同。

2.4　在谈到词法和句法的关系的时候，还应该注意这样一句名言：

"今天的词法曾是昨天的句法。(Today's morphology is yesterday's syntax.)"(T. Givón,1971,"*Historical Syntax and Synchronic Morphology*")

这句话当然不能机械地理解为今天的构词法全都是从过去的句法演变来的，他的意思是说，从历史发展的角度来看，句法和词法不是截然分开的，而是有密切的联系：很多在历史上是词组，而今天凝固成词，所以过去的句法成了今天的词法。更重要的是，有些构词法，从今天的共时平面上也许难以找到基本一致的句法结构，但在历史上能够找到；只不过这种句法结构在今天已经消失或不能产了，而在历史上却并不少见；历史上由这种句法结构构成的词组有些到今天已凝固成词，所以这种句法结构在今天就只作为构词法保留在复合词中了。

一个很好的例子是"卧病"。《现代汉语词典》："卧病，因病躺下。""卧病"的构词方式和"卧床"、"卧轨"以及"卧室"、"卧龙"都不同，后一成分"病"是表示"卧"的原因。在现代汉语中，"卧床"、"卧轨"以及"卧室"、"卧龙"都有相应的句法结构，而"卧病"没有。但是在古代，这种相应的句法结构是有的。如：

韩愈《进学解》："冬暖而儿号寒，年丰而妻啼饥。"

《左传·成公十六年》："诘朝尔射，死艺。"

"号寒"、"啼饥"、"死艺"的句法结构都是"动词＋原因"。"卧病"在古代也是用这种句法结构组成的，既可以说"卧病"，也可以说"卧疾"：

《后汉书·孙程传》："尚书郭镇时卧病。"

《后汉书·刘翊传》:"常守志卧疾,不屈聘命。"

到现代汉语中,这种句法结构消失了,但用这种句法结构造成的"卧病"作为词还保留下来,因此这种结构方式就保留在词的结构中。这就是"今天的词法曾是昨天的句法"。

其实,这种情况并不少见。如"名词做状语+动词"、"使动动词+宾语"都是古代常见的句法结构,到现代汉语中,这些句法结构消失了或变得不能产了,但古代由这些句法结构构成的词组却凝固成词保留下来,如:"露宿"、"笔试","悦耳"、"灰心"等。

这是我们研究汉语历史词汇学时必须注意的。

三　汉语造词法

造词法(word formation)和构词法(word structure)是两个不同的概念,构词法是从共时平面分析词的结构,造词法是从历时的角度考察词的形成。下面将会看到,这两者分析的结果,有时候是一致的,有时候会有交叉。

汉语造词法原先讨论得不多,我们稍为多说一些。关于汉语造词法有如下著作:

3.1　任学良《汉语造词法》(1981)把汉语造词法分为五类,是根据词的产生的途径来分的:

1. 词法学造词法。
2. 句法学造词法。
3. 修辞学造词法。
4. 语音学造词法。
5. 综合式造词法。

他说:"造词法可以统率构词法,构词法却不能统率造词法;汉语词汇中所有的词都有造词法的问题，但不是所有的词都有构词法的问题。”

3.2　刘叔新《汉语描写词汇学》(1990)也谈到现代汉语造词法。他认为任学良对造词法的分类“是按多个准则划分出来的。……必然导致各类互相交叉重叠。……比如，属于‘词法学’一类的‘甜头’，属于‘句法学’一类的‘毛病’，属于‘语音学’一类的‘秋千’，可因分别用上比喻、借喻和双声而也属于‘修辞学’类；列入‘修辞学’一类中的‘仙人掌’‘红领巾’‘红颜’等，则未尝不可因具有相似于句法偏正关系的组合而也列入‘句法学’类”。所以，他提出一种分类标准是：“使用什么样的语言材料来造新词”，这样可以没有交叉的分类：

现代汉语造词法

- 词汇材料式
  - 结合法
    - 组合型
      - 直指的(钢笔)
      - 喻指的(心腹)
    - 附加型(房子、老鼠)
  - 叠连法(妈妈、暗暗、框框、滔滔)
  - 改造法
    - 换素型(阳谋)
    - 倒序型(论争)
    - 变调型(好)
    - 合音型(甭)
    - 缩略型(北大)
  - 转化法
    - 词化型(驴打滚)
    - 转义分立型(竟)
- 语音材料式
  - 拟声法(轱辘)
  - 表情法(嗳)
  - 连绵法(尴尬)
  - 音译法(扑克)
- 混合材料式
  - 半表音法(哈哈镜)
  - 半表义法(蓊郁/林独)
  - 半音译法(啤酒)
  - 音译糅合意译法(乌托邦)

这种分类对于现代汉语也许是合适的。但古代汉语中音变构词是造词法的一大类,音变构词有的是声调改变,有的是声母(清浊)改变,有的是韵母(阴阳入)改变。如果把音变构词只作为“词汇材料式”中的一小类“变调”,就不太合适了。

3.3 陈宝勤《汉语造词研究》(2002)把汉语造词法分为四大类:

1. 汉语语位造词。

2. 汉语语音造词。

3. 汉语语义造词。

4. 汉语语法造词。

这也是从造词的途径来分类的。其中“汉语语位造词”仅举“也”和“是”两例。“汉语语音造词”下分三小类:(1)同音假借造词;(2)同音重叠造词;(3)异音连绵造词。“汉语语义造词”下分三小类:(1)语义引申造词;(2)语义虚化造词;(3)语义转化造词。“汉语语法造词”下又分为六小类:(1)偏正造词;(2)并列造词;(3)支配造词;(4)补充造词;(5)陈述造词;(6)附加造词。

《汉语造词研究》所说的“语位造词”是指“凭借源词在句子线性结构次序上的位置创造新词”。所举的例子是新产生的副词“也”和系词“是”。简单地说,作者认为,东汉以前的“主+也+谓”中的语气词“也”为后产生的副词“也”提供了语位条件,加上别的因素,使得副词“也”产生。战国末期以前的“名+是+名”的判断句中的指示代词“是”所占的语位,加上别的因素,促使系词“是”的产生。学术界对系词“是”的产生有过很多讨论,对副词“也”的产生讨论得不多。《汉语造词研究》中对这两个新词产生过程的解释和由此而提出的“语位造词”是否正确,还是可以讨论的,这里暂且不谈。

《汉语造词研究》所说的“语义造词”，是指一个词由于语义的演变产生新义，有的新义离原来的意义比较远了，成为一个新词。关于词义演变将在本书第四章详细讨论，此处不赘。

《汉语造词研究》所说的“语音造词”和“语法造词”一般谈得很多，此处从略。

3.4 讨论造词法，首先要明确一点：“造词法”是指语言中任何一个词是怎样造出来的，还是指语言中的新词是怎样造出来的？任学良说：“汉语词汇中所有的词都有造词法的问题。”他说的“造词法”属于前者。刘叔新说：“语言词汇经常发生变动，这变动很大的一个方面表现在新词、新语的不断产生上。因而就须要从动态的角度考察新词产生的方法或途径，即须弄清楚新词是如何构造成的。”(P. 92)他说的“造词法”属后者。

语言中的词包括原生词和新词两部分。如果“造词法”说的是所有的词是怎样造成的，那就是问原生词和新词是怎样造成的。对于原生词来说，说的就是这些词是怎样音义结合而成的。这可以分为四种情况：(1)大多数原生词是音义任意的结合。如“人”、“山”。(2)有些原生词的音有一定的理据。如：“鹤”的音可以表示白色，“犨”是白牛，“騅”是白额马，“皠”是鸟之白。“缣”(双丝绢)的音源自“兼”。(3)有些原生词的音是模拟事物的声音。如“雁”(ŋean)，雨(ɣǐwɑ)。(4)有些双音的原生词，是用两个双声叠韵的音节构成的。如“踌躇”、“彷徨”等。不过，这些词用什么声和什么韵，也是任意的。这些在本书第六章第一节“音义关系”中将会详细讨论。如果“造词法”说的是新词是怎样造成的，那就排除原生词，只问新词是怎样造成的。

按一般的理解,所谓“造词法”是指新词是怎样造成的。《现代语言学词典》(David Crystal 编,沈家煊译)对 word formation 的解释,认为“最一般的涵义指构成词的整个形态变化过程,即包括屈折(表示语法关系的词形变化)和派生(表示词汇关系的词形变化)两大类。”较狭窄的涵义,只指派生过程,又细分为复合(如 black+bird→blackbird)和派生(如 national+ize→nationalize)。L. J. Brinton & E. C. Traugott 在 *Lexicalization and Language Change* 中说:“词汇化是一个被认为‘词汇的’新词项形成的过程。……传统上,词汇化指的就是构词法(word formation,愚按:照本书的术语,应译为造词法)的普遍过程,如复合、派生和转类。”(中译本 P. 50—51)所以,本书就按照这种理解,只讨论新词是怎样造成的。

不过,严格地说,“原生词”和“新词”不是在一个层面上的。“原生词”是就词的来源而言的,指这个词不是由原有的词改变而成的;而“新词”是就词产生的时代而言的,指这个词出现得较晚。“新词”(产生得晚的词)也有些词不是由原有的词改变而成的,要问这些词是怎样音义结合而成的,也有上述几种情况:(1)音义的任意结合,如“欺骗”的“骗”,为什么音 piàn,只能说是任意的。(2)音有一定的理据,如“碗”,音 wǎn 或 yuān 的多表示弯曲或凹陷之义,如“腕”、“眢”。(3)音是模拟事物的声音。如“蛐蛐”。(4)由双声叠韵的两个音节构成,如“尴尬”、“邋遢”。只不过在新词中这样一些词数量不多,新词大多是由原有的词改变而成的。所以,下面我们讨论汉语造词法,不涉及上述四种情况。

3.5 按照这种理解,从汉语历史词汇学的角度看,汉语造词法可分为如下几类:

(一)旧词→新词(一对一)

(1)音变

改变声韵调:好(hǎo)→好(hào),解(jiě)→ 解(xiè)。

合音:之于→诸,何不→盍。

分音:茨→蒺藜,孔→窟窿。

(2)义变

引申:刻(刀刻→时刻)。

课(按规定的内容和分量学习→教学科目)。

火化(以火熟食→火葬)。

经理(治理→管理企业的负责人)。

(3)改造

换素:泰山→泰水。

倒序:演讲→讲演。

缩略:同堂→堂。

其他:礼貌(动词→名词)。

(二)词+词(凝固或在线生成)→复合词

(1)词+词(重叠)→叠音词:稍稍,渐渐,切切。

(2)短语→复合词:窗户,天气。

(3)语法结构→复合词:其实,于是。

(4)跨层结构→复合词:否则,以为。

(三)词+词缀→派生词:~然,~尔,~子,~儿,~头。

(四)译音词

(1)完全音译:单于,塔,菩萨,阿芙蓉。

(2)半音半义:尼姑,僧人。

(五)来源不明的词(例见下)

下面略做说明。

第(一)类是从词到词,即由一个原有的词演变成新词。演变的途径或是音变,或是义变,或是改造。

"音变"主要是单音词。复音词也有,但不多。如"男人 nánrén(男子)→男人 nánren(丈夫)"。音变构词已经有很多学者谈到,此处不赘。

"义变"主要是词义引申,近引申产生的意义还是原来词的不同义项,远引申(语言的使用者认识不到原词和新词的联系了)就成了新词。词义演变除引申外还有别的途径,这将在本书第四章中讨论。

"改造"有多种方式。

"换素"指原有复合词的一个语素被替换,如"泰山"指岳父,后来把"山"换成"水",指岳母,如《儿女英雄传》第三十七回:"〔安公子〕先给泰山磕了三个头……起来又给泰水磕头。"

"倒序"指复合词的两个语素先后颠倒而意义不变,如"讲演"最早见于《正法华经·光瑞品》:"尔时世尊与四部众眷属围绕而为说经,讲演菩萨方等大颂一切诸佛严净之业。"为"讲说阐发"之意。后用于公众场合发表讲话,也可作"演讲"。

"缩略"指复合词或多音节的熟语去掉一两个字,如"同堂"省缩为"堂"。《北史·公孙表传》:"二公孙(公孙邃、公孙叡)同堂兄弟耳。"梁章钜《称谓录·同祖兄弟》:"钱大昕曰:《通典》载宋庾蔚之说,今又谓从父昆弟为同堂,盖六朝人犹称同堂,至唐时,乃省去同字。""穿墙踰壁"缩略为"穿踰",如《孟子·尽心下》:"人能充无穿踰之心,而义不可胜用也。"赵岐注:"穿墙踰屋,奸利之心也。"有的复音词中的一个语素是一个典故的缩略,如"冰人"(媒人)。叶宪祖《素梅玉蟾》第五折："闻知冯女貌娉婷，特遣冰人系赤绳。""冰"为什么能表示"媒"？是因为这个典故：《晋书·艺术传·索纨》："孝廉令狐策梦立冰上，与冰下人语。纨曰：'冰上为阳，冰下为阴，阴阳事也。士如归妻，迨冰未泮。婚姻事也。君在冰上与冰下人语，为阳语阴，媒介事也。君当为人作媒，冰泮而婚成。'""花生"也是个缩略词，本来叫"落花生"，屈大均《广东新语·草语》："落花生其蔓亦曰藤。花生藤上，一花落土生一子，故曰落花生。"清代的《阅微草堂笔记》以及《红楼梦》、《永庆升平》、《老残游记》等作品中都叫"落花生"而不叫"花生"。而乾隆时编撰的《钦定平定台湾纪略》中，都叫"花生"（共出现11次），不叫"落花生"。缩略以后去掉了"落"字，单从"花生"这个名称来看，就说不出它的理据了。

第（二）类是"词＋词→复合词"，中间有个凝固的过程。这类造词法董秀芳（2004）概括得很好，到后面再做介绍。

不过，这类词的生成有些不一定有凝固过程，而是在线生成的。也就是说，两个词放在一起，一开始就不是一个词组，而是一个复合词。如古汉语的"道路"、"立即"，现代汉语的"鸡蛋"、"猪肉"。这个问题还值得进一步研究。

第（一）类的"（2）义变"和第（二）类的"（2）短语→复合词"，在演变过程中，有时是隐喻、转喻在起作用。如"葭莩"原来是个词，指芦苇秆里的薄膜，后来常见的用法是表示"疏远的亲戚关系"，成了一个新词。"陛下"，原来是个词组，"陛之下"，凝固为词，指君王。一是转喻，一是隐喻，这两个词都和原来的词或语素在语义上没有直接关系。从这方面说，任学良和刘叔新在造词法中把"修辞"或"喻指"另列一类，也是有道理的。我们没有另列，这是因为，隐喻和转喻是词义引申的重要机制,第(一)类的“义变”,既已说明“主要是词义引申”,就可以包括隐喻和转喻。第(二)类的“短语→复合词”是从结构来分析的,如果再进一步从语义来分析,那么再分为“直指”和“喻指”两类,也是可以的。

第(三)类“派生”,在汉语词汇发展史上很常见。“～然”,“～尔”等,先秦就有。“～子”,“～儿”,“～头”等,是后来产生的。但是汉语史上究竟有哪些词缀,哪些不是词缀,这个问题比较复杂,还需要深入研究。

第(四)类译音词是根据汉语的词汇对非汉语的词汇加以改造而形成的。完全音译有的是基本上照原词音译,但也往往按汉语的语音系统加以改造;有的还有缩略(即只取原词的一个音节),如“僧伽”(男性的出家人)缩略为“僧”,“比丘尼”(女性的出家人)缩略为“尼”。半译音词通常都是在译音词后面加上一个汉语的类名而形成的。如“尼”后面加上汉语的类名“姑”,“僧”后面加上汉语的类名“人”。这种造词方式很常用,直到现代的“卡车”、“啤酒”都是这一类。

第(五)类“来源不明的词”可能是音义任意结合的原生词,也可能是以原有的词为基础而造成的。但究竟是哪一种无法查考;或者很可能是后一种,但究竟用什么方法造成也无法查考。这类词为数不少,往往是一些口语词,单音复音的都有。如“噇”(《玉篇》)、“喊”(唐代)、“站”(《广韵》)、“瞧”(元曲)、“溜”(元曲)、“丢”(《字彙》)、“炸”(方以智《物理小识》)、“扔”(《红楼梦》)等。复音词也很多。这些词都是需要考源的。下面以“阿茶”、“末厥”两个词为例做一些讨论。

【阿茶】古代公主、郡主、县主的称呼。李匡乂《资暇集》卷下："公、郡、县主，宫禁呼为宅家子……又为阿宅家子。阿，助词也；急语乃以宅家子为茶子，既而亦云阿茶子，或削其子，遂曰阿家。以宅家子为茶子，既而亦云阿茶子，削其子字，遂曰阿茶。一说汉魏已来宫中尊美之，呼曰大家子，今急讹以大为宅也。"

【末厥】欧阳修《六一诗话》："陶尚书榖尝曰：'尖檐帽子卑凡厮，短鞠靴儿末厥兵。'末厥，亦当时语。余天圣景祐间已闻此句，时去陶公尚未远，人皆莫晓其义。王原叔博学多闻，见称于世，最为多识前言者，亦云不知为何说也。第记之，必有知者耳。"宋刘攽《中山诗话》："今人呼秃尾狗为厥尾，衣之短后者亦曰厥。故欧公记陶尚书诗语'末厥兵'，则此兵正谓末贼尔。"元李治《敬斋古今黈》卷七："大抵末厥者，犹今俚俗言木厥云耳。木厥者，木强刁厥之谓。"方以智《通雅·谚源》："庄列'橛株'，焦弱侯曰：'短木为榾柮，即橛之转语也。'《方言》曰：'黜，短也。'郭璞曰：'蹶黜，短小皃。音剟。'"

"阿茶"一词，由于《资暇集》的记载，词义是清楚的。但其造词的来源，《资暇集》也只是推测之辞。"末厥"一词，北宋时陶榖写诗时使用，但"时去陶公尚未远，人皆莫晓其义"。可见这个口语词很快就不再使用了，其造词法更无法确知。汉语史上这样一些词都是要做考源工作的，在未考得其源的时候，只能归入这一类。

以上是汉语造词法的几个大类，不能说把汉语历史上曾有的造词方式全部包括了。比如，在古代的书面语中，有一类词是通过"藏词"的修辞方式造成的。典型的如"而立"指三十岁，"而立"在字面上和"三十"毫无关系，为什么能用来表示"三十"呢？这是因为《论语》说"三十而立"，后来的文人就用"而立"表示"三十"。这种修辞方式在魏晋南北朝时很盛行。宋代《苕溪渔隐丛话》引严有翼《艺苑雌黄》:"昔人文章中,多以兄弟为'友于',以日月为'居诸',以黎民为'周余',以子姓为'诒厥',以新婚为'燕尔',类皆不成文理。"这些词都是割裂上古诗文的文句,用前两个字代替后两个字(或一个字),或用后两个字代替前两个字而成的,修辞学上叫"割裂式的代称"(见王力主编《古代汉语·古汉语的修辞》),或者叫"歇后"和"藏头"。如:

《尚书·君陈》:"惟孝友于兄弟。"

《诗经·邶风·柏舟》:"日居月诸,胡迭而微?"(以"居诸"代"日月"是"藏头"的变式。)

《诗经·大雅·云汉》:"周餘黎民,靡有孑遗。"

《诗经·大雅·文王有声》:"诒厥孙谋,以燕翼子。"

《诗经·邶风·谷风》:"宴尔新婚,如兄如弟。"

董秀芳把这种造词方式称为"修辞中产生的跨层结构",是着眼于"而立"的两个成分不在一个句法层面上。但这种造词方式和"否则"、"终于"等很不一样。"否则"、"终于"等的两个构成成分虽然原来不在一个句法层面上,但凝固后整个词的意义还和这两个构成成分(如"否"和"则")或和其中一个成分(如"终")有关。而"而立",其词义跟"而"和"立"都无关,倒是跟前面的"三十"有关;"诒厥"的词义也跟"诒"和"厥"无关,而是跟后面的"孙"有关。而且,这种修辞方式形成的词,就其本身的结构来看,是多种多样的,并非全是跨层结构,如"周余"是主谓式,"宴尔"是一个词干加词缀形成的派生词。所以,这类词的来源,还是称"藏头"和"歇后"更合适。

3.6 董秀芳《词汇化:汉语双音词的衍生和发展》(2002/

2011)和《汉语的词库与词法》(2004)两本书,虽然没有标明“造词法”,但实际上很多是关于造词法的问题。特别是第一本书,在学术界影响较大。

《词汇化:汉语双音词的衍生和发展》讨论的主要是双音的复合词的来源,双音的派生词谈得不多。书中把汉语双音的复合词的衍生途径分为三大类:

1. 从短语到双音词。

2. 从句法结构到双音词。

3. 从跨层结构到双音词。

第1类的“短语”包括并列短语、偏正短语、动宾短语、主谓短语、动补短语。这一类以往多有学者论述,但此书对其词汇化的分析更为细致。

第2类和第1类的区别在于:“短语”指其中两个成分都是词汇性成分,“句法结构”指其中一个成分是语法性成分。正因为如此,后者的可类推性更强。其中包括下列小类:

(1)语法标记+语素。如:所有,其实。

(2)代词结构。如:相信,当然。

(3)否定结构。如:不管,非常。

(4)介宾结构。如:于是,因此。

(5)助动词结构。如:可爱,可能。

第3类是指“不在同一个句法层次上而只是在表层形式上相邻近的两个成分的组合”。如:否则、终于、以为等。在凝固为双音词之前,这些语言形式的两个成分不是一个句法层次的:

《左传·襄公二十六年》:“义则进,否则奉身而退。”

《淮南子·主术》:“愚者始於乐而终於哀。”

《左传·僖公二十三年》:"公子安之。从者以为不可。"

《汉语的词库与词法》一书的观点,将在本章第六节介绍。

其他还有一些词是通过很复杂的演变过程造成的,如下面要谈到的现代汉语的"脏"。这些也只能作为个案来考察了。

四 构词法和造词法的关系

构词法是从共时平面来分析词的结构,造词法是从历时的角度来考察词的形成。两者结合起来,可以把问题看得更全面。

构词法和造词法有相当一部分重叠,如"鸭蛋",不论从造词法还是从构词法分析,都是"定+中"的组合。但是构词法和造词法也有不少交叉。

4.1 同一种构词法的词由不同的造词法形成。如:"天子"、"泰水"、"恒沙"、"尼姑"、"渭阳"等,从构词法看,同是"定+中"式的复合词,但从造词法看,分别属不同的造词方式:

天子:"短语→复合词"的定中式。

泰水:"词→词"的"改造"的"换素"。

恒沙:"恒河之沙"的"缩略"。

尼姑:"半译音法"。

渭阳:修辞的"藏头"。"渭阳"指舅父。孙光宪《北梦琐言》卷四:"唐毕相諴,家本寒微,其渭阳为太湖县伍伯。"语出《诗经·秦风·渭阳》:"我送舅氏,曰至渭阳。"

又如:"课"("有五门课"的"课")、"好"(喜欢)、"叵"(不可)、"干"(干群关系)、"卡"(卡片),从构词法看同是单项式,但从造词法看,来源各不相同。

课(五门课):课(按规定的内容和分量学习)的引申。白居易《与元九书》:“二十已来,昼课赋,夜课书,间又课诗,不遑寝息矣。”“课书”、“课诗”的“课”〔动词〕引申为“功课、课程”的“课”〔名词〕。

好(喜欢):“好(美好)”的音变。

叵:“不可”的合音。

干:“干部”的缩略。

卡(卡片):card 的音译。

4.2　同一种造词法可以造出不同构词方式的词。如“而立”、“不惑”、“知命”、“耳顺”都是用“藏头”的方式造出来的,但构词方式各不相同。

而立:跨层结构凝固为词,其结构无法分析。

不惑:状中式。

知命:述宾式。

耳顺:主谓式。

4.3　有的词究竟是什么构词方式,必须联系其造词法才能说清。这时,仅看现代汉语的共时平面往往无法解决,而需要追溯词的历史。如“冬至”、“肮脏”。

(一)冬至

有的认为是主谓式(冬天到了),有的认为是定中式(冬之至)。究竟应该是什么结构?这要看“冬至”这个词在古代的情况,以及古人对“冬至”怎样解释。

人们很早就知道一年中有一天白昼最短,但最初没有“冬至”这个词。在先秦文献中,把这一天称为“日短”或“日短至”。

《尚书·尧典》:“日短,星昴,以正仲冬。”

《吕氏春秋·音律》:“仲冬日短至,……仲夏日长至。”高诱注:"冬至日日极短,故曰日短至。……夏至日日极长,故曰日长至。"

和"日短"、"日短至"(冬至)相对,有"日长"、"日长至"(夏至),是一年中白昼最长的一天。例已见上。这两天都叫"至":

《左传·僖公五年》:"春。王正月。辛亥朔,日南至。公既视朔。遂登观台以望而书。礼也。凡分、至、启、闭,必书云物。"杜预注:"冬至之日,日南极。……分,春、秋分也。至,冬、夏至也。启,立春、立夏。闭,立秋、立冬。"

"分、至、启、闭"是古代的重要节气。"分"是秋分和春分,这两天昼夜平分,所以叫"分";"至"就是冬至和夏至,夏至昼最长,冬至夜最长。"至"是"极"的意思,不是"到"的意思,高诱注和杜预注都说得很清楚。两个"至"日,一个在夏天,一个在冬天,因此后来叫"夏至"和"冬至",意思是"夏之至"和"冬之至"。

在《史记》中已有"冬至"一词:

《史记·孝武本纪》:"天子亲至泰山,以十一月甲子朔旦冬至日祠上帝明堂。"

后代为《史记》做的注也明确说,"冬至"的"至"的意思是"极"。

《史记·春申君列传》:"臣闻物至则反,冬夏是也。"[正义]:"至,极也,极则反也。冬至阴之极,夏至阳之极。"

所以,"冬至"的构词方式不是主谓,而是定中。

(二)脏(髒)

现代汉语中既有"脏(髒)"又有"骯髒"。"脏(髒)"和"骯髒"是什么关系?"骯髒"的结构该怎么分析?这个问题要从"骯髒"的历史发展来回答。(简体"脏"有歧义:一是"髒"的简体,一是"臟"的简体。为避免歧义，以下不用简体“脏”，只用繁体“髒”。）

“髒”产生得很晚，直到清代后期才单用，在此以前都是“骯髒”连用。“骯髒”是个叠韵联绵词，身躯肥大之意。按照韵书的反切，今音应读 kǎngzǎng。

《玉篇》：“骯，口朗切。骯髒，体盘。”

《广韵》：“骯，苦朗切。骯髒，体盘。”“髒，子朗切。”

《集韵》：“骯髒，体胖。”

庾信《拟连珠》：“骯髒之马，无复千金之价。”

由身躯肥大引申为高亢刚直。字也写作“敖曹”。如：

赵壹《刺世疾邪赋》：“伊优北堂上，抗髒倚门边。”

《北齐书·高乾传》：“北齐高昂字敖曹。……其父以其昂藏敖曹，故名字之。”

用于贬义则为固执，不变通。字也写作“鏖糟”。因为叠韵联绵词重在韵，所以第一个字的声母变为零声母，而且两个字都变成平声，这就和今天的“骯髒”读音相近。

《二程集·外书》：“温公薨，……二苏往哭温公，……程先生以为庆吊不同日，……二苏怅然而反，曰：‘鏖糟陂里叔孙通也！’”

胡文英《吴下方言考》：“苏东坡与程伊川议事不合，讥之曰：‘颐可谓鏖糟鄙俚叔孙通矣！’按：鏖糟为执拗而使人心不适也。吴中谓执拗生气为鏖糟。”

又引申为心气胀满而无法发泄，委屈难伸。字也写作“腤臜”。如：

《元曲选·冻苏秦》(二)：“干受了你这一肚皮腤臜气。”

《儿女英雄传》第三十三回：“出一出自己一肚皮的骯

髒气。”

“鏖糟”、“腤臢”是主观的心理状态,这种心理状态也会“使人不悦”,所以,也可以成为对他人的客观评价,指某人具有使人不悦的状态。这就是下面的例子:

《朱子语类》卷二十九:“缘是他气禀中自元有许多鏖糟恶浊底物。”

王錂《春芜记》:“这腌臢泼贱,我不指望他与我成事,反忍了他一场气。”

再进一步引申,就从人之不悦发展为物之不洁。如:

《朱子语类》卷二十七:“子路譬如脱得上面两件鏖糟底衣服了,颜子又脱得那近里面底衣服了。”

《元曲选·铁拐李》四:“一个鏖糟叫化头,出去!”

陶宗仪《南村辍耕录》卷十:“俗语以不洁为鏖糟。”

《元曲选·曲江池》三:“这叫化头身子腤腤臢臢希臭的。”

焦竑《俗用杂字》:“物不洁曰媕臟,有音无字。”

后来写作“骯髒”:

《东周列国志》第八十八回:“地方但见骯髒衣服,撒做一地,已不见孙膑矣。”

张德彝《航海述奇·五》卷十:“亦有不堪入目者,然无破烂骯髒者。”(张德彝于同治年间到欧洲考察,著此书。)

李鉴堂《俗语考原》:“俗谓不洁者曰骯髒。”

这个联绵词也可以只用一个音节表达。开始用前一个音节“腌”,后来用后一个音节“髒”。

《西厢记》五本三折:“枉腌了他金屋银屏,枉污了他锦衾绣裀。”

《元曲选·魔合罗》第三折:"搅这场不分明的腌勾当。"

《儿女英雄传》第三回:"二来也怕髒了我的店。"

章炳麟《新方言·释言》:"《说文》:'瓒,污洒也。'则盰切。今……或直谓污为瓒,俗字作臜,重言曰腌臜。"这是对"髒"的语源的另一说法。不过"瓒"或"臜"单用都很少见,所以此说未必可信。

"骯髒"的历史发展可参见王锳《说"骯髒"》(《中国语言学报》第8期)。

五　词汇化

"词汇化"是英语 *lexicalization* 的翻译。*Lexicalization* 有两个意思:一是指各种语义要素(semantic elements)在不同的语言里如何以不同的形式融合(conflate)成不同的词。这主要是 L. Talmy 提出来的,一般认为这是共时现象,在本书的第三章中将予以介绍。一是指某种语言形式其理据消失,结构凝固,最后变成一个词的过程,一般认为是历时现象,这和本章的内容有关,我们将在下面介绍。为了区分这两者,本书在翻译 *lexicalization* 这个术语时,把前者称为"词化",把后者称为"词汇化"。

关于词汇化,有一本颇有影响的专著:L. J. Brinton & E. C. Traugott, *Lexicalization and Language Change*,有中译本《词汇化与语言演变》,罗耀华等译。下面主要根据此书来谈一些问题。

5.1　此书为"词汇化"下的定义是:

"词汇化是这样一种演变:通过该演变在某些特定的语言环境中,说话人使用一个语法构式或者构词法(word formation)作为新的带有形式和语义特征的实义形式,该形式不能完全从构式成分或者构词法中(word formation pattern)派生或者推断出来。随着时间的推移,其内部组构性进一步丧失,该项变得更像一个词汇(the item may become more lexical)。"(中译本 P. 159)

(引用者按:原文中的 word formation,中译本译为"构词法",但按本书的术语,应译为"造词法"。为了不使术语混淆,下面在引用中译本的时候仍用"构词法",但后面附注英文"word formation",告诉读者,这其实是本书说的"造词法";而在直接引述原书的时候,原文中的"word formation"一律译为"造词法"。)

书中对此定义做了详细的解释,值得注意的是以下几点:

词汇化的输入端(input)可以是复合词之类的词的构造(word formations such as compounds),可以是句法构式(syntactic constructions),甚至是语法项(grammatical items)。

词汇化的输出端(output)可以是固定短语或惯用词组(L1),可以是复合词和派生词(L2),可以是单个的词或独特的固化形式(L3)。作者把 L1 - L2 - L3 看作一个连续统,词汇项一旦形成,还会发生语音或词形的变化,发生 L1>L2>L3 的演变,其词汇性逐渐增强。

无论是何种形式,词汇化输出的都是一个词汇性的实义项,这个实义项是储存在词库里的,必须是说话者学习而得的。(The output of localization is a "lexical", i. e. , contentful item that is stored in the inventory and must be learned by speakers.)(以上据原书 P. 96—97,可参看中译本 P. 159—162)

所以,词汇化是一个历史演变的过程,总是导致词汇的/实义的新形式的产生。如果形成的单位不是词汇性的而是语法性(功能性)的,就不是词汇化。如是单纯的吸收借词而没有形式或语义的变化,或者由极为透明的(largely transparent)造词法过程而形成词(即这个词的意义很清楚地可以从其构成成分推断出来),也不是词汇化。

5.2 词汇化和造词法有什么区别呢?

Lexicalization and Language Change 认为:传统的观点看,词汇化就是造词法。"在词汇化较为宽泛的背景下,构词法(word formation)和词汇化二者之间几乎没有或根本没有被区分。传统上,词汇化指的就是构词法(word formation)的普遍过程,如复合、派生和转类。"但作者认为,"这是一种最广泛的定义,从历史的角度看,这可能也是最难以令人满意的一种定义,因为它很少告诉或没有告诉我们各种类型构词(word formation)的结果在跨时间上经历了何种类型的演变"(中译本 P. 51—52)。

我觉得造词法和词汇化有三点区别:

(一)造词法关注的是一个语言系统中的新词是如何在原有的词的基础上造成的,有哪些不同的类别,主要还是一种静态的描写。而词汇化关注的是输入端的语言单位如何演变为输出端的新的词汇形式这样一种历时演变过程,是一种动态的考察。

(二)所以,没有形式或语义演变的就不是词汇化。比如,书中说到:单纯的吸收借词(如 take,借自挪威语),以及转类(conversion,如 up 从副词变为动词),略写(clipping,如 phone ＜telephone),都只是造词法而不是词汇化。

如果形成的词是透明的,即这个词的意义很清楚地可以从其构成成分推断出来,这也不是词汇化。上面所说的"在线生成"的造词,都不是词汇化。

(三)有一些造词法形成的词,只是词汇化的起点。*Lexicalization and Language Change* 说:"构词法(word formation)被认为是先于并独立于词汇化的过程。"(中译本 P. 153)所以,在上述关于词汇化的定义及解说中,把"复合之类的词的构造"(word formations such as compounds)作为词汇化的输入端,也就是说,通过复合等方式造词以后,然后再进一步词汇化,成为"新的带有形式和语义特征的实义形式"。比如,中古英语 bot(船)+swein(队友)>boat-swein(水手长),这是造词法的复合。再由 boat-swein>bosum(水手长),经过溶合(fusion)和去理据性(demotivation),由一个复合词变成一个单词,这才是词汇化。补充一个汉语的例子:中古时"牙"可以指"牙旗",有牙旗的军门称"牙门",这是造词法的复合;后来"牙门"也指官府,而且进一步演变写作"衙",这就是词汇化。(例证见本书第四章)

5.3 这本书讨论的一个重要问题是词汇化和语法化的关系。书中对语法化的定义是:

> "语法化是这样一种演变,通过该演变,说话人在某些特定语境中,使用一个具有某些语法功能构式的某些部分(parts of a construction with a grammatical function)。随着时间推移,作为结果的语法项可变成更多语法的,因为获得了更多的语法功能并扩展了它的宿主类。"

并且解释说:

> (一)语法化被构想为导致新功能形式产生的一种历史演变。它不单是无演变的成分吸纳或并入总藏的一个过程。
>
> (二)语法化的输入可以是储存在总藏中的任意事物,其范围(ranging from)从语符列(strings)(*be going to*)到构式

> (*let's* <*let us*;*nauhgt*< OE *na*+*whit*)到词汇项(*may*<OE *magan*;*once*<*an*+-*es*)和语法项(infinitive *to*<Prep *to*)。但是输入中的词项在语义上必须是泛义的(semantic general)。(中译本 P. 165)

此书把词汇化和语法化做了详细的比较,指出两者的相同和不同。概括地说,词汇化和语法化都有渐变性、单向性、溶合(fusion)、聚结(coalescence)、去理据性(demotivation)、隐喻化和转喻化。不同的是:去范畴化(decategorization)、词义淡化(bleaching)、主观化(subjectification)、能产性高、使用频率高、类型普遍性是语法化的典型特征,而不是词汇化的特征。(中译本 P. 179—182)

此书的第四章在列举了多种词汇化的实例以后,总结说:"使得这些多样化过程成为词汇化案例,最关键的因素是输出是新的或者修订形式,这些形式在语义上都是实义的/'词汇的',而不是功能性的/指示的/'语法的'。"(中译本 P. 164)也就是说,作者认为词汇化最关键的是其输出端是词汇性的,而不是语法性的。

本书的第五章对一些词汇化和语法化不易区分的案例做了分析。作者认为,只有最后形成的单位是词汇性的实义项,才是词汇化;如果最后形成的单位是语法性/功能性的,就不是词汇化,而是语法化。

比如,同是由 verb+ing 构成 surprising(形容词)是词汇化,构成 following(介词)是语法化。同是由溶合而成的古英语 On+wacan>awake,古英语 mere+mægd(en) >mermaid 是词汇化,而古英语 be+sedan+-es>besides,古英语 on+be+utan>about是语法化。

为什么这样看呢？作者强调说：在演变过程中发生溶合(fusion)、形式变化和去理据性，这不仅仅是词汇化的特点，语法化也有这些特点；进入词库或总藏的也不仅仅是词汇化的结果，语法化的结果也进入词库或总藏。所以，不能根据这些认为它们是词汇化而不是语法化。

5.4 作者对“词汇化”的观点和汉语语言学界的观点有一些差异。汉语语言学界通常把从大于词的形式演变为词的过程都称为“词汇化”，不管最后形成的词是语法性的还是词汇性的。据 *Lexicalization and Language Change* 介绍，C. Lehmann 也有同样的观点：“在 Lehmann 看来当内部结构变得不再相关，……词汇化就已经发生，即便组成这单位的形式通常被认为是语法范畴的成员(介词、代词)。”(中译本 P. 110)我认为这种看法是有道理的，因为持这种看法，有利于从总体上考察汉语词汇(包括实词和虚词)的形成方式和形成过程，否则就会把很大一部分虚词排除在外。而且，汉语虚词的成词有几种情况，有的很难用“语法化”来解释，有的可以从词汇化和语法化两个角度进行研究。下面略举几个例子。

(一)两个单音虚词凝固成一个新的复音虚词，或者一个单音虚词加上词缀成为一个新的复音虚词。和原先两个单音虚词相比，这个新的复音虚词语法化的程度并没有进一步加深。这样的演变过程只能从词汇化的角度研究。

【因为】

上古汉语中，“因”和“为”都有表原因之义，但没有组合在一起。“因为”连在一起用的，都不是表原因的连词，如：

《韩非子·十过》：“乃使史廖以女乐二八遗戎王，因为由余请期。” 因：于是。为：替。

司马迁《报任安书》：“拳拳之忠，终不能自列，因为诬上，卒从吏议。” 因：于是。为：作为。

直到晚唐五代，才见到连词“因为”：

《敦煌变文校注·维摩诘经讲经文三》：“因为国王、居士等百千万人皆来体问，居士便以身疾，广博解说。”

《朱子语类》卷三：“后因为人放爆杖，焚其所依之树，自是遂绝。”

何时以及如何由单音的连词“因”和“为”复合成双音连词“因为”，这是汉语历史词汇学应当研究的。尽管演变的输出端“因为”这个词项是语法性的而不是词汇性的，但“因为”并没有比“因”和“为”进一步虚化。这是词汇化的问题，不是语法化的问题，

【何况/况且/况复】

上古汉语最初只有一个单音连词“况”，到东汉时发展出复音连词“何况”。如：

《周易·系辞》：“出其言不善，则千里之外违之，况其迩者乎？”

《孟子·告子下》：“好善优于天下，而况鲁国乎？”赵岐注：“以此治天下，可以优处之，尧舜是也，何况于鲁不能治乎？”

《吕氏春秋·知分》：“死不足以禁之，则害曷足以禁之矣。”高诱注：“死且犹弗禁，何况害也，何足以禁之也。”

到魏晋南北朝发展出“况复”、“况且”：

张茂《上书谏明帝》：“且军师在外数千万人，一日之费非徒千金，举天下之赋以奉此役，犹将不给，况复有宫庭非员无录之女，椒房母后之家，赏赐横兴，内外交引，其费半军。”

《魏书·高崇传》:“况且频年以来,多有征发,民不堪命,动致流离。”

显然,“何况/况且/况复”都是从“况”发展出来的,这些都是语法性的词项,从“况”到“何况/况且/况复”,其语法性的程度没有加深,说不上语法化。但“何况/况且/况复”都是新出现的词,而且都是进入词库的(也就是说,它们的意义和功能不能从其构成成分推断出来),研究这些词何时形成,如何形成,是词汇化的问题。不能仅仅因为这些词项是语法性/功能性的,就说它们是语法化。

(二)有些语法性的词是由跨层结构凝固而成的,凝固以后其语法功能没有进一步变化,所以也不存在语法化的问题。对这些词主要是研究它们如何由跨层结构凝固而成词,是词汇化的问题。

【否则】

董秀芳《词汇化:汉语双音节词的衍生和发展》中所举的“否则”是最典型的例子。“否”和“则”都是语法性的,但原来不在一个句法层面上,因为经常连在一起用,就逐渐凝固成一个转折连词“否则”。“否则”是语法性的,但其演变过程不是语法化,而是词汇化。尤其应该指出的是:其输入端“否”和“则”不在一个句法平面上,所以不符合 *Lexicalization and Language Change* 所说的语法化的输入端的任何条件:既不是语符列(string),也不是构式,更不是词汇项和语法项。同时,也无法拿这个输入端和连词“否则”比较其语法性是否加深。所以,这种由跨层结构凝固成虚词的语法化无从说起,只能说它一凝固就是一个语法性的词项。而其凝固过程是属于词汇化的范畴。下面是董秀芳的例子:

《尚书·益稷》:“格则承之庸之。否则威之。”孔传:“不从教则以刑畏之。”

《左传·襄公二十六年》："义则进，否则奉身而退。"

下面一例"否则"已凝固成词：

《说苑·臣术》："速已则可矣，否则尔之受罪不久矣。"

【无非】

副词"无非"也是由跨层结构凝固成的。从下面的例句可以看到，其结构原本是"无（非……者）"（没有〔不是……的〕）。"无"和"非"不在一个句法层面上。如：

《孟子·梁惠王下》："诸侯朝于天子曰述职，述职者述所职也。无非事者。"赵岐注："无非事而空行者。"

《孟子·公孙丑上》："耕、稼、陶、渔以至为帝，无非取于人者。"

《庄子·养生主》："始臣之解牛之时，所见无非全牛者。"

《礼记·表记》："昔三代明王，皆事天地之神明，无非卜筮之用。"

《吕氏春秋·精通》："伯乐学相马，所见无非马者。"

《战国策·赵策四》："叶阳君、泾阳君之车马衣服，无非大王之服御者。"

到明代以后凝固成一个副词，表示"只是"、"不过"之义。

《水浒》第五十一回："哥哥在此，无非只是在人之下，伏侍他人，非大丈夫男子汉的勾当。"

《初刻拍案惊奇》卷四："无非月黑杀人，不过风高放火。"

《二刻拍案惊奇》卷二十七："你无非只为一妇女小事，我若行个文书下去，差人拘拿对理，必要激起争端，致成大祸，决然不可。"

《二刻拍案惊奇》卷三十八："女眷们多不十分大饮，无非吃下三数杯。”

和“否则”一样,“无非”一凝固就是一个语法性的词项。其凝固过程属于词汇化的范畴。

(三)有的复合词形成以后有意义和功能的变化,可以同时从词汇化和语法化的角度研究。

【的确】

“的确”是由“的”和“确”两个词复合而成的,时间是在宋代。在很长的时间里,“的确”是一个形容词。如:

《朱子语类》卷九:“只是见得不完全,见得不的确。”

《朱子语类》卷四十一:“‘须是克尽己私,皆归于礼,方始是仁。’此说最为的确。”

到明代的《三言》里,仍然用作形容词(如《醒世恒言》例),但已出现副词用法(如《喻世明言》例):

《醒世恒言》卷二十:“王员外若是个有主意的,还该往别处访问个的确。”

《喻世明言》卷四十:“你丈夫的确未死,小娘子他日夫妻相逢有日。”

到清代的《歧路灯》,用作副词的多了,但用作形容词的还有:

《歧路灯》卷二:“我若到府上去,家兄老来的性情,我知道是的确行不得。”

《歧路灯》卷九十五:“我把梅二爷说的,大老爷请进衙门的话,的的确确是二十一日,叮咛明白,对少爷管事家人姓王名中的说透记清。”

《歧路灯》卷八十八:“我如今再查个按季爵秩本头,便见的确。”

"的确"这个词的形成是词汇化，从形容词到副词的演变是语法化。

【除非】

"除非"一词很容易理解为"除了不是……"，其实不是。"除非"连用始见于唐代，出现的语境是后面接否定词"不/无"，或者疑问代词"何"。

元稹《相忆泪》诗："除非入海无由住，纵使逢滩未拟休。"

陆龟蒙《引泉诗》："除非净晴日，不见苍崖巅。"

白居易《感春》诗："除非一杯酒，何物更关身。"

"除"和"非"是同义连用，上述诗句意为："除了/若非入海无由住"，"除了/若非净晴日，不见苍崖巅"，"除了/若非一杯酒，何物更关身"。

"除非"连用久了，凝固的程度加深，下接的语境不限于否定词或疑问代词，"除非"的意思等同于"除了"：

敦煌变文《双恩记》："除非菩萨以能行，难可凡夫之去得。"

《祖堂集》卷十三："问：'师子未乳已前，为什摩众类同居？'师云：'不惊。'进曰：'只如乳后，为什摩毛羽脱落？'师云：'是阇梨分上事。'进曰：'除非师子，请和尚道一句。'"

同样，"除非"的凝固是词汇化，其语义和功能的演变是语法化。"除非"的历史演变，要从词汇化和语法化两个角度研究。

Lexicalization and Language Change 在最后一章说：人们对语法化做了很多研究，而对词汇化研究得不够，"希望词汇化和语法化研究不对称的局面能够被矫正"。（中译本 P. 253）这个问题提得很好，词汇化的研究还有许多事情要做，特别是汉语历史上

的词汇化,形式和类型都复杂多样,如果深入研究,是可以为词汇化的理论做出自己的贡献的。

六　词库和词法、词法模式和词化模式

6.1　董秀芳《汉语的词库与词法》(2004)讨论了"词库"(lexicon)和"词法"(morphology)的问题。书中说:"人脑中的词汇知识可以分为词库和词法两个部分。……词库与词法既有区别,又相互联系。"

> "词库(lexicon)是一个语言中具有特异性(idiosyncracy)的词汇单位的总体,存储在语言使用者的头脑中,所以又称心理词库。词库中的项目都是语言中意义不可预测(unpredicatable)的成分,具有不规则性,……需要以清单的方式一个一个地储存,需要时就可以直接从这个清单中提取。"
>
> "词法(morphology)是关于一个语言中可以接受的或者可能出现的复杂的词的内部结构的知识,或者说是生成语言中可能的词的规则。"语言中一些内部结构清晰的词"可能不是以清单的方式储存在心理词库中,而是在遇到这些词时动用词库中储存的成分以及词法中的规则来对其加以理解,在要对其使用时,也是根据词库中的材料和词法规则临时合成,理解和使用完毕之后,就将其放弃,而不是将其存放在词库中。可以说,这类内部结构清晰的词是在线(on-line)理解和生成的。"

词库中的词无疑是词,根据词法在线生成的也是词。前者称为"词汇词"(lexical word),如:知道,可以;后者称为"词法词"(morphological word),如:猪肉,鸡蛋。

当然，词库和词法也是相互联系的：一些在线生成的词，由于词法规则的历史变化，其内部形式变得模糊了；有些词库的成员具有不规则性，因此，虽然是根据词法规则而生成的词，也会有其特异性。这些词也会归入词库。这种复杂情况，在董秀芳的书里都已讲到，这里不详谈了。

"词库"和"词法"的概念对历史词汇学的研究很重要。历来对构词法和造词法的研究，大多以词库中的"词汇词"为主，而对在线生成的"词法词"注意不够。比如，现代汉语词汇的研究，一般以《现代汉语词典》所收的词为依据，但词典收了"第一"，那是因为它有"①排在最前面的。②指最重要"这两个意义。而"第二"、"第三"……等序数就不收作词条，因为它们的内部结构是清晰的，人们不需要查词典就能懂得其意义，所以不是词汇词，而是词法词，是词头"第"加基数词"二"、"三"……等在线构成的。但无论如何，不能否认它们是现代汉语词汇系统中的成员，是应该纳入词汇系统进行研究的。直到最近几年，随着网络的发展，人们才对网上"在线生成"的一些网络词语作为研究对象。历史词汇学的研究也是如此，比如，复合词的研究，通常研究的是词组如何凝固成词，但是仅止于此是不够的。本章第二节说过，历史上复合词的产生，除"词＋词→复合词"的凝固以外，还有"词＋词→复合词"的在线生成这种途径，而在线生成这种途径，以往是注意得不够的，今后需要加强。

不论是"词＋词→复合词"的在线生成也好，"词＋词→复合词"的凝固也好，都会有一个问题：是不是任何两个语言成分放在一起都可以在线生成或凝固成词？这两个构成成分和所构成的复合词之间的语义关系是不是有一定的规律可循？哪些成分比较容易成词,而且两个构成成分的语义类别和所构成的复合词的意义之间的关系比较固定?这个问题,原先研究得不多,最近有一些探索。这就是"词法模式"和"词化模式"的研究。

6.2 词法模式

"词法模式"指词法词(在线生成的词)的一种构词格式,这种格式是有能产性的,而且其构成成分的语义类别和所构成的复合词的意义之间的关系比较固定;就像一个造词模子一样,能在线生产出一批由同类语义构成,词义属于同一语义类别的复合词来。董秀芳《汉语的词库与词法》指出,词法模式具有以下特征:(1)其中一个成分具有固定性,另一个成分具有语法类别和语义类别的确定性;或者虽然其中没有一个固定成分,但两个成分都具有语法和语义类别的确定性。(2)构成成分之间的语义关系固定。(3)整体的意义基本可以预测。书中提出了现代汉语的几种能产的词法模式。如:(只引原书几个例子,序号不照原书)

(1)地点+"人":指出生或居住在某地的人(构成的是名词)。如:北京人,上海人,美国人。

(2)物品名+"钱":指买或使用某种物品所花费的钱(构成的是名词)。如:饭钱,车钱,房钱。

(3)动作动词+"法":做某事的方法或方式(构成的是名词)。如:摆法,吃法,写法。

(4)V+"有":表示(通过某种方式达到的)领有或存在(构成的是动词)。如:存有,收藏有,标有。

(5)V+"做":对某种对象做某种处理以使其成为某个样态(构成的是动词)。如:认做,写做,化做。

(6)"可"+动词性成分:能够被进行某项行为(构成的是

形容词)。如:可耕,可叹,可持续。

这种“词法模式”在汉语史上是否也存在呢?周俊勋《中古汉语词汇研究纲要》在第三章中谈到了“一些能产的词法模式”,包括:(只引原书几个例子,序号不照原书)

(一)构成名词的词法模式。如:

形容词或名词+“士”:表示具有某种品质或性质的人。高士,术士,兵士。

材料名+物体名:由某一材料做成的物体。豆粥,莼羹,琉璃碗。

名词+“边”:表示某地或某个物体的旁边。道边,刀边,火边。

(二)构成动词的词法模式。如:

动词+问:表示以某种动作询问。责问,呵问,借问。

动作动词+“去”:表示动作的方向。持去,逃去,上去。

动作动词+“毕”:表示某种动作的完成。歌毕,食毕,言毕。

(三)构成形容词的词法模式。如:

形容词+“毒”:表示某种状态。悲毒,苦毒,憎毒。

形容词+“切”:表示某种状态。逼切,催切,迫切。

在第三章的结尾“中古汉语词汇复音化的基本模式”一节中,认为“复合词的基本模式在中古已经建立起来,名词、动词、形容词的词法模式基本定型”。

此书把“词法模式”的概念用于中古汉语词汇研究,是一种值得肯定的尝试。当然,具体的分析还可以商榷。更重要的是,要建立词法模式有一个必要的前提:“要确定一个模式是词法模式就应该确定其所产生的结构是词"(董秀芳,2004)。董秀芳《汉语的词库与词法》在确定各种词法模式之前,首先定义了什么是词,而且在讨论每一类词法模式时都从句法和词法区别的角度,论述了这种模式产生的是词而不是短语。而在上古汉语、中古汉语和近代汉语早期,要区分词和词组比现代汉语困难得多。比如,"V 毕",究竟是词还是词组?研究汉语历史语法的学者大多是看作词组的。如果是词组,"动作动词+'毕':表示某种动作的完成"就不能看作"词法模式"。所以对汉语史上的词法模式,还需要做更多的研究。

6.3 词化模式

Lexicalization pattern 是美国语言学家 L. Talmy 提出的,将在本书第三章加以介绍。

受其影响,张雁《近代汉语复合动词研究》(北京大学 2004 年博士学位论文)提出了汉语复合词的"词化模式"。他的目标是研究汉语史上是怎样由两个语素构成一个复合词的,两个语素的意义和词的意义之间有什么关系,这些关系是否能概括成若干模式。他对"词化模式"的定义是:

> 词化模式(Lexicalization models)指概念结构(conceptuanl structure)映射为词汇单位的模式。

他认为"词化模式"既适用于复合词,也适用于新产生的单音词。对于复合词来说,既包括由词组凝固成的复合词,也包括在线生成的复合词以及由原有的复合词演变而成的复合词。这三类复合词都有概念结构如何映射为词汇单位的问题,有语素和词的语义关系问题,这都是"词化模式"所要概括的。不过,在他所举的例子中,多数是由词组凝固成的复合词。

他首先提出一个观点："任何一个词(包括单音词和复合词)的词义都可以分析为两个部分，即义类和义象。""义类"指一个词的意义类属，一个词的意义凡不属于义类的都属于"义象"。用公式来表示，一个词的词义可以写作：

$M=X+C^n$

M 表示词的意义，X 表示义象，C^n 表示义类，C 表示范畴义，n 表示各种不同的范畴。词化模式用公式可表示为：〔W(xy)：复合词。F：复合词的形式。x，y：语素。〕

a. $W(xy)=\begin{bmatrix} M: X+C^n \\ F: x+y \end{bmatrix}$　b. $W(xy)=\begin{bmatrix} M: X+C^n \\ F: (x+y)+\emptyset \end{bmatrix}$

c. $W(xy)=\begin{bmatrix} M: X+C^n \\ F: \emptyset+(x+y) \end{bmatrix}$

这三个公式表示：a. 一个词的义象 X 和义类 C^n 分别映射为语素 x、y；b. 一个词的义象 X 映射为语素 x+y，义类 C^n 无语素映射；c. 一个词的义类 C^n 映射为语素 x+y，义象 X 无语素映射。无语素映射的义类或义象，其意义隐含于复合词形式中。

他把动词分为六个范畴：客观行为类(physical verbs)，感知行为类(perspective verbs)，心理行为类(mental verbs)，言语类(speech-act verbs)，关系类(relational verbs)，状态类(stative verbs)。每个范畴又分若干小类。

和动作有关的概念成分有：

概念成分(conceptual constituent)：主体(figure)，客体(object)，方式(manner)，状态(state)，工具(instrument)，途径(path)，背景(ground)，起始(inchoative)，后续(subsequence)，原因(cause)，结果(result)，意图/目的(intention/purpose)，内容

(content),数量(number),时间(time)等。

他的论文分析了近代汉语七个语义场中的大量复合动词,这七个语义场是:逃跑,处理,听见,料理,责备,商量,吩咐。从中发现与以下四种词义结构相关联的词化模式较为能产:

MANNER+C^n(方式+义类)

C^n+CONTENT(义类+内容)

C^n+RESULT(义类+结果)

C^n+INTENTION(义类+目的)

每类下面又分几种,共十种词化模式。

限于篇幅,这里只能介绍其中两种,以见一斑。

$$(1)\,W(xy)=\begin{bmatrix}M: & MANNER & + & C^n\\ F: & x & + & y\end{bmatrix}$$

$$W(\text{溃逃})=\begin{bmatrix}MA+C^{ph}(\text{逃跑})\\ \text{溃}+\text{逃}\end{bmatrix}\leftarrow\begin{bmatrix}MA+C^{ph}(\text{溃散})\\ \text{溃}\end{bmatrix}+\begin{bmatrix}INT+C^{ph}(\text{逃跑})\\ \text{逃}\end{bmatrix}$$

(MA 即 MANNER,INT 即 INTENTION,^{ph}即 physical act)

这表示:在复合词"溃逃"中,"溃"的义类转化为义象,而以"逃"的义类为义类。

$$(2)\,W(xy)=\begin{bmatrix}M: & C^n+ & RESULT\\ F: & (x+y)+ & \varnothing\end{bmatrix}$$

$$W(\text{办理})=\begin{bmatrix}C^{ph}(\text{处理})+RES\\ (\text{办}+\text{理})+\varnothing\end{bmatrix}\leftarrow\begin{bmatrix}C^{ph}(\text{处理})+RES\\ \text{办}\end{bmatrix}+\begin{bmatrix}C^{ph}(\text{处理})+RES\\ \text{理}\end{bmatrix}$$

(RES 即 RESULT)

这表示:“办理”的义类映射为两个语素“办”和“理”,而其义象“结果”没有映射为语素,但这两个语素隐含的“结果”义特征仍隐含于组合之中:“办理”的“结果”义象的取值为 RESULT【成功—有条理】。

论文通过分析,得出一个结论:“近代汉语最能产的是与 MANNER+Cn 和 Cn+RESULT 相关联的词化模式。”论文认为,这个结论和董秀芳(2003)对现代汉语动词性复合词的分析一致:“汉语动词性复合词的一个优势语义模式是‘方式或途径+行为或结果’”。这表明,近代汉语和现代汉语的词化模式是一样的。所以,“语言史的分期……从词化模式入手,或许是一条有效的途径”。(P.130)

上面介绍了张雁提出的“词化模式”。这只是一个初步的设想,还需要进一步修改和充实。但这种通过“词化模式”来研究概念结构如何映射为词汇单位的问题以及语素和词的语义关系问题的设想,无疑是很有价值的,比传统的构词法和造词法的研究都要深入得多,是值得注意的一个研究方向。

参考文献:

陈宝勤 2002 《汉语造词研究》,巴蜀书社。
陈宝勤 2011 《汉语词汇的生成与演化》,商务印书馆。
丁喜霞 2006 《中古常用并列双音词的成词和演变研究》,语文出版社。
董秀芳 2004 《汉语的词库与词法》,北京大学出版社。
董秀芳 2009 《汉语的句法演变与词汇化》,《中国语文》第5期。
董秀芳 2011 《词汇化:汉语双音词的衍生和发展》(修订本),商务印书馆。
冯胜利 2000 《汉语韵律句法学》,上海教育出版社。
黄月圆 1995 《复合词研究》,《国外语言学》第2期。

蒋宗许　2009　《汉语词缀研究》,巴蜀书社。
雷冬平　2008　《近代汉语常用双音虚词演变研究及认知分析》,中国社会科学出版社。
刘叔新　1990　《汉语描写词汇学》,商务印书馆。
陆志韦　1957/1964　《汉语的构词法》,科学出版社。
潘文国、叶步青、韩洋　2004　《汉语的构词法研究》,华东师范大学出版社。
任学良　1981　《汉语造词法》,中国社会科学出版社。
汤廷池　1991　《汉语语法中的并入现象》,(台湾)《清华学报》第21卷第1—2期。
万献初　2004　《汉语构词论》,湖北人民出版社。
王　力主编　1981　《古代汉语》(修订本),中华书局。
王　宁　1997　《现代汉语双音词的构词理据与古今汉语的沟通》,《庆祝社科院语言所建所50周年论文集》,商务印书馆。
王　锳　1997　《说“骯髒”——兼谈近出辞书立目释义的得失》,《中国语言学报》第8期。
张　雁　2004　《近代汉语复合动词研究》(北京大学博士学位论文)。
赵元任　1968/2002　《中国话的文法》(增订版),丁邦新译,香港中文大学出版社。
周　荐　2003　《论词的结构、构成和地位》,《中国语文》第2期。
周　荐　2004　《汉语词汇结构论》,上海辞书出版社。
周俊勋　2009　《中古汉语词汇研究纲要》,巴蜀书社。
布龙菲尔德　1933/1985　《语言论》,袁家骅、赵世开、甘世福译,商务印书馆。
Brinton, L. J. & E. C. Traugott　2005　*Lexicalization and Language Change*, Cambridge University Press. 罗耀华等译,2013,《词汇化与语言演变》,商务印书馆。

第三章 词义和词义的分析

词义和词义演变是历史词汇学研究的核心问题，本书在这一章讨论词义和词义的分析问题，在第四章讨论词义的演变问题。

一 各种词义说

什么是词义？历来有各种不同的说法。张志毅、张庆云《词汇语义学》第三章第一节《定性说——柏拉图以来词义说的新审视》详细地介绍了各种主要的说法，简要摘引如下：

1. 指称说

柏拉图：词“代表”、“指示”(denote)或“指称”(refer)外部世界的物体。

罗素：词语是代表某种东西的符号。

2. 观念说

洛克：“字眼底功用就在于能明显地标记各种观念，而且它们固有的、直接的意义，就在于它们所标记的那些观念。”

3. 用法说

房德里耶斯：词任何时候都不可能两次用于同一个意义，任何一个词用多少次，就有多少意义。

裘斯：意义是“‘一个形位’同其它一切形式在上下文出现的条件可能性”。

4. 关系说

罗素:词语的意义是词语及其指称对象之间的关系。

乌尔曼:"词义(meaning)是语音(sound)和观念(sense)之间的相互的可逆性关系。"

5. 行为反映说

布龙菲尔德:意义是"说话人发出语言形式时所处的情境和这个形式在听话人那儿引起的反应","我们一般根据说话人的刺激来讨论和确定意义"。

6. 因果说

奥格登、理查兹的语义三角形。

7. 概念说

洪堡特:词指称事物的概念。

索绪尔:语言符号所指是概念。

8. 反映说

维诺格拉多夫:"词反映出人们如何理解现实的某一部分以及该部分对现实其它部分的关系。"

斯米尔尼茨基:"词义是对象、现象或者关系在意识中的一定反映。"

9. 四角说(见下)

10. 五因素说(见下)

书中对这几种说法一一做了评论,读者可以自己参看。

在上述诸说中影响较大的是奥格登、理查兹的语义三角形。

C. K. Ogden & I. A. Richards "*The Meaning of Meaning*":

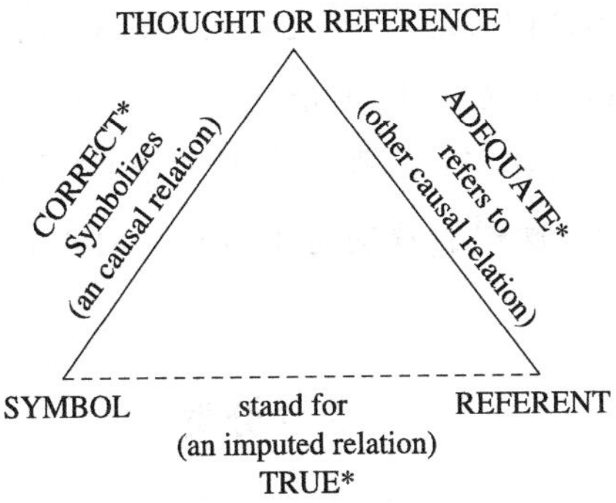

这种三角形的三个角“REFERENT”、“THOUGHT OR REFERENCE”、“SYMBOL”是人们认识客观世界，用语言表达主观认识和客观世界这一过程中的三个要素，讨论这三者之间的关系，很有助于揭示“意义”的本质。仅仅用“因果说”来表示这种看法是不够的。

“反映说”的影响也很大，持这一说法的主要是苏联的一些学者。上面所说的“四角说”和“五要素说”其实都属于“反映说”。他们的图表如下：

诺维科夫《俄语语义学》(1982)

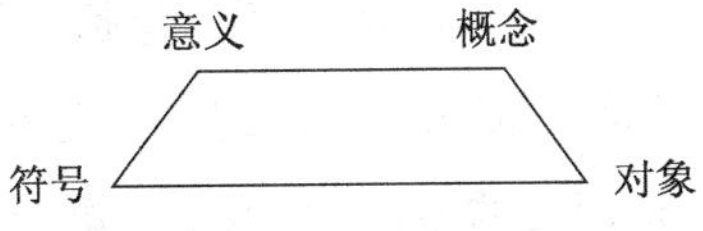

戈洛文《语言学概论》(1979)

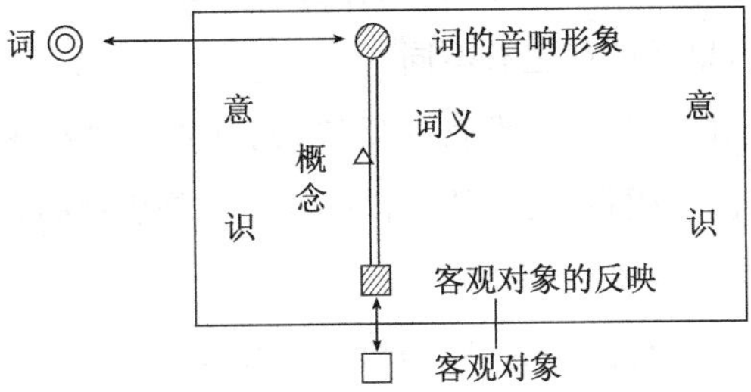

反映说认为:“词义是对象、现象或者关系在意识中的一定反映。”这当然不错。问题在于:所谓“反映”,究竟是机械的反映?还是能动的反映?从戈洛文的图表看,他所说的“反映”,是从物到意识的单向的反映,这样的看法对不对?下面我们就来讨论这个问题。

二　两次分类

2.1　第一次分类

不同语言的词是不同的,这是人人都能看到的事实。但不同究竟在哪里?一种很普遍的看法是:反映同一事物的词,意义都是相同的,只是词的读音不同。就像各种糖果,里面的糖是一样的,只是包裹的糖纸不同。比如,汉语的“书(shū)”,英语的“book”,日语的“本(ほん)”,都指同一种东西,词义都是一样的,不同的只是读音而已。

但是,这种看法与事实不符。汉语“书”的意思大家明白。英语book的意义是:“a collection of sheets of paper fastened together as a thing to be read, or to be written in”。包括汉语所说的“本子”,如:exercise book, note book。日语的“本”包括杂志。这都和汉语的“书”不同。这是词义的不同,而绝不是语音的不同。

可见,如果拿糖果做比喻,就像各种糖果,不仅仅是包裹的糖纸不同而已,里面的糖也有不同。

那么,说词义是客观事物的反映,究竟对不对?我认为,这样说也不算错。问题在于:是什么样的反映?是机械的、照相式的反映,还是能动的反映?

如果“反映”是机械的、照相机式的反映(实际上,摄影师的照相是有很多人的主观因素的，如角度、瞬间，都是摄影师有意选取的，有很强的主观性。“照相机式”的只是一个比喻，表示反映过程是完全机械的，毫无人的主观因素)，那么，同一个事物在所有人意识中的映象都应该是一样的；如果这个映象就是词义，那么，各种语言表达同一事物的词义都应该是相同的。刚才我们已经看到，这是与事实不符的。

如果“反映”是能动的反映，那么，里面就包含人的主观因素。世界上万事万物极其繁多，人们认识世界，给事物命名，不可能一个一个地给予名称，而只能是一类一类地给予名称。这种“类”怎么分？当然有客观事物的依据，只有性质相同或相近的，至少是有某些共同点的，才能成为一类。但同时，分类与人的主观认识也有关系。在很多情况下，事物的类别，不是事物自己分好了，然后反映到人的意识中的，而是人们根据客观事物的性质加以分类的。人们的认识不同，分类就有可能不同。比如上面所举的例子，一本装订好的供人阅读的单行本，一个装订好的供人阅读的连续出版物，一个装订好的供人书写的本册，究竟是分为几类？这不是这些东西自己分好的，而是人们加以分类的，而且，使用不同语言的人分类会有所不同。说汉语的把它们分为三类：书，杂志，本子。说英语的人把它们分为两类：book，magazine。说日语的也分为两类，但和英语的分类不同：本，ノート(参见下面的表)。分类的不同，就形成了词义的不同。这就是我们说的“第一次分类”。

上面所说的例子，可以列表如下，其分类的不同可以看得很清楚：

	书	本子	杂志
汉语 书	√		
英语 book	√	√	
日语 本(ほん)	√		√

颜色词也是分类的一个好例子。阳光透过三棱镜,可以呈现一个光谱,这个光谱里的各种颜色,其实是连续性的,它本身没有分成类,分类是人为的,而且人们的分类并不相同。就基本颜色而言,古代汉语分为五色,现代汉语一般分为七色,英语一般分为六色,而菲律宾的 Hanunóo 语分为四色:(ma)biru 是黑色和深色,(ma)lagtiʔ 是白色和淡色,(ma)raraʔ 是栗色、赤色、橙色,(ma)latuyʔ 是淡绿、黄色、淡棕。(转引自 G. Leech,*Semantics*,P. 25)

汉语	赤	橙	黄	绿	青	蓝	紫
英语	red	orange	yellow	green	blue		purple
Hanunóo 语	(ma)raraʔ			(ma)latuyʔ		(ma)raraʔ	

其他表事物的词语也有分类问题。如:在上古汉语中,生物表层的东西分为两类,人身上的是"肤",兽和树身上的是"皮"。在英语中也分为两类,但分类不同:人和兽身上都是"skin",树上是"bark"。而现代汉语中分为一类,人、兽和树都是"皮"(但在某些场合仍用"肤",如"润肤露")。

	人皮	兽皮	树皮
古代汉语	肤	皮	
现代汉语	皮		
英语	skin		bark

又如：上古汉语中人肉称“肌”，兽肉称“肉”，分为两类。英语中也分为两类，但分法不同，长在人和兽身上的是“flesh”，供人们食用的兽肉是“meat”。而现代汉语中只有一类，都叫“肉”。

<table>
<tr><td>古代汉语</td><td>肌</td><td>肉</td></tr>
<tr><td>现代汉语</td><td colspan="2">肉</td></tr>
<tr><td rowspan="2">英语</td><td rowspan="2">flesh</td><td>flesh</td></tr>
<tr><td>meat</td></tr>
</table>

表性状的形容词也有分类的不同：古代汉语中横向的距离用“长—短”，纵向的距离用“高—下/卑”，人的身体和横向的同一类，也用“长—短”。现代汉语中横向的距离用“长—短”，纵向的距离用“高—低/矮”（这是词汇替换），人的身体和纵向的同一类，用“高—矮”。英语横向的距离用“long—short”，纵向的距离用“high—low”，人的身体矮的和横向的同一类，也用“short”，高的另成一类，用“tall”。

	横向的距离	纵向的距离	人的身高
古代汉语	长—短	高—下/卑	长—短
现代汉语	长—短	高—低/矮	高—矮
英语	long—short	high—low	tall—short

表动作的词也有分类问题。如：人们往身上穿戴衣物的动作，上古汉语中分为三类，往头上套叫“冠”（去声），往身上套叫“衣”（去声），往脚上套叫“履”①。中古汉语中合为一类，都叫“著/着”。

① 上古汉语中用“履”表示“穿鞋”义的不多，举数例如下：“儒者冠圜冠者，知天时；履句屦者，知地势。”（《庄子·田子方》）“屦为履之也，而越人跣行；缟为冠之也，而越人被发。”（《韩非子·说林上》）“此其称功，犹羸胜而履蹻。”（《韩非子·外储说左下》）

现代汉语又分为两类:头上叫“戴”,身上脚上叫“穿”。

上古	冠	衣	履
中古	著/着		
近现代	戴	穿	

第一次分类:在各种语言中(或同一种语言的不同历史时期中),把一些事物、动作、性状归为一类,成为一个义元(semantic unit),把另一些归为另一类,成为另一个义元。这种分类,在不同语言中,或同一种语言的不同历史时期中,可以是不同的。

2.2 第二次分类

第一次分类的结果,形成一个一个的义元(semantic unit)。义元有的可以单独成词,或是原生词,如上述“皮”、“肤”、“肌”、“肉”、“高”、“卑”等,或是派生词,如上述动词“冠”和“衣”。有的要和别的义元结合而成一个词(多义词),如上述“著/着”和“穿”。如果是派生词和多义词,在第一次分类之后就要有第二次分类:和原有的哪个词,和哪些别的义元联系在一起?这种联系也源于人们认知中的分类:第一次分类所形成的各个小类(义元),哪些和哪些联系得比较紧密,可以合为一类?事物、动作、性状之间的联系,人们可以从不同的角度去认识,所以第二次分类的结果也是在各种语言中(或同一种语言的不同历史时期中)有所不同的。

如:上古汉语中的“冠 v”、“衣 v”是“冠 n”、“衣 n” 的派生词,说明当时人们的意识中这些有关穿着的动作和动作的对象密切相关。中古汉语中的表穿着的“著/着”和“附着”义的“著/着”结合成一个多义词,说明当时人们意识中把这个穿着动作和“附着”义联系在一起,认为穿着就是把衣帽鞋等附着于身体。在近代、现代汉语中，表穿着的“穿”和“穿过”义的“穿”结合成一个多义词，说明当时人们意识中把这个穿着动作和“穿过”义联系在一起，认为穿着就是把胳膊和腿穿过衣袖和裤腿，或把脚穿到鞋里。人们是从不同角度来看待动作/事物之间的联系的，这就形成了第二次分类；而第二次分类的不同，就构成了词汇系统不同的一个重要方面。穿着义动作第二次分类的不同图示如下：

上古汉语：

［衣 n］—［衣 v］　　［冠 n］—［冠 v］

中古汉语：

［著/着］

（著/着）：附着　　（著/着）：穿着

近现代汉语：

［穿］

（穿）：穿过　　（穿）：穿衣

这样的例子很多。如：古代汉语一昼夜叫“一日”，现代汉语一昼夜叫“一天”。同样是一昼夜的时间单位，在古代汉语中和“日”（太阳）归为一类，在现代汉语中和“天”（天空/天气）归为一类，图示如下：（至于为什么“一昼夜”能和“天空/天气”相联系，到第四章再说。）

［日］　　　　［天］

（日）：太阳　（日）：一昼夜　（天）：天空　（天）：一昼夜

15 分钟是一刻。这个时间单位，在汉语中和“刀刻”的“刻”结合成一个多音词，在英语中和表示“四分之一”的“quarter”结合成一个多音词。这是因为,中国古代是用有刻度的日晷或有刻度的漏壶来计时的,所以人们用刻度的“刻”来表示这个时间单位。英语中一刻是一小时的四分之一,所以用表示四分之一的“quarter”来表示这个时间单位。(中国古代一天分为十二时辰,一天是一百刻,所以,“刻”和时辰没有很清楚的分数关系。)

[刻]

(刻):刻画　(刻):十五分

[quarter]

(quarter):one-forth　(quarter):15 minutes

在汉语中,“香烟”的“烟”是很晚才产生的新词。因为抽烟时会有烟气,所以人们用原来表示“烟气”的“烟”来称呼这个新的事物。这是把“烟气”的“烟”和“香烟”的“烟”看成一类。而英语中“香烟”是“cigaratte”,和“smoke”(n)无关。可是,英语中的“smoke”(v)(抽烟)却和“smoke”(v)(冒烟)构成同一个词的两个义位;而汉语中的“抽烟”却和“冒烟”无关。这也是分类的不同。

[烟]

(烟):烟雾　(烟):香烟

[smoke]

(smoke):V give off smoke or other visible vapour　(smoke):V to draw in smoke from burning tobacoo... through the mouth and let it out again

“正确”和“错误”这一对概念,在汉语的不同时期用不同的词表达。最早用“是”和“非”,后来用“对”和“错”。这是概念改变了名称的问题,这里不谈。这里要说的:这些词都是一词多义,除了“正确”、“错误”的义位,还有另一个义位,两个义位之间关系的不同,反映人们第二次分类的不同。先秦时表“正确”的“是”与表肯定的“是”是一个词的两个义项,表“错误”的“非”与表否定的“非”

是一个词的两个义项，说明人们把正确与肯定联系在一起，把错误和否定联系在一起。（这种联系是不难理解的。指示代词“是”常用来表示肯定的判断，特别是在问答中，表示对方的话是正确的。在这种场合，“是也”大致等于“然也”。如《论语·微子》：“曰：‘是鲁孔丘与？’曰：‘是也。’……‘是鲁孔丘之徒与？’对曰：‘然。’”下面的“弗是”，也大致等于“不然”。如《战国策·燕策二》：“夫差弗是也，赐之鸱夷而浮之江。”鲍昭注：“不然子胥之说。”“然”是个指示代词，但又可以表示“对的”。其间的联系，可以帮助我们了解指示代词“是”和“正确”义的“是”之间的联系。至于“非”表示“不是”和表示“错误”之间的联系很清楚，无须多加论证。）汉代以后，表“正确”的“对”与表对应的“对”是一个词的两个义项，表“错误”的“错”与表交错的“错”是一个词的两个义项，说明人们把正确与对应联系在一起，把错误和交错联系在一起。（这种联系比较清楚：某事或某种判断与事理相合即为正确，不相合即为错误。）英语的“right”除了“correct”一义，还可用于“right side”（衣服的外面），“wrong”除了“not correct”一义，还可用于“wrong side”（衣服的里面），这是把“right”、“wrong”和衣服的外面、里面联系在一起。这是说汉语的人所没有的。但也不难理解：汉语中可以说“正面”、“反面”，实际上也是把衣服的外面、里面和正确（正）、不正确（反）联系在一起，语言表达不同，道理是相同的。

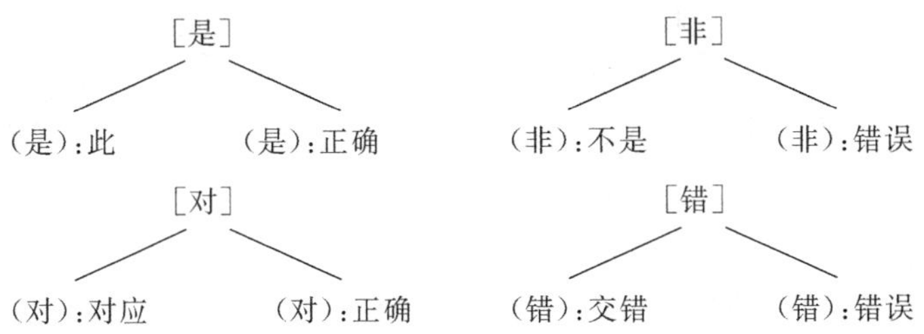

[right]

(right):correct　(right):right side

[wrong]

(wrong):not correct　(wrong):wrong side

建造房屋,不同时期的汉语用不同的词。最早用“筑(室)”,秦汉以后用“盖(屋)”,用“起(屋)”,用“造(房)”。这是从不同的角度为这一过程命名。“筑”是用杵把土夯实,这是古代黄河流域建造房屋的基础工作。“盖”是着眼于建造房屋的最后一道工序:把屋顶盖上。“起”是着眼于从平地起屋。“造”本是一个泛义动词,很多器物的制作都叫“造”,很晚才用于建造房屋,而且开始是“筑造”、“建造”连用。英语建造房屋叫“build”,其解释为:“make or construct sth by putting parts or material together”,可以是build a house, build a ship。正因为这些词的词义的理据就有差别,所以它们的第二次分类也有不同。“筑室”的“筑”和“用杵夯土”的“筑”构成一个词的两个义位,“盖房”的“盖”和“覆盖”的“盖”构成一个词的两个义位,“起屋”的“起”和“兴起”的“起”构成一个词的两个义位,“build a house, build a ship”的“build”和“build a business,build a new society”的“build”(创建)构成一个词的两个义位。图示见下。

[筑]

(筑):夯土　(筑):建造

[盖]

(盖):覆盖　(盖):建造

[起]

(起):兴起　(起):建造

[造]

(造):制造　(造):建造

[build]

(build): develop　(build): make house

Cruse, A. D. 在 *Lexical Semantics*(1986/2009)中比较了英语和法语中与感觉(视觉、听觉、味觉、嗅觉、触觉)有关的一些词,讲述了这些词的关系的异同。(P. 85)这也是一个两次分类的例子。为了看得更清楚,我们可以把他所说的列表如下:

have experience	pay attention to	have experience	pay attention to
英语		法语	
see	look at　watch	voir	regarder
hear	listen to	entendre	écouter
taste^{1}	taste^{2}		goûter
smell^{1}	smell^{2}	sentir^{1}	sentir^{2}
feel^{1}	feel^{2}		toucher

人们在认知过程中,每种感官都有向外界发出的动作(pay attention to)和从外界得到的感觉(have experience)。但英语和法语中,这些方面的词汇分布却有所不同。在视觉领域里,英语发出的动作有"look at"和"watch"两类,法语只有"regarder"一类。在味觉、嗅觉、触觉领域里,英语的感觉分为"taste"、"smell"、"feel"三类,法语只有"sentir"一类,即尝到、嗅到、触到都叫"sentir"。这是第一次分类的不同。英语的"taste"、"smell"、"feel"三个词都兼表动作(尝、嗅、触)和感觉(尝到、嗅到、触到),即"taste"、"smell"、"feel"三个词都有两个义项。而法语表示"嗅"这个动作的 sentir 和兼包"尝到"、"嗅到"、"触到"三种感觉的"sentir"是同一个词,即"sentir"有两个义项,一个是表示"嗅"这个动作,一个是表示兼包"尝到"、"嗅到"、"触到"的感觉。这是第二次分类的不同。

2.3　第二次分类和第一次分类是有关系的。第一次分类后,总会给事物一个名称,这种命名有的是音义的任意结合,有的是有理据的(这个问题将在第六章中讨论)。有理据的命名就和第二次分类有关。对穿着动作的命名,如果着眼于衣物附在身上就称之为“著/着”,由此就产生表穿着的“著/着”和表附着的“著/着”在第二次分类中同属一类;如果着眼于手足穿过衣袖、裤腿就称之为“穿”,由此就产生表穿着的“穿”和表穿过的“穿”在第二次分类中同属一类。表建造房屋的动作,如果着眼于夯土就称之为“筑”,由此就产生表建造房屋的“筑”和表夯土的“筑”在第二次分类中同属一类;如果着眼于覆盖屋顶就称之为“盖”,由此就产生表建造房屋的“盖”和表覆盖的“盖”在第二次分类中同属一类。

两次分类,第一次分类形成了不同语言中各个大体相同而又有差异的义元(表现为词的义位的差异),第二次分类形成了各个词的义位结合关系的差异。这两个方面,都构成了各种语言(或同一种语言的不同历史时期的语言)的不同的词汇系统。研究汉语历史词汇学,就是要研究汉语不同历史时期词汇系统的不同。

2.4 “两次分类”的说法是我提出的,但这种思想,却不是我的首创,有不少语言学家已经说过。

> 索绪尔《普通语言学教程》:“思想离开了词的表达,只是一团没有定型的、模糊不清的浑然之物。”(P.157)“如果词的任务是在表现预先规定的概念,那么,不管在哪种语言里,每个词都会有完全相对等的意义;可是情况并不是这样。法语对‘租入’和‘租出’都说 louer,没有什么分别,而德语却用 mieten‘租入’和 vermieten‘租出’两个要素,可见它们没有完全对等的价值。”(P.162)

> 洪堡特《论人类语言结构的差异及其对人类精神发展的

影响》："词不是事物本身的模印(abdruck)，而是事物在心灵中造成的图像的反映。"(P.72)

布龙菲尔德《语言论》："不同语言的信号的最小单位，也就是语素，实际价值可以有很大的悬殊，这是很明显的事实。即使在系属上很亲近的语言也是如此。德国人用 reiten 表示骑在动物上，而用 fahren 表示骑在其它东西上，如乘车。而英语只用一个词 ride 来表示。……甚至很容易确定和分类的事物在不同语言里也会有十分不同的处理。"(如称谓词，数词)。(P.350—351)

"虽然所有语言都有转义，但是具体的意义的转移，在具体语言里决不可以随便乱套。无论在法语或德语里都不能说 the eye of a needle 或者 an ear of grain。所谓 the foot of a mountain 在任何欧洲语言里都很自然，可是在美诺米尼语里，而且无疑在其它许多语言里，却是荒谬的。"(P.180)

艾奇逊《现代语言学入门》："每种语言都以不同的方式对世界万物进行分类，这是显而易见的。"(P.118)

三　概念化

概念化(conceptualization)，指的是客观世界的万事万物及其关系在人的意识中形成一个一个的概念。概念的形成过程是人们能动地认知客观世界的过程，词义是反映概念的，所以 R. W. Langacker 说："Meaning is equated with conceptualization."(意义等于概念化。)"*The MIT Encyclopaedia of Cognitive Sciences*"说："Meaning is characterized as conceptualization: The meaning of an expression is the concepts that are activated in the speaker or hearer' mind."(意义可以被描述为概念化:词所表达的意义是被激活了的存在于说话者或听话者心中的概念。)这里所说的“意义”指的是语段、句子、词组和词语的意义,但主要是词语的意义。可见,概念化和词义的关系十分密切。

关于“概念化”,一个首先要讨论的问题是:概念化形成的结果——概念是不是全人类共同的?

有一种较普遍的看法,认为概念是全人类共同的,只是人们用语言反映概念的方式不同。这种看法对不对呢?

戴浩一(2002)说:“每一个语言有不同的概念化。”我基本上同意他的看法。不过,我认为这样说会更准确一点:“每一个语言的概念化是不完全相同的”。这样的表述,意思是:作为概念化的结果,人们在意识中形成了一个一个的概念,这些概念又属于若干不同的概念范畴(或概念场)。其中一些重要的概念和重要的概念范畴(概念场)确实是全人类共同的。但是:(1)有一些概念是只有某个民族或某个时代才有的。(2)不同民族、不同时代,概念的形成方式和形成的概念可能是不同的,一些概念在概念场中的分布也可能不同。(3)一些概念的层级结构,也不是全人类完全一样的。下面对这三点分别加以说明。

3.1　有些概念不是人类共同的,只有某个民族或某个时代才有。

概念是人们在能动地认知客观世界(包括人的主观心理和感情,对于认知活动来说,这些也是认知的客体)的过程中形成的,如果在某个民族的生存环境或某个时代里,某种事物不存在,那么,该民族或该时代的人们的意识中就不会有相应的概念。这个道理是很清楚的。

古代汉语中有某种打击动作，因此就有相应的概念①，表现为相应的词。如：

笞　《说文》："击也。"《新唐书·刑法志》："汉用竹。"

抰　《说文》："抰，以车鞅击也。"

在现代生活中没有这种动作了，当然也就没有这些概念和词。我们还可以想象，在那些没有见过竹子、没有见过车鞅的民族的意识中，也不会有这些概念。

有一些打击动作从古到今都存在，但存在某种动作，却不一定有相应的概念。如：

挨　《说文》："挨，击背也。"

在古代汉语中有"挨"这个词表达这种"击背"的动作，说明古人意识中有这个概念。而在现代，尽管这个动作还存在，但它和"打后脑勺"、"打肩膀"、"打膝盖"、"打眼睛"、"打鼻子"一样，只是一种动作，而没有成为一个概念。概念都是概括的，不可能每一个具体的打击动作都成为一个概念。也许有人会说："'打后脑勺'已经有了一定程度的概括（指打击的对象是所有人的后脑勺），为什么不是一个概念？要概括到什么程度才能成为一个概念？"这个问题不能一概而论，同一种动作，在某个时代的某个语言社团中可以是一个概念，而在另一个时代或另一个语言社团中就可能不是一个概念。大体上说，如果一种动作在某个时代的某个语言社团中比较常见，引起了人们的注意，因而用一个词或一个固定词组（如

① 严格地说，概念是存在于人们的意识中的，而不是存在于语言中的。但在某个语言社团成员的意识中有某个概念，在这个语言社团成员所使用的语言中就会有相应的词。为了表达的方便，我们在行文中有时会说"某某语言中有/没有这个概念"。

“打屁股”)来表达它,那么,这就是一个概念;反之,就不是一个概念。

反过来说,在现代汉语中的一些概念,在古代也可能没有。如:

现代汉语:掴,抽,捅。

这都是对人体某种特定部位或用某种特定方式的打击动作。这种打击动作,古代也是有的,但很晚才成为一种概念。(比如,“掴”始见于唐代,稍后有“批颊”的说法,更早没有。)道理和上面所说的现代没有“击背”的概念一样。

英语中一些打击概念,在说汉语的人的意识中没有。如:

birch(用桦树条打)

truncheon(用警棍打)

conk(打头)

spank(用手掌打屁股)

说汉语的人群的生活环境中也有桦树条,也可能有用桦树条打人的事发生,但那是很少见的,“用桦树条打”不是一个概念。警察用警棍打人的动作会有,但没有形成一个概念。“打头”也一样。“打屁股”在汉语中是一个概念,但那是作为一种刑罚,是用棍棒打,和 spank 的概念不同;汉语中“用手掌打屁股”的动作有,但没有形成一个概念。

3.2 不同民族、不同时代概念的形成方式和形成的概念可能是不同的,概念在概念场中的分布也可能不同。

上面说的一些动作有些可能比较特殊,所以在不同民族或不同时代,有的形成概念,有的不成为概念。那么,一些相当普遍的事物、动作、形状,在不同民族、不同时代是否会形成同样的概念呢?

应该说，这些事物、动作、性状形成的概念，有不少确实是全人类共同的；但也有不少是不同民族、不同时代所不同的。上面"两次分类"中所说的就是很好的例证，它们不是概念的有无问题，而是概念的异同问题。

为什么这些很常见的事物、动作、性状，在不同民族、不同时代会形成不同的概念，从而有不同的词义呢？这是因为：即使面对同一对象，但人们认知的角度不同，概念形成的方式不同，所以形成的概念也会有所不同。

前面我们说，词义是客观世界在人们意识中的反映，但这种反映不是机械的、照相式的反映。概念的形成也是这个道理：概念是客观世界在人们意识中的反映，但人们认知的角度不同，概念形成的方式不同，所以形成的概念也会有所不同。

R. W. Langacker 说得好：

> "概念化的过程可以理解为一个搭积木的过程：选择不同的积木，有次序的分步搭建在一起，形成一个整体。选择的积木不同或者搭建的顺序不同，最后的整体外观自然不同。"(Langacker R. W. 2001："*Dynamicity in Grammar*"，译文转引自李福印《认知语言学概论》P. 348，北京大学出版社，2008)

概念形成有哪些不同的方式？这个问题是需要深入研究的。就我们现在所看到的，有如下两种不同的方式。下面先从具体事例的分析出发，然后再加以概括。

3.2.1　先看在"打击物体使之发声"这个概念场中，现代汉语、上古汉语、英语有哪些概念，它们在概念场中怎样分布。请看下面的表：

现代汉语	敲[门/窗/钟/鼓]				
上古汉语	考/攴(叩)[门/关/钟/金石]			击/伐[鼓]	
英语	tap [door/window]	knock [door/window]	bang [door/window]	strike [bell]	beat [drum]

从上表可以看出,在“打击物体使之发声”这个概念场中,上古汉语、现代汉语、英语的概念不同,它们在概念场中的分布也不同。

上古汉语表达这种动作不用“敲”这个词,《说文》:“敲,横擿也。”“毃,击头也。”上古汉语用来表达“打击物体使之发声”这种动作的是“攴”(常写作“叩”或“扣”)或“考(攷)”。《说文》:“考,攴也。”“攴,击也。”如“叩门”、“叩关”、“叩钟”、“考钟”、“考金石”等。

上古汉语中绝不说“叩鼓”或“考鼓”,而只说“击鼓”、“伐鼓”,或者单说一个“鼓”。(《诗经·唐风·山有枢》:“子有钟鼓,弗鼓弗考。”这应当理解为“弗鼓鼓,弗考钟”。)

英语中,如果对象是门窗等,一般的敲击是“knock”,轻叩是“tap”,重击是“bang”:

He knocked the window.

He tapped the window with a stick.

He banged on the door until it was open.

如果对象是钟,所用的词是“strike”;如果对象是鼓,所用的词是“beat”。

to strike the bell

to beat the drum

在现代汉语中,上述上古汉语和英语中表达各种不同的敲击的概念都不存在,只有一个统一的概念“敲”。上述各种不同的敲,要用“敲”这个词加上不同的修饰语或宾语来表达。

这些词(概念)实际上只涉及了“打击”和“力度”、“对象”、“结果(发声)”四个维度,打击动作的其他维度(如:工具、方式、速度等)并没有涉及。如果把其他的各个要素都考虑在内,“打击物体使之发声”还可以分成很多小类,在客观世界中其发出的声音都不会相同,如果人们把每一个发出不同声音的打击动作都看作独立的一类,每一类都形成一个独立的概念,那么,仅就“打击物体使之发声”这一大类而言,其中就会包含多得数不清的概念,也就需要用多得数不清的词来表达,这么庞大的一个概念系统和词汇系统,这对于人类的思维和语言交际会是一个不堪负荷的沉重负担。只能分得粗一点,分成两类、三类或一类;在这种比较粗的分类过程(或者说“认知过程”)中,就只能考虑某些维度,而其他的维度就必须忽略不计。但是,究竟哪些维度应该考虑,哪些维度应该忽略不计,这却没有一定之规,而是各个语言社团约定俗成的。上古汉语中考虑的是打击的对象这个维度,英语中考虑的是打击对象和力度这两个维度,现代汉语对象和力度都不考虑。正因为如此,所以,在上古汉语、现代汉语和英语中表示“打击物体使之发声”的概念各不相同,它们在概念场中的分布也不相同。

这种概念的形成方式是:把同一个范畴中的相近或相关的事物/动作/性状放在一起,分为一类,从而形成一个概念;把另一些相近或相关的事物/动作/性状放在一起,分为另一类,从而形成另一个概念。在不同的语言中,或在同一语言的不同历史时期中,其分类可能是不同的,因而形成的概念也就不同。我们称之为概念形成方式(A),可以用这样的公式表达:A[a+b]—B[b+c]。

上面说的“第一次分类”,从概念形成的方式来看,属于这一类。

3.2.2　下面是另一种概念形成的方式。

(1)古代汉语中有这样一些词:

牷,駹。

《说文》:"牷,牛之白也。""駹,一曰马白额。"这一组词的概念形成方式都是把"物(牛/马)"和"色(白色)"两个对象的构成因素结合在一起,形成一个概念。到现代,这些白色的牛、白额的马依然存在,但牷、駹这些概念不存在了,人们在指称这些鸟兽时都用"白的牛"、"白额的马"这样的方式,也就是说,把"物(鸟/牛/马)"和"色(白色)"两个对象的构成因素分开,分别作为不同的概念,然后放在一起说。这是古今概念形成方式的不同,以此形成的概念也不同。

羔,驹,狗,豿,犆。

《说文》:"羔,羊子也。""驹,马二岁曰驹。"《尔雅》:"未成豪,狗。"《玉篇》:"豿,熊虎之子也。"《尔雅》:"牛,其子犊。"郭璞注:"今青州呼犊为犆。"

这一组的概念形成方式和上一组相同,是把"物(羊/马/犬/熊虎/牛)"和"性状(幼小)"这两个构成因素结合在一起,形成一个概念。其中"豿"现代不用了,"狗"的词义改变了,古代的"豿"要说成"小熊/小虎",古代的"狗"要说成"小狗"。"羔"、"驹"和"犊"还保留到现代,但一般不单说,而说成"羊羔"、"马驹"、"牛犊"。这说明在现代人的意识里,已经习惯于把物和性状分开,作为不同的概念。在指称这些幼小的动物时,尽管"羔/驹/犊"已经包含了物,但还要把"羊/马/牛"作为单独的概念,加在前面重复地说。这也很好地说明古今概念形成方式的不同。

这两组词还牵涉到音义关系,此处不赘。

古代汉语中像这样把“物”和“形”结合在一起形成一个概念的情况很多。

《尔雅·释畜》:“膝上皆白,惟馵。四骹皆白,驓。前足皆白,騱。后足皆白,翑。前右足白,启。左白,踦。后右足白,骧。左白,馵。”

这一段话是人们常引的,说明古代命名的特点,实际上也是概念形成的特点。把马的名称分得这样细,有人认为和古人游牧的生活方式有关。但是,像这样的概念形成方式,在《尔雅》的其他部分也常见到。

《尔雅·释山》:“山大而高,崧。山小而高,岑。锐而高,峤。卑而大,扈。小而众,岿。……大山宫小山,霍。小山别大山,鲜。……多小石,磝。多大石,礐。多草木,岵。无草木,峐。……石戴土谓之崔嵬,土戴石为砠。”

如果像现代那样,把“物”和“形”分开,作为两个概念,然后用“形”+“山”来指称各种各样的山,就不会有这么多的山的名称(或者用《荀子》的术语,称为山的“小别名”)。但古代的概念形成方式就是把“形”和“物(山)”结合在一起,形成一个一个的概念,那样,山的名称(小别名)就必然很多。这是由古代概念形成的方式决定的。

这是另一种概念形成的方式:古代是在两个不同的范畴中,把两个不同而又有关联的对象的认知因素(事物和性状,或动作和对象)放在一起,形成一个概念,来指称事物;后来是拆成两份,形成两个概念,然后把这两个概念组合,来指称事物。我们称之为概念形成方式(B),其公式为:A[x+y]—B[x]+C[y]。

前面说过,R. W. Langacker 把概念化(概念形成)的过程比喻为搭积木,“选择的积木不同或者搭建的顺序不同,最后的整体外观自然不同”。上述两种不同的概念形成方式,是两种不同的“搭积木”的方法:方式(A)是把同一范畴的“积木”分成不同的类加以集合,因分类的不同而形成不同的概念。方式(B)是把不同范畴的“积木”或分或合,因分合的不同而形成不同的概念。除此以外还有没有别的概念形成方式?这是需要深入研究的。下一节将会看到,L. Talmy 所说的“词化”,实际上是又一种不同的概念形成方式。

概念形成的过程和方式,是概念化研究的核心。认知语言学的“conceptualization”,谈的主要是这个问题。

3.3　不同语言概念系统的层级结构不完全相同。

戴浩一(2002)说:“中文的基本层次词汇如‘汽车’、‘鲑鱼’,是以高层次词汇(车、鱼)为中心(head)创造出来的复合词。”而“英语要用全然不同的词语来表达基本词汇”,如 bicycle, bus ,car, truck; trout(鳕鱼), salmon(鲑鱼), flounder (比目鱼), eel(鳗鱼)。但他说的是现代汉语。“车”类和“鱼”类,古代汉语和英语基本一样:

古代汉语		英语	
车	鱼	vehicle	fish
轩、轺、辇、辎	鰅、鲂、鲤、鲔	bicycle, bus, car, truck.	trout, salmon, flounder, eel.

例如:

《左传·闵公二年》:“卫懿公好鹤,鹤有乘轩者。”

《国语·齐语》:“服牛轺马,以周四方。”

《战国策·赵策四》:“老妇恃辇而行。”

《楚辞·九辩》:“前轾辌之锵锵兮,后辎乘之从从。”

《诗经·小雅·采绿》:“其钓维何？维鲂及鱮。”

《吕氏春秋·本味》:“雚水之鱼，名曰鳐，其状若鲤而有翼。”

《易林·泰之大壮》:“水流趋下，远至东海。求我所有，买鲔与鲤。”

不过，有一点不同：古代汉语中“轩、轺、辇、辎”可以单说，也可以加上个“车”字；“鱮、鲂、鲤、鲔”可以单说，也可以加上个“鱼”。而英语是只能单说，不能加类名的。

汉语和英语概念结构层次的不同有更好的例子：

表“书写工具(笔)”的概念场，汉语分为两层：上位是“笔”，下位是“毛笔、铅笔、钢笔、圆珠笔、粉笔”等。英语分为三层，上位缺项，中间一层是“writing brush, pen, pencil, chalk”等，最下一层是 pen 又分为 fountain pen, ballpoint, quill 等等。

汉语	英语
笔	0
毛笔、铅笔、钢笔、圆珠笔、粉笔	writing brush, pen, pencil, chalk
	fountain pen, ballpoint, quill

表“桌子”的概念场，汉语和英语都分为两层。但相当于汉语“桌子”的一层，英语缺项。汉语可以说“屋子里有两张桌子，一张是书桌，一张是餐桌。”这句话要翻译成英语就无法表达：“There are two ______ in the room, one is a desk, the other is a table.”在______处填不上一个词。

汉语	英语
桌子	0
书桌，餐桌	desk, table

在上面两个表中,英语用“0”表示的地方,叫作“lexical gap”,我把它译成“缺项”。“缺项”是各种语言里都存在的,但不同语言缺项的情况不一样。这反映了不同语言的概念系统层级结构的不同。

四 词化

第二章说过,lexicalization 有两个意思:(1)某种语言形式其理据消失,结构凝固,最后变成一个词的过程;(2)由不同的语义要素(semantic elements)构成不同的词。前者习惯上把它译为“词汇化”,为了与之区别,我们把后者叫作“词化”。后者是本节要讨论的内容。

4.1 提出“词化”理论的是美国语言学家 L. Talmy。他在(1985, 2000)的论著中都谈到这个问题。下面做一简单的介绍。

L. Talmy(1985)说:

This chapter addresses the systematic relations in language between meaning and surface expression. Our approach to this has several aspects. First, we assume we can isolate elements separately within the domain of meaning and within the domain of surface expression. These are semantic elements like ‘Motion’, ‘Path’, ‘Figure’, ‘Ground’, ‘Manner’, and ‘Cause’, and surface elements like ‘verb’, ‘adposition’, ‘sub-ordinate clause’ and what we will characterize as ‘satellite’. Second, we examine which semantic elements are expressed by which surface elements. This relationship is largely not one-to-one. A combination of semantic elements can be expressed by a single surface element, or a single semantic element by a combination of surface elements. Or again, semantic elements of different types can be expressed by same type of surface element, as well as the same type by several different ones. We find here a range of typological patterns and universal principles. (P.57)

L.Talmy 把"位移事件"(motion event)分解为六种"语义要素"(semantic elements):"位移"(MOTION)、"路径"(PATH)、"物体"(FIGURE)、"背景"(GROUND)、"方式"(MANNER)、"动因"(CAUSE)。几个语义要素可以融合(conflate)到一个语言形式(词)里。

他根据各种语言主要动词所融合(conflate)的语义要素的不同,归纳出位移动词三种不同的"词化模式"(lexicalization patterns)。主要的两种是:

(1)"位移+方式"或"位移+动因"模式,"位移"和"方式/动因"要素融合在一个动词之中。如英语的"The bottle floated into the cave." [float: moved (Motion)+floating (Manner)]

(2)"位移+路径"模式,"位移"和"路径"的要素融合在一个动词之中。如西班牙语"La botella entró a la cueva flotando." [entró: moved (Motion)+into(Path)]

他用大量的例证说明了印欧语中的罗曼语(特别是西班牙语)是后一种模式,除此以外的印欧语(如英语)是前一种模式。

可以对比西班牙语和英语的下列例句:

Spanish	English
La botella salió de la cueva flotando.	The bottle floated out of the cave.

La botella se fué de la orilla flotando.	The bottle floated away from the bank.
La botella cruzó el canal flotando.	The bottle floated across the canal.
El hombro entró a la sotano corriendo.	The man ran into the cellar.
El hombro volvió a la sotano corriendo.	The man ran back to the cellar.
El hombro bajó a la sotano corriendo.	The man ran down to the cellar.

(flotando:floating.　corriendo:running.)

英语也有一些位移动词包含"位移＋路径",如 enter, exit, pass, return, cross 等,但那些动词都是借自罗曼语的。

4.2　L. Talmy 认为语言可以根据位移事件(motion event)的核心特征即位移的路径的编码方式分为两大类型:

Verb-framed languages: PATH is expressed by the main verb (MOTION conflate PATH). 如罗曼语。

Satellite-framed languages: PATH is expressed by an element (various particles, prefixes or prepositions) associated with the verb. 如英语。

他认为上古汉语是 Verb-framed language,现代汉语普通话是 Satellite-framed language。

L. Talmy 的这种语言类型的理论影响很大,很多语言学家赞同他的理论,也有很多语言学家对他的理论提出补充或修正。汉语究竟属于哪一种类型?这个问题也引起了广泛的讨论。因为这不属于本书的研究范围,所以在这里不谈。

4.3　L. Talmy 的词化理论对于词义的研究乃至整个语言研究都有很重要的意义。下面谈几点看法。

4.3.1　把词义分解为若干语义要素(semantic elements),这不是 L. Talmy 的首创,“义素分析法”早就有了。义素分析法把词义分解为若干义素,而且把词放到语义场中,力图通过对这些词的分析比较,找到一些共同的义素,用这些义素的不同组合可以构成这个语义场中所有的词。在词义分析的深入、精细和系统性方面,确实比传统的词义研究大大进了一步。但义素分析法着眼的主要还是一个一个的词,虽然也把词放到语义场中分析,但考察的还是同一语义场中各个词的义素构成的异同。义素分析法不考察一种语言中某一类词的语义构成的共同规律,也不比较几种语言之间词的语义构成规律性的差异。L. Talmy 的词化理论虽然做的只是“位移”范畴中的动词,但通过有关位移事件的语义要素的分析,概括了印欧语中罗曼语和罗曼语以外其他语言中位移范畴的动词的语义构成的规律,比较了两类语言中位移范畴的动词的语义构成规律性的差异,提出了两种“词化模式”,即罗曼语位移动词的语义都是“位移＋路径”构成的,罗曼语以外的印欧语的位移动词的语义都是“位移＋方式/动因”构成的。正因为概括的是处于深层次的语义构成规律,而且概括的面很广,所以这两种词化模式可以用来作为语言类型区分的标志。

L. Talmy 的词化理论,有一些问题是可以进一步讨论的。如“位移”范畴的词的语义分析,除了 L. Talmy(1985)提出的六个语义要素外,后来他又增加三个要素:矢量(VECTOR),构向(CONFORMATION)和指向(DIRECTION/DEICTIC)。除了“位移”范畴,其他的范畴是否也能概括出别的“词化模式”?这个问题也是可以进一步研究的。值得重视的是,L. Talmy 的词化理论提出了一种可操作的跨语言的词义分析方法,以及跨语言的词义结构、词义系统的比较方法。如果我们采用这种理论和这种思路扩大范围,继续研究,很可能会有新的收获。

4.3.2 L. Talmy 的“词化理论”表明:一个位移范畴的事件可以分解为若干语义要素,有的语义要素可以融合为一个动词,另外的语义要素可以单独作为一个词在句法层面出现。这种组配,不同的语言是不同的。英语的“The bottle floated out of the cave”,“位移”和“方式”两个语义要素融合为“float”一个词,而表示路径的“out”单独出现在句法层面上。西班牙语的“La botella salió de la cueva flotando”,“位移”和“路径”两个语义要素融合为“salió”一个词,而表示方式的“flotando”单独出现在句法层面上。这就不仅是个词义结构的问题,也关系到论元构成的问题。一种语言有什么词化模式,就有相应的论元构成。这种关系,在语言使用者的意识中是根深蒂固,“深入人心”的。英语是“位移+方式”词化模式,法语是“位移+路径”词化模式,第二语言习得的研究表明,这两种不同模式对以英语或法语为母语的人的语言表达(包括词义构成和句法构成)有很大影响。说英语的人既可以说“I went to park”,也可以说“I walked to park”,而说法语的人只说“Je suis allée au parc”,不说“J‘ai marche au parc”;但以英语为母语的人学法语,就可能说出这样的句子:“Le chat couru à la maison.”(小猫向房子跑去。)日语也是“位移+路径”词化模式,所以在日语中只有相当于“I went to park”的表达,如果要表达“I walked to park”的意思,就只能采用类似英语“I went to park by walking”这样的形式,这就是句法结构的改变。英语的“The children jumped in the water"是有歧义的，in 既可以表示处所（在水里跳），也可以表示方向或路径（跳到水里）。以日语为母语的人学英语，看到这个句子，只会理解成前一种意思，因为在日语中，"路径"是和"位移"融合成动词的，所以在句法层面出现的 in，不能是方向或路径，只能是处所。这些实际例子，很好地说明了词义结构和句法结构的关系。（关于第二语言习得的问题，参考了沈园 2007。）

4.3.3 本文前面说了"概念化"，这里又说了"词化"。这两者是什么关系呢？

"概念化"的第（1）、（3）两个问题和"词化"无关。第（2）个问题（概念的形成）和"词化"是有关系的。"概念化"关注的是从外部世界到意识层面的"概念"的问题，"词化"关注的是从意识层面的"语义要素"到词的问题。但"概念"和"词"密切相关，所以，"词化"也可以说是一种概念化，即：操不同语言的人，或是把"位移"和"路径"结合在一起，形成一个概念，表达这种概念的，就是西班牙语"entró"之类的位移动词；或是把"位移"和"方式/动因"结合在一起，形成一个概念，表达这种概念的，就是英语"float"之类的位移动词。前面我们提到两种概念形成方式，方式（A）是把同一范畴的"积木"分成不同的类加以集合，因分类的不同而形成不同的概念，方式（B）是把不同范畴的"积木"或分或合，因分合的不同而形成不同的概念。如果把"词化"也看作一种概念的形成方式，那么，"词化"这种概念形成方式看来和（B）式类似，也是把不同范畴的"积木"（比如"位移"和"路径"，或"位移"和"方式/动因"）结合在一起形成概念和词。但实际上，两者还是有很大不同。因为，方式（B）的"积木"都是存在于客观世界的一般人都能清楚认知的事物、动作和性状(如“马”、“山”和“白色”、“多草木”等等),所以我们称之为“认知因素”。而“词化模式”中的“积木”,是位移事件的语义要素(如位移、路径、方式、动因等),语义要素不是一般人凭感觉、直觉所能认识的,而是只有经过深入分析才能得出的。而且,概念形成方式(B)的“认知因素”是通过分或者合而形成不同的概念,比如A(白色)和B(牛),或是结合成“A+B”,就形成“犤”这个概念,或是A和B分开,就形成“白”和“牛”这两个概念。而“词化”是由几个语义要素的交替而形成不同的概念和词,比如,由“位移+路径”形成西班牙语“entró”之类的词,而把“路径”替换为“方式/动因”,就形成英语“float”之类的词。词化的公式是:A[α+β]—B[α+γ]。所以,我们不必把“词化”纳入“概念化”的范畴之内,而是可以把“概念化”和“词化”看作和词义密切相关的两个不同的问题。

应该说,“词”比“概念”更容易把握,所以,对汉语的研究来说,讨论“词化”的问题也许更为切近实际。

4.4 词化理论和汉语历史词汇研究

L. Talmy的词化理论主要是考察共时平面上不同语言的词的语义结构的类型特点,但这一理论也可以用于同一种语言的不同历史时期的词的词义结构的类型特点。对于汉语这样一种有悠久历史的语言,这样的考察尤其有价值。下面讨论两个有关的问题。

4.4.1 在汉语词汇的发展过程中,是否有词化模式的变化?

(一)在L. Talmy的词化理论提出以后,关于汉语从古到今是否发生了语言类型的演变,中外学术界有很热烈的讨论。L. Talmy认为古代汉语是V型语言,现代汉语是S型语言。贝罗贝等学者赞同这个观点。戴浩一认为现代汉语是以 V 型框架为主,S 型框架为辅的语言。Slobin 认为现代汉语是 E 型(equipollent framing language, 对等结构)语言。不过他们讨论的主要是现代汉语,特别是现代汉语的动补结构或连动结构中哪一个动词是核心,这主要是句法层面的问题,而不是词义分析问题,所以这里从略。

汉语历史上词化模式的变化,可以用“走”为例。

“走”古代的意义是“跑”,其词化模式为[位移+方式]:

《尔雅·释宫》:“室中谓之时,堂上谓之行,堂下谓之步,门外谓之趋,中庭谓之走,大路谓之奔。”

《释名·释姿容》:“两脚进曰行,……徐行曰步,……疾行曰趋,……疾趋曰走。”

这种用法先秦很常见:

《左传·昭公十七年》:“故夏书曰:‘辰不集于房,瞽奏鼓,啬夫驰,庶人走。’”

《庄子·盗跖》:“孔子趋而进,避席反走。”

到唐代,“走”的意义有所改变,有些例子表明,“走”已经变为“行走”了。如:

《敦煌变文校注·汉将王陵变》:“陵有老母,八十有五,走待人扶,食须人喂。”

但其词化模式仍然是[位移+方式]。

在《左传》中,出现了“走+处所名词”8 例:

《左传·文公十六年》:“百濮离居,将各走其邑。”

《左传·宣公十二年》:“赵旃弃车而走林。”

《左传·宣公十二年》:“遇敌不能去,弃车而走林。”

《左传·襄公十八年》:“齐侯驾,将走邮棠。”

《左传·襄公二十三年》:“奉君以走固宫,必无害也。”

《左传·昭公七年》:“寡君寝疾,于今三月矣,并走群望,有加而无瘳。”杜预注:“晋所望祀山川,皆走往祈祷。”

《左传·昭公十八年》:“卜筮走望,不爱牲玉。”

《左传·昭公二十六年》:“王愆于厥身,诸侯莫不并走其望,以祈王身。”

前4例,“走”仍然有“疾行”之义,但因为后面跟处所名词(P),表示“走”的目的,所以,“走+P”有“趋向”之义。不过,这种“趋向”之义,究竟是整个“走+P”具有的,还是“走”具有的,还不清楚。后面4例,“走”已经没有了“跑”的意思,“走”的词义中既包含“位移”,又包含“趋向(路径)”,已经比较清楚。但陆德明《经典释文》仅在襄公二十三年“奉君以走固宫”下注“走如字,一音奏”,他还是倾向于“走”不改读的。在其他处均无注。

《国语》中有一例:

《国语·鲁语下》:“从君而走患,则不如违君以避难。”韦昭注:“走,之也。”

“走”为“之”义,则是[位移+路径]了。

《淮南子》有一例:

《淮南子·说林》:“渔者走渊,木者走山。”高诱注:“走读奏记之奏。”

“走”不但是[位移+路径],而且已经变读了。

在《史记》中,注释标明“音奏”的共有9处,有的还注出词义“向也”:

《史记·项羽本纪》:“长史欣恐,还走其军。”《正义》:“走音奏。”

《史记·项羽本纪》:“杀汉卒十余万人。汉卒皆南走山。”《正义》:“走音奏。”

《史记·楚世家》:“射伤王。王走郧。”《正义》:“走音奏。”

《史记·萧相国世家》:“沛公至咸阳,诸将皆争走金帛财物之府分之。”《索隐》:“音奏。奏者,趋向之。”

《史记·伍子胥列传》:“盗击王,王走郧。”《索隐》:“奏云二音。走,向也。”

《史记·蒙恬列传》:“行出游会稽,并海上,北走琅邪。”《索隐》:“走音奏。走犹向也。”

《史记·黥布列传》:“可遂杀楚使者,无使归,而疾走汉并力。”《索隐》:“走音奏,向也。”

《史记·张释之列传》:“上指示慎夫人新丰道,曰:‘此走邯郸道也。’”《集解》:“如淳曰:‘走音奏,趋也。’”《索隐》:“音奏。案:走犹向也。”

《史记·吴王濞列传》:“因王子定长沙以北,西走蜀、汉中。”《正义》:“走音奏,向也。”

这些注音和释义说明“走”确实有了一个新的读音和新的词义:“向”。这个新义的词化模式已经不是[位移+方式]了。前7个例句中的“走”,其词化模式是[位移+路径],而第8例“此走邯郸道也”,可以说连[位移]要素也没有,只剩下[路径]要素了。

除了“此走邯郸道也”之外,“走”的这种词义演变是词化模式从[位移+方式]到[位移+路径]的语义要素交替。但“走”的这种[位移+路径]的词化模式后来没有延续下来。

这种变化是如何发生的?这个问题将在本书第六章中讨论。

史文磊(2014)中分析了“奔”的词化模式的演变。和“走”一

样,“奔”原来也是[位移+方式],后来演变为[位移+路径]。如:

《大宋宣和遗事》:“手持着闷棍,腰挂着环刀,急奔师师宅。”

这种词化模式的“奔”,一致延续到现在。

这样一种由语义要素交替而成的词化模式的历史变化,除了位移动词以外还有没有?这个问题是值得深入研究的。

(二)汉语词汇和词义的历史演变有一个很突出的特点:很多古代汉语的词的词义,在现代汉语中都要用词组来表达。如“沐”要说成“洗头”,“骊”要说成“黑马”。也就是说,同样的语义,古代汉语是把“动作”和“事物”、“事物”和“性状”这两者综合在一起,用一个词表达;现代汉语是把“动作”和“事物”、“事物”和“性状”这两者分开,各自独立成词,并用它们组成词组来表达。古代汉语和现代汉语的这种差异和发展,就是通常所说的“从综合到分析”。“从综合到分析”的问题,最早提出的是王力先生的《古语的死亡残留和转生》:“古语的死亡,大约有四种原因:……第四种是由综合变为分析,即由一个字变为几个字。例如由‘渔’变为‘打鱼’,由‘汲’变为‘打水’,由‘驹’变为‘小马’,由‘犊’变为‘小牛’。”(《王力文集》第十九卷)我在《古汉语词汇纲要》(1989)里也说过,后来杨荣祥《“大叔完聚”考释》(2003)和宋亚云《汉语从综合到分析的发展趋势及其原因初探》(2006)有进一步的阐发(不过宋文所说的不全是词汇问题,有很多是语法问题)。

这种现象,如果用 L. Talmy 的词化理论可以说得更清楚:古代汉语的词,很多是由两个(或几个)语义要素融合而成的。在现代汉语中,这些语义要素分别取得了独立的表达形式(词或词组)。那些古代汉语的词所表达的语义,要用现代汉语中这些词或词组组合成一个更大的语言单位来表达。

下面，参照 L. Talmy 的理论，把一些古代汉语中“综合”的词，按照其融合的语义要素的不同，分成若干词化模式。这仅仅是举例，这些“综合”的词究竟有哪些词化模式，还需要进一步研究。

(a)动作＋方式

瞻，《说文》：“瞻，临视也。”段注：“今人谓仰视曰瞻。” 向上看

顾，《说文》：“顾，还视也。” 回头看

睨，《说文》：“睨，衺视也。” 斜看

睇，《说文》：“睇，小衺视也。” 悄悄地斜看

窥，《说文》：“窥，小视也。” 从小孔中看

(b)动作＋对象

沐，《说文》：“沐，濯发也。” 洗头

沬(頮)，《说文》：“頮，洒面也。” 洗脸

盥，《说文》：“盥，澡手也。” 洗手

洗，《说文》：“洗，洒足也。” 洗脚

澣(浣)，《说文》：“澣，濯衣垢也。” 洗衣

(c)动作＋主体

集，《说文》：“群鸟在木上也。” 一群鸟停在树上

骤，《说文》：“马疾步也。” 马快跑

霁，《说文》：“雨止也。” 雨停

晛，《说文》：“日见也。” 太阳出现

(d)动作＋背景

跋，《毛传》：“草行曰跋。” 在草上走

涉，《毛传》：“水行曰涉。” 蹚着水走

(e)性状+事物

骊,《说文》:“骊,马深黑色。” 黑马

羖,《说文》:“羖,夏羊牡曰羖。” 黑公羊

畬,《说文》:“畬,三岁治田也。” 已垦种三年的田

旟,《尔雅》:“(旌旂)错革鸟曰旟。” 画着疾飞的鸟的旗帜

这种“从综合到分析”的变化,准确地说,应该和本文前面所说的“概念形成方式(B)”中所举的例子属于同一类,和 L. Talmy 所说的[位移+路径]和[位移+方式]这样由语义要素交替而成的词化模式的变化是有区别的。不过,如果不把词化理论局限于这种由语义要素交替而成的词化模式,而把词化理论看作是研究语义要素和表层要素之间并非一对一的关系,即 L. Talmy 所说的:“We examine which semantic elements are expressed by which surface elements. This relationship is largely not one-to-one. A combination of semantic elements can be expressed by a single surface element, or a single semantic element by a combination of surface elements.”见上文所引 L. Talmy,1985,P.57),那么,“从综合到分析”和上文所说的概念形成方式(B),如果从如何成词的角度看,也可以包括在“词化”的范围之内。在这一点上,“概念化”和“词化”是有交叉的。

4.4.2 词化理论表明,在不同的语言中,一个语义要素可以和另一个语义要素融合而出现在词的语义构成中,也可以单独作为词出现在句法层面。这种情形,在汉语发展的不同历史阶段也可以看到。

这里举“食”、“衣”、“耕”、“织”四个词。这四个词在我选取的10种先秦文献中的用法统计如下:

	总次数	带宾语	不带宾语	不带宾语的百分比
食	563	181	382	68%
衣	134	79	55	41%
耕	176	6	170	97%
织	38	12	26	68%

这四种动作都是有对象的，“食”的对象是“饭食”，“衣”的对象是“衣服”，“耕”的对象是“田地”，“织”的对象是“布”。对象是这几个动作的语义要素。但在先秦时，在很多情况下，这个语义要素不作为动词宾语出现。先秦汉语中，没有见过“食食/食饭”、“衣衣”这样的组合，“耕田”、“织布”也极少见。

《孟子·万章上》：“我竭力耕田，共为子职而已矣。”　10种文献中仅6例。

《孟子·滕文公上》：“许子必织布而后衣乎？”　10种文献中仅12例。

那么，在宾语不出现的情况下，对象的语义要素怎么表达呢？是和动作的语义要素融合在一起，成为动词的语义构成成分。下面一些例句中的这些动词，都包含着“对象”这个语义要素：

《庄子·马蹄》：“彼民有常性，织而衣，耕而食。”

《墨子·兼爱下》：“是故退睹其友，饥则食之，寒则衣之。”

《墨子·鲁问》：“翟虑耕而食天下之人矣，……翟虑织而衣天下之人矣。”

《国语·晋语四》：“公食贡，大夫食邑，士食田，庶人食力，工商食官，皂隶食职，官宰食加。”

《礼记·少仪》：“问士之子长幼。长，则曰：‘能耕矣。’幼，则曰：‘能负薪，未能负薪。’”

《庄子》例,四个动词都包含对象,今天翻译要说成“织布然后穿衣,耕田然后吃饭”,动作对象都要说出来。《墨子》例,“食”和“衣”后面都有宾语,但宾语是人而不是“饭食”和“衣服”,“饭食”和“衣服”已经作为语义要素包括在动词的构词成分之中;正因为如此,后面可以再跟表示人的宾语。《国语》例和《墨子》例相同,“食”后面的宾语不是动作的对象,而是“吃饭”的凭借。为什么这些动作的对象可以作为语义要素包括在动词的语义构成之中?一方面是因为这些对象是这些动作最常见、最固定的对象,所以可以进入动词的语义构成中。比较《礼记》例中的“能耕”和“能负薪”就可以看到,“负”的对象不固定,所以“薪”必须在句法层面表达出来,光说一个动词“负”,就无法知道什么是“负”的对象。另一方面是先秦的语言结构使然,先秦有这样一种词化模式[动作+对象],允许一些语义要素作为动词的语义构成成分。到后代,语言结构改变,这种词化模式消失(或者只在少数场合使用),即使这些对象还是动作的最常见、最固定的对象,也不能作为语义要素包括在动词的语义构成成分之中,通常要在句法层面出现。

所以,词的语义构成会影响到句法结构,不同历史时期的词的语义构成规则会有各自相应的句法结构。词义和句法不是截然分开的,而是有联系的。这也是词化理论给我们的启发。

这个问题,在本书第六章还要进一步讨论。

4.4.3 上面说的是在词义的演变过程中,一个词的语义构成要素,后来单独成词,在句法层面出现。除此之外,还有一种情况:早先包含在一个词里的语义构成要素,到后来会单独呈现,和原先的词构成一个复合词。对这种演变的分析,做得最出色的是胡敕瑞的“从隐含到呈现”。

胡敕瑞写过两篇文章《从隐含到呈现(上)》(2005)和《从隐含到呈现(下)》(2009),在学术界影响很大。这两篇文章中采用的术语"概念融合"(conflation)显然是受L. Talmy理论影响的,文章的参考文献中也提到了L. Talmy(1985):"Lexicalization Patterns"。但文章的主要内容和主要观点,都是作者独立研究的成果,作者对上古汉语和中古汉语语料做了细致的比较和分析,从中提炼出自己的观点。

这两篇文章是很值得读的。限于篇幅,这里只能把文章的内容做一简单介绍。

(一)从隐含到呈现的类别:

1. 作为施事的主体从隐含到呈现。如:驰≥马驰,鸣≥鸟鸣。

作为当事的主体从隐含到呈现。如:崩≥山崩,冻≥冰冻。

2. 体词修饰成分从隐含到呈现。如:臂≥手臂,犊≥牛犊。金≥黄金,象≥大象。

谓词修饰成分从隐含到呈现。如:白≥雪白,长≥绵长。望≥远望,蹑≥足蹑。

3. 动作中的对象从隐含到呈现。如:汲≥汲水,拱≥拱手。发≥发矢,耘≥耘草。

对象中的动作从隐含到呈现。如:言≥发言,害≥加害。衣≥着衣,雨≥下雨。

4. 结果中的行动动作从隐含到呈现。如:大≥增大,破≥打破。

结果中的运动动作从隐含到呈现。如:出≥步出,下≥来下。

(二)从隐含到呈现的具体原因:

1. 字形变化的因素。上古很多概念融合在字形中,隶变以后,汉字象形表意的功能大大减弱了,原本隐含于字形中的概念由于字形表意的失效而被迫形诸字外,所以“波”要呈现为“水波”,“拱”要呈现为“拱手”。

2. 语音变化的因素。早期汉语似乎趋向于用字形(即形义理据)来隐含类属,而用语音(即音义理据)来隐含性状。后来,由于语音的变化音义的理据被割裂,原来隐含于语音之中的“性状”也被迫通过两字组来呈现。所以“驹”呈现为“小马”,“豿”呈现为“小虎”。

3. 语义变化的因素。“发(發)”的本义(发矢)后来泛化为“发射”,所以“发”要说成“发矢”。“望”的本义(远看)后来和“视”混同,所以“望”要说成“远望”。“金”由本义(五金)变为“黄金”,为了使新义不和原义相混,新义要说成“黄金”。

4. 汉语自组织的因素:为了区分名词和动词,动词“礼”要说成“作礼”,动词“害”要说成“加害”。

文章还讨论了“呈现”对汉语语法的影响,也有很精彩的论述。但因为不是本章的内容,所以从略。

从上面简要的介绍可以看出,文章从大量的汉语语言事实出发,不但分析了“从隐含到呈现”的类别,而且分析了“从隐含到呈现”的原因,研究是很深入的。

4.4.4 前面在 4.4.1 里,谈了“从综合到分析”,这里又谈了“从隐含到呈现”。这两者是什么关系呢?有人认为“从隐含到呈现”就是“从综合到分析”的一种,这样看对不对?

我认为,这两者都是把语义层面和语言表层联系起来研究,深入探讨这种联系从古到今的变化,揭示了汉语词汇、词义历史演变的规律。两者讨论的一些现象有些有共同之处,但两者的角度是不同的。

“从综合到分析”是着眼于词的语义构成成分(认知要素)的变化,原来一个词的语义构成(认知要素)中包含(或“融合”)了两个语义要素(认知要素),后来这两个语义要素(认知要素)分别由两个词表示,两个词一起表示原词的语义。上面说过,其公式是:A[x+y]—B[x]+C[y]。

“从隐含到呈现”是比较从上古汉语到中古汉语,词的不同构造。上古是单音词,但一些主体、属性、对象、动作隐含在这个词中而未呈现。中古变为相应的复音词,隐含的部分在这个复音词中呈现出来。用公式表示,是:A(⊃B)→A+B(⊃表示隐含)。

把这两个公式加以比较,可以看到它们的不同之处。

“从综合到分析”的公式中,B,C是表达了A词的两个语义要素(认知要素)的两个词或词组,但和A绝不是同一语言单位,而且其中一个是A的上位词。比如,“骊→黑马”,骊≠黑≠马,“马”是“骊”的上位词。“沐→洗头”,沐≠洗≠头,“洗”是“沐”的上位词。

“从隐含到呈现”的公式中,中古的呈现形式A+B中,A必定和上古的隐含形式A相同(只不过上古是词,中古成为语素),而呈现出来的B的情况比较复杂,有两种不同的情况:(1)B是上古A的语义要素(如“崩→山崩”,“山”是“崩”的语义要素。“汲→汲水”,“水”是“汲”的语义要素)。如果是这种情况,那么,就和“从综合到分析”有共同之处:都是原先的语义构成要素独立出来了。但也有不同之处:“从综合到分析”是原先的词(“骊”)不存在了,“骊”为“黑马”代替;而“从隐含到呈现”是原先的词(“崩”和“汲”)依旧存在,只是其语义有所改变,“崩”变成泛指崩塌,“汲”变成泛指汲取,然后再加上“山”和“水”来表示其主体和对象。(2)B是上古A的性状,但不是语义构成中的要素,如“象→大象”,“大”不是“象”的语义构成的要素。“白→雪白”,“雪”更不是“白”的语义构成的要素,而只是对“白”这种性状的比拟。而且,“从综合到分析”中的B+C是固定的,“骊”只能说成“黑马”,不能说成别的马,“沐”只能说成“洗头”,不能说成洗别的东西。而“从隐含到呈现”中的B,有的是可以替换的,如“破→打破”,也可以是“踢破”,“礼→作礼”,也可以是“行礼”。这都说明这些B不是A的语义构成成分。在这种情况下,“从隐含到呈现”就和“从综合到分析”有别。

所以,总的看来,“从综合到分析”和“从隐含到呈现”是从不同角度揭示了汉语词汇、词义从古到今的演变规律,两者应当并存,不必把两者牵合在一起。

五 词义和所指

通过上面的讨论,可以明确一点:词义不能简单地等同于所指的事物,也不能看作客观事物在意识中机械的反映。词义表达的是人们对客观事物的能动的认知。洪堡特说得好:“词不是某个事物的等价品,是对这个事物的理解,语言从不指称事物本身。”(《论人类语言结构的差异及其对人类精神发展的影响》,P. 104)

除了上面举过的例子以外,还有不少例子可以说明这一点。

5.1 首先应当看到,常有这样的情况:词的所指相同,但词义不同。关于这一点,德国学者弗雷格有过一个经典性的论述:“暮星(Evening Star)和晨星(Morning Star)的指称虽然是同一个星辰,但这两个名称具有不同的涵义(sinn,也可译为“意义”)。”因为,“The Morning Star is the Evening Star”这句话是有意义的,这就证明“Morning Star”和“Evening Star”是两个不同词义的词,如果是两个词义相同的词构成一个判断句(如:“Star is star”),那就是毫无意义的同义语反复了。(《论涵义和指称》,1829。引文见《语言哲学名著选辑》,三联书店,1988,P. 2)同样的,the victor at Jana 和 the loser at Waterloo 都指拿破仑,但这两个词的词义却不相同,所以,可以说“The victor at Jana is the loser at Waterloo”。中文里也有不少这样的例子。如:《诗经·小雅·大东》:“东有启明,西有长庚。”“启明”和“长庚”指的都是金星,但其词义不同。“月亮”和“月球”所指相同,但词义不同。可以说“八月十五的月亮最圆”,但不能说“八月十五的月球最圆”。

为什么所指相同,但意义不同呢?因为词义不能简单地等同于它的所指,词义表达的是人们对事物的不同状态、不同侧面的认识和对事物的主观评价。

“Morning Star”和“Evening Star”,“启明”和“长庚”是同一星辰出现的不同状态,或是出现在早晨,或是出现在黄昏。

《说文》:“菡萏,扶渠华。未发为菡萏,已发为夫容。”“菡萏”和“夫容(芙蓉)”都是荷花,但所处的状态不同:一是未开的,一是已开的。

《说文》:“膍,牛百叶也。”段注:“胃薄如叶,碎切之,故云百叶。未切为膍胵,既切则谓之脾析,谓之百叶也。”“膍胵”和“百叶”的状态不同:一是未切的,一是已切的。

这是人们对同一事物的不同状态的认识,形成不同的词义。

《说文》:“垣,墙也。”“壁,垣也。”“墙,垣也。”这三个词所指相同,都是“建筑物中砖、石或土等筑成的屏障或外围”。从《说文》的解释看,好像是完全同义的。但是《说文》的解释过于简单。段注指出:“垣自其大言之,墙自其高言之。”“壁自其直立言之。”段注说的是对的。它们的词义不完全相同。《论语·子张》:“赐之墙也及肩……夫子之墙数仞。”“墙”是自其高而言。张载《剑阁铭》:“是曰剑阁,壁立千仞。”“壁”是自其直而言。《诗经·小雅·鸿雁》:“之子于垣,百堵皆作。”“垣”是自其大而言。在这三句话中,“垣”、“墙”、“壁”不能互换。(当然,这三个词也有“浑言则同”的情形。)这是人们对同一事物的不同侧面的认识,形成了不同的词义。

《尚书》:“歼厥渠魁。胁从罔治。”孔颖达疏:“谓灭其元首,……史传因此谓贼之首领为渠帅,本原出于此。”“渠魁”就是“元首”、“首领”,但是是贬义的。

司马迁《报任安书》:“仆赖先人绪业,得待罪辇毂下,二十余年矣。”“待罪”即“居官”,但是是谦称。

《说文》:“悍,勇也。”《荀子·大略》:“悍戆好斗,似勇而非。”杨倞注:“悍,凶戾。”“悍”就是“勇”,但是是贬义的。

“首领”和“渠魁”,“居官”和“待罪”,“勇”和“悍”,这是人们对同一事物、同一行为、同一性状的不同评价,形成了不同的词义。

这些词义的不同,也可以用分类不同解释:人们根据事物的状态、侧面、评价的不同,把事物分成不同的类。分类的根据也有事物本身的客观因素,但更主要的是人们认识的主观因素。比如荷花的未开和已开是事物本身的客观因素,但这种未开、已开的客观因素很多花都有,但别的花都不因此而形成不同的词义,唯独荷花分为“菡萏”和“芙蕖”,而且在现代汉语中这种区分已经消失,所以,“菡萏”和“芙蕖”的区分主要还在于当时人们的认知。再如“垣”、“墙”、“壁”三者的区分,在现代汉语中也已经消失,“壁”、“墙”这两个词虽然还存在,但其区别是文白色彩的区别,如“壁灯”不能叫“墙灯”。而在英语中,就不存在“垣”、“墙”、“壁”那样的区别，而且，汉语中“城”和“墙”的区别，在英语中也不存在，汉语中“长城”和“花园的墙”，译成英语都是“wall”。这些词义的差别，与其说是由于客观事物的不同形成的，不如说是由于主观认知的差异形成的。

5.2 人们常常讨论一个问题：像“车”、“船”、“布”这样一些事物，从古到今发生了很大变化，它们的词义是否发生了改变？这个问题也要从“词义”说起。

【车】《说文》：“舆轮之总称。”《现代汉语词典》：“有轮子的陆上运输工具。”《现代汉语词典》对“车”的词义概括更为准确，指出“车”的词义特点是：1. 陆上的运输工具；2. 有轮子的。其实质和《说文》是一致的，《说文》中有“轩”、“辎”、“軿”、“辒”等不同的车，《说文》说“车”是“舆轮之总称”，意思也是说，“车”的特点是有轮子的。“用于陆上运输”这一点没有说，但是不言而喻的。词义本来就是概括的，概括了事物的主要（不是“本质”）特征，舍弃了事物的其他（不是“非本质”）特征。只要这个主要特征不变，词义就没有变。车的形制、动力、速度、运载量等从古到今也发生了很大的变化，但作为“陆上有轮子的运输工具”这一点始终没有变，所以“车”的词义没有变。只是随着科技的发展，现代出现了悬浮列车，这是没有轮子的车，与“车”的词义有些差异，但悬浮列车作为陆上的运输工具和一般火车差别甚小，人们在乘坐时感觉和一般火车一样，并不注意其有轮无轮，因此还是称之为“车”。所以，“车”中新出现的这一种并不导致“车”的词义改变。

【船】《说文》：“舟，船也。古者共鼓货狄，刳木为舟，剡木为楫，以济不通。”“船，舟也。”《现代汉语词典》：“水上的主要运输工具。”“船”是水上的运输工具，这是没有问题的。但水上的运输工具不止“船”一种,还有“桴”和“筏”。《说文》:“泭,编木以渡也。”通常写作“桴”。《论语·公冶长》:“乘桴浮于海。”《集解》引马注:“桴,编竹木也。大者曰筏,小者曰桴。”“船”是和“桴、筏”相对的,《说文》说“古者共鼓货狄,刳木为舟”,是说“舟”的起源,但也说出了“舟”不同于“桴、筏”的特点:“桴、筏”是在平面上载人和物,“舟”、“船”是上面有空间载人和物。凡是有空间载人和物的水上运输工具,不论是独木船还是万吨巨轮,都是船;这是“船”的词义的特点。和“车”一样,“船”的形制、动力、速度、运载量等从古到今也发生了很大的变化,但作为“有空间载人和物的水上运输工具”这一点始终没有变,所以“船”的词义没有变。但是,应当承认,作为“宇宙飞船”(spacecraft)的“船”,“船”的词义改变了,或者说扩展了,因为它已经不是水上运输工具。那么,为什么汉语中还把它叫“船”呢?这可能是从英语来的,英语把“spacecraft”叫作“spaceship”,所以汉语称为“宇宙飞船”。“spacecraft”是一种新出现的星际运输工具,人们会根据自己已有的生活经验把它归入已有的交通工具的一类。英语“spacecraft”也可以叫“space vehicle”,但不如叫“spaceship”普遍。这大概是“ship”作为远洋航行的工具,比“vehicle”走得更远。所以,把“spacecraft”称为“spaceship”,并不是由于两种东西在形制或结构上有什么相似,而还是源于人们对它们的认知和生活经验。

【布】《说文》:“布,枲织也。”《现代汉语词典》:“用棉、麻等织成的、可以做衣服或其他物件的材料。”“布”是一种纺织品,主要用于做衣服,这是“布”的词义古今相同的地方。但拿《说文》和《现代汉语词典》相比,在布的原料上,今天已经比古代扩展:除了麻还有棉。这在物质文明上确实是一个大变化。那么,“布”的词义古今是否有改变？我们可以从另一个角度看一看。《礼记·礼运》："昔者衣皮羽，后圣治其麻丝，以为布帛。"古人把制衣的织物分为两大类，用麻织的是"布"，用丝织的是"帛/缯"；不是"帛"的就是"布"，这是人们认识上的分类。实际上，古代用来织布的原料主要是麻，但还有葛，麻和葛是两种不同的植物。只是用葛织成的"絺"、"绤"和用麻织成的"纻"、"褐"的区别不如和缯帛的区别显著，所以，麻织的和葛织的合为一类，都叫"布"。《小尔雅·广服》："麻、纻、葛曰布。布，通名也。"后来，纺织的原料多了一种棉，但人们仍把织物分成两类，不是帛就是布，所以棉织的仍归入"布"这一类。到现代，原料更多了，实际上《现代汉语词典》所说的"用棉、麻等织成的、可以做衣服或其他物件的材料"也没有完全包括，现代还有尼龙布、化纤布；不管什么新材料，只要不是丝织的都是"布"。所以，我们不妨这样来表达"布"的词义："丝绸以外的可以做衣服的材料。"如果这样来看待"布"的词义，应该说"布"的词义古今没有改变。那么，这些新的做衣服的材料为什么不归入"绸"呢？这大概是因为它们没有绸那样轻、薄、柔、滑，而是和棉布、麻布相近似。实际上，有些新的材料也可以叫作"绸"，如"尼龙绸"，因为它们很像绸。究竟是叫布还是叫绸，首先也是取决于人们的感知，而不在于其物质结构。

所以，一个词的词义古今有没有变化，不是看它所指的事物古今有没有变化，而是看人们从认知上为它所做的规定有没有变化。

六　语言义和言语义

上面是从词义与事物、与认知的关系来谈"什么是词义"。下面从语言系统内部来谈"什么是词义"。

这个问题,和什么是“词”一样,也可以有多种回答。因为在语言系统内部,“词义”也有多种不同的含义。在各种汉语词汇学的著作中谈得较多的有这样一些:语言义、言语义、语文义,术语义,文化义。

研究词汇的都知道,要区分语言义和言语义。

6.1　首先说“语言义”。“语言义”主要是指词的概念义,通常就是词典里为这个词下的定义。一般认为,语言义是词的固有意义。但“概念”是人们对各类客观事物(包括动作、性状等)的概括,同一类事物中的各个成员并不是都具有共同特征(attributes)的,用维特根斯坦(L. Wittgenstein)的话说,各个成员具有的是“家族相似性”(family resemblance)。那么,我们应该怎样来理解词的概念义呢?

Jackendoff R. 在 *Semantic Structures* 中对两个词的词义做了分析:

(1)climb

a. Bill climbed (up) the mountain.

b. Bill climbed down the mountain.

c. The snake climbed (up) the tree.

d. ?* The snake climbed down the tree.

他说:“climbing” 关系到两个条件(conditions):(1)一个个体向上运动。(2)一个个体以使劲抓住某物的方式移动,即 clambering(攀登)。例 a 是符合这两个条件的。例 b 违反了第一个条件。例 c 违反了第二个条件,因为蛇不会攀登。例 d 两个条件都不符合,所以这种动作不能叫“climbing”。所以,这两个条件都不是必要条件,但都是充分条件。例 a 是典型(stereotypical)的“climbing”,

例 b，c 是边缘(marginal)的“climbing”。

(2) see

a. Bill saw Harry.

b. Bill saw a vision of dancing devils.

c. Bill saw a sign, but he didn't notice it at the time.

d. * Bill saw a vision of dancing devils, but he didn't notice it at the time.

他说:“x see y”的“see”也有两个条件:(1)x 的视线接触到 y。(2)x 有对 y 视觉印象。例 a 满足这两个条件,例 b 违反(1),例 c 违反(2),但都能用“see”。例 d 违反了两个条件,这个句子就很奇怪了。例 a 是典型的,例 b,c 是边缘的。

R. Jackendoff 认为“climb”的 a,b,c 义和“see”的 a,b,c 义不是一词多义,而是一个词的同一义位,但在不同场合,意义有差别。

这种差别是不是“言语义”的差别呢?不是。这个问题,我们在下面谈了“言语义”以后,再回过来讨论。上述 R. Jackendoff 所举的例句中的“climb”和“see”,应该都是它们的概念义。那么为什么同一个词的同一个义位,其概念义会有所不同呢?

R. Jackendoff 把这种两个条件组合的情况称作“preference rule system”,并且认为这能够说明 Wittgenstein 的“family resemblance”和 Rosch(1978)的“prototype”(原型)。(P. 35—36)

确实,造成这种情况的原因在于,概念是一个原型范畴。有的时候,词义反映的是概念的最具原型性的成员,有的时候,词义反映的是概念的边缘成员。仔细观察一下,这样的例子其实并不少见。我们从现代汉语说起,因为现代汉语大家都有较强的语感。

“吃”是一个很常见的词。《现代汉语词典》中“吃”的释义是:

❶把食物等放到嘴里经过咀嚼咽下去(包括吸、喝):～饭｜～奶｜～药。

"吃饭"是经过咀嚼咽下去的,这不成问题。但"吃奶"、"吃药"就不好说了,所以要补充说"(包括吸、喝)"。但这样的释义,是否把所有"吃"的动作都能包括呢?不然。"吃糖"就既没有经过咀嚼,也不是吸下去或喝下去。

又如:"爬"这个词(注意:汉语的"爬"和英语的"climb"大致对应,但不完全等同),《现代汉语词典》的释义是:

❶昆虫、爬行动物等行动或人用手和脚一起着地向前移动:蝎子～进了墙缝｜这孩子会～了。❷抓着东西往上去;攀登:～树｜～绳｜～山。◇墙上～满了藤蔓。

显然,这样的释义不能概括"一条蛇从树上爬下来"和"我从南面爬上山,又从原路爬下来"这些句子中"爬下来"的"爬"。另外,仔细考察,"爬树"和"爬山"的"爬"动作也不一样。

这不能归咎于词典释义的不严密,而是因为概念是个原型范畴,这个范畴里有很多成员,有的成员是最具原型性(prototypicality)的(比如"吃饭"的"吃"),有的成员是处于边缘地位的(比如"吃糖"的"吃")。词典的释义是对这个范畴的众多成员的特点的概括,它主要根据原型的意义,而无法照顾每一个边缘成员的意义。当这个词的边缘成员出现在句子中时,词典的释义就无法适用于它了。

上面所举的都是动词的例子,名词也存在这样的现象。R. Jackendoff 在上述著作中说:

比如,模式化(steriotipical)的"chair"有模式化的形状和标准的功能(大致是"有背的可供人坐的东西");有适合的功能但形状不同的东西(例如“beanbag chair”——以小球粒为填充物的坐具)是这个范畴的边缘的例子,有同样的形状但无此功能的东西(例如报纸做的椅子)也是如此。

我们可以看一下汉语中的“椅子”。《现代汉语词典》:“【椅子】有腿有靠背的坐具。”但“躺椅”的功能就不是坐,而是斜躺在上面。而“轮椅”的形状和一般的椅子也很不相同。这些都是“椅子”这个范畴的边缘成员,“椅子”的释义当然无法和它们完全切合。

下面举一个古汉语的例子。古汉语词汇的概念义是什么,无法根据古代的字书来确定,因为古代字书的释义往往十分简单,而只能参照现代编纂的辞书的释义来加以确定。下面以“举”为例。“举”是个多义词,下面只谈它的主要义位。所引辞书的解释,例句从略,只列出有关的词组。

【举】

《说文》:“举,对举也。”

《汉语大词典》: 1. 双手托物使之向上。“举百钧”。2. 指扛,抬。“举辇”。3. 拿起;提起。“举长矢”、“举一纲”。4. 飞;飞起。“黄鹤举”。7. 仰起;抬起。“举头”、“举眼”。

《王力古汉语字典》:1. 手向上托起东西。“举一羽”。泛指执持(手臂略高起)。“举棋”。2. 一种向上的动作。“举踵”、“举翅”。

《现代汉语词典》:1. 往上托,往上伸。～重｜～手｜高～着红旗。

比较几种辞书,可以看出,《汉语大词典》义项分得太碎。《王力古汉语字典》概括得较好,分成两个义项。《现代汉语词典》合成一个义项。我认为,“举”作为人发出的具体动作(和“举措”、“举办”等抽象行为相对),可以分为相互联系的两类:(1)人用力使某物向上(即:向上托)。(2)人(引申为动物)的肢体向上(即:向上伸)。《王力古汉语字典》分成两个义项是对的,而《现代汉语词典》着眼于两者的联系,合成一个义项,也是可以的。但无论是一个义项还是两个义项,词典的释义,还是不能适用于某些“举”。如:

左思《吴都赋》:“楼船举帆而过肆。”吕向注:“举帆者,挂席用风力也。”

《抱朴子·释滞》:“天地至大,举目所见,犹不能了。”

“举帆”大致相当于“挂帆”,是使帆升高的动作,但和“举百钧”、“举一羽”的“举”不一样,不能用“向上托”解释。“举目”,和唐宋时的“抬眼”相似(如柳永《定风波》词:“任越水吴山,似屏如障堪游玩。奈独自、慵抬眼。”),也有一点“向上”的意思,但和“举手”、“举头”的“举”不一样,不能用“向上伸”解释。

究其原因仍然在于:“举”所表达的范畴是一个原型范畴,词典的释义是概括这个范畴的原型特征,而这个范畴的各个成员,有的是具原型性的,如“举百钧”、“举一羽”、“举手”、“举头”,所以和释义很切合;有的是处于边缘地位的,如“举帆”、“举目”,所以和词典的释义有很大距离。

C. J. Fillmore “*Frame Semantics*”有一段话说得很好。他举“breakfast”(早餐)这个词为例,说:

“理解这个词,就是要理解(1)我们文化中的一个行为(实践活动),即一日三餐。(2)早餐是在睡完一觉之后在一天中较早时间中进行的。(3)有独特的菜单(这视社团的不同而有许多细节差异)。关于‘breakfast’,最有趣的是,这三个条件中的任何一个都可以单独缺席,同时仍然允许说话者使用这个词。一个人可以工作一个通宵,然后在日出时吃鸡蛋、烤面包片,喝点咖啡、橘子汁,并把这些称为'早餐'。显然,'睡觉后'这个范畴特征不是一个严格标准;一个人也可以从早晨开始睡,到下午三点起床,起来吃鸡蛋、烤面包片,咖啡和橘子汁,你也可以把这称为'早餐',显然,'早晨'这个范畴特征也不是一个严格标准;一个人也可以晚上睡觉,早晨起床,吃点卷心菜汤、巧克力派作为'早餐',显然,'早餐菜单'也不是一个严格标准。我们想说的是,当我们观察像这样的用法现象时,不是我们一直没有抓住这个词语意义的核心,而是词语给我们一个范畴,该范畴可以用在很多不同的语境中,这些语境由一个典型用法的多个方面来决定——所谓典型用法是指背景情景或多或少比较准确地跟定义的原型相匹配。"(见詹卫东中文翻译, P.391)

从原型理论来看,C. Fillmore 所说的情况应该是有普遍性的。但究竟是否所有的词义都是如此,这还要通过全面的调查才能下结论。

6.2　下面说"言语义"。

什么是"言语义"? 是不是凡是出现在具体的言语中,词的意义和词典的释义有所不同的都是"言语义"?

言语中的词的意义和词典的释义有所不同,有三种情况。

6.2.1　词典的释义是概括的,而言语中的词的意义,有时仍具有概括性,有时只指其中某一类或某一个。如:

《论语·为政》:"人而无信,不知其可也。"　"人"指所有的人。这和"人"的词典释义相同。

《左传·襄公三十一年》:"人谓子产不仁,吾不信也。"　"人"

指某些人。

《韩非子·说林》:“今有人见君,则睐其一目。” “人”指某个人。

又如:

《管子·五辅》:“为人君者,中正而无私。为人臣者,忠信而不党。为人父者,慈惠以教。为人子者,孝悌以肃。为人兄者,宽裕以诲。为人弟者,比顺以敬。为人夫者,敦懞以固。为人妻者,劝勉以贞。”“人君”的“人”,必然指臣下;“人臣”的“人”,必然指君主;“人子”的“人”,必然指成人;“人夫”的“人”,必然指女人;“人妻”的“人”,必然指男人。

当它们指某一类或某一个的时候,这一类和那一类,这一个和那一个,其特征当然会有不同。但这是指称的不同,而不是词义的不同。根据我们的直觉,我们会觉得这些“人”和词典中的“人”词义并无不同。Lyons 在 *Semantics* 中对“sense”(词义)和“reference”(指称)做了严格的区分,他说:在下面这些句子中的“that book over there”的 sense 是相同的,而 reference 是否相同是取决于具体语境的:

Have you read that book over there?

Bring me that book over there.

I have read that book over there.

(P. 206)

我们可以进一步说:即使是同一个人在不同时间说同一个句子,“把那本书拿给我”,其中的“书”的所指也可能不同。今天他说这句话,“书”可能指《红楼梦》;明天他说这句话,“书”可能指《资本论》。但这些都是“书”的指称,而不是“书”的意义。不但不是“书”

的语言义，也不是“书”的言语义。如果把这些都看作“书”的言语义，那么，“书”的言语义何止上万个。

名词是如此，动词、形容词也是如此。“吃”的意义是概括的，“人吃饭”、“牛吃草”、“蚕吃桑叶”的“吃”是“吃”的不同的类，其具体方式的不同，是其指称的不同，而不是意义的不同。“茂（繁茂）”的意义是概括的，草木之茂和五谷之茂是“茂”的不同的类，其具体状貌的不同，是其指称的不同，而不是意义的不同。

6.2.2　有些出现在言语中的词的意义和词典中的释义不相切合。如上面所说的“吃糖”的“吃”、“蛇爬下来”的“爬”、“举帆”、“举眼”的“举”以及“躺椅”的“椅”都是。

这种词的意义是不是言语义呢？我认为不是。因为，它们还是分别在“吃”、“爬”、“举”、“椅子”这些范畴里的，它们和这些范畴里的原型性成员仍然有家族相似性，只不过是处于边缘地位，所以它们的主要特征和原型性成员的特征不同。而词典释义是根据原型性成员的特征做出的，所以和它们的意义不切合。

6.2.3　有些词受语境的影响，临时产生了新的、与其语言义不同的意义（但这种新的意义与其语言义还是多多少少有些联系）。这是词的言语意义。

语境（context）包括上下文语境（linguistic context），情景语境（situational context），文化语境（cultural context）。

（一）上下文语境

人们接触得最多的是词的上下文意义。古书中对词语的注释，其实有不少不是词义，而是上下文意义。

（1）下面举一些《论语》注释的例子。

何晏等《论语集解·里仁》：“君子怀德孔曰：怀，安也，小人怀土孔曰:重迁;君子怀刑孔曰:安于法,小人怀惠包曰:惠,恩惠。”

朱熹《论语集注·里仁》:“君子怀德,小人怀土;君子怀刑,小人怀惠。怀,思念也。怀德,谓存其固有之善。怀土,谓溺其所处之安。怀刑,谓畏法。怀惠,谓贪利。”

刘宝楠《论语正义·里仁》:“君子怀德,小人怀土;君子怀刑,小人怀惠。《尔雅·释诂》:‘怀,思也。’《说文》:‘怀,思念也。’君子……所思念在德也。……小人……所思念在土也。……怀刑,则日儆于礼法,而不致有匪僻之行。……小人所怀在恩惠也。”

这三种注解,都是先解释“怀”的意义,有的解释为“安”,有的解释为“思念”,这都是“怀”的词义(语言义)。在《论语·里仁》的这段话中,“怀”出现了四次,分别和“德”、“土”、“刑”、“惠”组合,按说,四个“怀”的意义应该是一样的。但是,这三种注解对四个“怀”都做了不同的解释。《集解》在“怀刑”下面做了解释:“安于法”,在“怀土”下面注解“重迁”,可以认为意思是“安土重迁”,这是把两个“怀”解释为“安”;但在“怀惠”下没有解释,看来要把“怀惠”解释为“安于惠”比较困难。朱熹在解释四个词组时,都用了“谓……”,特别在解释后两个词组时,用了“谓畏法”、“谓贪利”。在古书注解中,都用“谓”来表示上下文意义,大概朱熹觉得在这些词组中把“怀”解释为“思念”有点不顺,而用“谓畏法”、“谓贪利”等说法更贴近文意。刘宝楠力图用“思念”来解释文中的“怀”,但在遇到“怀刑”的时候,他也觉得如果说“所思念在刑”就不顺,所以要说成“日儆于礼法,而不致有匪僻之行”。这个例子很好地说明了上下文意义是怎样产生的:有时候,某个词在某种上下文中会超出其原型范畴,不能完全按照其固定意义来解释,其意义会根据上下文而产生一些改变,这就是“上下文意义”。

《论语·宪问》:“子曰:‘骥不称其力,称其德也。’”《集解》:“德者,郑曰:调良之谓也。”朱熹注:“德,谓调良也。”

这是因为:“德”是用来称人的,说“马之德”不合适,所以,“德”在此是“调良”(经过调治而驯良)之意。这是上下文意义。

《论语·卫灵公》:“放郑声,远佞人。”《集解》:“孔曰:郑声、佞人,……当放远之。”没有对“放”单独解释。朱熹注:“放,谓禁绝之。”刘宝楠《正义》:“放者,罢废之也。”

这是因为:“放(放逐)”是对人的处置,用在“郑声”前面不合适,所以要解释为“禁绝”或“罢废”。这是上下文意义。

这是上下文意义很常见的一种情况。

(2)上下文意义的另一种情况是:词的基本意义不变,但要根据上下文补充某些意思。如:

《论语·述而》:“举一隅不以三隅反,则不复也。”《集解》于“反”无注,只是说:“其人不思其类,则不复重教之。”朱熹注:“反者,还以相证之义。”刘宝楠《正义》:“反者,反而思之也。”

显然,“反”在这里的基本意思还是“回过来”、“反过来”,但仅仅是这个意思不够,所以注释家要加上“相证”、“思之”等意思。“还以相证”、“反而思之”是“反”的上下文意义。

《论语·泰伯》:“曾子有疾,召门弟子曰:启予足,启予手。”《集解》:“郑曰:启,开也。……使弟子开衾而视之也。”朱熹注同郑注。

“开”是“启”的固定词义,但无法和“足”、“手”相配,所以要解释为“开衾而视之(足/手)”,这是上下文意义。也许,这种解释增加的意思太多了,所以刘宝楠《正义》说这是“增文成义”,他解释说:“开”为“展布手足”之义;又引王念孙说,“启”同“晵”,视也。这也可备一说。但“启,开也”是常训,而某个词在上下文中需要“增文成义”的也并不罕见,所以,把“开衾而视之”作为“启”的上下文意义是可以的。

《论语·里仁》:“父母之年,不可不知也。一则以喜,一则以惧。”朱熹注:“知,犹记忆也。”

朱熹大概觉得仅仅知道父母之年不够,知道了还要记住。这是上下文意义,对于文意是切合的。杨伯峻《论语译注》把这句话译成“父母的年纪不能不时时记在心里”,就采用了这个意义。

在阅读古文时,这种情况是常见的:仅仅用词的固定意义,无法读通文句,必须根据词的上下文意义,文句才能读通。如:

《荀子·劝学》:“故木受绳则直,金就砺则利。”

这里的“受”不能仅仅理解为“接受”,而是指“被按照绳墨来加工”;“就”不能仅仅理解为“靠近”,而是指“放到……上磨”。

《管子·制分》:“故凡用兵者,攻坚则轫,乘瑕则神。”注:“轫,牢固之名也。所攻既坚,则轫而难入。瑕,谓虚脆也。所乘既脆,纏然瓦解,故若神。”

说“轫”(通“韧”)表示“牢固”,“瑕”表示“虚脆”,意义都有一定的引申。而说“神”是“纏然瓦解,故若神”,则显然是随文解释,和“神”固有的意义相差甚远。这都是上下文意义。

不过,有的注释家离开了词的固定意义,完全根据上下文来确定词义,这种做法并不可取。如:

《论语·公冶长》:“臧文仲居蔡。”朱熹注:“居,犹藏也。蔡,大龟也。”

用“藏”来解释“居”,把“臧文仲居蔡”读作“臧文仲藏蔡”,好像很通顺。但“居”为什么会有“藏”的意思呢?刘宝楠根据《左传·文公二年》对臧孙此事的记载,认为“居蔡则作室以居之”,这才是准确的解释。

(3)上下文意义还包括因“词类活用”而产生的临时意义和因修辞(包括隐喻和转喻)而产生的临时意义。如：

《左传·襄公二十二年》:“吾见申叔,夫子所谓生死而肉骨也。”

生:使……复活。肉:使……长肉。

李白《赠孟浩然》诗:“醉月频中圣,迷花不事君。”

圣:指好酒。魏晋时酒徒呼清酒为“圣人”,呼浊酒为“贤人”。

(二)情景语境

有些词意义比较宽泛,可以用在不同的情景中,可能产生一些看起来不一样的意义,不但我们今天会感觉其意义不同,就是古人做注,也会做出一些不同的注解。现代编纂的一些词典,会根据古书的注,把它们处理成不同的义项。“病”是一个例子。

【病】《汉语大词典》“病”字条下列了16个义项:

①重病;伤痛严重。②犹心病。③癖好。④疲惫。⑤贫困。⑥艰难困苦。⑦缺点;错误。⑧弊,不利。⑨祸害。⑩难,不易。⑪忧虑。⑫耻辱;以为羞辱。⑬怨恨;厌恶;不满。⑭批评;指责。⑮侵犯;攻打。⑯失败。

我们对其中四个义项做一些讨论:

④疲惫。《孟子·公孙丑上》:“今日病矣,予助苗长矣。”赵岐注:“病,罢也。”

⑤贫困。《左传·哀公十四年》:“孟孙为成之病,不圉马焉。”杜预注:“病,谓民贫困。”

⑮侵犯;攻打。《左传·桓公十年》:“北戎病齐,诸侯救之。”《左传·庄公三十年》:“冬,遇于鲁济,谋山戎也。以其病

燕故也。"

⑯失败。《国语·晋语三》:"以韩之病,兵甲尽矣。"韦昭注:"病,败也。"

这些义项及其释义对不对呢?从《汉语大词典》本身所举的例句来看,用这些释义来解释句中的"病"字,句子都很通顺。但如果我们多看一些例句,就会发现问题:

(1)《论语·卫灵公》:"在陈绝粮,从者病,莫能兴。"

(2)《左传·成公二年》:"郤克伤于矢,流血及屦,未绝鼓音,曰:'余病矣!'"

(3)《左传·宣公二年》:"宣子田于首山,舍于翳桑,见灵辄饿,问其病,曰:'不食三日矣。'"

(4)《左传·襄公二十九年》:"于是郑饥而未及麦,民病。"

(5)《左传·襄公二十二年》:"以大国政令之无常,国家罢病。"

(6)《左传·僖公四年》:"师出于陈、郑之间,国必甚病。"

(7)《左传·昭公三十年》:"吴子问于伍员曰:'……伐楚何如?'对曰:'若为三师以肄之,……亟肄以罢之,多方以误之。既罢而后以三军继之,必大克之。'阖庐从之,楚于是乎始病。"

(8)《左传·哀公十五年》:"吴人加敝邑(鲁)以乱,齐因其病,取讙与阐。"

(9)《左传·襄公二十五年》:"齐崔杼帅师伐我北鄙。……(孟公绰)曰:'崔子将有大志,不在病我,必速归,何患焉?其来也不寇,使民不严,异于他日。'"

(10)《左传·定公八年》:"公朝国人,使贾问焉,曰:'若卫叛晋，晋五伐我，病何如矣？'皆曰：'五伐我，犹可以能战。'贾曰：'然则如叛之，病而后质焉，何迟之有？'"

例(1)的"病"无法用《汉语大词典》的16个义项中的任何一个来解释。从例句看，这个"病"似乎可以解释为"饿"。那么，是不是要补充一个义项"饿"呢？确实，有的词典（如商务印书馆《古代汉语词典》）有"饿"这个义项。

例(2)的"病"也无法用《汉语大词典》的16个义项中的任何一个来解释。从上下文看，这个"病"的意义似乎是"受伤"。

其实，把这两个例句加上《汉语大词典》④的例句《孟子·公孙丑上》："今日病矣，予助苗长矣"一起分析，我们可以看到，这三个例句中的"病"是一个，而不是三个：这三个"病"都是表示人的体力极端衰弱，这才是"病"的词义。疲劳、饥饿、受伤是造成体力极端衰弱的具体原因，却不是"病"的词义本身。这从例(3)可以看得很清楚：如果把例(3)的"病"解释为"饿"，那么句子就该读作"见灵辄饿，问其饿"，两个"饿"重复了，可见"病"的词义不是"饿"；"问其病"是问他身体极端衰弱的原因，他回答说："我三天没有吃饭了。"这样才通顺。

从例(4)—例(10)可以看到，古代汉语中不但人会"病"，国或民也会"病"。国和民的"病"实际上和人的"病"一样，意思是国家极端衰弱或人民极端困苦。为了和人的"病"区分，不妨另立一个义项，释义为"困乏"。例(7)"楚于是乎始病"的"病"，例(8)"齐因其病"的"病"，都是这个"病"。《汉语大词典》⑤"孟孙为成之病"的"病"也是同一个，根据杜预注以"贫困"释义，显得有些窄。

那么，《汉语大词典》⑮"侵犯；攻打"这个释义是否妥当呢？词典的例句是《左传·桓公十年》："北戎病齐，诸侯救之。"对这个句子,杨伯峻《春秋左传注》说:"'病',动词使动用法。'病齐',使齐困病。"他的说法是对的。从例(9)、例(10)可以看到,这些句子中既有"伐",又有"病";"伐"可以使某国"病"(例10),也可以不使某国"病"(例9)。如果把"病"解释为"伐",这些句子就讲不通了。

所以,"病"的概括的意义(语言义)应是:人的体力极端衰弱,或国家极端衰弱、人民极端困苦。这个词可以用在不同的语境中,其表达的具体意思可能不一样。对于人来说可以是累得干不动了,饿得站不起来了,伤得支持不住了;对于国和民来说,可以是由于内部原因(饥荒,暴政),也可能是由于外部原因(大国的榨取、侵伐)。古人做注是为了疏通文意,常常是说明某个词在某种情景中的具体意义,也就是其言语义。上引《汉语大词典》④、⑤、⑯都有古人的注作为设置义项和释义的依据,但这些注用来串通文意是可以的,作为词典的释义未必合适。比如⑯所引的韦昭注"病,败也",用来解释《国语·晋语三》:"以韩之病,兵甲尽矣"是可以的,但是在先秦文献里,恐怕很难再找出别的可以用"败"来解释的"病"字。所以,这不是"病"的固定意义,而是它的临时意义。只为这一个临时意义而立一个义项,似乎不妥。其实,这个句子中的"病",还是可以用"困病"来解释,只不过在具体的上下文中,"韩之病(困病)"指的是在韩地战败而已。

有时,在某个特定的情景语境中,一个词可以具有某种特定的临时意义。如:

《左传·僖公二十三年》:"晋楚治兵,遇于中原,其辟君三舍。若不获命,其左执鞭弭,右属櫜鞬,以与君周旋。"

"周旋"通常用于交际场合,指应酬,交往。这里是在战场上,指的是交战。

（三）文化语境

不同民族有不同的文化背景。有些词语，在汉民族的文化背景下，会有某种特殊的或附加的意义。如：

《孟子·万章下》："今而后知君之犬马畜伋。"

在华夏民族的文化背景上，"犬马"不可能指宠爱之物，而是指地位低贱。

牟融《送徐浩》诗："知君此去情偏切，堂上椿萱雪满头。"

"椿萱"指父母，"雪"指白发。这都是在民族文化的背景上产生的临时意义。

这种例子很多，就不一一列举了。

6.3　词的语言义和言语义是不同的。但词的言语义如果经常使用，也可以成为词的语言义。如：

《论语·公冶长》："子曰：'已矣乎！吾未见能见其过而内自讼者也。"《集解》："包曰：讼犹责也。"

董仲舒《士不遇赋》："退洗心而内讼兮，固未知其所从也。"

颜之推《观我生赋》："夫有过而自讼。"

"讼"的"责"义本是上下文意义，但因为《论语》影响很大，所以后来"责"成为"讼"的一个义项。《广雅·释诂下》："讼，责也。"不过，这个义项只用于"自讼"和"内讼"，没有用于责备他人的。

《左传·僖公二十三年》："我二十五年矣，又如是而嫁，则就木焉。"

《孟子·公孙丑下》："木若以美然。"

用"木"表示"棺材"，这本来是一种因转喻而临时产生的意义。

但后来这种意义经常使用,所以“棺材”就成了“木”的一个固定义位,成了语言义。

像“犬马”、“椿萱”这种在文化语境中具有的意义,也很容易成为词的固定的附加意义或比喻意义。

七 语文义和术语义、文化义

张志毅、张庆云《词汇语义学》(2012)把“义位”分为两类:“普通义位”和“学科义位”。“普通义位……表示的是所指事物的最显著的、最易为语言共同体所认识的标记特征。”“学科义位……表示所指事物的本质属性。”“两种义位可以转化:一些普通义位科学化,一些学科义位普通化。”(P. 129)张联荣《古汉语词义论》(2000)把词义分为“语文义”和“术语义”、“文化义”。“术语义……揭示的是一种科学概念,……使人们对某种事物能有一个科学的本质的了解。”“语文义”是一般人对事物的认识和评价,“这种认识和评价既可能是人们对事物的一种本质的、全面的认识,但也可能是一种非本质的表象的认识。”“文化义……显示的是一种政治思想、伦理观念或者道德准则。”义位有这三类,词也有这三类,即:有语文词、术语词、文化词。也有些词是兼具语文义和术语义的。(P. 44—48)这些看法,有助于对词义认识的深化。下面我们使用张联荣的术语对这个问题进行讨论。

“语文义”指人们在日常生活中使用和理解的那种词义。人们在日常生活中对万事万物(包括动作、性状和各种关系)的认知,都会用词表达出来,这种认知就是词的语文义。这种认知会抓住事物的主要特征,但不一定了解其本质。比如,人们对“月亮”的认识,是夜间在天空出现的一个洁白的天体,会有圆有缺,但不一定知道它是地球的卫星。对“盐”的认识,是一种无色或白色的晶体,有咸味,可以食用,但不一定知道它的分子结构是 NaCl。这种认识具有全民性,所以在语言交际中不会引起误解。

“术语义”揭示的是科学概念。如:月球,是地球的卫星。盐,有两个义位:①食盐,其结构是 NaCl。②由金属离子(包括铵离子)和酸根离子组成的化合物。

显然,“语文义”和“术语义”是有区别的,两者体现了人们对事物的不同认识,人们在语言交际中也根据不同的场合使用词的语文义或术语义。术语义并不是人人都了解的,不是人人都会使用。在日常生活中使用的是语文义,即使是专家也是如此。所以,词汇学研究的重点是语文义。有时,语文义和术语义会用不同的词语来表达,而且,在某种场合,这两个不同的词语是不能互换的。比如,“月亮”常用来表达语文义,指人们日常生活中见到的那个有圆有缺的天体。“月球”只用来表达术语义,指那颗地球的卫星。“十五的月亮最圆”,里面的“月亮”绝不能换成“月球”;反之,“宇航员在月球上行走”,里面的“月球”也不宜换成“月亮”。当然,这两种意义会互相转化,随着科学的普及,了解术语义的人越来越多,即使在日常生活中人们在使用语文义的时候,也会吸收一些术语义的成分在里面。比如,当人们说“月亮绕着地球转”的时候,指的是人们见到的那个天体,同时也含有月亮是地球的卫星的观念。

什么是“文化义”?这个问题需要进一步研究。比如“道”指道理、规律,“法”指法律、法规,这些是语文义还是文化义?如果说,词义属于“政治思想、伦理观念或者道德准则”范畴的就是文化义,那么,这些就是文化义。但“政治思想、伦理观念或者道德准则”也是人们生活中很重要的部分,一般人对属于这些范畴中的“事物”(如“道”、“法”)有一种共同的认识,从而形成词义,这些词义是否也应属于“语文义”? 我认为,“道”、“法”这些词是属于“文化”范畴的,把它们称为“文化词”是可以的(和“山、水、犬、马”等词不同类)。但就“道”、“法”的词义而言,或者说就人们对“道”、“法”的认识而言,其实并不太多的牵涉文化背景。“道”、“法”作为日常生活中的词,人们对它们的认识和理解是一样的,无论文化程度高还是低,无论是法官还是盗贼,认识和理解没有差别。这正是“语文义”的特点。(当然,严格地说,不同的人对同一词义的认识和理解都会有细微的差别,但不仅是“道”、“法”是如此,“山、水、犬、马”也是如此。)只有老子、庄子说的“道”(“道可道,非常道。”“所谓道,恶乎在? ……在屎溺。”),其词义是离开老庄思想的背景无法理解的;只有韩非子所说的“法”(“法、术、势”的“法”),其词义是离开法家思想的背景无法理解的,这样的词义才是区别于“语文义”的“文化义”。所以,我认为,把“文化词”看作和文化(包括物质文化、制度文化、思想文化)有关的一类词是正确的,如:“纸”、“笔”、“冠”、“吏”、“道”、“法”以及“月宫”、“桂魄”等都是文化词。但是,对文化词的认识,如果是全民性的、日常的、一般的认识,那还是属于“语文义”,只有必须具备一定文化背景才能理解和使用的意义,才是“文化义”。

词义还可以区分为“理性意义”、“附加意义”、“搭配意义”等,这些在一般词汇学著作中都有很多讨论,此处不赘。

参考文献:

戴浩一　2002　《概念结构与非自主性语法:汉语语法概念系统初探》,《当代语言学》第 1 期。
胡敕瑞　2005　《从隐含到呈现(上)》,《语言学论丛》第 31 辑。
胡敕瑞　2009　《从隐含到呈现(下)》,《语言学论丛》第 38 辑。
蒋绍愚　1989　《古汉语词汇纲要》,北京大学出版社。
蒋绍愚　1999　《两次分类——再谈词汇系统及其变化》,《中国语文》第 5 期。
蒋绍愚　2011　《词汇、语法和认知的表达》,《语言教学与研究》第 4 期。
蒋绍愚　2013a　《词义变化与句法变化》,《苏州大学学报》第 1 期。
蒋绍愚　2013b　《古汉语词典编纂的一些问题》,《历史语言学集刊》第 6 期。
蒋绍愚　2014　《词义和概念化、词化》,《语言学论丛》第 50 辑。
李福印　2008　《认知语言学概论》,北京大学出版社。
沈　园　2007　《句法-语义界面研究》,上海教育出版社。
史文磊　2014　《汉语运动事件词化类型的历时考察》,商务印书馆。
宋亚云　2006　《汉语从综合到分析的发展趋势及其原因初探》,《语言学论丛》第 33 辑。
王　力　1941/1990　《古语的死亡残留和转生》,《王力文集》第十九卷,山东教育出版社。
杨荣祥　2003　《"大叔完聚"考释》,《语言学论丛》第 28 辑。
张志毅、张庆云　2012　《词汇词义学》(第三版),商务印书馆。
张联荣　2000　《古汉语词义论》,北京大学出版社。
艾奇逊　1992　《现代语言学入门》,北京语言学院出版社。
布龙菲尔德　1933/1985　《语言论》,袁家骅、赵世开、甘世福译,商务印书馆。
弗雷格·G　1892/1988　《论涵义和指称》,《语言哲学名著选辑》(涂纪亮主编),三联书店。
洪堡特　1836/2001　《论人类语言结构的差异及其对人类精神发展的影响》,姚小平译,商务印书馆。
索绪尔　1916/1985　《普通语言学教程》,高名凯译,商务印书馆。
Cruse, D. A.　1986/2009　*Lexical Semantics*, Cambridge University press/ 世界图书出版公司。
Fillmore, C. J.　1982/ 2003　*Frame Semantics*, 詹卫东译,《语言学论丛》第 27 辑。
Jackendoff, Ray　1990　*Semantic Structures*, The MIT Press.

Leech, Geoffrey 1981 *Semantics* (2nd *edition*) ,Richard Clay Lid.

Lyons,J. 1977 *Semantics*,Cambridge University Press.

Talmy, L. 1985 Lexicalization Patterns: Semantic Structure in Lexical Form, *Language Typology and Syntactic Description*, Timothy shopen, ed. Vol 3. Cambridge University Press.

Talmy, L. 2000a *Toward a Cognitive Semantics*: *vol.* 1:*Concept Structuring Systems*, Cambridge, MA: MIT Press.

Talmy, L. 2000b *Toward a Cognitive Semantics*: *vol.* 2:*Typology and Process in Concept Structuring*, Cambridge, MA: MIT Press.

第四章　词义的发展和演变

词义演变是历史词汇研究的一个重要问题，牵涉到很多方面。本章分四节来讨论。

一　词义的变化和概念名称的变化

词义的变化和概念名称的变化密切相关。法国语言学家房德里耶斯说："关于词怎样改变意义的问题，已经出版了许多著作。但是问题也可以反过来提出。我们还必须研究意义怎样改变词，或者说得更清楚些，概念怎样改变名称。"(《语言》中译本，P. 238)王力《汉语史稿》和《汉语词汇史》在谈词义演变时，都有两章："词是怎样改变了意义的"和"概念是怎样变了名称的"。那么，词义的变化和概念名称的变化究竟是什么关系呢？通常认为：词和概念相为表里，词义的变化和概念名称的变化是一个问题的两个方面，词义变化了概念的名称必然变化，反之亦然。确实，在多数情况下，这两者是同时发生的。我们用[×]表示词，用{×}表示概念，举例说明。

[脚]，古义为小腿，今义为脚掌。这是词改变了意义，也就是改变了词所表达的概念。{小腿}，古名为脚，今名为小腿。这是概念改变了名称，也就是改变了表达概念的词。两者同时发生。

两者的关系列表可以看得更清楚：

	古代	现代
词[脚]改变了意义	{小腿}	{脚掌}
概念{小腿}改变了名称	[脚]	[小腿]

但进一步考察,可以看到情况并非全都如此,有时两者不是同时变化的。这有如下几种情况:

(一)词改变了意义,产生了一个新义。但新义表达的是一个新的概念。这时概念没有改变名称。这又可以分几种情况:

1. 随着时代和社会的发展,出现了新事物,相应就出现一个新概念。这个新概念用词表达,词就产生一个新义,这是词改变了意义,但这个新概念没有改变名称。

如:[电]的旧义是"闪电",新义是"电力(发电机发出的电)"。"电力(发电机发出的电)"是现代才出现的新事物。词改变了意义,但新产生的概念{电力}没有改变名称。

2. 概念系统也不是永恒不变的,有些事物原先就存在,但或是人们没有认识到,或是人们没有把它们归为一类,所以,原先没有相应的概念,后来才产生相应的概念。这种新概念用词表达,词就产生一个新义,这是词改变了意义,但这个新概念没有改变名称。

如:[酸]、[碱]、[盐]都是汉语原有的词,分别表达"酸味"、"食用碱"、"食盐"的意义。后来[酸]、[碱]、[盐]又用作化学名词,这些名词所指称的化合物早就存在,但直到近代,人们认识到它们而形成一个概念,所以是新概念。化合物"酸"、"碱"、"盐"的意义和原有的"酸"、"碱"、"盐"意义有一定的联系,可以看作是[酸]、[碱]、[盐]这三个词分别增加了一个新的义位。这是词改变了意义,但新产生的{酸}、{碱}、{盐}这些概念没有改变名称。

又如：[皮]的旧义是“禽兽和树木的皮”，新义是“人和禽兽、树木的皮”。新义代替了旧义，这是词改变了意义，人的皮和禽兽、树木的皮早就存在，但原先人们的认知没有把它们归为一类，没有成为一个概念，这个概念是汉代才产生的，《史记·扁鹊仓公列传》：“乃割皮解肌，诀脉结筋。”这个概念产生后一直用[皮]表达，概念没有改变名称。

（二）词改变了意义，一个意义消失了。这时，其相应的概念可能改变名称，如[池]，古代有两个意义：a. 池塘。b. 护城河。后来[池]的 b 义消失，这是词改变了意义；相应地，{护城河}这个概念改用[护城河]表达，这是概念改变了名称。这两者是同时发生的。

但相应的概念也可能不改变名称。这也有几种情况：

1. 随着时代的变化，某种事物不再存在了。这时，代表这种事物的概念消失，反映这种概念的词义也随之消失。这是词改变了意义。但原先表示旧事物的概念只是消失而已，没有改变名称。

如：[墨]原来至少有两个意义：a. 书写用的墨。b. 墨刑。后来墨刑这种刑罚消失了，{墨(刑罚)}这个概念和[墨]的 b 义随之消失。[墨]减少了一个义项，这是词改变了意义。但{墨(刑罚)}这个概念只是消失而已，没有改变名称。

2. 客观事物没有变化，但人们的认知发生了变化，因此概念也发生变化，有的概念消失了。反映这种概念的词义也随之消失，这是词改变了意义。但这个已消失的概念没有改变名称。

如：[浦]在古代有两个义项：a. 水滨。b.“大水有小口别通”。b 义表达一个概念{小水流注入江海之处}。后来 b 义消失。这是词改变了意义。而 b 义所指的事物“小水流注入江海之处”依然存在,但现代人已经改变了综合型的认知方式,在现代人的意识里,这种"小水流注入江海之处"已经不是一个概念了。这个概念只是消失而已,而没有改变名称("小水流注入江海之处"算不上一个名称)。

(三)概念改变了名称,但词没有改变意义。这又有几种情况:

1. 一个概念古今异名,这个概念不大常见,其古今的名称也都是非常用词,两个词的词义都没有变化。

如:《说文》:"櫌,摩田器。"《集韵》:"耮,摩田器。""櫌"和"耮"所指为同一物,是同一概念{摩田器}的古今异名(见《说文》"櫌"下段注),这是概念改变了名称。但就词义而言,[櫌]和[耮]两个词都没有改变意义。

又如:《史记·龟策列传》:"猬辱于鹊,腾蛇之神而殆于即且。"《正义》:"即,津日反。且,则余反。即吴公也。""即且"后来叫"蜈蚣"。概念改变了名称,但词没有改变意义。

2. 概念改变了名称,但旧的名称(旧词)没有改变意义;新的名称是新出现的词,这个词也没有改变意义。

如:{坚硬}这个概念原先用[坚]表示,后来改变了名称,用[硬]表示。但[坚]的意义没有因此而改变。[硬]是后来产生的,自产生后意义没有改变。

{柔软}这个概念原先用[柔]表示,后来改变了名称,用[软]表示。但[柔]的意义没有因此而改变。[软]是后来产生的,自产生后意义没有改变。

这种例子很多,如:[箸]—[筷],[卧]—[躺],都是概念改变了名称,但词没有改变意义。

可见概念、词、意义之间的关系是比较复杂的,在词义的变化和概念名称的变化这个问题上，不能简单地认为两者都是相为表里，同时发生的。上面所说，也仅仅是举例性的，可能还有些情况没有涉及，是需要进一步深入考察的。

二 词义演变的途径和机制

以往在谈到词义演变时，都会说到引申，有的还认为引申是词义演变的唯一途径。确实，引申是词义演变的重要途径。但什么是引申？引申的实质是什么？除引申以外，还有没有其他的途径？有哪些途径？这些是我们在这里需要讨论的。下面讨论七种演变途径：(1)引申。(2)扩大和缩小。(3)义位间聚合或组合关系的影响(包括“同步引申”、“相因生义”、“词义沾染”)。(4)缩略。(5)语用推理。(6)语法化。(7)语境吸收。

2.1 引申

2.1.1 关于引申，以往已经谈得很多，这里不拟重复。罗正坚《汉语词汇引申导论》是一部关于引申的专著，书中把引申的起点和终点之间的语义关系分为13类，我们抄录如下，并各举一例：

1.所在	塾(门侧之堂—村塾)
2.对象	楮(树名—纸)
3.特征	衮(袍—君)
4.状态	走(跑—仆人)
5.性质	圣(圣哲—圣人)
6.功能	洗(盥洗—盥洗盆)
7.工具	笔(笔墨—写)
8.原因—结果	伐(功劳—夸耀)
9.结果—原因	戒(防备—谨慎)

10. 全体—部分　金(金属—黄金)
11. 部分—全体　舆(车厢—车)
12. 特定—普通　沐(洗头—洗)
13. 普通—特定　宫(房屋—宫殿)

其中 10、12、13 是词义的扩大和缩小,下面再讨论。其余 10 类,是引申的重要类别,但很难说已把引申的全部类别都包括了进去。

2.1.2　王力《同源字论》谈到同源字词义的各种关系,分为 15 类:

1. 工具　背—负
2. 对象　兽—狩
3. 性质、作用　永—咏
4. 共性　枯—涸
5. 特指　包—胞
6. 行为者、受事者　沽—贾
7. 抽象　沉—耽
8. 因果　照—昭
9. 现象　踞—倨
10. 原料　紫—茈
11. 比喻、委婉语　趾—址
12. 形似　茎—胫
13. 数目　一—壹
14. 色彩　綦—骐
15. 使动　入—纳

同源词之间的词义关系是从同一语源分化出来的两个(或几个)词之间的关系,而词义的引申是同一个词的几个义位之间的关系，在这一点上，两者性质是不一样的。但从语义关系来看，两者有很多一致之处。《汉语词汇引申导论》和《同源字论》的很多分类是相同的，比如，都有"工具"一类，"工具"和"以工具进行的动作"之间有十分密切的语义关系，这种语义关系既可以表现在词的本义和引申义之间，如"笔"的本义"毛笔"和引申义"书写"的语义关系，也可以表现在原始词和滋生词之间，如原始词"背"和滋生词"负"的语义关系。

2.1.3　词义的引申和同源词的滋生的心理基础是联想，即通常所说的隐喻（metaphor）和转喻（metonym）。"隐喻"是两个相似的事物之间的联想，"转喻"是两个相关的事物之间的联想。认知语言学认为，"隐喻"和"转喻"不仅仅是一种修辞手法，而且是人们认知中非常普遍的心理活动。所以，以"隐喻"和"转喻"为基础的"引申"，是词义演变中最常见的一种途径。

（1）相关演变（转喻）

1. 工具—动作	削（小刀—砍削）	鞭（鞭子—鞭打）
2. 原料—器物	箭（竹—矢）	简（竹简—书简）
3. 动作—对象	禽（捕获—鸟兽）	食（吃—食物）
4. 行为—行为者	相（辅相—宰相）	樵（砍柴—樵夫）
5. 性质、作用—事物	都（聚集—都邑）	鄙（边地—鄙陋）
6. 原因—结果	副（剖—副贰）	晞（干—晒）
7. 部分—全体	脸（面颊—面孔）	趾（脚—脚趾）
8. 相反	废（废弃—设置）	售（卖—买）
9. 相连	塘（堤塘—池塘）	城（城墙—城邑）
10. 相因	假（借—伪）	特（独特—仅仅）
11. 其他	兵（兵器—士兵）	席（席子—席位）

(2)相似演变(隐喻)

1. 形状相似	管(竹管—钥匙)	甲(龟甲—铠甲)
	鞭(鞭子—竹根)	帽(帽子—笔帽)
2. 性质相似	道(道路—道术)	清(水清—清廉)
	伏(俯伏—降伏)	一(数字—专一)
	因(茵席—因袭)	闲(间隙—闲暇)
	即(靠近—立即)	任(放任—任凭)

2.2 扩大和缩小

以往的学者对汉语史上词义的扩大、缩小做过不少讨论,孙景涛(2010)对此做了总结,依据七部专著列举了其中曾提到的扩大、缩小的例子,并做了分析。我们在这里着重对扩大、缩小产生的途径做一些分析。

首先应当指出:哪些是词义扩大,哪些是词义缩小,不能只是根据传统的说法,而要根据语言事实。

比如,按传统的观点,"氛"被看作词义缩小的例子。其根据是:《说文》:"氛,祥气也。"段注:"氛为吉凶先见之气。统言则祥氛二字皆兼吉凶,析言则祥吉氛凶耳。"按照《说文》和段注,"氛"原是兼吉凶之气。后来指凶气。这就是词义缩小。

这种看法能从古注中找到根据。如:

《左传·昭公二十年》:"梓慎望氛,曰:'今兹宋有乱,国几亡,三年而后弭。蔡有大丧。'"杜预注:"氛,气也。"

《左传·襄公二十七年》:"楚氛甚恶。"杜预注:"氛,气也。"

这些注释都用中性的"气"来解释"氛"。

但先秦的文献中"氛"也有另一种注释。

《左传·昭公十五年》："吾见赤黑之祲，非祭祥也，丧氛也。"杜预注："氛，恶气也。"

《国语·楚语上》："先君庄王为匏居之台，高不过望国氛，大不过容宴豆。"韦昭注："氛，祲气也。"

《国语·楚语上》："故先王之为台榭也，榭不过讲军实，台不过望氛祥。"韦昭注："凶气为氛，吉气为祥。"

《国语·晋语一》："献公田，见翟柤之氛。"韦昭注："氛，祲氛，凶象也。凶曰氛，吉曰祥。"

两种不同的注释，是不是先秦的"氛"有两个不同的意义呢？

上引先秦例句，都是讲登台望氛。有的叫"望氛"，有的叫"望氛祥"。

再看其他的古注。如：

《诗经·大雅·灵台序》郑笺："天子有灵台者，所以观祲象，察气之妖祥也。"孔疏引颖子容《春秋释例》："占云物，望氛祥，谓之灵台。"（《永乐大典》引作杜预《春秋释例》）

《淮南子·本经》："古者明堂之制。"高诱注："其上可以望氛祥，书云物，谓之灵台。"

《尔雅·释宫》："阇谓之台。"孙炎注："积土如水渚，所以望气祥也。"

其中讲到登台而望的，有的说"望氛祥"，有的说"望气祥"。

"望气祥"该怎样理解？是"望吉气"吗？请看桂馥的解释：

《说文》："氛，祥气也。"桂馥《义证》："馥按：合言则氛祥有吉凶之别，单言祥则祥亦主凶。"

《说文》："祲，精气感祥……《春秋》传曰：见赤黑之祲。"桂馥《义证》："《玉篇》'祥'字云：妖怪也。本书：氛，祥气也。"

我认为桂馥的解释是对的。不但孙炎说的“望气祥”是望凶气,就是《说文》:“氛,祥气也。”“祥气”也是凶气。这一点可以用《左传·昭公二十年》例来证明:梓慎望氛所望到的,是丧乱之兆。

《国语·晋语一》所说的“翟柤之氛”,也是凶气,下面就说:“夫翟柤之君,好专利而不忌,其臣竞谄以求媚,其进者壅塞,其退者拒违。其上贪以忍,其下偷以幸,有纵君而无谏臣,有冒上而无忠下。君臣上下各餍其私,以纵其回,民各有心而无所据依。”

所以,“望氛”和“望气祥”是一样的,都是望凶气。说“望氛祥”则是吉凶并提,但实际上主要还是望凶气。至于郑笺所说的“察气之妖祥”,联系上文“观祲象”,显然是指凶气。先秦“妖祥”连用可以表示凶兆。《战国策·楚策四》:“先生老悖乎?将以为楚国袄祥乎?”王力主编《古代汉语》注:“祥,吉凶的预兆。袄(同‘妖’)祥,不祥的预兆。”《礼记·乐记》:“疾疢不作,民无妖祥。”

先秦文献中“氛”共9例。其中《左传》3例,《国语》3例已见上引。此外3例如下:

《楚辞·远游》:“绝氛埃而淑尤兮,终不反其故都。”

《楚辞·远游》:“风伯为余先驱兮,氛埃辟而清凉。”

《礼记·月令》:“仲冬行夏令,则其国乃旱,氛雾冥冥,雷乃发声。”

“氛埃”和“氛雾”的“氛”,虽不是凶气,但都是贬义的,指昏浊之气。

考察汉代到唐代的“氛”的用例,可以看到,“氛”绝大多数是用于贬义的。从东汉末年开始,“×氛”可以用于使人愉悦之气,但例子不多。在庾信的作品中,出现了表吉祥之气的“祥氛”:

庾信《故周大将军义兴公萧公墓志铭》:“褰帷祥氛之境,

刺举消忧之地。”

这样的“祥氛”在唐诗中还有2例：

宋之问《函谷关》诗：“灵迹才辞周柱下，祥氛已入函谷中。”

张景源《奉和九月九日登慈恩寺浮图应制》诗：“祥氛与佳色，相伴杂炉烟。”

唐代表吉祥之气的还有“祯氛”：

《文苑英华·王勃〈九成宫颂〉》：“建铜仪而测曜，象纬齐悬，按璇玑而书云，祯氛（一作“气”）叠举。”

唐诗中“氛”用得很多，大多是贬义的，“妖氛”、“祲氛”等都很常见。在用“×氛”表示气候的时候，大多也是“炎氛”、“寒氛”等，而没有“和氛”、“爽氛”。表使人愉悦之气的“×氛”也不多，大致还是“紫氛”、“翠氛”、“清氛”以及“晨氛”等。真正表吉祥之气的“×氛”只有上述几例。

尽管这样的用例不很多，但在“×氛”表示使人愉悦之气或吉祥之气的词组中，“氛”的词义就不是“凶气”或“昏浊之气”，而是中性的“气”了。

以中性的“气”和原先的“凶气”或“昏浊之气”比较，两者是上下位的关系，所以是词义的扩大。

这个例子告诉我们：讨论词义的扩大和缩小，不能只根据传统的说法，也不能只凭主观印象，而必须深入考察词义演变的实际过程，才能确定其演变趋势。这是我们讨论词义的扩大和缩小的前提。

（关于汉代至唐代“氛”的具体例子和“氛”词义扩大的原因，见蒋绍愚2016文，此处从略。）

房德里耶斯《语言》:“词的意义变化有时可以分成三个主要的类型:缩小、扩大、转移。意义由一般变特殊就是缩小;反之,意义由特殊变一般就是扩大。两个意义如果在范围上彼此相等或虽有差别而无关紧要,它们由于接近而从一个意义变成另一个意义,这就是转移。不消说,扩大或缩小往往是由转移而引起的。”(中译本,P.224)

词义演变分为“扩大”、“缩小”、“转移”三类,这是我们熟悉的说法。这三类的区分,主要是词的旧义和新义的范围大小不同。从旧义演变为新义,如果是从下位义演变为上位义,就是扩大;从上位义演变为下位义,就是缩小;除此以外,都是转移。也就是说,是着眼于词义演变的结果的。那么,从词义演变的途径来看,“扩大”、“缩小”和“转移”是否相同呢?

转移是词义引申的结果,上面已经说过,引申的心理基础是联想。这里要讨论的是:扩大和缩小是否也是引申的结果?其心理基础是否也是联想?房德里耶斯上述引文中说:“扩大或缩小往往是由转移而引起的。”研究汉语的学者很多采用房德里耶斯关于“扩大、缩小、转移”的说法,但很少引用他这一句话。确实,如果按照他这句话,“扩大、缩小、转移”这三个类型的区分就不存在了;或许,他在这句话里说的“转移”,和他所说的“扩大、缩小、转移”这三个类型的“转移”不是一回事。所以,我们不能根据他的这一句话,就认为扩大、缩小也是引申的结果,或者说,扩大、缩小的心理基础也是联想。

那么,扩大、缩小是通过什么途径产生的?一般认为,词义的扩大和缩小都是基于“个别—一般”和“一般—个别”的联想。这种说法也有道理,人们用这个概念范畴里突显度最高的个体来代表这个概念范畴，是常有的事。比如，以“老虎”代表猛兽，以“诸葛亮”代表智者。反过来，提到“猛兽”，就容易想到“老虎”；提到“智者”，就会想到诸葛亮。但是，这种解释是不充分的，因为，很多概念范畴里都会有突显度最高的个体，但表达这种个体的词并没有全都发生词义扩大的演变，比如“虎”的词义并没有扩大为“猛兽”，“泰”或“华”的词义也没有扩大为“山”。反过来也是一样。所以，仅仅以此来解释词义的扩大和缩小的原因是不充分的。下面结合具体的例子来讨论。

2.2.1　扩大。

（一）河　本指黄河，后来指所有较大的河流（特别是北方的河流）。这变化大概从秦汉开始。《史记·项羽本纪》：“乃遣当阳君、蒲将军将卒二万渡河《正义》曰：漳水，救巨鹿。”从巨鹿之战的地理位置看，项羽渡河渡的是漳河，张守节《正义》的注解是可信的。这是“河”表示一般大河的较早的例子。这变化是如何发生的呢？

一种常见解释是：河（黄河）的上位概念是河流（先秦称“水”或“川”）。在“河流”这个概念范畴里，“河”（黄河）是一个突显度最高的个体（就北方的河流而言）。所以，“河”的词义会扩大为一般河流。但上面说过，仅仅这样解释是不够的。对“河”的词义扩大，还要做细致的考察，找出其具体的触发原因。

先秦汉语中，作为上位词的“川”和作为下位词的“河”都可以和“山”并列，形成一个固定组合，但两者意义不同。“山川”指一般的山脉河流，“山河”指险要的地形。两者的构成也有不同，“山川”的“山”和“川”都是类名，“山河”的“山”是类名，“河”是专名。《左传·僖公二十八年》：“战而捷，必得诸侯。若其不捷，表里山河，必无害也。”这是说晋国的地势。这里的“山”是类名，具体可能指华山,“河”是专名,指黄河。

但是,有时候要表达地形的险要,可能不仅仅提到黄河,还会提到别的河流。请看下面《战国策》的一段文字:

《战国策·魏策一》:“魏武侯与诸大夫浮于西河,称曰:‘河山之险,岂不亦信固哉!’王钟侍王,曰:‘此晋国之所以强也。若善修之,则霸王之业具矣。’吴起对曰:‘吾君之言,危国之道也;而子又附之,是(重)危也。’武侯忿然曰:‘子之言有说乎?’吴起对曰:‘河山之险,信不足保也;是伯王之业,不从此也。昔者,三苗之居,左彭蠡之波,右有洞庭之水,文山在其南,而衡山在其北。恃此险也,为政不善,而禹放逐之。夫夏桀之国,左天门之阴,而右天谿之阳,庐、睪在其北,伊、洛出其南。有此险也,然为政不善,而汤伐之。殷纣之国,左孟门而右漳、釜,前带河,后被山。有此险也,然为政不善,而武王伐之。且君亲从臣而胜降城,城非不高也,人民非不众也,然而可得并者,政恶故也。从是观之,地形险阻,奚足以霸王矣!’”鲍注:“按:天门,即《史》太华、伊阙,……天谿即河、济。”

这番对话,《史记》也有记载,文字略有不同:

《史记·孙子吴起列传》:“魏文侯既卒,起事其子武侯。武侯浮西河而下,中流,顾而谓吴起曰:‘美哉乎山河之固!此魏国之宝也。’起对曰:‘在德不在险。昔三苗氏左洞庭,右彭蠡,德义不修,禹灭之。夏桀之居,左河济,右泰华,伊阙在其南,羊肠在其北,修政不仁,汤放之。殷纣之国,左孟门,右太行,常山在其北,大河经其南,修政不德,武王杀之。由此观之,在德不在险。若君不修德,舟中之人尽为敌国也。’”

魏武侯说的是魏国地形之险,“山河”的“山”是类名,“河”还是专名，指黄河。而吴起的回答，在说到各国的地形之险时，就不能说“山河”，因为有些地域没有“河（黄河）”作为天险。所以，吴起在谈论各地的天险时，一方面说了“文山”、“衡山”、“天门（太华、伊阙）”、“庐、睪”、“孟门”，这些可以用类名“山”来概括，和武侯说的“山河之固”的“山”（类名）对应；另一方面说了“彭蠡”、“洞庭”、“天谿（河、济）”、“伊、洛”、“漳、釜（滏）”；这里的“彭蠡”、“洞庭”是泽，姑且不论；而“河、济”、“伊、洛”、“漳、釜（滏）”却没有一个类名可以概括，无法和武侯说的“山河之固”的“河”（专名）对应。这说明在谈论各国的高山大河之险时，只有一个专名“河”，而缺少一个和“山”并列的表示大河的类名，在语用上是不方便的。这种语用的需要，会促使语言中产生一个概括“河、济”、“伊、洛”、“漳、釜（滏）”等大河的类名。再加上人们“个体——一般”的联想，在大河中突显度最高的“河（黄河）”就有可能从专名演变为类名。

果然，在汉代初年的文献里，就出现了表示高山大河的“山河”，如贾谊《过秦论》：“秦有余力而制其弊，追亡逐北，伏尸百万，流血漂橹。因利乘便，宰割天下，分裂山河。”这里的“山河”，显然不是指具体的某山，也不是指黄河，而是泛指高山大河。后来，很多“山河”或“河山”就都是泛指高山大河。如《后汉书·刘陶传》：“瞰三光之文耀，视山河之分流。”注：“言日月有谪食之灾，星辰有错行之变……山崩川竭，皆亡之征也。”

在“山河”这个组合里，“河”泛指大河，还可能是受了“山”的影响：原先的“山河”，两个组成部分“山”和“河”是不对等的，“山”是类名，“河”是专名。后来的“山河”，两个组成部分“山”和“河”是对等的，“山”是类名，“河”也是类名。前一种形式是不平衡的，后一种形式是平衡的。也许，从不平衡到平衡，也是“山河”演变的一个推动力。

可能有人会说:古代除了各种大河的专名外,本来就有河流的统称,这就是“川”或“水”,为什么还要“河”词义扩大而作为大河的统称呢?不错,“川”或“水”是古代各种河流的统称,看一看“百川灌河”和古书上所说的“×水”就可以知道这一点。但是,仔细分析,“川”或“水”跟作为类名的“河”还是有所不同:“川”或“水”指所有的水流,包括大河或小溪,而“河”作为类名最初只指大河。所以,作为“河、济”、“伊、洛”、“漳、釜(滏)”等大河的类名,应是“河”而不是“川”或“水”。有一点值得注意:在先秦到明清的文献中,“山川”、“山水”、“山河”等复合词,用法有所不同:“山川”可以说“壮丽”,也可以说“秀丽”,“山水”只能说“秀丽”,“山河”只能说“壮丽”(据“中国基本古籍库”统计)。这说明即使在后代,在“山河”这个复合词里,“河”还是保留作为大河的类名的用法,和“川”、“水”作为河流的统称有所不同。

“河”作为大河的类名以后,词义的扩大发展很快,到东汉末,“河”已经可以指小河。《汉书·司马相如传上》:“罢池陂陁,下属江河。”颜师古注引文颖曰:“冀州凡水大小皆谓之河。”这时“河”就和“川”一样,成为河流的统称了。这是“河”的词义扩大的整个过程。

(二)匠　本指木匠,后来扩大成为指一切手艺的工匠。

在“手艺工匠”这个概念范畴里,“匠(木匠)”是突显度最高的个体。这是“匠”的词义扩大的认识上的原因。但“匠”和“河”不同,在先秦时没有上位词。《庄子·马蹄》:“陶者曰:‘我善治埴。圆者中规,方者中矩。’匠人曰:‘我善治木。’……伯乐善治马,而陶匠善治埴木。”《韩非子·备内》:“故舆人成舆则欲人之富贵,匠人成棺则欲人之夭死也。”“陶者”、“舆人”、“匠人”都是并列的下位词。而语言中需要一个概括各种技艺的能工巧匠的词，“匠”是这个概念范畴里突显度最高的；同时，“匠”所表达的，不仅仅是工种，而且是很高的技艺。《韩非子·定法》：“夫匠者，手巧也。”因此，“匠”最具备条件用来表达这个上位概念，而各个具体工种的匠人，就用“工种＋匠”来表达了。《论衡·量知》：“能斫削柱梁，谓之木匠；能穿凿穴埳，谓之土匠；能雕琢文书，谓之史匠。”

（三）牙　先秦时“牙”和“齿”是有区别的，“齿”是口腔前面的牙齿，“牙”是口腔后面的臼齿。这两个词也没有上位词。后来，无论前面的后面的都叫“牙”，“牙”的词义扩大了。

其演变的原因是：后来“牙”和“齿”这两个词的差别消失了，而且“齿”在语言运用中也逐渐减少，这样，“牙”成了这个概念域中几乎是唯一的词，占据了原来“牙”和“齿”占据的全部地位。和原来的词义相比，是从下位升到了上位，词义扩大了。

这种类型的词义扩大还有一些例子。“坟”和“墓”古代是有区别的。《说文》：“坟，墓也。”段玉裁注：“此浑言之也。析言之则墓为平处，坟为高处。”《礼记·檀弓》：“古者墓而不坟。”这两个词没有上位词，在“坟墓”这个概念域中处于下位。但后来两个词的区别消失了，“坟”和“墓”成为同义词，无论是平是高，都可以叫“坟”，也可以叫“墓”。两个词都处于上位。从词义演变看，“坟”和“墓”都是词义扩大。

有一些词义演变是否属于词义扩大，是需要讨论的。

（四）鸣　“鸣”本来的意义是鸟叫。后来也可以是马鸣，虫鸣，钟鸣，刀枪鸣。这些都可以用“引申”来解释，是一种联想或类推。这还不是典型的词义扩大，因为“鸣”还没有发展成各种“鸣”的上位词,而且这种种“鸣”也没有一个上位词。到韩愈《送孟东野序》:“物不平则鸣。”这个“鸣”就成了各种“鸣”的上位词了。这也可以说是词义扩大,这是通过词义引申而最后完成的。不过,这个例子是比较特殊的,“鸣”的这个意义只在韩愈的这篇文章中用,没有成为语言中一个固定的词义。

(五)洗　一般也把“洗”看作词义扩大的例子,这是因为:“洗”本来的意义是“洗脚”,后来变成了洗一切东西的“洗”。关于“洗脚”、“洗头”等概念古今表达的差别,在本书第三章“词化”这一节的“从综合到分析”时做过分析,古代叫“洗”、“沐”,是综合的形式;现代叫“洗脚”、“洗头”,是分析的形式。这种“从综合到分析”的例子很多,在第三章中还举了“瞻→向前看”、“顾→回头看”等一组例子。应注意的是,这些古代的综合形式中的共同语义要素,在古代并不是不存在,它可以用一个单音词表达,如“瞻”、“顾”等的共同语义要素“看”,古代用“视”表达,“洗”、“沐”等的共同语义要素“洗”,古代用“洒”表达。这些表达其共同的语义要素的词,就是这些综合形式的上位词,如“瞻”、“顾”等的上位词是“视”,“洗”、“沐”等的上位词是“洒”。《说文》在解释这些综合形式时,都是用“A+上位词”这种方式,如:“顾,还视也。”“洗,洒足也。”这些综合形式的下位词,没有一个词义扩大而变成上位词,“顾”没有词义扩大而表示“视”,“沐”没有词义扩大而表示“洒”。“洗”也不应例外,不会词义扩大而表示“洒”。也许有人说:“洗”在古代表示“洗脚”,后来表示“洗涤”,这难道不是词义扩大吗?这里有一个复杂的关系必须弄清楚:表示洗涤的词,古代是“洒”而不是“洗”。“洒”和“洗”音义都不相同,是两个不同的词。《说文》:“洒,涤也。”《唐韵》、《广韵》均为“先礼切(xǐ)”。《说文》:“洗,洒足也。”《唐韵》、《广韵》均为“苏典切(xiǎn)”。但是后来“洒(xǐ)”这个词借用“洗”这个字表达,所以“洗”读为先礼切(xǐ),表示洗涤之义。这一点,清代学者多有论述。段玉裁:“自后人以‘洗’代‘洗涤’字,读先礼切。”朱骏声:“(洗)假借为‘洒’。”所以,从词的角度看,古代表示“洒足”义的这个词“洗(xiǎn)”的上位词是表示洗涤义的词“洒(xǐ)”,“洒足”义的“洗(xiǎn)”词义并没有扩大而成为“洗涤”。只不过义为“洗涤”音为 xǐ 的这个词原来写作“洒”,后来写作“洗”,和古代义为“洒足”音为 xiǎn 的词(写作“洗”)的书写形式相同而已。这是文字的关系,不是词义的关系。所以,不能说义为“洒足”音为 xiǎn 的这个词在词义上发生变化,扩大而成为“洗涤”义。

2.2.2　缩小

“缩小”和“扩大”正好相反,一个词原来表达某个概念范畴,后来表达这个范畴中某个个体。但同样的,这种范畴和个体之间的关联,并没有使得所有表类的词都演变为表个体。一个类名,在具体语境中往往指这种或那种个体,这是很普遍的。如“有车千乘”,一定是兵车。“子有车马,弗驰弗驱”,一定是普通的车。“庭中有奇树”,“树”一定是某一种树。但这只是这个词在具体语境中的所指,而不是这个词的词义。只有当这种所指经常使用,成为固定的词义,而且原先表类名的词义逐渐消失,这才是词义的缩小。这种词义演变,也要有具体的触发条件。

(一)瓦　《说文》:“瓦,土器已烧之总名。”如《荀子·性恶》:“夫陶人埏埴而生瓦。”就是用作类名。但“瓦”也可以指瓦制的具体器物,如《诗经·小雅·斯干》:“乃生女子……载弄之瓦。”“瓦”指泥土烧制的纺锤。《庄子·达生》:“虽有忮心者,不怨飘瓦。”“瓦”指屋上的瓦片。后来词义缩小,专指屋上的瓦片。

瓦从“土器已烧之总名”演变为“瓦片”,是如何形成的呢?这是因为“已烧之土器”有多种器具,这是人们日常接触的,很多都自有名称。如盛酒浆的瓦器为“缶”,汲水的瓦器为“缾”,瓦制的炊具为“甑”,瓦制的容器为“罂”;就是纺锤,也还有专名,《说文》:“甎,瓦器也。”《广韵》:“甎,纺锤。”等。相比之下,统指这些器具的“土器已烧之总名”却用得不太多,在先秦文献中,单用“瓦”表示“土器已烧之总名”的仅有两例,一例是上举《荀子》例,一例是《庄子·达生》:“以瓦注者巧,以钩注者惮,以黄金注者殙。”除此以外,“瓦”都是用作定语,如《楚辞·卜居》:“黄钟毁弃,瓦釜雷鸣。”《韩非子·外储说右上》:“今有白玉之卮而无当,有瓦卮而有当,君渴,将何以饮?”《庄子·知北游》:“在瓦甓。”甚至泛指“已烧之土器”时也是“瓦器”连用。如《韩非子·外储说右上》:“夫瓦器,至贱也,不漏,可以盛酒。”这种情况表明,单用“瓦”作“土器已烧之总名”的用法会在语言运用中逐渐衰落。但是,“屋上的瓦片”这种常见的器物,却没有一个专名,而以“瓦”来指称屋上的瓦片的用例却较多(据初步统计,在先秦10部文献中就有9例),这样,到后来,“瓦”就逐渐成为“屋上的瓦片”的专名了。《太平御览》卷一八八:“《汉武故事》:‘上起神屋,以铜为瓦。’”这里的“瓦”已经不是“已烧之土器”的具体所指,而是以“屋上的瓦片”作为固定的词义了。

促使“瓦”的词义演变的还有一个因素:先秦还有另一个词“陶”表示“土器已烧之总名”。《说文》:“匋,瓦器也。”“匋”后来写作“陶”。如果照此解释,那么“匋(陶)”就是“瓦器”。段注改为“作瓦器也”,也有一定道理,因为“陶”有用作动词的,如《孟子·告子下》:“万室之国,一人陶,则可乎?”这是“陶”和“瓦”不同的地方。但“陶”做名词“土器”用的也很多,如《礼记·郊特牲》:“器用陶匏,以象天地之性也。”孔颖达疏：“陶谓瓦器，谓酒尊及豆簋之属。”这个用法后来一直保持。既然“土器已烧之总名”也可以用“陶”表达，这就使得“瓦”的“土器已烧之总名”词义逐渐消失，而演变为“屋上的瓦片”的专名了。后来只在“瓦釜”之类的固定结构中，“瓦”还用作“土器已烧之总名”；单用“瓦”表达“土器已烧之总名”就很少见，如《抱朴子·至理》：“泥壤易消者也，而陶之为瓦，则与二仪齐其久焉。”那是因为“陶”已用作动词，所以要表示“土器已烧之总名”就只能用“瓦”了。

（二）宫　本是房屋的通称，一般人（包括贵族）居住的房屋和君主居住的房屋都叫“宫”。最早两者是不分的。《左传·庄公十九年》：“边伯之宫，近于王宫。”这是一个很好的例子，说明贵族所居和君主所居都叫“宫”。《孟子·滕文公上》：“且许子何不为陶冶，舍皆取诸其宫中而用之？”这是普通人居住的房屋。“宫”先秦还可以指君主的祖庙，如《诗经·召南·采蘩》：“于以采蘩？于涧之中。于以用之？公侯之宫。”毛传：“宫，庙也。”后来“宫”专指帝王所居之处，词义缩小了。

“宫”既然是房屋的通称，就既可以指君主的住处，也可以指百姓的住处。但前者的使用频率比后者高，在《左传》中，“宫”指君主的住处的 74 次，指一般人（包括贵族）住处的 13 次（其中两次是引《周易》）。在《韩非子》中，“宫”指君主的住处的 25 次，指一般人住处的仅两次。这种语用频率的差异，决定了“宫”的词义缩小只能是君主的住处，而不是一般人的住处。

“王宫”连用，在《左传》中就有，还有《墨子·非攻中》：“越王勾践……围王宫而吴国以亡。”但这些“王宫”可能还是指君王之所居，“宫”还没有成为帝王所居的专称。“宫”作为帝王所居的专称，是在秦汉以后。陆德明《经典释文·尔雅音义》:“古者贵贱同称宫。秦汉以来,唯王者所居称宫焉。”以“××宫”作为帝王宫殿的专名,大概是在战国末期。《史记·秦始皇本纪》:“(嫪毐)将欲攻蕲年宫为乱。”秦王政所居还有“甘泉宫”、“信宫”等,均见于《史记·秦始皇本纪》。可能从此时起,“宫”就为帝王所居的专称了。

但接下来有一个问题:当“宫”的词义缩小为帝王的住处,而且成为一个固定的词义以后,一般人的住处用什么词表达?这就需要提到“宫”的一个同义词:“室”。《周易·系辞下》:“上古穴居而野处,后世圣人易之以宫室。”《尔雅·释宫》:“宫谓之室。室谓之宫。”《尚书·泰誓》“宫室台榭陂池侈服”疏:“《释宫》云:‘宫谓之室,室谓之宫。’李巡曰:‘所以古今通语,明实同而两名。’”《说文》:“宫,室也。”在《左传》中,“宫”绝大多数指君王的住处,而指一般人(包括贵族)的住处多用“室”。如《襄公十五年》:“宋向戌来聘,且寻盟。见孟献子,尤其室曰:‘子有令闻,而美其室,非所望也。’”《襄公二十五年》:“姜入于室,与崔子自侧户出。”《昭公十八年》:“书焚室而宽其征。”《定公八年》:“孟氏选圉人之壮者三百人,以为公期筑室于门外。”在说“宫”的词义缩小时,不能不考虑“室”的作用。

(三)子　本是儿子和女儿的通称,既可以指儿子,也可以指女儿。《论语·公冶长》:“以其子妻之。”后来只能表示儿子。这种演变的原因和“瓦”、“宫”不一样。这是因为在先秦的语言中,表示“女儿”还有一个专门的词“女”。如《左传·庄公二十七年》:“冬,杞伯姬来,归宁也。凡诸侯之女,归宁曰来,出曰来归。”这样,在表示“女儿”时,有两种选择:用“女”,或用“子”。用“女”很明确,不需要借助上下文;用“子”比较模糊,必须借助上下文。比如,假如说

“使其子从之”，就不清楚是儿子还是女儿。所以，人们根据语言明确性的原则选择了用“女”表示女儿，“子”就从表女儿的用法中逐渐退出，最后就剩下了表儿子的用法，词义缩小了。

这种类型的词义缩小还有一些例子。如“喫/吃”。“喫/吃”是一个后起的词，它产生之后，在很长一个时期里，都兼指“饮食”，吃饭是“喫/吃”，吃茶、吃酒也是“喫/吃”。后来由于“喝”的产生和应用频率的逐渐增高，以液体为对象的摄入行为就用“喝”表示，“喫/吃”就从表示摄入液体的用法中逐渐退出，最后只剩下表示摄入固态食物的用法，词义缩小了。

（四）金　“金”本为金属的统称。《史记·平准书》：“金有三等，黄金为上，白金为中，赤金为下。”《说文》：“金，五色金也。黄为之长；银，白金也；铅，青金也；铜，赤金也；铁，黑金也。”《国语·齐语》：“美金以铸剑戟，试诸狗马；恶金以铸鉏、夷、斤、斸，试诸壤土。”在具体语境中可以指铜、指铁。《左传·僖公十八年》：“郑伯始朝于楚。楚子赐之金。既而悔之，与之盟曰：‘无以铸兵。’故以铸三钟。”这是指铜。《吕氏春秋·怀宠》：“分府库之金，散仓廪之粟，以镇抚其众。”高诱注：“金，铁也，可以为田器，皆布散以与人民。”这是指铁。

先秦用“金”指铜的很多。当时铜被视为贵重之物。《诗经·鲁颂·泮水》：“元龟象齿，大赂南金。”郑玄笺：“荆扬之州，贡金三品。”孔颖达疏：“金即铜也。”《孟子·公孙丑下》：“前日于齐，王馈兼金一百而不受。”赵岐注：“兼金，好金也，其价兼倍于常者。”杨伯峻注：“古时所谓的‘金’，不是今日的‘黄金’，一般实际上是铜。”所以，先秦文献中的“金”，究竟是指金子还是指铜不容易确定。如《老子》九章：“金玉满堂，莫之能守。”还不好肯定是指金子。

先秦文献中有“黄金”一词,也可以指铜。《周易·噬嗑》:“九四,噬干胏,得金矢;利艰贞,吉。六五,噬干肉,得黄金;贞厉,无咎。”高亨注:“噬干肉得黄金,盖有人置黄金粒于干肉之中,以谋害食者,食者以齿嚼之,而发现黄金粒也。”但王弼注:“黄,中也。金,刚也。”周振甫注:“黄金:铜箭头。”《尚书·舜典》:“金作赎刑。”伪孔传:“金,黄金。”孔颖达疏:“此传黄金,《吕刑》黄铁,皆是今之铜也。古之赎罪者皆用铜,汉始改用黄金,但少其斤两,令与铜相敌。”只有《庄子·达生》:“以瓦注者巧,以钩注者惮,以黄金注者殙。”成玄英注引《列子》张湛注:“钩,银、铜为之。”如果张湛注不误,则《庄子》此句的“黄金”是比银子贵重的金子。

到《史记》中,有一些例句“黄金”或“金”和“银”或“铜”并列,这些“黄金”和“金”才是专指金子。《史记·封禅书》:“自威、宣、燕昭使人入海求蓬莱、方丈、瀛洲。此三神山者,……其物禽兽尽白,而黄金银为宫阙。”《史记·货殖列传》:“东有海盐之饶,章山之铜,……豫章出黄金。”《史记·五宗世家》:“太史公曰:高祖时诸侯皆赋,得自除内史以下,汉独为置丞相,黄金印。……自吴楚反后,五宗王世,汉为置二千石,去‘丞相’曰‘相’,银印。”《史记·文帝本纪》:“治霸陵皆以瓦器,不得以金银铜锡为饰。”这大概是最早的“金银”并列,可以断定“金”是专指金子。单用的“金”,如《史记·淮南衡山列传》:“他赎死金二斤八两。”如果根据上引孔颖达之言,则此“金”不是铜,而是金子。

一般谈词义缩小,常举“金”为例,说“金”的词义从“金属”演变为“金子”。不错,这是词义缩小。但从上述材料来看,“金”的词义演变,首先是从泛指“金属”变为指“铜”。和上面说的“瓦”一样,表通称的词用来指此类中的某一种是很正常的用法。表“金属”的

“金”用来指“铜”，其理由是显而易见的：在青铜时代，铜是最常见的金属。那么，为什么后来变为以“金”指金子呢？恐怕不能以金子在金属中突显度最高来解释。尽管如《说文》所说“黄为之长”，金子是金属中最贵重的，但在很长时间里，“金”用作专指时不是指金子，而是指铜。我想，“金”从泛指金属演变为专指金子的原因在于，“五金”中的银、铜、铁、锡各有专名，唯独金子没有专名；而且，汉以后金子的用途逐渐广泛，需要有一个专名来称呼，而“金”泛指金属的用法不多，所以，后来就用“金”来专指金子了。仅用“一般—个别”的联想不足以解释“金”的词义缩小，“金”的词义缩小的主要原因在于语用。

（五）臭　“臭”（许救切，xiù）本指气味，包括香气和臭气。《周易・系辞上》：“同心之言，其臭如兰。”这是香气。《国语・晋语三》：“惠公即位，出共世子而改葬之，臭达于外。”这是臭气。后来，“臭”（音变为尺救切，chòu）只表示臭气，词义缩小了。

演变的原因，曾有人指出，臭气是刺鼻的，比香气是更强烈的气味，所以表统指的“臭”容易演变为“臭气”。

这种类型的词义缩小还有其他例子。如“祥”，本包括吉凶的征兆。《左传・僖公十六年》：“周内史叔兴聘于宋。宋襄公问焉，曰：‘是何祥也？吉凶焉在？’”杜预注：“祥，吉凶之先见者。”这是兼吉凶而言。《周易・系辞下》：“吉事有祥，象事知器，占事知来。”这是吉兆。《左传・昭公十八年》：“将有大祥，民震动，国几亡。”这是凶兆。后来“祥”只表示吉兆。

如果说“臭”由统指演变为指臭气有认知上的原因，那么，“祥”由统指演变为指吉兆又是什么原因？而且，为什么“臭”朝不好的方向演变，“祥”朝好的方向演变？这些问题还说不清楚，还需继续研究。

通过对上述例子的分析,可以看到:扩大、缩小的演变,都有几种不同的类型,其演变的途径或原因各不相同。用“个别——一般之间容易发生转化”作为扩大、缩小这种词义演变的认知上的原因,有一定的道理,但这种解释并不充分。一、这种解释只适用于扩大、缩小的某些类别,而对其他一些类别不适用。二、即使那些适用的类别,也不可能是简单地由个别联想到一般就产生词义扩大,由一般联想到个别就产生词义缩小。这种变化总还有别的原因加以触发。纵观上述扩大、缩小的案例,可以看到,语用的因素往往在里面起较大的作用。扩大、缩小不但在词义演变的结果上与转移不同,而且其演变的途径和原因也和引申不同。所以,我们把扩大、缩小作为引申以外的另一类。

2.3　义位间聚合或组合关系的影响

上面两大类都是单个的词或义位自身发生的演变。有没有词的聚合或组合关系影响到词义演变的?有。下面三类,前两类是聚合关系的影响,后一类是组合关系的影响。

2.3.1　同步引申

“同步引申”是许嘉璐(1987)提出的,后来多次为研究者提到,并丰富了其内容。这说的是一组同义词、近义词或反义词,在词义引申的过程中,会有一种同步发展的现象。如:

“族”、“众”、“庶”,是一组同义聚合。“族”的本义是“丛聚”,“众”的本义是“人多”,“庶”的本义是“屋下众”,虽不完全同义,但意义相近。这一组词在词义演变过程中都会引申出“众多”义,又会进一步引申出“一般”义。如下图所示:

族:丛聚→众多→一般

众：人多→众多→一般

庶：屋下众→众多→一般

同义词最容易形成同步引申。反义词也可以形成同步引申。如："厚"、"薄"是一对反义词，可以平行地指轻重、深浅、多少、浓淡。"厚—薄"，"重—轻"，"深—浅"，"多—少"、"浓—淡"分别都构成反义关系。如下图所示：

厚→重→深→多→浓

薄→轻→浅→少→淡

同源词也可以有同步引申。如"灵"和"禄"是同源词，都可以引申为"善"，为"福"：

灵→善→福

禄→善→福

这一观察，深入地揭示了词义发展不是孤立的，而是受到同一聚合中的词的相互影响的。这对词义演变的系统性的研究是一个很大的推动。

其他学者对"同步引申"的研究从略。

2.3.2　相因生义

"相因生义"是我在（1989a）中提出的。我的定义是：

"甲词有 a、b 两个义位，乙词原来只有一个乙 a 义位，但因为乙 a 和甲 a 同义，逐渐地乙也产生一个和甲 b 同义的乙 b 义位。"

"甲词有 a、b 两个义位，乙词原来只有一个乙 a 义位，但因为乙 a 和甲 a 是反义，逐渐地乙也产生一个和甲 b 反义的乙 b 义位。"

文中说："'相因生义'实际上是一种类推，也可以说是一种错误的类推，因为甲乙两词有一个义位相同，其他义位未必就相同。……但语言是约定俗成的,如果这种类推被社会所承认,那么由这种类推而产生的意义就成为一个词的固定意义了。”

这篇文章是在1980年写成,1989年刊出的,写得不成熟,特别是里面举的很多例句缺少推敲,有的不能成立,有的实际上是“同步引申”。

在我的《古汉语词汇纲要》(1989b)中,做了如下图示:

(甲)══(乙) 表示“甲”、“乙”是同义词

(甲)←→(乙) 表示“甲”、“乙”是反义词

并选用了几个例句:

(一)“谓”有几个义位:

①对……说。《左传·哀公十一年》:“陈僖子谓其弟书:‘尔死,我必得志。’”

②称为,称。《诗经·王风·葛藟》:“终远兄弟,谓他人父。”《韩非子·显学》:“以人之所不能为说人,此世之所以谓之为狂也。”

③认为,以为。《孟子·梁惠王上》:“宜乎百姓之谓我爱也。”《世说新语·任诞》:“监司见船小装狭,谓卒狂醉,都不复疑。”

“呼”有两个义位和“谓”相同或相近:

①叫,对……说。《左传·哀公十一年》:“吴子呼叔孙曰:‘而事何也?’”

②称为,称。《齐民要术·地榆》:“其实黑如豉,北方呼‘豉’为‘札’,当言‘玉豉’。”

六朝时“呼”又产生了“认为”义,如陆云《与兄平原书》:“文适多体,便欲不清,不审兄呼尔不?”这个义位是受“谓”的影响,相因生义而产生的。

（二）“黑”有“黑色”义，又有“僧侣”义。因为僧侣穿缁衣。

“白”是“黑”的反义词，又有“俗徒”义，“黑白”指“僧俗”。但俗徒未必都穿白衣。所以，“白：俗徒”义是受“黑：僧侣”义影响，相因生义而产生的。

后来，有研究者提出批评。一是李明（2003）。他指出“谓、呼、言、云、道”都可以从言说动词转化为认知动词。其过程为：

言说义＞认为义（非叙实）＞以为义（反叙实）

这都是“以身喻心”，是很多语言中共同的。所以，不是“相因生义”。

一是周俊勋、吴娟（2008）。文章引用《佛光大词典》：“白衣：梵语 avadata-vasana。原义是白色之衣，转称着白衣者。印度人一般皆以鲜白之衣为贵，故僧侣以外者皆着白衣，从而指在家人为白衣，佛典中亦多以‘白衣’为在家人之代用语。”可见称俗徒为“白衣”不是由“相因生义”而来。（这个看法最初是吴娟在我讲课时提出的，我当时就肯定了她的看法。）

那么，“相因生义”是否能够成立呢？

我认为，“相因生义”的例子确实不多见。这是因为：（1）甲词有 a、b 两个义位，乙词本来只有 a 一个义位，后来产生了 b 义位，这种情况很多。但甲词的 b 义位往往是由甲词的 a 义位引申而来，而乙词的 b 义位意义也可能是从乙词的 a 义位引申而来。这就是“同步引申”，而不是“相因生义”。只有乙词的 b 义位意义无法从乙词的 a 义位引申而来，才能是“相因生义”，这种情况确实不多。（2）“相因生义”是一种“错误的类推”，往往是语言使用者在对一些词语的用法不很熟悉（如下面举的“试试瞧”），或者是在未经思考脱口而出的情况下的说法(如下面举的“真是可乐”,“这把刀很慢”),这种“错误的类推”如果只是被偶尔使用,就不会形成固定的词义,只有被使用多次,积非成是以后,才能成为固定的词义。所以,要肯定某个词义是由“相因生义”而形成的,或者用“相因生义”来解释某种词义现象,必须慎之又慎。有些论文随意地用“相因生义”来解释某些词义的演变,我是不赞成的。

但尽管例子不多,“相因生义”这种词义发展方式还是存在的。

(一)首先说现代汉语中的例子。

(1)《现代汉语词典》:

“白灾:牧区指暴风雪造成的大面积的灾害。”

“黑灾:由于持续干旱,造成牧区牲畜大量死亡的灾害(对‘白灾’而言)。”

“黑灾”显然是“相因生义”。“黑灾”的“黑”和“黑”的任何意义都没有任何联系。

(2)《现代汉语词典》:“乐③笑:他说了个笑话把大家逗乐了。”这是从“乐”的“快乐”义引申来的:快乐就会笑。

但北京话口语中还可以说:“你真可乐!”意思是“你真可笑!”但这个“乐”不会是从“快乐”义引申来的,而是“相因生义”而产生的。“笑”有两义:a. 欢笑。b. 讥笑。说话的人的潜意识中认为:既然“逗笑”可以说“逗乐”,那么“可笑”也可以说“可乐”。

(3)我以前举过的“这把刀很慢”,“我试试瞧”,也是“相因生义”的例子 。这是不规范的说法,但确实能在交谈中听到。当然,既然“看”可以从“观看”演变为表“尝试”的“看”,那么,“瞧”从“观看”演变为表“尝试”的“瞧”也不是不可能。但说“试试瞧”的人,并不是在他个人的脑子里完成了从“瞧(观看)”到“瞧(表尝试)”这样一个语法化过程，然后说出“试试瞧”这句话，而是简单地认为，既然北京话里“看”可以说成“瞧”，那么，“试试看”也可以说“试试瞧”。同样，“慢（缓慢）”和“钝”意义不是毫无联系，也许某一天语言中会从“慢”引申出“钝”义。但说“这把刀很慢”的人也只是一个简单的类推：“快”的反义词是“慢”，所以，“刀不快”也可以说“刀慢”。

这都说明在说话人的意识里，这种“相因生义”的类推是存在的。

（4）朱彦（2012）对网络语言中出现的新词做了细致的研究，找到很多有趣的语义类推现象。文章说，“语义类推”的“义”不限于词的语言义，“还包括了词的临时性的、未取得义位资格的、非常个人化的，言语活动中转瞬即逝的言语义”，这和我们上面所说的“相因生义”的特点很相近。不过，她说的“语义类推”范围较广，包括“同位词群的语义类推”、“上下位词群的语义类推”、“主题词群的语义类推”。下面，我们选一个和“相因生义”相近的例子加以说明。

“鸡”由于谐音而产生“妓女”义，“鸭”因为和“鸡”相近而产生“男妓”义。“男妓”义不会是从“鸭”本身产生的，而是从“鸡（妓女）”类推产生的。虽然“鸡”和“鸭”不是同义，“妓女”和“男妓”也不是同义，所以此例不是“相因生义”，但一个词的新义由于另一个词的新义类推而产生，其类推过程和“相因生义”很相似。可图示如下：

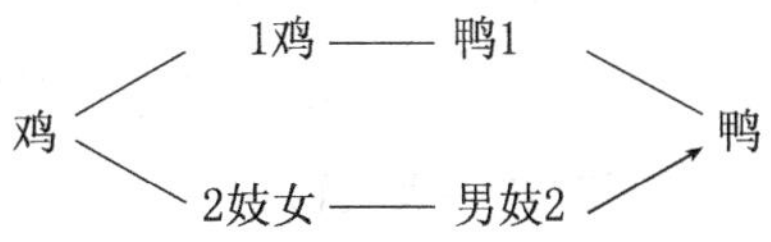

有一点说明:庄绰《鸡肋编》卷中:"浙人以鸭儿为大讳。北人但知鸭羹虽甚热,亦无气。后至南方,乃知鸭若只一雄,则虽合而无卵,须二三始有子。其以为讳者,盖为是耳,不在于无气也。"这会不会是"鸭"指"男妓"的由来呢?我认为不会。因为朱彦找的是网络上的用语。尽管历史上对"鸭"有这种说法,但那些网络语言的使用者不可能是因为知道了这种说法而用"鸭"表示男妓的,对他们来说,用"鸭"表示男妓,只能是"鸡"表示妓女的类推。

(二)再看汉语史上的例子。

(1)汉语史上有过从"日"到"天"的词汇替换。原来是"冬日"、"晴日"、"一日"、"今日",后来说成"冬天"、"晴天" 、"一天"、"今天"。这种历史替换的过程相当复杂,我在《汉语"天"的意义的演变》中专门讨论了这个问题,这里只能简单地谈一谈。

"冬天"出现于《晋书》:

> 《晋书·天文志》:"夏时阳气多,阴气少,阳气光明,与日同辉,故日出即见,无蔽之者,故夏日长也。冬天阴气多,阳气少,阴气暗冥,掩日之光,虽出犹隐不见,故冬日短也。"

"冬天"的"天"和"天"的固有意义是有联系的。古代的"天"不仅是"天空"的"天",还可以有更抽象的意义:

> 《左传·昭公元年》:"天有六气,降生五味,发为五色,征为五声,淫生六疾。六气曰阴、阳、风、雨、晦、明也,分为四时,序为五节,过则为灾:阴淫寒疾,阳淫热疾,风淫末疾,雨淫腹疾,晦淫惑疾,明淫心疾。"

这个"天"和"天气,气候"的意义有点相近,但还不一样。这是个哲学概念,古人把自然界"阴、阳、风、雨、晦、明"等都看作是"天"的变化。"天"的"六气"分为四时,"冬天"就是其中之一。

“晴天”出现于唐诗：

杜甫《中丞严公雨中垂寄见忆一绝奉答二绝》诗：“江边老病虽无力，强拟晴天理钓丝。”

“晴天”的“天”也还是《左传》的“天”，当“天”之“气”为“阳”、为“明”的时候就是“晴天”。当然，也可以认为和“天空”的“天”有联系，天空晴朗的日子就是“晴天”。

“一天”本来是“满天”的意思。如：

《儒林外史》第七回：“学道看罢，不觉喜逐颜开，一天愁都没有了。”

但在同书中也有了“一日”的意思。如：

《儒林外史》第四十六回：“当日，吃了一天酒。”

在《红楼梦》中，还只说“今日”、“昨日”、“明日”，不说“今天”、“昨天”、“明天”。出现“今天”、“昨天”、“明天”的，是在清魏秀仁的《花月痕》(咸丰八年，公元1858年序)中，“今天”和“今日”都有：

《花月痕》第十二回：“不要说今天这一天，就昨天晚上，不知要赔了多少泪，受了多少气哩。”

《花月痕》第三十回：“痴珠道：‘事不凑巧，秋痕今天还备有两席呢。’……今日这一会，大家都有点心绪，所以顶闹热局，转觉十分冷淡。”

到《清文指要》中，较早的几个版本都只有“今日”，在日本人福岛九成翻译的《参订汉语问答篇国字解》(明治十三年，公元1880年)中，就只有一个“今日”，其余全是“今天”、“明天”、“前天”。(据张美兰、刘曼，2013)

“一天”和“今天”的“天”，表示的是“一昼夜”的意思，这和“天”固有的意义有什么联系呢？如果说天空有明暗的变化就叫一昼夜,这样的解释未免太牵强。而且,如果是从“天”固有的意义引申而来的,为什么要经过这么长的时间,从唐代到清代才完成这个词义的变化呢?我认为这就是“相因生义”,“冬日”可以说成“冬天”,“晴日”可以说成“晴天”,当这种“日—天”的转换关系重复无数次以后,人们的意识中觉得凡是表示时间,就既可以说“日”,也可以说“天”。(虽然“冬天”、“晴天”的“天”并不表示“一昼夜”,但从大的范畴来看,还是属于时间范畴。)由于这种潜意识,就出现了“一日—一天”、“今日—今天”的替换。这可以用下面的公式来表示:

(2)在清代的琉球官话课本中,“仔细”有一种特殊的用法。目前为止发现“仔细”在琉球官话课本中的用例共有以下6例,其用法有三:

一、“细心、周密”

《学官话》:“昨日先生讲的书、我回家去仔细体认研究、内中好几句总研究不出、还要请先生指教明白才好。”

二、“小心、谨慎”

《学官话》:“‘这楼梯不好走、仔细下去。’‘晓得。’”

《学官话》:“如今天气乍寒乍热、最难照顾身体、你们仔细、自己调理要紧。”

三、“讲究礼仪、客气”

《学官话》:“老先生不要这般仔细、既到这里、请进、奉杯茶何妨呢?”

《官话问答便语·16》:"'学生书中大半晓得、内中只有一二句细微处不当懂、想问先生、恐问得多、先生劳神。''你不要仔细、诲人不倦是先生本等、你来问、先生更喜欢。'"

《官话问答便语·42》:"我想办个礼物送去、他若是收便好。假如仔细不肯收、挑转回来、可不是糟蹋了。"(引自蒋垂东,2013)

其中第一、第二种意义很常见,第三种用法很特别。这个用法只在琉球官话课本里看到。"仔细"为什么会有"讲究礼仪、客气"之义？这从它的第一种意义(细心、周密)和第二种意义(小心、谨慎)是引申不出来的。这是受福州话"细腻"的影响。福州话"细腻"有两个意义:(一)细致。(二)客气。但在福州话里"仔细"只有"细致"义,没有"客气"义。可能是说福州话的居民到了琉球,语言发生一些变异,他们觉得"仔细"和"细腻"意义相同(实际上只是在"细致"义上相同),因此,"客气"义既然可以用"细腻"表示,也就可以用"仔细"表示。这就出来上述用"仔细"表"讲究礼仪、客气"的例句。这就是相因生义。

可以用下图表示:

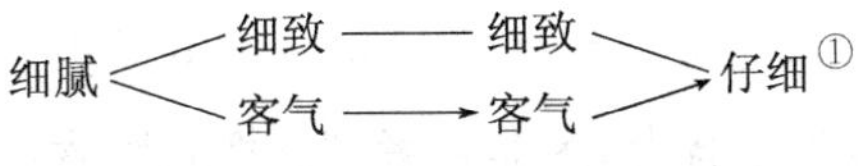

(三)在佛典的翻译中,也可以看到这种现象。

朱冠明(2008)谈到梵文翻译成汉语时的"移植"现象。他对"移植"的定义是:

① 今按:社科院语言所杜翔研究员告知,他的家乡话浦江方言中,"仔细"也有这三个意思,他认为"仔细"的"客气"义是从"细心""谨慎"义引申而来的,不是相因生义。

“译师在把佛经原典语梵文(源头语)翻译成汉语(目标语)的过程中存在的这样一种现象:假定某个梵文词S有两个义项Sa、Sb,汉语词C有义项Ca,而且Sa=Ca,那么译师在翻译中由于类推心理机制的作用,可能会把Sb强加给汉语词C,导致C产生一个新的义项Cb(=Sb),Cb与Sb之间不一定有引申关系,且Cb在译经中有较多的用例,这个过程我们便认为发生了语义移植。”

下面引用他的几个例子。(图示都是我加的。)

(1)汉译佛典中的“恶”有“发怒”之义。这个意义不是由“凶恶”的“恶”引申而来的,而是受梵文中Dosa/dusyati的影响。梵文的Dosa/dusyati的意义是“恶”,但Dosa/dusyati又分别是devsa和dvesti的俗语形式,而devsa/dvesti就是“嗔怒”义,于是译师有时也用“恶”来译“嗔怒”义的Dosa/dusyat,这样佛典译文中的“恶”就有了“怒”义。图示如下:

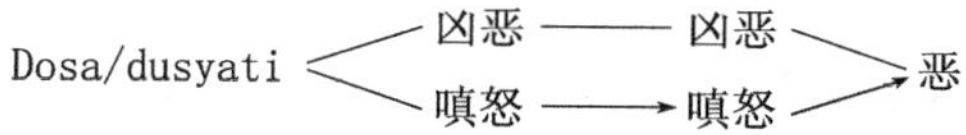

(2)“云何”是汉语中固有的词,本来是个疑问代词。在汉译佛典中,可以用作疑问代词,如:“目连复告提婆达兜曰:汝今云何?”(《增壹阿含经·47》),还可以用于疑问句中而不承担疑问功能,如:“云何彼究竟者,为是智者,为非智者?”(《增壹阿含经·19》)。后一种用法是由于翻译梵文中的kim而获得的。梵文kim有两个义项:

①疑问代词。如:Ko devo ‘sti?

谁 天神 是

②用于疑问句中不承担疑问功能。

如：Kah devah asti uta asurah?

谁　天神　是　或　魔鬼

佛经翻译者把两种 kim 都译为汉语的“云何”，这就使“云何”增加了一个义项。（“云何”例的梵文与汉译据遇笑容《说“云何”》。）

图示如下：

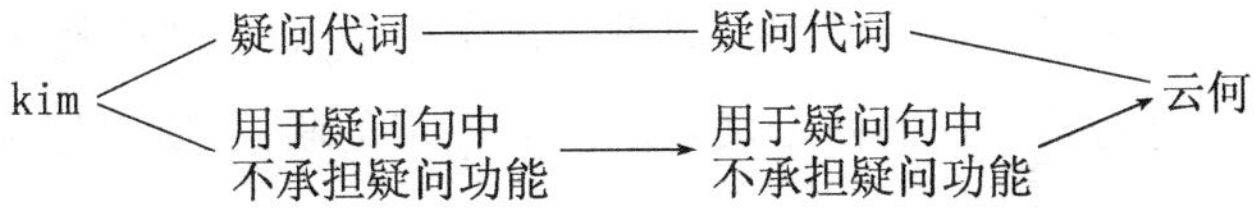

（3）在汉译佛典中，“宫殿”有“天车”义。如：“尔时舍卫国有一女子……于是命终，生于三十三天，即乘宫殿，至善法堂。”（《杂宝藏经》，4/473a）这是对译梵文 vimana 而产生的。vimana 有两个义项：①宫殿。②天车。汉译佛典中的“宫殿”受其影响，也产生了“天车”义项。图示如下：

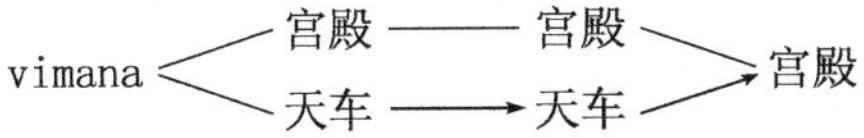

这虽然是产生于翻译中，但其心理机制是和“相因生义”一样的。

其实，不但梵汉翻译如此，现代汉语中一些词的新义的产生，也有这样的情况。如：

蒸发：①液体表面缓慢地转化成气体。②比喻没有任何征兆地突然消失。如：人间蒸发。

菜单：①开列各种菜肴名称的单子。②选单的俗称。

这两个词的第二义项都是新产生的，在几年前还没有这义项。义项②的产生，固然可以说是义项①的引申，但在很大程度上，是受了英语的影响。英语中相应的两个词，都有两个义项：

evaporate:①turn from solid or liquid into vapour. *Heat evaporates water.* ② disappear. *He always evaporated by Monday morning.*

menu:①a list of dish. ②a list displayed on-screen.

因为“蒸发”和 evaporate 的第一义项相同,“菜单”和 menu 的第一义项相同,因此就把 evaporate 和 menu 的第二义项加到“蒸发”和“菜单”上,这和“移植”或“相因生义”的心理机制是同样的。只不过这两个词的两个义项之间有一定的联系,所以还不是“相因生义”的典型例子。

2.3.3　词义沾染(组合同化)

“词义沾染”是朱庆之用的术语,“组合同化”是张博用的术语。两个术语的着眼点有所不同(张博,1999),但其所说的词义演变情况是一样的,都是说两个词经常连在一起使用,形成线性组合关系,其中一个词受另一个词的影响,变得和另一个词同义。这是由于词的组合关系而造成词义变化。

最早提出“词义感染”的是伍铁平(1984)。朱庆之(1992)对汉译佛典中的词义沾染有很多讨论。张博(1999)是论述组合同化最系统的一篇论文。还有别的一些学者对此做过论述。周俊勋(2009)把诸家提到的例子汇集到一起,共有 40 多例。

这种词义变化的方式肯定是存在的。最明显的是下面一例:

> 《淮南子·泰族》:“宋人有以象为其君为楮叶者,三年而成,茎柯毫芒,锋杀颜泽,放之楮华之中而不可知也。”

“颜泽”就是“色泽”。“颜”的意义是颜容。为什么这里会有“色”义呢?不是由“颜容”义引申而来的,而是因为“颜色”经常连用,受“色”的影响,“颜”也具有了“色”义。不过,“颜”单用为“色”义的不多，常见的是表示“色彩”的“颜色”一词，其中的“颜”和“色”同义。“五颜六色”则是把“颜色”这个词拆开用。（“颜色”的意义有一个发展过程，“颜色”表示“色彩”是后起的。这个问题此处不赘。）

但是，在讨论“词义沾染/组合同化”时，经常碰到一个问题：两个词是先组合后同化，还是先“同化”后组合（即：先演变成同义词，然后形成线性组合）？这个问题确实是应当慎重考虑的。张博(1999)发表后，就有朱城(2000)和徐之明(2001)提出异议，张博(2005)做了回答。其中有很多例子都牵涉到这个问题。下面讨论“睡觉”一例。

（一）张博(1999)：“因述补结构而发生的词义同化十分罕见，比较典型的只发现‘睡觉’一例。‘睡’词义扩大通称‘睡眠’后始与‘觉’组合，是一个述补结构，指睡醒。例如唐白居易《长恨歌》：‘云髻半偏新睡觉，花冠不整下堂来。’……后‘觉’被‘睡’同化而有了睡眠义。如黄公绍《施经斋会戒约榜》：‘一觉黄粱梦，百年大槐宫。’《红楼梦》第一回：‘士隐送雨村去后，回房一觉，直至红日三竿方醒。’今‘午睡’可言‘午觉’。”

按：“睡觉”演变成词的过程相当复杂，应仔细考察。

韩愈《祭柳子厚文》：“人之生世，如梦一觉；其间利害，竟亦何校？当其梦时，有乐有悲；及其既觉，岂足追惟！”

这里的“觉”是动词，“醒来”之意。

杜牧《遣怀》诗：“十年一觉扬州梦，赢得青楼薄幸名。”

韦庄《含山店梦觉作》诗：“灯前一觉江南梦，惆怅起来山月斜。”

这两例的“觉”是量词，“一觉”修饰“梦”，表示从睡梦到醒的过程。“觉”原本的意义“醒”还有保留。

白居易《食后》诗:“食罢一觉睡,起来两瓯茶。”

白居易《途中作》诗:“早起上肩舁,一杯平旦醉。晚憩下肩舁,一觉残春睡。”

白居易《晓眠后寄杨户部》诗:“一觉晓眠殊有味,无因寄与早朝人。”

白居易《闲乐》诗:“空腹三杯卯后酒,曲肱一觉醉中眠。”

这几例的“觉”也是量词,但“一觉”修饰“睡”或“眠”,表示睡眠的过程,意思也有些变化,只说“睡”,不强调“醒”。“觉”原本的“醒”义已经消失了。

白居易《何处堪避暑》诗:“游罢睡一觉,觉来茶一瓯。”

皮日休《鹿门夏日》诗:“山人睡一觉,庭鹊立未移。”

这两例“觉”还是量词,但“一觉”放到“睡”后面了。两例“睡一觉”意思略有差别:

白居易的“睡一觉”是说整个睡眠的过程,后面的“觉来”才说睡醒。皮日休的“睡一觉”是说从睡到醒,庭鹊始终未动。虽然时代白居易在前,皮日休在后,但从语义的演变看,应是皮日休的“睡一觉”在前,白居易的“睡一觉”在后,其演变是从“从睡到醒的过程”演变为“整个睡眠的过程”,“醒”的意义消失了。

“从睡到醒的过程→睡眠的过程”的变化如何发生?从“睡”到“醒”的过程是:A 睡着→B 醒来。这是刹那间的事。强调 B 中的“醒”就是前者(这是“觉”的原义),忽略 B 中的“醒”,只剩下(睡),就成了后者。

张世南《游宦纪闻》卷二:“唐庄宗时,有进六目龟者。敬新磨献口号云:‘不要闹,不要闹,听取龟儿口号。六只眼儿睡一觉,抵别人三觉。’”

释惠洪《林间录》卷下："一日三觉，可谓快活时世也。"

《游宦纪闻》例"（六只眼儿）睡一觉"同上白居易诗句，无"醒"义。但下句"（抵别人）三觉"前面省略了动词"睡"，"觉"有转化为动词的趋势。《林间录》例，"三觉"用作动词。这一步演变很关键。汉语动作数量的表达，往往用"Num＋V"的形式，如"一吟，一笑，三思，三顾"。而"一＋量词"也可以表示动作，如李白《山中与幽人对酌》："两人对酌山花开，一杯一杯复一杯。"所以，"三觉"的"觉"会被看作动词，义为"睡眠"（而不是"睡醒"）。如果动词"觉（睡眠）"放在动词"睡"后面，就出现了"睡觉（并列，睡眠）"，进一步凝固为词，义为"睡眠"。原先的"睡觉（连动，睡醒）"就逐步淘汰。

"睡眠"义的"睡觉"何时产生？

洪迈《夷坚志》中，"睡觉"两字连在一起的有三处：

洪迈《夷坚志》卷五："端午日，妻归宁。正值水祸，同一妾从父母栖于庵之钟楼。睡觉，闻鸡鸣，则身乃在山上松林中。莫知所以能至。"

洪迈《夷坚志》卷十三："思永梦洪州监税秉义郎谢希旦来，拜不已。思永不敢受，梦中愧谢。睡觉至亥时，妻生一子。"

洪迈《夷坚志》卷十九："夜宿僧舍，遥闻山中呼刘二官人。久之声渐近，舍中人亦睡觉。"

王锳(1997)引其中卷十三例，认为"睡觉"已经成词，义为"睡眠"。但文中说："如果单就这个例子看，也可视为省去'已'字，解释成'睡醒已到亥时'。"

我查检了"汉籍全文检索系统"中的宋代文献 282 种，其中 115 种文献有"睡觉"，共 154 例，无一例外的是"睡醒"义。元代 82

种文献,其中42种文献有“睡觉”,共50例,只有一例是“睡眠”义:

《关汉卿戏曲集·包待制三勘蝴蝶梦》:“我小时看见俺爷在上头,俺娘在底下,一同床上睡觉来。”

但“睡觉”是在宾白中,而且《蝴蝶梦》未见于《元刊杂剧三十种》,也未见于《脉望馆本元曲选》,只在臧懋循《元曲选》中有收录,“睡觉”应是明人的语言。

在《老乞大》系列中,《原本老乞大》和《老乞大谚解》〔其文字和《翻译老乞大》(1517)相同〕“睡觉”各有一例,为“睡醒”义。

《原本老乞大》(1346):“我恰才睡觉了起去来。”

《老乞大谚解》(1670):“我恰才睡觉了起去来。”

《老乞大新释》(1761):“我睡醒了起来。”

在这种口语化程度很高的作品中无“睡眠”义的“睡觉”,多少可以反映出在14—15世纪的汉语中这个词尚未产生。

“睡眠”义的“睡觉”到《西游记》(16世纪初)大量出现,在稍后的《三言》中也很多。为什么在文献中见不到萌芽状态的“睡觉(睡眠)”,为什么同是16世纪初的文献,《西游记》中“睡觉”很多,而《翻译老乞大》中一例也没有,这个问题不好回答。但这样的语言事实说明了“睡觉(睡眠)”这个词在明代中叶已经出现了。下面仅举《西游记》一例:

《西游记》第五回:“饱食一顿,安心睡觉,养养精神。”

到了《红楼梦》,已有“午觉”一词,说明“觉”的“睡眠”义已经很成熟,而且,已经演变为名词了。

《红楼梦》第五十七回:“正值黛玉才歇午觉,宝玉不敢惊动。”

下面小结一下“睡觉”演变的历史过程。

首先是“觉”的演变：

“一觉”：A. 动词“醒来”。如：“梦一觉”（梦一下醒来）。→B. 量词，从睡到醒的过程。如“一觉扬州梦”、“山人睡一觉”。→C. 量词，睡眠的过程。如“一觉残春睡”、“游罢睡一觉，觉来茶一瓯”。→D. 省略动词，单用“数词（三）+量词（觉）”。如“（抵别人）三觉”、“一日三觉”。

到了这一步，“数词+量词‘觉’”就很容易被理解为“数词+动词‘觉’”。当人们把“觉”看作动词后，“睡觉”就从连动结构（睡醒）重新分析为并列结构（睡眠）。于是，“睡眠”义的“睡觉”就产生了。

这是语义、语法互动的好例子。这说明“觉”有“睡”义，不是“词义沾染/组合同化”的结果。

（二）除了“睡觉”外，还有不少被认为是“词义沾染/组合同化”的例证也还需要仔细检验。下面讨论“夏屋”一例，这是伍铁平（1984）提出的。

> 《诗经·秦风·权舆》：“于我乎，夏屋渠渠。今也每食无余。于嗟乎，不承权舆。”毛传：“夏，大也。”“夏屋”意为“大屋”。

> 屈原《九章·哀郢》：“曾不知夏之为丘兮，孰两东门之可芜？”王逸注：“夏，大殿也。”

作者说：“夏”本为“大”，为什么后来变为“大殿”呢？这是词义感染，“夏”感染了“屋”的词义。

今按：屈原《哀郢》的“夏”是“大殿”，这是没有问题的。这个“夏”后来写作“厦”，是“大房子”的意思。这也是没有问题的。“厦”最早见于楚辞：

> 《楚辞·招魂》：“冬有突厦，夏室寒些。”王逸注：“厦，大

屋也。"

问题是:这个"夏"是否是由"夏屋"的"屋"感染而产生的?这里有几点疑问。

"词义沾染/组合同化"是必须两个词经常连用才能产生的。但"夏屋"连用,先秦很少见。除了《诗经》中一例外,只有《楚辞·大招》一例:

《楚辞·大招》:"夏屋广大,沙堂秀只。"

另外,《礼记·檀弓上》:"吾见封之若堂者矣,见若坊者矣,见若覆夏屋者矣。"郑玄注:"夏屋,今之门庑也。""夏"与"大"无关。

其实,《诗经》中的"夏屋"究竟是不是"大屋"也还存在问题。毛传只解释了"夏,大也。"郑笺:"屋,具也。渠渠,犹勤勤也。言君始于我厚,设礼食大具以食我。"孔疏先引了崔骃、王肃以"夏屋"为"大屋"之说,然后阐述郑笺说:"犹下章言始则四簋,今则不饱,皆说饮食之事,不得言屋宅也。"看来,郑笺是有道理的。如果排除《诗经》例,那么,先秦"夏屋"表示"大屋",就只有《大招》一例。不仅例句太少,而且时代在《涉江》之后,说"夏"因词义沾染而产生"大屋"义,就很成问题了。

如果不是"词义沾染",那么,"夏"的"大屋"义是怎样产生的呢?

一种说法是简称。

《王力古汉语字典》:

夏 ②大。《诗·秦风·权舆》:"于我乎,夏屋渠渠。"毛传:"夏,大也。""夏屋"又简称为"夏"。楚辞战国屈原《九章·哀郢》:"曾不知夏之为丘兮。"王逸注:"夏,大殿也。"

"简称"说胜于"感染"说,因为"感染"是一个词取得了另一个词的意义，A＝B。“简称”是一个词包括了两个词的意义，A＝AB。显然，“夏屋→夏”是后者而不是前者。但“简称”也必须以先有“大屋”义的“夏屋”为前提。上面说过，《诗经》的“夏屋”是否是“大屋”义，还存在问题。

另一种说法是，扬雄《方言》：“自关而西，秦晋之间，凡物之壮大者而爱伟之，谓之夏。”“物之壮大者”皆可称“夏”，故大屋也叫“夏”。比较起来，这种说法更有道理。

〔关于“夏”的“大屋”义的讨论，参考了徐之明（2001），周俊勋（2009）等。〕

可见，说一个词的某义是由“词义感染/组合同化”而产生的，也需要十分慎重，要经过审慎的考订。

2.4　缩略

“缩略”指复合词或多音节的熟语去掉一两个字，作为一种造词方法已经在本书第二章讲过。这里着重从词义演变的角度，讨论缩略而成的单音词词义的发展演变。“缩略”与词义演变有什么关系？我们将在本小节最后说明。

下面举几个例子。

（一）先生—生

“生”原来有“出生”义，后来有“儒生”（如“贾生”、“伏生”的“生”）义，进一步发展为“学生”义（如“师生”的“生”）。这些意义是怎样产生的？

“贾生”、“伏生”的“生”是“先生”的缩略，“先生”是“先己以生”的意思。下面的注说得很清楚。

《孟子·告子下》：“先生将何之？”赵岐注：“学士年长者，故谓之先生。”

《战国策·齐策三》:"孟尝君讌坐,谓三先生曰:……"注:"先生,长老,先己以生者也。"

《史记·儒林列传》:"言《尚书》自济南伏生。言《礼》自鲁高堂生。"《索隐》:"云生者,自汉已来,儒者皆号生,亦先生省字呼之耳。"

《汉书·贡禹传》:"朕以生有伯夷之廉,史鱼之直。"师古曰:"生,谓先生也。"

对"先生"还有另一种解释:

《韩诗外传》卷六:"问者曰:'古之谓知道者曰先生,何也?''犹言先醒也。'"

但此说不足为据。

在汉代,"先生"不但可以缩略为"生",而且可以缩略为"先"。如:

《汉书·梅福传》:"叔孙通遁秦归汉,制作仪品。夫叔孙先非不忠也。"颜师古注:"先,犹言先生也。一曰,先,谓在秦时。"

《经典释文·叙录》在说到《论语》之传授者时,列有"鲁扶卿",陆德明自注:"郑云:扶先。或说:先,先生。"即郑玄把"鲁扶卿"说成"扶先",而"扶先"的"先"有人认为是"先生"。

虽然陆德明和颜师古说的都不是十分肯定,但汉代把"先生"缩略为"先"不是不可能的,只是这种缩略不如缩略为"生"常见,所以"先生"义后来没有成为"先"的一个义项。

这个由缩略而来的"生"的意义(儒生),还会进一步发展。后来称年轻的读书人为"生",如《西厢记》的"张生";称学生为"生",如科举时代的"贡生"、"廪生"、"生员",以至于今天所说的"师生员工"

的“生”，这都是由“先生”缩略而成的“生”的“儒生”义发展而来的。

（二）同堂—堂

同祖父的兄弟叫“堂兄弟”。“堂”为什么能表示亲属关系？这个意义无法从“堂”本身演变而来。“堂兄弟”的“堂”是“同堂”的缩略。

钱大昕《恒言录》卷三：“堂兄弟：……六朝人犹称‘同堂’，唐时省去‘同’字。”

《世说新语·赏誉》：“羊长和父繇，与太傅祜同堂相善。”注：“羊氏谱曰：‘繇字堪甫，太山人。祖续，汉太尉。’”按：《晋书·羊祜传》：“祖续，仕汉南阳太守。”羊繇和羊祜的祖父是羊续，故二人称为“同堂”。

《魏书·公孙表传》：“邃、睿为从父兄弟。睿才器小优，又封氏之男，崔氏之婿；邃母雁门李氏，地望悬隔。钜鹿太守祖季真多识北方人物，每云：‘士大夫当须好婚亲。二公孙同堂兄弟耳，吉凶会集，便有士庶之异。’”

《南齐书·王僧虔传》：“尚书同堂姊为江夏王妃，檀珪同堂姑为南谯王妃。”

《北齐书·孝昭帝纪》：“须拔我同堂弟，显安我亲姑子。”

《北史·崔休传》：“休诫诸子曰：‘汝等宜皆一体，勿作同堂意。’”

《唐会要》卷六十五：“从父昆弟，则今同堂也。”

《酉阳杂俎·续集卷十》：“相国同堂兄弟三人，曰石，曰程，皆登第。”

《唐律疏议》卷二十六：“从祖伯叔母姑，谓父之堂兄弟妻及父之堂姊妹；从父姊妹，谓己之堂姊妹。”

《旧唐书·中宗纪》:“封堂兄左金吾将军,郁林郡公千里为成纪郡王、左金吾卫大将军。”

《新唐书·则天皇后纪》:“追封伯父及兄弟之子为王,堂兄为郡王。”

从上述资料看,唐代还有称“同堂”的,但很多已经省去“同”字了。

(三)叔父—叔

“伯仲叔季”本是兄弟的排行,上古时也可以单用“叔”表示“弟”。如《诗经》中多次说“叔兮伯兮”,郑笺都说“叔,伯,兄弟之称”。但后来多用“叔”称父亲的弟弟,这是从“叔父”缩略而来的。

《颜氏家训·风操》:“古人皆呼伯父叔父,而今世多单呼伯叔。”

《三国志·吴书·诸葛恪传》:“伏念故太傅诸葛恪,得承祖考风流之烈,伯叔诸父遭汉祚尽,九州鼎立,分托三方,并履忠勤,熙隆世业。”按:此例中还是说“伯叔诸父”,“伯叔”是修饰“诸父”的。

李密《陈情表》:“既无伯叔,终鲜兄弟。”

《千字文》:“诸姑伯叔,犹子比儿。孔怀兄弟,同气连枝。”

《隋书·于仲文传》:“臣第二叔翼先在幽州,总驭燕、赵,……臣第五叔智建旟黑水,与王谦为邻,……臣第三叔义受脤庙庭,龚行天讨。”按:此例已经很清楚地把“叔父”省称为“叔”了。

后来,“叔”的词义进一步演变:从父辈的称呼演变为女子对丈夫弟弟的称呼,到现代汉语中,“叔叔”又演变为对长一辈的成年男子的尊称。

（四）聽（听）事—廳（厅）

“廳”的由来是：聽事（动词）→聽事（处所）→廳事→廳（厅）。

《史记·李斯列传》：“子婴即位，患之，乃称疾不聽事。”

这是动词，“处理政事”之意。后来聽事之处也叫“聽事”：

应劭《风俗通·怪神》：“予之祖父郴，为汲令，……郴还聽事，思惟良久，顾见悬弩，必是也。”

《晋书·五行志》：“诸葛恪征淮南，后所坐聽事栋中折。”

《晋书·乐广传》：“于时河南聽事壁上有角，漆画作蛇。”

为了表示“聽事”是官吏的房舍，就在“聽”上加“广”，写作“廳”：

《资治通鉴》卷八十九：“勒升其聽事。”胡注：“中庭曰聽事，言受事察讼于是。汉、晋皆作‘聽事’，六朝以来，乃始加广作廳。”

《三国志·吴书·诸葛恪传》：“出行之后，所坐廳事屋栋中折。”

《宋书·刘秀之传》：“秀之从叔穆之为丹阳，与子弟于廳事上饮宴。”

《晋书·刘毅传》：“玄曾于仲堪廳事前戏马。”

“廳事”又缩略为“廳”。

《三国典略》一：“齐长广郡廳梁木忽作人像。”

《宋书·庾登之传》：“到廳笺，唯云‘即日恭到’。”

而且，“廳”的词义进一步发展：从处理政事的处所，发展为房屋的一部分（廳堂）。

《洛阳伽蓝记》卷一：“以前廳为佛殿，后堂为讲室。”

《北史·杨播传》：“兄弟旦则聚于廳堂。”

(五)牙门—衙

“衙”是两度缩略的结果:(1)“牙”指“象牙”,以象牙装饰之旗为“牙旗”,“牙旗”缩略为“牙”。(2)立有“牙(牙旗)”之门为“牙门”,又写作“衙门”,缩略为“牙/衙”。下面举例说明。

(1)“牙旗”,象牙装饰的旗。

《文选·张衡〈东京赋〉》:“戈矛若林,牙旗缤纷。”薛综注:“兵书曰:牙旗者,将军之旌。谓古者天子出,建大牙旗,竿上以象牙饰之,故云牙旗。”

《三国志·吴书·周瑜传》:“乃取蒙冲斗舰数十艘,实以薪草,膏油灌其中,裹以帷幕,上建牙旗。”

《晋书·张轨传》:“艾建牙旗,盟将士,有西北风吹旌旗东南指。”

“牙旗”缩略为“牙”:

《文选·潘岳〈关中〉诗》:“桓桓梁征,高牙乃建。”李善注:“牙,牙旗也。《兵书》曰:牙旗,将军之旗。”

《晋书·姚兴载记下》:“散布帛数万匹以赐其将士,建牙誓众,将赴长安。”

《南史·宋本纪中》:“三月乙未,建牙于军门。……其日牙立之后,风转而西南,景色开霁,有紫云二,荫于牙上。”

(2)“牙门”,立牙旗的军门。

《国语·齐语》:“执枹鼓立于军门。”韦昭注:“军门立旌为门,若今牙门矣。”

《后汉书·袁绍传》:“瓒敛兵还战,义复破之,遂到瓒营,拔其牙门。”注:“《真人水镜经》曰:‘凡军始出,立牙竿必令完坚;若有折,将军不利。’牙门旗竿,军之精也。”

《南齐书·东昏侯纪》："至是，于阅武堂设牙门军顿，每夜严警。"

又指官府。这是"牙门"词义的发展：从武将的官署到一般的官府，"牙"已经没有"牙旗"的意义了。

封演《封氏闻见记·公牙》："近俗尚武，是以通呼公府为公牙，府门为牙门。字称讹变，转而为衙也。"

《南史·侯景传》："景之为丞相，居于西州，将率谋臣，朝必集行列门外，谓之牙门。"

《北史·宋世良传》："每日牙门虚寂，无复诉讼者。"

《北齐书·宋世良传》："每日衙门虚寂，无复诉讼者。"

按：《北史》和《北齐书》所载为同一事。为什么一作"牙门"，一作"衙门"？《四库全书总目》谓《北齐书》"北宋以后渐就散佚，……今所行本，盖后人取《北史》以补亡，非旧帙矣。""衙门"可能是后人在补辑时的写法。

"牙门/衙门"缩略为"牙/衙"。缩略为"牙"较少见，因为"牙"是一个常用字，其意义已经固定，用来表示官府不大适合。

洪迈《容斋随笔》卷十三："房玄龄、高士廉问少府少监窦德素北门近有何营造，德素以闻。太宗大怒，谓玄龄等曰：'君但知南牙耳，北门小小营造，何预君事耶？'"

缩略为"衙"的很常见：

张鷟《朝野佥载》卷六："弟晕为云阳令，部人杀之雍州衙内。"

《北史·列女传》："善果历任州郡，内自出馔于衙中食之。"

白居易《腊后岁前遇景咏意》诗："郡中起晚听衙鼓，城上行慵倚女墙。"

圆仁《入唐求法巡礼行记》卷一:“大使到州衙见扬府都督李相公。”

现在我们来讨论“缩略”和词义演变的关系。

先从“生”说起。“生”的“儒生”、“读书人”、“学生”等意义都是很常见的,在各种字典中也都把它们列为“生”这个词的义项。那么,“生”的这些意义和“生”原有的意义如“出生”、“生存”、“生活”等有什么联系?如果从“生”本身的词义系统来寻找其联系,那是找不到的。因为“儒生”、“读书人”、“学生”这些意义不是直接从这些“生”原有的意义演变来的,而是由复音词“先生”缩略而成为“生”,然后进一步发展而来的。在复合词“先生”中,“生”是“出生”的意义。但复合词“先生”已经高度凝固,其词义是对人的尊称;“生”的“出生”义只是作为“生”这个语素参与复合词造词的理据,在这个复合词的词义上已经不显露了。但无论如何,“生”的“出生”义和“先生”这个复合词总是有点联系。然后,复合词“先生”缩略为“生”,而“生”的意义和“先生”又有些不同:它常用来称那些有学问的儒者,如“伏生”、“贾生”的“生”;用法也有不同:“先生”是对人当面的称呼,而“生”一般是放在姓氏的后面,不单用。这已经是词义的发展。“生”再进一步发展,成为对年轻的读书人的称呼,如《西厢记》的“张生”;再进一步发展为“学生”,如“师生”。这些也都是缩略而成的“生”的词义发展。这样,从“出生”到“儒者”到“读书人”到“学生”,显然是“生”这个词的一个词义发展系列。而这个系列,只有通过“缩略”这个环节才能建立起来。所以,“缩略”不仅是一种造词方式,而且在一些词的词义发展演变中是一个重要环节。

上面的其他例子也都说明这一点。“堂”的表示“同祖亲属”的意义,和“堂”的“厅堂”的意义有什么联系?只有通过“缩略”才能说明。“叔”的“叔父”、“小叔子”和“雷锋叔叔”等意义都是现代汉语中很常用的意义，这些意义也只有通过“缩略”才能和“叔”最初的意义“排行第三”联系起来。至于“厅”、“衙”这些新词的产生，也只有通过“缩略”才能说明其来由，而且这些新词产生以后，词义又有进一步的发展。所以，“缩略”和词义的发展，和新词的产生、发展都是有密切关系的。

但有的缩略只是以新词代替了旧词，如第二章所说的“落花生→花生”，在缩略之后词的理据消失了，但与词义演变关系不大。

2.5　语用推理(invited inferencing)

E. C . Traugott & R. B. Dasher 的 *Regularity in Semantic Change*(2002/2005)是谈语义演变的专著。其中最值得注意的是关于语用推理(The Invited Inferencing Theory of Semantic Change)和主观化(subjectivity)的论述。

此书非常强调语用在语义演变过程中的作用，认为语用是语义演变的主要推动力(P. 24)。“Invited Inference”本是 Geis and Fleischman 的术语，指的是“the speaker/writer (SP/W) evokes implicatures and invites the addressee/ reader (AD/R) to infer them”(说话者/作者使用一个隐涵义并促使听话者/读者把它推导出来)，E. C . Traugott & R. B. Dasher 扩大了它的含义，指的是：说话者/作者创新、利用了一个会话隐涵义(conversational implicatures)，如果听话者/读者重复了这个创新，他们就处于说话者/作者的地位，是语言的产出者(producers)而不仅是语言的感知者(perceivers)。如果这些创新获得了社会价值，它们就可能传播到别的语言文本或别的说话者/作者那里，成为一个 GIIN (generalized invited inference：普遍的语用推理)，并语义化

(semanticize)为一个多义词的新义项,或者一个新的编码意义(coded meaning)。关于“语用推理”,Geis & Fleischman 举的例子是英语的 since(自从>因为),E. C . Traugott & R. B. Dasher 举的例子是英语的 as long as(空间的长度>时间的长度>如果)。(P. 5, 35, 38)

主观化是一个基于转喻的过程,说话人用它来增加某种意义,以传达交流的信息,表述自己的观点、态度。(P. 31)语用推理和主观化往往是同时的。

按照这种看法,几乎所有的语义演变都是产生于语用推理。为了区别于本章所说的“引申”、“语法化”等词义演变途径,这里着重说一种由于说话者和听话者之间直接的语言交流而产生的词义演变。

这个问题,贝罗贝、李明(2008)根据汉语词汇的情况,做了很好的阐述,转引如下:

> 语用推理在语义演变中具体如何运作:相当一部分语义演变的特点是:新义 M_2 蕴涵(entail)源义 M_1,即 $M_2 \supset M_1$。
>
> 一、在魏晋南北朝时期,经常可以看见“可”[许可]在对话中表示说话者的建议、请求等:
>
> (5)有往来者云:“庾公有东下意。”或谓王公:“可潜稍严,以备不虞。”(《世说新语·雅量》)[表建议]
>
> (6)温太真位未高时,屡与扬州、淮中估客摴蒱,与辄不竞。尝一过大输物,戏屈,无因得反。与庾亮善,于舫中大唤亮曰:“卿可赎我!”(《世说新语·任诞》)[表请求]
>
> 江蓝生(1988:110—111)已指出这种用法。她说:“‘可’作‘宜、应当’讲,表示祈请或规劝。”在本可以用“宜、应当”的

场合，说话的人用语气弱的“可”，使说话变得委婉了。

“宜、应当”从广义上说是表必要；一件事有必要做，则可以做；但可以做不意味着有必要做。因此：

(7)M_2[必要] ⊃ M_1[许可]

这类语义演变，可同英语的must(必须)类比。据Traugott (1989, 1999)，现代英语的must在古英语中直接来源是“许可”义。如果人们说“你可以走了”，在适当的语境中，这个“可以”其实隐涵有“我要求你走、你必须走”的意思。正是由于有这一层语用推理，must由表许可转为表必要。

否定形式则是相反的情形。不可以做则不必要做，但不必要做不蕴涵不可以做。因此：

(8)[不许可] ⊃ [不必要]

但语义的发展是：

(9)[不必要] ＞ [不许可]

下面以“不要”来说明这种语义的演变。“不要”一开始是表不必要，较早见于六朝。例如：

(10)今秋取讫，至来年更不须种，自旅生也。唯须锄之。如此，得四年不要种之，皆余根自出矣。(北魏·贾思勰《齐民要术·伐木》[“不必要种”])

用于禁止、表不许可的“不要”在唐五代开始常见(后合音为“别”)。例如：

(11)居士丈室染疾，使汝毗耶传语。速须排比，不要推延。(《变文·维摩诘经讲经文(四)》)

说话人为委婉起见，在表达禁止义的场合，也说不必怎么样。这一点，吕叔湘(1990:306)已经提到。吕先生说：“近代的通例是在表示'必要'的词语上加'不'字,这当然比直接禁止要委婉些……可是'不要'一词用久了已经失去原义,干脆成了一个禁止词。"

肯定和否定正好形成不对称的发展:

(12)M_1[许可] > M_2[必要]

M_2[必要] ⊃ M_1[许可]

(13)M_1[不必要] > M_2[不许可]

M_2[不许可] ⊃ M_1[不必要]

〔见贝罗贝、李明(2008)P.4—5〕

上述《世说新语》两例,说者要表达的意思是"宜"或"当",但跟对方说的时候用的是"可"。上述《齐民要术》和敦煌变文两例,说者要表达的意思是"不应",但跟对方说的时候用的是"不必"。为什么要这样说?因为这些情态助词都是属于 Bybee et al.(1994)所说的"speaker-oriented modality",表示说话者对听话者的命令、禁止、祈愿、劝诱等。这些情态动词从语气上可以分为"强、中、弱"三类,表"必须"的是强,表"应当"的是中,表"许可"的是弱。要求对方做某事,说"宜/当"语气较强,说"可"语气弱;所以用"可"比较委婉,但"可"隐涵"宜/当"义,在此语境中对方能明白其隐涵义(implicature)。禁止对方做某事,说"不应"语气较强,说"不要(不必要)"语气弱;所以用"不必(不必要)"比较委婉,但"不必"隐涵"不应"义,在此语境中对方能明白其隐涵义。这是很典型的语用推理:说话者/作者使用一个隐涵义并促使听话者/读者把它推导出来。这种隐涵义在语言中反复多次,就会成为一个新的义项。这是词义演变的一种途径。这种词义演变,不是一般的"引申"、"语法化"所能解释的,所以另列为一种途径。

2.6　语法化

语法化往往伴随着词义变化，比如大家熟知的“了”、“着”、“过”的演变。但贝罗贝、李明(2008)指出：“语法化和语义演变并不完全重合，这可以从两方面来说明：一方面，有语义变化并不一定有语法化，实词内部的语义变化，与语法化无关。另一方面，有语法化不一定有语义演变。实词转化为功能词，这类语法化肯定伴随词汇义的弱化，即有语义的变化。但是当一个功能词语法化为一个更虚的功能词，就不一定存在语义的变化(Campbell，2001)，比如英语的助动词 will、would、have 变为附着形式 'll、'd、've，这里没有语义变化，但是由‘助动词＞附着形式(clitic)’是语法化(Hopper and Tarugott，2003，111)。”(P.1—2)

语法化和词义演变的关系已讨论得很多，此处从略。

2.7　语境吸收

有的词语的意义是它所处语境具有的，通过“语境吸收”而成了这个词语的意义。这在第六章中将有专节讨论。

三　词义演变的过程和方式

3.1　词义演变的过程

一个词的词义由 A 演变为 B，通常不会一步到位，而是有个过程。

布龙菲尔德《语言论》：“我们遇见一种形式在某个时候用于意义 A 而后来在另一个时候用于意义 B，我们看到的显然至少是两度转移的结果，就是说，该形式从 A 类环境的应用扩展到 A—B 类较大环境的应用，最后是该形式不再用于接近老式 A 类环境以至于部分地废弃，终于是只用于 B 类环境。……斯培尔伯(H. Sperber)指出意义的引申决不能认为是理所当然的事,如果想要了解,第一步就非得找出新意义首次出现的上下文,……在大多数情况下,这种企图注定是要失败的,因为文献记载并不包含那些关键性的话语。……文献记载只给我们提供了说过的话语的极微小的一部分,而这微小的部分所包括的几乎总是很讲究的雅语,避免了带有新奇成分的说法。"(中译本 P. 531—545)

布龙菲尔德说词义演变不是 A→B,而是 A→A/B→B,这说的是一个词的原有义位 A 与新生义位 B 之间的关系:新生义位 B 产生之后,原有义位 A 还在使用,因此,当这个词在某种语境中出现的时候,它可能是 A,也可能 B,即 A/B。再过一段时间,原有义位 A 不再使用了,于是就变为 B。现在我们要进一步讨论:A 为什么能演变为 B? A 和 B 之间有什么关系?在演变过程中,是否有可能其中间环节既不完全是 A,也不完全是 B?

我们先看一些具体例子。

(一)快

"快"的词义演变是:从 A"愉快"演变为 B"快速"。但其中间环节既不是"愉快",也不是"快速",而是"畅快,痛快"。如:

《史记·项羽本纪》:"今日固决死,愿为诸君快战。"

《三国志·魏书·管辂传》:"过清河倪太守时,时天旱,倪问辂雨期。辂曰'今夕当雨。'是日旸燥,昼无形似,府丞及令在坐咸谓不然。到鼓一中,星月皆没,风云并起,竟成快雨。"注:"黄昏之后,雷声动天。到鼓一中,星月皆没,风云并兴,玄气四合,大雨河倾。"

李吕《乙巳四月比屋多疹痘疟痢间作五月尽犹未已病者

延绵在寝治疗不获其法往往失生理殊可悯痛乃作民病书事一首以纪之》诗："去年秋冬交，白昼雷虺虺。隆冬忽暝燠，青红开百卉。雨泽不时下，快雪倾复霁。"

曹植《蝉赋》："隐柔桑之稠叶兮，快啁号以遁暑。"

"愉快"是人的精神状态，"快速"是运动的客观性状。而"畅快，痛快"是介乎两者之间的：这也是人的精神状态，但不是见到美好事物而感到的愉快，而是因为客观运动的快速而感到心情舒畅。再进一步演变，就成了表运动的快速。这个中间环节，既不是A，也不是B，而是介乎两者之间的。

（二）念

在现代汉语中，"念"有三个意义：1. 思念。2. 朗读。3. 学习。"思念"是古代就有的，"朗诵"和"学习"是后起的。这里讨论"念"如何从A"思念"演变为B"朗读"。

"思念"是心理行为，"朗读"是言语行为，两者之间似乎看不出有什么联系，这演变是如何发生的呢？

（1）"念"在上古是"思念"之义。在中古佛典中，"念"仍是"思念"之义，如：

《正法华经·受记品第九》："心念此已。"梵文原文是"cintayitvā anuvicintya"，"cintayitvā（√cint）"是"思维、考虑"之意。

（2）到唐代，"念"仍然表示"思，想"，如：

《敦煌变文校注·妙法莲华经讲经文（一）》："炉上香云无断绝，心中忆念法花经。"

但"念"更多的是表示言语行为。

《敦煌变文校注·庐山远公话》："白庄曰：念经即是闲事，

我等各自带煞,不欲得闻念经之声。'远公曰:'既不许念经,不要高声,默念得之已否?'"

(3)"念"从"心想"演变为"口念",其间的联系是:唐宋时"口念"的"念"是背诵。

《容斋三笔》卷九:"周世宗废并寺院,有诏约束云:男年十五以上,念得经文一百纸,或读得五百纸,女年十三以上,念得经文七十纸,或读得三百纸者,经本府陈状乞剃头,委录事参军本判官试验。……念经、读经之异,疑为背诵与对本云。"

《旧五代史·选举志》:"童子每当就试,止在念书背经,则虽似精详,对卷则不能读诵。"

《朱子语类》卷一百二十七:"孝宗小年极钝。高宗一日出对廷臣云:'夜来不得睡。'或问:'何故?'云:'看小儿子读书,凡二三百遍,更念不得,甚以为忧。'某人进云:'帝王之学,只要知兴亡治乱,初不在记诵。'"

既然"念"是背诵,那就需要先在心里"念(想)"熟,然后在口中"念(读)"出来。

《妙法莲华经》卷四:"慈念众生,犹如赤子。功德具足,心念口演。微妙广大,慈悲仁让。志意和雅,能至菩提。"

齐己《赠念法华经僧》诗:"念念念兮入恶易,念念念兮入善难。念经念佛能一般,爱河竭处生波澜。言公少年真法器,白昼不出夜不睡。心心缘经口缘字,一室寥寥灯照地。"

"心念口演"四个字很能说明词义演变过程:"念"原来是"心念",后来与"心念"同时的"口演"也叫"念",再进一步演变,中心落到"口演"上,不用背诵而朗读也叫"念"。在"心念"和"口演(朗读)"之间的中间环节是兼有二者的"心念口演"。

(1)和(2)均参见蒋绍愚(2013)。

(三)脚(小腿→脚掌)

“脚”从“小腿”演变为“脚掌(北京话叫‘脚丫子’)”。这种词义演变也不是一步到位的,中间有个过程。

汪维辉(2000)说:

> “脚”汉魏时期除一部分仍用原义指“小腿”以外,最常见的用法是统指下肢。……“足”除了指脚掌外,也可以用来统指下肢。可能正是由于“脚”和“足”的这种部分同义关系,加上有时候并不需要那么清楚地区分腿和脚掌,使得人们容易含混地认为“脚”就是“足”的同义词,于是在一部分方言里,“脚”就成了“足”的等义词并取而代之。

“脚”统指“下肢”的例子如:

> 《伤寒论》卷一:“坐而下一脚者,腰痛也。”
>
> 《大方便佛报恩》卷七:“身体殊大,臂脚盘结。”

“足”统指“下肢”的例子如:

> 《三国志·吴书·孙峻传赞》:“一足被创,遂曲不伸。”
>
> 《御览》卷九五一引《宣验记》:“交手胸上,足挺直,云:‘可解我手足绳。’”

据此,“脚”的词义演变不是:

脚(小腿)→脚(脚掌)

而是:

脚(小腿)→脚(下肢=足)→脚(脚掌=足)

“脚”从“小腿”到“脚掌”的中间环节是与这二者都不相同,但都有关系的“下肢”。

从上面的例子可以看到,确实有一些词义演变从旧义A到新义 B 的演变不是一步到位的,而是有中间环节的。这样的情况多不多?这还需要进一步研究。当然,如果再分得细一点,也可以把这种演变的旧义标为 A,中间环节标为 B,而把新义标为 C,整个演变是 A→B→C。那么,照布龙菲尔德的说法,其词义演变过程也可能是 A→A/B→B/C→C。不过,这些例子里的中间环节都很少见,不大为人注意,人们注意到的是其旧义和新义,所以,我们还是把演变过程记作 A 旧义→B 新义,而其中间环节既非 A 亦非 B,但和 A 和 B 都有一定的联系。

3.2 词义演变的方式

词义演变的方式,简单地说,有“辐射式”和“链条式”两种。这在《古汉语词汇纲要》中说过,这里只简单谈一谈。

(一)辐射式(radiation)

“辐射式”:词有一个中心意义(可能是本义,也可能不是本义),其他意义都与之有联系。简单的图示如下:

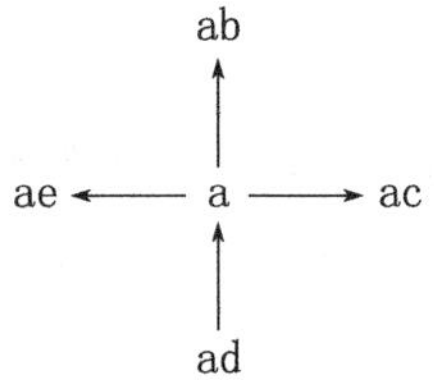

下面以“发”为例加以说明。

【发】①射箭。“一～五豝。”②出发。“～郢都而去闾。”③开发。“骏～而私。”④发生,生长。“实～实秀。”⑤发布,发表。“遂～命。”⑥启发。“不愤不启,不悱不～。”⑦打开,拆毁。“探囊～匮。”⑧食物等因发酵或水浸而膨胀。面～了。⑨放散,散开。蒸～。⑩因变化而显现、散发。～黄、～潮、～臭、～酸。⑪流露(感情)。～怒、～愁。⑫感到。～麻、～苦。

⑬开始行动。～起、先～制人。（前七个义项据《王力古汉语字典》，主要是古代的意义；后面五个义项据《现代汉语词典》，主要是现代的意义。）

“射箭”是箭从源点向某个方向运动，“出发”是人从起点向某个方向移动，“生长”是植物从地里向高处长，“开发（土地）”是开垦的土地从近处向远处延展，“打开”是把器具或物体的某一部分从其上移走。这些都是具体的位移动作，从一点向某个方向运动。“蒸汽、气味”的“放散”虽然不是可以看得到的空间位移，但同样是从一点向上或向四面扩散。“发布”是抽象的行为，从朝廷向四方传播。“启发”是“打开”的隐喻，使人的心智从蒙昧到晓悟。“发黄”、“发潮”等是从内到外的显现，“发愁”、“发怒”等是感情从内向外的显露，“发麻”、“发苦”等是感觉从隐到显，“发起”、“发行”等是抽象的行为，是从无到有。这些都和“射箭”的运动方式“从原点向某个方向移动”有关，是这样一种运动方式在别的语义域的投射。

Lakoff(1986)曾对日语量词“本”及其所能修饰的名词之间的关系做过分析。日语量词“本”能修饰含“细长”特性的名词（如棍子、手杖等），除此以外，还可以修饰下列不含“细长”特性的名词：

1)用剑、棍的武术比赛

2)棒球的安全打

3)篮球投篮、乒乓球发球

4)柔道比赛

5)禅宗师徒以“心印”禅语问难的比赛

6)成卷的带子

7)（一通）电话

8)（一封）信

9)(一个)广播电视节目

10)(一部)电影

11)(一次)注射。

这些名词都可以找到与细长物体的联系,Lakoff 把它们归纳为四个方面:隐喻、转喻、意象图式(image schema)的转换、规约的心灵意象(conventioned mental image)。比如,1)"用剑、棍的武术比赛"使用的剑、棍是细长的物体,从剑、棍到用剑、棍进行的比赛,是转喻。7)"打电话"是一种通信行为,认知语言学把它看作是一种"导管(CONDUIT)隐喻",即:把通信内容通过"导管"发送出去;导管是抽象的细长物图式。2)"棒球的安全打"中球的运动轨迹(trajectory)是一条细长的线,这和细长物体的图式是转换关系,所以是意象图式的转换。6)"成卷的带子"之所以能受量词"本"修饰,是因为带子使用时展开后是细长的带子,这属于规约的心灵意象。(转引自张敏 1998,P.71—72)

参照这种分析,上面所说的"发"的这些意义和各种演变而成的意义,可以说都有一种共同的意象图式,只是用于不同的认知域中。其意象图式为:

源点 · ————→

(二)链条式(concatenation)

"链条式":词由 A 义演变出 B,C,D 等义,在两个相邻的意义之间有联系,而在隔开的意义之间没有联系,是一种一环套一环的演变。简单的图示如下:

ab ——→bc ——→cd ——→de

下面以"要"为例加以说明。

【要】①腰(人体的中间部分)→②中间(中间)→③拦截(迫使

他人中途停止)→④要挟(迫使他人改变意向,满足自己的欲望)→⑤求得(请求他人满足自己的欲望)→⑥需要(期待某种欲望得到满足)

这些意义相邻的两项之间都有共同的语义要素。"要"在后来还发展出一个意义:⑦要是,如果。这个意义是从⑥演变而来的,只是和⑥没有共同的语义要素,其演变途径是"语境吸收"(详见第五章)。在词义演变的链条上,它仍然是和⑥套在一起的一环。

这两种词义演变方式不是截然分开的。有的词,其义项之间有的是辐射式的,有的是链条式的。

四　词义演变的方向

词义演变的结果有两种情况:一种是旧义和新义处于同一个语义范畴。如扩大和缩小,"河"从"黄河"演变为"河流",旧义和新义都在"河流"的语义范畴中。"金"从"金属"演变为"黄金",旧义和新义都在"金属"的语义范畴中。又如从局部到整体的演变:"脸"原指"面颊",后来指整个面部,旧义和新义都在"面部"的语义范畴中。"眼"原指眼珠,后来指眼睛,旧义和新义都在"眼睛"的语义范畴中。一种是旧义和新义处于不同的语义范畴,绝大多数词义演变都是如此。那么,在后一种情况下,语义范畴的改变,有没有一定的趋向或方向?

贝罗贝、李明(2008)用很大篇幅谈到语义演变的方向,提到下列几种:

从感知、言说到认知、心理

从空间到时间

从道义情态到认识情态

从时间到条件

从客观行为动词到言语行为动词到施为动词

从言说到认为

从保证到必然

从猜想到可能

(前面五类是大的语义范畴的改变,后面三类是小的语义类别的改变)

下面引用已有的研究成果,举例性的谈谈其中几类。

4.1 从感知、言说到认知、心理

Eve Sweetser(1990)以印欧语为范围,对此做了深入的研究。下面摘引其中一些,主要举英语中的例子,兼及印欧语其他语言的例子。

1. The Mind-as-Body Metaphor

Eng. eye → to eye.

* aus-(ear) → Lat. Audire.

physical holding→ intellectual understanding : grasp a concept, catch onto an idea.

2. Sense-perception → intellectual understanding

Vision:

* weid-(see)→Eng. wise, wit.

English: I see. look down on, look up to, look after, see to, oversee, foresee.

Hearing:

Cl. GK kléo (hear)→kléos (fame, glory).

English: Don't listen to him.

Smell:

English:I smell something fishy about this deal. That idea stinks.

Taste:

Lat. Sapere (be wise, know and taste)

English: "taste may indicate a 'taste' in clothing or art as well as in food." (taste freedom, good taste /bad taste, tasteless.)

Feeling:

Cl. Gk: *a*isthe:m*a* (object of perception) → Mod. GK: *a*isthe:m*a*(feeling, emotion)

English: "feel" is"both physical and mental" (feel a rock, feel happy, have a feel for sth, great feeling.)

(P. 28—37)(taste 和 feel 括号中的例子为本书作者所加。)

Eve Sweetser 考察了印欧语中表示感觉(视觉、听觉、嗅觉、味觉、触觉)的动词,一方面指出这些感觉动词有的是由感官演变来的,如英语动词"to eye"来自"eye",拉丁语动词 Audire(听)来自印欧语 * aus-(耳朵),有些是从身体部位的非感觉动词演变来的,如 *a*isthe:m*a* 在古希腊语中是触摸客观物体,在现代希腊语中演变为触觉、感情。另一方面指出,很多表示感觉的动词演变为表示心智的活动,如英语中"I see"是"我明白","listen to him"是"听从他";有些词是同时表示感觉和心智活动的,如拉丁语的"Sapere",既表示"尝",也表示"知道"和"聪明"。

这种情况在汉语中也很多。如名词"目"演变为动词"目","听"表示"听从","味"表示"品味","触"表示"感触"等。

4.2 从处所/方位到时间

处所/方位是具体的,时间是抽象的,所以表时间的很多词语都从表处所/方位的词语演变而来。这样的例子很多。如:

【间】《说文》:“閒,隙也。”段注:“会意也。门开而月入,门有缝而月光可入,皆其意也。”由缝隙引申为两者之间,如“天地间”、“两楹间”,表“……之中”,如“山间”、“林间”,是空间的概念。后来可以表时间,如“浃辰之间”、“须臾之间”、“五年之间”。

【际】《说文》:“际,壁会也。”指墙缝。引申为地域之间,如“齐鲁之际”、“天人之际”。后来可以表时间,如“唐虞之际”、“秦汉之际”。

【处】原指处所。唐宋时可以表时间。如李商隐《王十二兄与畏之员外相访见招小饮》:“更无人处帘垂地,欲拂尘时簟竞床。”柳永《雨霖铃》:“都门帐饮无绪,留恋处,兰舟催发。”岳飞《满江红》:“怒发冲冠,凭栏处,潇潇雨歇。”(均引自王锳《诗词曲语辞例释》)

【逾】逾越,是空间的位移。后来可用于表时间的经过。如“日月逾迈”、“大旱逾时”。

【度】度过,本也是空间的位移。后来可以用于表时间的经过。如“度日”、“度年”、“光阴虚度”。

【长】本指空间的长度。后来可以表时间之长。如“长期”、“长夏”、“日长”、“夜长”。

【短】本指空间的长度。后来可以表时间之短。如“短期”、“短时”、“日短”、“夜短”。

【深】本指水面的深。后来可以表时间久。如“年深日久”、“资深”。

【浅】本指水面的浅。后来可以表时间短。如贾谊《过秦论》:

"延及孝文王、庄襄王，享国日浅，国家无事。"

【在】本表示物体存在于空间某处，如"在天"、"在田"等，很早就有。后来表示动作在时间中的持续，如"在听"、"在看"等。这种意义出现得很晚。如《二刻拍案惊奇》卷三十二："只做野僧打扮，从胥门走进街市上来行走。正在看玩之际，忽见喝道之声远远而来。"

"前"、"后"、"来"、"去"等表方位和空间位移的词也都能演变为表时间。这在第八章有专节讨论，此处从略。

4.3　从言说动词到认知动词

李明(2003)做了很好的分析。他认为，古汉语中"谓"、"呼"、"言"、"云"、"道"原来都是表言说的动词，后来都同步演变为表"认为"，又进而演变为表"以为"。"认为"是"非叙实"(主观认识而未必是客观事实)，"以为"是"反叙实"(主观认识，和客观事实恰恰相反)。下面仅举"谓"和"言"的例句：

【谓】

《左传·僖公二十八年》："君子谓是盟也信，谓晋于是役也，能以德攻。"

此例的"谓是盟也信"，既可看作双宾结构，"谓"是"命名"义；也可分析为述宾结构，"谓"是"认为"义。

《诗经·小雅·鸿雁》："维此哲人，谓我劬劳。维彼愚人，谓我宣骄。"

此例的第一个"谓"是言说义和认为义共存，第二个"谓"可理解为反叙实。

《异苑》卷六："云(陆云)始谓俄顷，已经三日。"

此例的"谓"明显是反叙实。

【言】

《世说新语·规箴》:"非但我言卿不可,李阳亦谓卿不可。"

此例的"言"是"认为"义。

陈子昂《江上暂别萧四刘三旋欣接遇》诗:"昨夜沧江别,言乖天汉游。宁期此相遇,尚接武陵洲。"

此例的"言"是反叙实。

文章说:"言为心之声,因此,言说动词引申为认知动词,是很自然的事情。……'言说义>认为义>以为义'的过程,正是词义一步步打上人的主观烙印的过程:第一步,指外在、客观行为的言说义转化为指内在、主观心理状态的认为义,这一转化,动因是'以身喻心'的隐喻;第二步,认为义在运用过程中反复地带上说话人的预设,最终,这种预设融入词汇的理性意义,成为理解该词意义的不可或缺的因素。"

从上述三组例子可以看到,词义演变的方向大致是从具体到抽象,有的还是从客观到主观。这种方向性有没有例外?人们在讨论语法化的"单向性"的时候,发现也有少数例外。词义演变的反方向的例子更多一些,Eve Sweetser(1990)就举出一些例子,如:

OFr. entendere (understand) →Mod. Fr. entendre (hear)

Lat. Gno- (know) → recognize (possible physical visual meaning)

本章第三节所说的"快"从"愉快"演变为"迅速","念"从"思念"演变为"朗读",也是反方向的演变。

4.4 名动形的演变关系

古汉语中,常有名词和相关的动词/形容词的相互转化,有的名词和动词/形容词写作同一个字。这究竟是名词演变为动词/形容词，还是动词/形容词演变为名词？这不能一概而论，要具体分析。

名物比较具体，容易感知，所以有不少词是先有名词，然后演变为相关的动词。比如，下面一些甲骨文中的字，既有名词用法，也有动词用法，应该是名词发展为动词。

【目】　　多为名词。也有动词，“目于河”、“目方”。

【止】　　名词。反书作，动词，“雨克。”

【田】　　多为名词。也有动词，“乎田于，受年。”“戊王其田兽。”

【鱼】　　多为名词。也有动词，“不其鱼？”

但是，也有些名物是人们从它的动态而感知其存在的，可能是先有动词，然后有名词。

【雨】　　有名词，“雨。”有动词，“兹云征雨。”甲骨文字形作雨从天降之状，用作动词为多。

【电】甲骨文有，均用作干支字“申”，赵诚《甲骨文简明词典》认为这就是“电”字。在传世文献中，“电”有名词。《周易・噬嗑》：“雷电合而章。”有动词。《尚书・金縢》：“天大雷电以风。”《诗经・小雅・十月之交》：“烨烨震电，不宁不令。”郑笺：“烨烨，震电貌。”字形作电光闪耀之状，人们是从闪光感知其存在。

还有些名动两用的词，名词不是具体的物件，而是抽象的类别。不但无法用文字摹写，而且不易用其他方式为之命名，倒是用动词表达其相关的对象最为方便。这种词应该是先有动词，后有名词。

【禽】　　姚孝遂云:“的对象只限于禽兽。它是一种通称,不是一种具体的狩猎方法与手段。”甲骨文都用作动词。后来用作名词,指飞禽,也可以包括兽类(如“五禽之戏”)。名词的“禽”不像“鹿”、“虎”之类有形可像,要为之命名,最方便的是以“”这个动词来指称擒获的对象。后来,“禽”多用作名词,为了区别,动词写作“擒”。

【兽】　　吴其昌云:“兽即狩也。后起引申之义,斯以田猎所获得之生物,即以兽名之矣。溯其源,则兽为动词,不为名词也。”其命名之由和“禽”一样。后来“兽”多用作名词,动词写作“狩”。

还有一些名词,是根据其性状或用途命名的。那些表示性状或用途的形容词、动词和这些名词是同源词,而且产生在名词之前。如:

湅—练　围—帏　张—帐　婴—缨　兼—缣

皓—缟　冒—帽　刚—钢　卓—桌　倚—椅

研—砚　磨—礳

下面选取几个例子做一简单说明:

《说文》:“练,湅缯也。”段注:“湅者,灡也。……湅帛,汰之水中如汰米然。……已湅之帛曰练。”

《说文》:“帐,张也。”《释名》:“帐,张也。张施于床上也。”较早的文献“帐”也写作“张”。如《史记·高祖本纪》:“高祖复留止,张饮三日。”《集解》:“张晏曰:张,帷帐。”《正义》:“音张亮反。”

《说文》:“兼,并也。”“缣,并丝缯也。”《释名》:“缣,兼也。”

“帽”是后起字。《晋书·舆服志》:“帽名犹冠也,义取于蒙覆其首,其本纚也。古者冠无帻,冠下有纚,以缯为之。后世施帻于冠,因复裁纚为帽,自乘舆宴居下至庶人无爵者皆服之。”《释名》:“帽,冒也。”较早的文献写作“冒”。《汉书·隽不疑传》:“著黄冒。”师古曰:“冒,所以覆冒其首。”

“钢”是后起字。《集韵》:“钢,坚铁也。”《列子·汤问》:“其剑长尺有咫,练钢赤刃,用之切玉,如切泥焉。”最初写作“刚”。《北齐书·綦母怀文传》:“又造宿铁刀,其法,烧生铁精以重柔铤,数宿则成刚。”

“砚”是后起字。《释名》:“砚,研也。研墨使和濡也。”《文心雕龙·养气》:“至如仲任置砚以综述,叔通怀笔以专业。”最初写作“研”(吾甸切,yàn)。《后汉书·班超传》:“大丈夫无它志略,犹当效傅介子、张骞立功异域,以取封侯,安能久事笔研间乎?”从动词“研”(yán)到名词“研”(yàn)是变调构词。这种情形也很多。

名、动、形的转变牵涉到同源词的研究和变调构词的研究。从大量的实例中概括出演变的规律,是一个值得研究的问题。

参考文献:

贝罗贝、李明　2008　《语义演变理论与语义演变和句法演变研究》,《当代语言学理论和汉语研究》(沈阳、冯胜利主编),商务印书馆。

蒋垂东　2013　《琉球官话课本〈官话问答便语〉多同音字注音性质初探》(国际中国语言学学会第21届年会上提交的论文)。

蒋绍愚　1989a　《论词的相因生义》,《语言文字学术论文集——庆祝王力先生学术活动五十周年》,知识出版社。

蒋绍愚　1989b　《古汉语词汇纲要》,北京大学出版社。

蒋绍愚　2005　《从{走}到{跑}的历史更替》,《纪念李方桂先生百年冥诞论文集》,中研院语言所/美国华盛顿大学。

蒋绍愚　2006　《汉语"天"的意义的演变》,*Studies in Chinese Language and Culture: Festschrift in Honour of Christoph Harbsmeier on Occasion of his 60th Birthday*, Hermes Academic Publishng & Bookshop A/S, Oslo. April.

蒋绍愚　2013　《词义演变三例》,《综古述今 钩深取极——语言暨语言学专刊系列之五十》,台北。

蒋绍愚　2016　《小议词义的扩大和缩小》,《张永言教授从教 65 年纪念文集》,复旦大学出版社。

李　明　2003　《试谈言说动词向认知动词的引申》,《语法化与语法研究(一)》,商务印书馆。

李　明　2004　《从言语到言语行为——试谈一类词义演变》,《中国语文》第 5 期。

罗正坚　1996　《汉语词汇引申导论》,南京大学出版社。

沈家煊　2003　《复句三域"行、知、言"》,《中国语文》第 3 期。

孙景涛　2010　《词义缩小与一般到个别的派生构词》,《汉语史学报》第 10 辑。

汪维辉　2000　《东汉—隋常用词演变研究》,南京大学出版社。

王　力　1982　《同源字论》,《同源字典》,商务印书馆。

王　锳　1997　《关于"睡觉"成词的时代》,《中国语文》第 4 期。

王　锳　2005　《诗词曲语辞例释》(第二次增订版),中华书局。

伍铁平　1984　《词义的感染》,《语文研究》第 3 期。

徐之明　2001　《"组合同化"说献疑——与张博同志商榷》,《古汉语研究》第 3 期。

许嘉璐　1987　《论同步引申》,《中国语文》第 1 期。

遇笑容　2006　《说"云何"》,《中古汉语语法史研究》(曹广顺、遇笑容著),巴蜀书社。

张　博　1999　《组合同化:词义衍生的一种途径》,《中国语文》第 2 期。

张　博　2005　《考求词语古义应注意的几个问题——兼答徐之明先生〈"组合同化"说献疑〉》,《古汉语研究》第 3 期。

张美兰、刘曼　2013　《〈清文指要〉汇校与语言研究》,上海教育出版社。

张　敏　1998　《认知语言学与汉语名词短语》,中国社会科学出版社。

朱　城　2000　《关于“组合同化”的几点思考——与张博先生商榷》,《海南师范学院学报》第2期。

朱冠明　2008　《移植:佛经翻译影响汉语词汇的一种方式》,《语言学论丛》第37辑。

朱庆之　1992　《佛典与中古汉语词汇研究》,台湾文津出版社。

朱　彦　2012　《从语义类推的新类型看其认知本质、动因及其他问题》,《北大中文学刊》。

周俊勋　2009　《中古汉语词汇研究纲要》,巴蜀书社。

周俊勋、吴娟　2008　《相因生义的条件》,《南京社会科学》第6期。

布龙菲尔德　1933/1985　《语言论》,袁家骅、赵世开、甘世福译,商务印书馆。

房德里耶斯　1992　《语言》(中译本),商务印书馆。

Bybee, Joan, Revere Perkins & William Pagliuca　1994　*The Evolution of Grammar—Tense, Aspect, and Modality in the Language of the World*. The University of Chicago Press.

Lakoff, G.　1986　Classifiers as a Reflection of Mind, in Colette Craig (ed.), *Noun Classes and Categorization*, Amsterdam/philadelphia Benjamins.

Sweetser, Eve　1990　*From Etymology to Pragmatics—Metaphorical and Cultural Aspects of Semantic Structure*. Cambridge University Press.

Traugott, E. C. & Dasher, R. B.　2002/2005　*Regularity in Semantic Change*, Cambridge University Press.

第五章　同义词和反义词

一　什么是同义词

什么是同义词？怎样确定同义词？“同义词”和“近义词”有无区别？是否存在“等义词”？怎样看待汉语历史上的“同义词”？本节将讨论这些问题。

1.1　先对几位中国学者的意见做简单的介绍。

1.1.1　刘叔新《汉语描写词汇学》(1990)

(一)作者认为同义词是“指同样的对象”,“所反映的对象的外延一致”。而近义词是“所指的事物对象不会相同”,“有不同的外延”,“只在内涵上部分重合”。

“确定不同的词语互有同义关系,依据的是它们指同样的事物对象。也就是说,不同的词语,只要各自的意义(当然是一个意义)所反映的对象的外延一致,就互为同义词语。它们在意义上通常互有细微差异,……即意义的内涵上互有些细微区别。对个别特点有所强调或不强调,对某些不重要的一般特点加以反映或不反映,带有或不带有某种表达色彩。……例如‘威望’和‘声威’的意义都是反映较高的,令人敬服的名誉和声望。但是‘威望’的意义强调‘有使人敬佩、钦仰的品质,为人信服崇仰’这一重要特点,带有敬重的态度色彩;而‘声威’的意义则强调‘名声很大,很有影响’,还反映'使人敬畏、慑服'这一次要的一般特点，带有书面语色彩。这些意义内涵的细微差别，并不影响'威望'和'声威'有同样的意义外延，即不影响两个词指同一种对象。因此，它们互为同义词。

若甲乙两个单位互为近义词语，则彼此所指的事物对象不会相同，即彼此的意义必有不同的外延。……只在内涵上部分重合。……例如'改良'和'改进'的意义都包含有'使目下不好或不理想的状况有所改变'的反映内容；但是'改良'的意义中还有'使性质或品质比目下好'这个特点的反映，而'改进'的意义中则另有'使方法、计划、效率比目下进步、提高'的反映，……因此这两个词各指不同的对象而在内涵上部分重合，是互为近义词而绝非互为同义词。

……

还可以以逻辑及加词形式为基础的同形结合法，来确定是否指同样的对象，分辨同义和近义。……如果甲＋丙和乙＋丙指同样事物，那么就可以确定甲和乙有同样的对象，互为同义词语。

保护＋主权┐
　　　　　├指同样的行为
维护＋主权┘

'保护'、'维护'：指同一种对象；互为同义词。"(P. 280—284)

作者列举了一些词语，认为有的是互为同义词语，有的是互为近义词语。下面举其中三组。为了介绍的方便，把各组加上了ABCD：

A	B	C	D
卑微	低微	微贱	低贱
美丽	美	漂亮	中看
平均	均匀	匀	均衡

作者认为A、B、C之间互为同义词语,D和A、B、C之间互为近义词语。(P.286)

作者认为同义词和近义词是判然有别的。"彼此有同义关系的词语,绝大多数由于只存在意义上的细微差别,从某种逻辑推理来说,相互之间就未必不是近义。但是既然那些彼此意义相近而没有同义关系的词语已经称为近义词语,为了在词汇学中分清两类性质不同的词语关系,就……必须视同义与近义为两种判然有别、不容相混的范畴。"(P.286)

(二)作者根据同义关系的不同表现情况,把同义词分为几类:

(1)等义组

(2)一般同义组　又分为三类:

①理性意义完全一致,只是在感性的表达色彩上存在差异。如:"来宾/来客/客人"。

②理性意义不完全一样:抽象反映同一对象的性质特点互相有些差异。如:"忽略/疏忽"。

③理性意义不完全一样,同时表达色彩上也有差异。如:"顾虑/顾忌"。(P.291—294)

1.1.2　葛本仪《再论同义词》(2003)

"词义包括着词的词汇意义、语法意义和色彩意义等三个方面的内容,……在词义类聚的划分中,词的语法意义是必要性的条件,词汇意义是决定性的条件,色彩意义……是不可缺少的条件。……词汇意义及其概念对应性是……确定同义词的根本依据。”

在确定同义词时，“应该以此词的一个意义(即一个义项)为分析单位来进行”。

同义类聚的四种类型：

(一)完全同义词。词汇意义、语法意义、色彩意义都完全相同。如：“眉毛—眼眉”，“包心菜—卷心菜”。它们不可能长久地并存和发展下去。

(二)不完全同义词。词汇意义及其概念对应性相同，语法意义相同，色彩意义有别。如：“会晤—见面”，“土豆—马铃薯”。

(三)义项交叉同义词。这是由多义词义项之间，或者多义词的某个义项与单义词的义项之间相互交叉而形成的一种同义词。如“短”是一个多义词，它有三个义项：1. 两端之间的距离小，与“长”相对；是形容词。2. 缺少，欠；是动词。3. 缺点；是名词。动词的“短”就可以和“缺少”和“欠”等构成同义词，名词“短”就可以和“缺点”、“短处”等构成同义词。

(四)言语同义词。例如一个人指着菊花说：“这花真好看。”在这一语境中，“花”和“菊花”就形成了言语同义词。

文章还谈到“古今同义词”的问题。文章说：“在语言词汇中不仅存在着现代的新词，而且在任何时代中，启用古词语的情况也是经常发生的，所以只要词或词素在意义上符合形成同义的条件，古今的词或词素都可以建立同义关系。”同义词如：“妻子、夫人、贱内、内子、拙荆”，“我、余”。同义词素如：“眼、目”，“内、里”，“观、看”。

1.1.3　黄金贵《古汉语同义词辨释论》(2002)

这是一部有作者独特见解的研究古汉语同义词的专著。

(一)书中首先强调了“一义相同”说,即同义词只是这个词的一个意义和那个词的一个意义相同,而不是这个词的所有意义和那个词的所有意义都相同。

书中对同义词的界定是:

“同义词是各有不同‘义象’、按一个义位(词义)系统横向聚合的词群。”(P.180)“同义词是同时使用的、按一个义位(相同义)系统聚合、都有不同‘义象’的词群。”(P.278)“义象”是指“词的理性意义或附加色彩意义之异”。(P.180)

作者把同义词分为两类:

“按词义相同的程度来分,……应该分异称词和一般同义词两类。”(P.143)

“异称词:理性意义等同而附加意义有异。”(P.148)“……异称词一般都是由于异时异地而对同一事物造成不同的名称。”(P.155)“……凡是异称词有两个明显的特点。一是所指为同一概念。内涵与外延均相同,不能有细微差别。二是所指为同一对象。必须是具体的某一事、某一物,不能是同一种,同一属的。……世界上每个民族都有关于死的异称词,据有的学者初步收集的古汉语中异名别称,就有455条,……其中单音的别称词,至少有40多个,‘亡、殁、终、故、走、往、故、去、老、背……’,它们广义上都是同义词,都是理性意义相等而附加意义不同。”(P.144)

一般同义词:理性意义有异。有两种情况:“理性意义有异而附加意义相同,或理性意义有异而附加意义也有异。”这类词的词义的主要、基本部分是相同的,“这类同义词的理性意义的有异,只能是一个词义的次要成分的不同。”(P.148—150)

作者认为在古汉语中不存在等义词。

“古汉语同义词中，可以说不存在理性意义和附加意义都等同的等义词。凡称为等义词者都是理性意义相同而附加意义有别的词。”(P.143)

(二)书中对确定同义词之“同”和辨析同义词之“异”提出了自己的看法。

“同”的确定：“对于一群词(或系联一群词)，可以依据训诂材料或根据文献通用情况，找出它们在某个意义上的最大公约数，即浑言通义，就获知了它们的理性意义之主要、基本部分都相同成为它们的相同义，它们就是理性意义有异类的同义词。”如：“骄，矜，傲，倨，简，慢，易。”其浑言通义为“傲慢”。(P.153—154)作者称之为“浑言通义识同法”。

“异”的辨析：可从以下诸方面辨析：

1.词义层面：内质(模，镕，型，范)、形制(门，户)、用途(园，圃)、部位(颈，项)、范围(声，音)、作用(刍，茭)、侧重(听，闻)、方式(寝，睡)、速度(行，奔)、程度(红，绛)、对象(吊，唁)、施事(鸣，鸲)、情态(号，泣)、原因(烦，躁)、来源(瘠，羸)。

2.语法层面：能否单做句子成分、做何句子成分、动宾关系。

3.语用层面：感情色彩、等级色彩、褒贬色彩、方言色彩、雅俗色彩、形象色彩、称述方式。

书中还谈到古汉语同义词研究的一些问题和方法，此处从略。

1.2　再介绍几位西方学者对同义词的看法。

1.2.1　J. Lyons, *Semantics*(1977)

书中没有专为“同义词”立章节。但在7 Reference, sense and denotation一章中谈到有关的问题。他认为sense(意义)和reference(所指)是有区别的(这一点我们在前面第三章中已经说过),同义词是意义相同,而不是所指相同。

Frege's (1892) classic example, which is frequently used in discussions of sense and reference, is

(1)The Morning Star is the Evening Star.

As Frege point out, the two expression "the Morning Star" and "the Evening Star" had the same reference (Bedeutung), since they each referred to the same planet. But they could not be said to have the same sense (sinn). For, if they did, (1) would be tautologous, or analytic, as is (2)

(2) The Morning Star is the Morning star.

But (1), unlike (2), is (potentially) informative: it can make the hearer aware of some fact of which he was not previously aware and which he could not derive simply from his understanding of the meaning of the sentence. It follows that "the Morning star" and "the Evening Star" are not synonymous: i. e. they do not have the same sense. (P. 197—198)

"Synonymous" means "having the same sense", not mean "having the same reference". (P. 199)

他还指出,从替换的角度来说,处于主语位置的词,一般要用指称相同的词来替换,处于谓语位置的词,一般要用意义相同的词来替换。如:

"John is a fool."

The criterion for substitutability in subject position in this construction is referential identity; the criterion for substitutability in predicate position is identity of sense. (P. 201)

The sense and reference of expressions in the sentences used to make these statements are in part determined by the particular context of utterance. (P. 202)

即:"John is a fool"这个句子,要保持其意义不变,"John"要换成"这个人"、"昨天来过的那老头"、"我的邻居"等指称"John"的词语,而"fool"要换成"笨蛋"、"傻瓜"、"白痴"之类的同义词。

1.2.2 F. R. Palmer, *Semantics*(1981)

(一)作者对同义词的定义是"意义相同"。作者认为没有真正的同义词,没有两个词的意义是真正相同的。如果考察一下可能是同义词的,至少有五种不同的情况:1. 在不同方言中。2. 有不同的语体风格。3. 有不同的感情和评价意义。4. 和不同的词语搭配。5. 一些词的意义相近或重叠。

Synonymy is used to mean "sameness of meaning".

It can, however, be maintained that there are no real synonyms, that no two words have exactly the same meaning. Indeed it would seem unlikely that two words with exactly the same meaning would survive in a language. If we look at the possible synonyms there are at least five ways in which they can be seen to differ.

1. some sets of synonyms belong to different dialects of the language. *cowshed*—*byre*
2. the words are used in different styles. *pass away*, *die* and *pop off*.
3. some words may be said to differ only in their emotive or

evaluative meanings. The reminder of their meaning their "cognitive" meaning remains the same. *politician—statesman*

4. some words are collocationally restrict, i. e. they occurs only in conjunction with other words. *rancid (butter)—addled (eggs)*

5. many words are close in meaning, or their meaning overlap. *mature—adult, ripe, perfect, due*

(二)如果能用某些方法来检验同义词将会是有用的。一种可能的方法是替换(substitution)。但并不是所有的同义词都可以在任何环境下互换,有些只是在某种环境下可以互换,如:在和sympathy搭配时,用 deep 和 profound 都可以,但和 water 搭配时,只能是 deep。另一种是考察反义关系(opposite)。但和superficial相反的词是 deep 和 profound,而和 shallow 相反的在多数场合只能是 deep。这又回到了替换问题,deep 和 profound 在某些场合能互换,它们就有 superficial 这个反义词。

讨论同义词时有两种情况应当考虑:有的词是在特定的语境中可以替换的,如:

I'll go to the shop and ____ some bread. (buy, got).

这个句子中 buy 和 got 可以互换,但不能说它们是同义词。

有的词是上下位关系(hyponymy)。如:

"bull" 和 "male adult bovine animal".

人们不会说"There is a male adult bovine animal in the field",所以不能说它们是同义词。(以上见 5.3 Synonymy, P. 88—93)

1.2.3 John I. Saeed, *Semantics*(1997/2000)

作者对同义词的定义是“同义词是读音不同而有相同或相近意义的词”。作者认为真正的同义词是很少的。如 boy 和 lad，large 和 big，在有的场合下意义相同，在另一些场合意义不同。

Synonyms are different phonological words which have the same or very similar meanings. Some samples might be the pairs below：

couch/sofa boy/lad lawyer/attorney toilet/lavatory large/big

Even these few examples show that true or exact synonyms are very rare.

She called out to the young lad.	a big house
She called out to the young boy.	a large house

But

He always was a bit of a lad.	my big sister
He always was a bit of a boy.	my large sister

作者说：在英语世界里，对 police officer 有多种不同说法。有的是地区的不同，如爱尔兰英语的 the guards，不列颠英语的 the old Bill，美国英语的 the heat。有的是正规说法和口语的区别，如 police officer 是正规说法。有的是反映说话者的态度，如：fuzz，flatfoot，pigs，the slime，反映说话者否定的态度，而 cop 是中性的。有的是搭配的限制，如：只说 a police car，a cop car，而不大说 * a guards car，* a old Bill car.　（以上见 P. 65—66）

二　关于同义词的一些问题

上述中外学者都对同义词做了深入研究，他们的论述都是有价值的。但也可以看出，他们对同义词的看法有很多不同，这说明同义词是一个相当复杂的问题,有不少问题是需要深入讨论的。下面谈谈我对这些问题的看法。

2.1　怎样看待等义词、同义词和近义词的关系?

同义词应包括两部分词:一是词义完全相同的词(即等义词),这些词不多;一是词义基本相同而又有微别的词,这可以称为“一般同义词”,是同义词的大多数。既然一般同义词词义有别,为什么还叫“同义词”而不叫“近义词”呢?“近义词”和“同义词”是有区别的,近义词的词义是有不同而比较相近。如果把“一般同义词”叫作“近义词”,就取消了“同义词”这个重要的词义范畴,这不符合语言事实,对词汇研究也是不利的。

应该说,在词义相同的程度上,“等义词——一般同义词—近义词”是一个连续统,其间没有十分清晰的界线,在理论上和实践上都是不可能做到“判然有别”的。在理论上,同义词是“词义基本相同而又有微别”,什么叫“基本相同”,什么叫“微别”,其差别在什么界线之内是“微别”,超过什么界线就成了“近义词”,这些都不可能有明确的标准。在实践上,对一群处于“模糊地带”的词的处理,究竟哪些是同义词,哪些是近义词,也很难截然划分,而且不同的研究者往往有不同的处理,这都是难以避免的。但处于“同义词”和“近义词”这两个范畴的中心地位的词,其区别还是清楚的。比如刘叔新(1990)所举的例子,在现代汉语中“美丽”和“漂亮”是同义词,“美丽”和“中看”是近义词,这不会有不同的意见。在古汉语中说“美”和“丽”是同义词,“美”和“艳”是近义词,这大概也没有不同意见。

“等义词”的问题下面再讨论。

和这问题相关的还有两个问题:什么是词义?什么叫“一义相

同”？

2.2　什么是词义？词义是 sense，而不是 reference，这在前面第三章已经讲过。一个人指着菊花说：“这花真好看。”这里“花”和“菊花”只是所指相同，而不是意义相同，所以即使在这一语境中，“花”和“菊花”也不可能是同义词。

词义包括词的理性意义、色彩意义、语法意义（词性）。同义词应当是词性相同，理性意义相同或基本相同，色彩意义有差异。但是色彩意义如果是褒贬截然对立，即使理性意义相同，也不能构成同义词。如现代汉语的“领袖”和“头子”，古代汉语的“元首”和“渠魁”。一个词的褒贬，一般都分析为词的色彩意义。但是否有时褒贬也可以成为词的理性意义的一部分？这个问题是可以研究的。比如，《现代汉语词典》：“头子：首领（含贬义）。”是把贬义放在理性意义之外的。但“操纵：用不正当的手段支配、控制。”（比较“操控：操纵控制。”）“肆意：不顾一切由着自己性子（去做）。”（比较：“任意：没有拘束，不加限制，爱怎么样就怎么样。”）其实，“操纵”就是带贬义的“操控”，“肆意”就是带贬义的“任意”，但《现代汉语词典》把贬义放在词的释义中，可以说是贬义成为理性意义的一部分了。

2.3　什么是“一义相同”

说同义词只是“一义相同”，这当然是对的；但问题在于什么是“一义”。这牵涉到词的义位（义项）的划分，也不容易做到“说一不二”。比如，现代汉语的“好看”一词，《现代汉语词典》分为三个义项，第一义项的释义是“看着舒服，美观，精彩：这花布做裙子穿一定很～|这出戏特别～”。这里的“看着舒服，美观，精彩”是一义还是三义？如果是三义，那么“美丽”和其中一义“美观”基本相同，尽管“美丽”义和“精彩”义差得很远，只要“一义相同”，“好看”和“美

丽”就是同义词。如果是一义,那么“美丽”和“看着舒服,美观,精彩”这一义差得较远,“好看”和“美丽”就不是同义词。这个问题对于古汉语的单音词来说更加突出。如“远”,可以指地域之远,古书的训释是“辽也”;可以指时间之远,古书的训释是“久也”;可以指程度之远,古书的训释是“犹多也”;可以指关系之远,古书的训释是“疏也”。这几个意义是一义还是四义?如果是一义,那就很难找到另一个具有这既包括地域、时间又包括程度、关系的“一义”的词,应该说“远”没有同义词。如果是四义,那就要建构四个同义词组:“远—辽”,“远—久”,“远—多”,“远—疏”。可见“一义相同”的问题还不能说已经彻底解决,也还需要进一步讨论和研究。

同时,是否两个词“一义相同”就能构成同义词?这个问题也需要讨论。一个多义词有几个义位,但几个义位的地位不是等同的。有的义位是主要义位,一说到这个词,人们就会想到这个义位,如“背(bèi)”的“背部”义,“背离”义;有的义位是次要义位,如“背(bèi)”的“偏僻”义;有的甚至是很少用的罕用义位,如果不是特别提示,人们可能根本想不到这个词有这一义位,如“背(bèi)”的“听觉不灵”义(“耳背”);还有的只是某方言中不常用的义位,如“背(bèi)”的“死亡”义。那么,另一个词和这个词的次要义或罕用义相同,是否这两个词就是同义词?比如,能不能说“背(bèi)”和“僻”是同义词,和“聋”是同义词,和“死”是同义词?是的,构成同义词的条件是“一义相同”,要看义位而不是看整个词。但同义词毕竟是词的类聚,而不是义位的类聚,把“背(bèi)”和“死”这两个“一义相同”(只在“背 bèi”的罕用义位上相同)的词放在“同义词”这个词的类聚中是否妥当?这是可以讨论的。

2.4　替换和同义词的确定

“替换”是在同义词研究中经常提到的一个问题。从人们的直感来说,人们之所以认为两个词是同义词,一方面是觉得这两个词意义相同,另一方面是觉得这两个词在语言使用中可以互换。这种感觉是有道理的,互换是同义词的一个重要功能,如果两个词在任何情况下都不能互换,那么,即使其意义很接近,也不是同义词,如经常举的例子“改进”和“改良”就是如此。而替换也是检验同义词的一种重要方法,一般来说,两个词如果可以替换,就可能是同义词。

应该注意的是:一对同义词并不是在任何场合都可以互换,因为大部分同义词理性意义和色彩意义都有微别;即使是等义词,在一些固定组合中也不能互换,如“父亲节”不能换成“爸爸节”,“铁道部”不能换成“铁路部”。这个问题已说了很多,在我的《古汉语词汇纲要》中也讨论过。这里不重复。反过来说,并不是所有能替换的都是同义词,“替换”有多种不同情况,需要加以分析。例如:

“他一脚把球踢出了球场。”——“他一脚把球踢出了边线。”

这两个句子用“边线”替换了“球场”,意思没有变。这是从不同的视角对同一个运动事件的描述,“球场”是运动的背景(ground),“边线”是背景的边界,既然是出了球场,当然就是越过了边线。但这不能说明“球场”和“边线”是同义词。

《论语·公冶长》:“以其子妻之。”——“以其女妻之。”

“子”包括儿子和女儿。但在这里说“妻之”,当然只能是女儿,所以能换成“女”。但除了这种特定的语境,“子”和“女”是不能互换的,它们不是同义词。

《孟子·滕文公上》:“禹疏九河,瀹济漯,而注诸海;决汝汉,排淮泗,而注之江。"

有人认为前后两小句中的"诸"和"之"可以互换,因此"诸"有"之"义。这是不对的。前一句中的"诸"还是"之+于",后一句中的"之"不包含"于",只不过古汉语中这种"于"可以用,也可以不用,所以前一句中用"诸(=之+于)",后一句中只用"之"。这不仅仅是对"替换"的理解错误,而且首先是语法分析的错误。

《礼记·檀弓》:"古者冠缩缝,今也衡缝。"

有人以此证明"者"和"也"同义。这更是误解。"古者"是一个固定结构,相当于"古时候";而"今也"的"也"是一个表示顿宕的语气词。实际上,这个句子中的"者"和"也"是不能互换的。和这句同一类型的还有《论语·阳货》:"古者民有三疾,今也或是之亡也。"而"古也……,今者……"这样的句子根本找不到。

这些例子说明,用"替换"来确定同义词必须慎重,古汉语同义词研究更是这样。

2.5 从历史上看同义词的形成

同义词是从古就有的。人们在认知客观世界的时候,对同一事物(名物、动作、性状)会从不同的角度去认知,同时也会有不同的主观态度,这些综合在一起,就形成了各种同中有异的同义词。绝大多数同义词的词义都是同中有异的,人们在运用语言的时候,或是在不同场合使用不同的同义词,或者在同一场合把两个或几个同义词对比着使用,这就使语言表达更加细致,更加丰满。比如,本书第三章说的"壁/墙/垣"和"悍/勇"就是这样形成的同义词。

但有的同义词理性意义和色彩意义都没有区别,只是在语言运用方面可能有些不同。这些同义词不能说是为了表达细微的差异而产生的。那么它们是如何产生的呢?这些同义词,很多是由于“地有南北，时有古今，语言不同”（《说文》卷一下“莙”段注）而产生的。

（一）方言词并存

蚊—蟁。（《说文》：“秦晋谓之蟁，楚谓之蚊。”）

迎—逆。（《说文》：“关东曰逆，关西曰迎。”）

适—徂。（《说文》：“适，宋鲁语。”）（《说文》：“徂，齐语也。”）

舟—船。（《方言》：“自关而西谓之船，自关而东谓之舟。”）

慙—㥦—恧—覥。（《方言》：“㥦、恧，慙也。荊扬青徐之间曰㥦，若梁益秦晋之间言慙矣。山之东西自愧曰恧，赵魏之间谓之覥。”）

（二）古今语并存

首—头　怖—怕　父—爸　涕—泪　贰—副

屦—履　书—信　卒—兵　口—嘴　菽—豆

食—吃　愚—笨

方言词有的也是古今语。如“舟—船”，显然是“舟”产生早，“船”产生晚。《说文》：“舟，船也。”段注：“古人言舟，汉人言船。”

再进一步问：为什么由于南北古今的不同，会产生这样一些词义没有差别，而读音不同的同义词？当然，这首先是由于音义之间的任意性，即相同的词义可以用不同的语音形式表示。但仔细观察，还可以看到，这些同义词中，有不少是彼此有联系的。下面谈三点：一是音变，二是得名之由不同，三是词义引申。

（一）音变

如：“迎—逆”是阳铎对转。“首—头”是审定邻纽，幽侯旁转。“怖”在上古是滂母鱼部，韵母拟音为 ua，后来演变为 u。“怕”是保留了“怖”的古音。

(二)得名之由不同

得名之由不同也是人们认知角度不同的一种表现。但这种认知角度的不同不反映在同义词的词义上(上述同义词,其理性意义和色彩意义都没有什么不同),而只反映在词的不同语音形式上。

如:“舟—船”。《说文》:“舟,船也。”段注:“古人言舟,汉人言船。”《说文》:“船,舟也。”段注:“舟之言周旋也,船之言泝沿也。”

“忸—恧—䁆”。钱绎《方言笺疏》:“忸之言腆也。……忸颜犹言厚颜矣。”《说文》:“恧,慙也。”徐锴《说文系传》:“恧,心衄挫也。”《说文》:“䁆,蔽不相见也。”段注:“䁆之言阏也。”即因羞惭而自隐蔽。

(三)词义引申

如:“屦—履”。《说文》:“履,足所依也。”《说文》:“屦,履也。”段注:“履本训践,后以为屦名。古今语异耳。”“履”由践履的动作引申为用于践履之物,就成了“屦”的同义词,在表示“足所依”的意义上和“屦”同义。

“贰—副”,都指副职,与“正”相对。《说文》:“副,判也。”段注:“副之则一物成二,因仍谓之副。……周人言贰,汉人言副,古今语也。”“副”引申后成为“贰”的同义词。

“口—嘴”。“嘴”本作“觜”,指鸟嘴。后来引申为人和动物的嘴,和“口”同义。

除了南北古今不同而产生的同义词,还有一些词义相同的同义词无法肯定是方言词还是古今语,但其语音差异也可以用音变和得名之由不同来解释。

“颠—顶”。《说文》:“顶,颠也。”“颠,顶也。”都指头顶。都是端母,真耕通转。

“嗌—咽”。《说文》:“嗌,咽也。”“咽,嗌也。”都指咽喉。都是影母,锡真通转。

“妊—娠”。《释名》:“妊,娠也。”都指怀孕。同是怀孕,为什么用“妊”和“娠”两个词来表达呢?这是由于得名之由不同。对此,段玉裁和王力都有过解释。《说文》:“妊,孕也。”《说文》:“娠,女妊身动也。”段注:“凡从辰之字皆有动意。……妊而身动曰娠,别词也。浑言之则妊娠不别。《诗》:‘大任有身,生此文王。’《传》曰:‘身,重也。’盖妊而后重,重而后动,动而后生。”王力《同源字典》:“‘任’是怀抱,‘妊’是怀胎,二字同源。”“‘娠’有二音:一读章刃切,音震,与‘震、振’同源;一读失人切,音身,与‘身’同源。”两说不完全相同。但无论如何,“妊”是从“怀抱”的角度去认识的,“娠”是从“有身”或“震动”的角度去认识的,两个不同的认知角度,就采取了不同的语音形式表达,产生了“妊”和“娠”两个同义词。

“膺—匈”。《说文》:“膺,匈也。”“匈,膺也。”段注:“膺自其外言之,无不当也;匈自其内言之,无不容也。”

“倡—俳”。《说文》:“倡,乐也。”《说文》:“俳,戏也。”段注:“以其戏言之谓之俳,以其音乐言之谓之倡。”

也有一些方言词或古今语的同义词之间的关系无法从这三方面解释。如“适—徂”,“菽—豆”。这只能说是音义关系的任意性了。

2.6　等义词

上面所说的方言词和古今语的同义词,既然词义没有差异,是不是等义词呢?

要回答这个问题,首先要看什么是“等义词”。“等义词”一般的认识是:两个词意义完全相同,在任何场合都能互换。能满足这样的条件的,只能是单义词,即一个词只有一个义位。根据这一点来考察,那么,上面所举的"迎—逆","适—徂","首—头","屦—履"等都不是等义词。而"蚊—蚋"、"舟—船"、"菽—豆"、"妊—娠"等才是符合"等义词"的条件的。这又一次说明:"同义词"、"等义词"毕竟是词的聚合而不是义位的聚合,尽管在确定同义词的时候根据的是"一义相同"而不是所有义位都相同,但对于多义词的其他义位也不能完全不考虑,所以,虽然"屦—履"在"足所依"的意义上确实一义相同,没有差别,但还是不能看作等义词。

一般来说,两个词意义完全相等,在一个同质的语言系统中是没有必要同时存在的。但是实际上,任何一个语言都不是一个同质的系统,而是一个有序异质的系统,在同一语言的不同方言之间,会有相互影响(这里且不说邻近语言的影响),前一个时期的语言成分(包括词汇)也会在后一个时期有所保留。这就是刚才看到的,甲方言的词和乙方言的词同时并存,古语和今语也会同时并存。这样,当一个子系统(甲方言或古语)进入另一个子系统(乙方言或今语)时,在后一子系统中就会同时存在两个词义完全相同的词(包括等义词),这是没有什么奇怪的。不过,在后一子系统中,这些词义完全相同的词会逐渐发生变化。这有几种情况:

(一)等义词组中一个词逐渐退出。如:"蚊—蚋"的"蚋","菽—豆"的"菽",这些等义词就不复存在。(在现代汉语中,"菽"只在一些书面的固定组合中存在,如"不辨菽麦","布帛菽粟"。)"迎—逆"也是一样(这不是等义词,但有一个义位意义完全相同),先秦时"迎之"和"逆之"都有,"逆女"较多,"迎女"较少,但意义没有不同。到后来,"逆"逐渐退出,东汉以后出现双音词"迎接",未见“逆接”，这一组意义相同的同义词也不复存在。

（二）有些等义词仍然存在，意义也没有变化，但用法上有一些细微区别。如“舟—船”。有人认为“舟”小“船”大，两者词义是有不同的。这种看法不符合语言事实。“船”是后起的，早期的文献中只有“舟”没有“船”。但到战国末“船”出现之后，其意义就和“舟”没有区别。《吕氏春秋·知分》：“荆有次非者，得宝剑于干遂，还反涉江，至于中流，有两蛟夹绕其船。次非谓舟人曰：‘子尝见两蛟绕船能两活者乎？’船人曰：‘未之见也。’次非攘臂袪衣拔宝剑曰：‘此江中之腐肉朽骨也。弃剑以全己，余奚爱焉！’于是赴江刺蛟，杀之而复上船，舟中之人皆得活。”“舟”、“船”互称，是最好的证明。后来的文献中，“舟”指大船的也不乏其例。如：《淮南子·本经》：“龙舟鹢首。”《晋书·桓彝传》：“小水不容大舟。”《新唐书·食货志》：“起堤贯城，以通大舟。”《宋史·南汉世家》：“则泛巨舟而浮沧海。”这都说明“舟”和“船”意义无别。不过，这两个词在后代会有一些语体色彩上的区别：“渔舟”和“渔船”都可以说，但“舟”比较古雅，“船”比较通俗。这不妨碍它们构成等义词。在词语搭配上，两者也有一些区别，如说“扁舟”不说“扁船”，说“楼船”不说“楼舟”。但这不在于形体的大小，而是由于语言的沿袭。“扁舟”最早见于范蠡乘扁舟游五湖，那时还没有“船”只有“舟”，“楼船”出现于汉代，那时“船”是语言中常用的词。这种组合一旦固定下来，就为后代沿用。直到今天，“宇宙飞船”称“船”，而“神舟×号”称“舟”，其区别也不在于大小，而在于“船”比较通用，“舟”比较古雅。“父”和“爸”与此类似，两者语体色彩不同，也可以算等义词。不过，现代“父”出现了一个比喻用法，指创始者，如“原子弹之父”，这个用法是“爸”没有的。如果把这种情况考虑在内，就应该说“父”和

“爸”已不是等义词了。

(三)等义词组没有变化。如“妊—娠”。这两个词在现代汉语中都用得不多,都有较浓的书面语色彩,而且通常是“妊娠”成为一个复音词使用了。这种情况数量不多。

总起来说,等义词数量不多,而且一般不会长久并存,这个看法是对的。

2.7　古汉语同义词的研究

上面所说的一些有关同义词的问题,古今都是适用的。但古汉语同义词有一些不同于现代汉语同义词的特点,在研究时需要注意。

(一)黄金贵(2002)说:古汉语同义词以单音词为主,这是与现代汉语不同的。因此,古汉语同义词的特点是:“异”的表现比较隐蔽,其理性意义之异比较突出。(P.187)这说得很对。(但他主要说的是上古和中古汉语,而近代汉语,特别在元明以后就和现代汉语差不多了。)现代汉语同义词很多是复音词,同义词之间的差别,有些从语素的不同就可以分析出来;古代汉语的同义词很多是单音词,同义词之间的差别,必须通过词义辨析才能得出。所以古代汉语同义词的辨析是一项很重要的工作。

同时,复音词的义项一般比较简单,义项容易分清,所以,根据“一义相同”来判定同义词也不会有太多困难。而单音词的义项往往比较复杂,义项的分合不容易确定,所以,“一义相同”的“一义”究竟是什么,有时不好确定,根据“一义相同”来判定同义词会有一些困难。

更重要的是,现代汉语的时间段比较短,现代汉语同义词基本上是一种共时现象。古代汉语包括上古、中古和近代,长达数千年。把“古代汉语”作为一个整个的历史时期来考察同义词，往往会忽略其间的历史变化。要做深入的研究，必须注意其历史演变的过程，不是静态地，而是动态地加以考察。要做到这一点不是轻而易举的，最好的办法是从专书同义词研究做起，以一部有代表性的专书概括出一个历史时期的面貌，然后从历史的角度研究其发展变化。但就是做专书的同义词研究也比现代汉语同义词研究困难。因为书面语和口语的脱节，使我们难以清楚地看到当时口语的真实面貌，而在书面语中往往保留很多前一个时期甚至更古老的语言成分，如果把专书中的这些词语不加分析地看作同一共时平面的东西，显然是不妥当的，但要区分为不同时代，却又相当困难。这是做历史语言研究所碰到的共同的问题，但词汇的问题比语音、语法更为突出。

（二）古代汉语的同义词研究有一种很好的凭借手段：有大量的训诂资料可以利用。这也许是古代汉语同义词研究独有的有利条件。

但是，运用训诂资料，要有正确的眼光和方法。古代的训诂，大体遵循《尔雅》和《说文》的体例。《尔雅》采用汇集若干个词语，最后用一个词语加以训释的办法，这可以作为我们研究同义词的参考。但是要注意，这一串词语并不都是同义词，哪些是同义词，还需要我们根据文献资料做出选择和判断。

如《尔雅》的第一条：

> 《尔雅·释诂》：“初、哉、首、基、肇、祖、元、胎、俶、落、权舆，始也。”

根据上古文献中的使用情况来看，在这11个词中，真正具有“始”义的只有“初、哉、肇、俶、权舆”五个，而且“权舆”是名词。

“首、元”的词义只是和“始”有关,“首事”是“首先起事”,“元年”是第一年,“首”、“元”准确的意义不是“始”。再如“基者筑墙之始”,“祖者人之始”,“胎者生之始”(均见郝懿行《尔雅义疏》)都不能说明它们是“始”的同义词。

关于这个问题,王力先生《略论清儒的语言研究》说得很好:“《尔雅》所载同义词多至十余字,《广雅》所载同义词多至数十字,《广雅》所收比《尔雅》更滥,凡词义稍有关系的都算作同义词。”哪些是同义词,哪些不是,是需要仔细辨别的。

《说文》训释大多采用“A,B也”的方式,A和B有不少是同义词,这是研究古汉语同义词的重要参考。但A和B也有不少不是同义词,必须加以分析。下面举一些例子:

1. 月,阙也。段注:“月阙叠韵。”王筠《句读》:“日形正圆,月阙其半。”

2. 水,准也。王筠《句读》:“水准叠韵。《白虎通》:‘水之为言准也。’”

3. 礼,履也。桂馥《义证》:“礼履声近。……《荀子》:‘礼者人之所履也。’”

4. 门,闻也。段注:“以叠韵为训。”

5. 帚,粪也。段注改为“所以粪也”,云:“所以二字浅人删之,今补。”

6. 挥,奋也。桂馥《义证》:“本书:‘振,奋也’。……《秦策》:‘挥汗成雨。’高注:‘挥,振也。’”

7. 手,拳也。段注:“今人舒之为手,卷之为拳,其实一也。”

8. 雁,鸟也。

9. 器，皿也。段注："皿专谓食器，器乃凡器统称。"

10. 峙，躇也。《说文》："躇，峙躇不前也。"

如果不熟悉《说文》的体例，看了这些训释会不明白。这里略加说明。1.2.3.都是声训，说明其得名之由。1.是说月是阙的，所以称月。2.是说水是平的，所以称水。3.是说礼是人所履行的，所以称礼。4.也是声训，但"闻"与"门"有何关系？段玉裁和王筠各有解释，但均未说清。5.是以功能释工具，段玉裁说应该补"所以"二字，其实其性质和"礼，履也"相仿，只是并非声训。6."挥"和"奋"词义有何关系？桂馥的解释是：挥，振也，振，奋也，所以"挥，奋也"。"挥汗"即"振汗"。这种解释未必是《说文》本意。7.其意也许如段玉裁所说，但这种训释实为不当。8.是以大名释小名。意思是雁为鸟类。此类甚多，如："芸，草也。"9.是反过来，以小名释大名。10.是以联绵字之一字释另一字，其实应该说"峙，峙躇不前也"更为妥当。总之，不能把这种训释误认为同义关系。所以，对古代的训诂资料必须深入了解和分析，才能更好地用于古汉语的同义词研究。

古代训诂中的"泛指"、"特指"、"浑言"、"析言"等对研究古汉语同义词也很有帮助，但也需要分析。这个问题我在《古汉语词汇纲要》第三章第二节中已经讲过，这里不重复，只做一点补充。

我在《古汉语词汇纲要》第三章第二节中说："近义词指的是这样一些词：它们是同一语义场中的同位义，它们都有共同的中心义素，有时还有共同的限定性义素，但又有一个限定性义素不相同。所以，它们的意义相近，但不相同，因此在句子中不能互相替代。"而且可以根据古代的训释来确定。如：《说文》："瞻，临视也。""眄，衺视也。""睇，小衺视也。"《尔雅·释器》："金谓之镂，木谓之刻,……"《说文》:"牛羊曰肥,豕曰腯。"认为这些被释词都是近义词。

这个说法大体能够成立。但这里要补充一点:几个词"有共同的中心义素,有时还有共同的限定性义素,但又有一个限定性义素不相同",是不是一定不是同义词而是近义词?因为同义词的理性意义也不一定是完全相同的。我们先看下面的例子,这些《说文》中成对的词,段玉裁都用"浑言"、"析言"来分析。"浑言则同"是说它们同义,"析言则异"是指出它们的区别。也就是说这些词在语言使用中有两种情况,一种是意义相同,一种是意义有差异。对于这些"浑言则同,析言则异"的词,究竟应该怎样看?

《说文》:"腯,牛羊曰肥,豕曰腯。"段注:"按人曰肥,兽曰腯。……又析言之,则牛羊得称肥,豕独称腯……《左传》:'奉牲以告曰:博硕肥腯。'……左氏统言之。"

《说文》:"苑,所以养禽兽。""囿,苑有垣也。"段注:"周礼注曰:'囿,今之苑。'……许析言之,郑浑言之也。"

《说文》:"条,小枝也。"段注:"毛传曰:'枝曰条'。浑言之也。条为枝之小者,析言之也。"

《说文》:"眄,……一曰衺视也。""睇,小衺视也(段玉裁据《诗经·小雅·小宛》正义改)。南楚谓眄睇。"段注:"眄为衺视,睇为小衺视者,析言之。此浑言之。"

《说文》:"趋,走也。""走,趋也。"段注:"《释名》曰:'徐行曰步,疾行曰趋,疾趋曰走。'此析言之,许浑言不别也。"

《说文》:"凫,舒凫,鹜也。""鹜,舒凫也。"段注:"凫,野鸭名。鹜,家鸭名。许于凫下当云:'凫,水鸟也。舒凫,鹜也。'文乃备。《左传》疏云:'谓之舒凫者,家养驯,不畏人,故飞行迟。'……《广雅》:'凫、鹜,鴄(鸭)也。'此统言而未析言之也。"(“凫”是野鸭,“鹜”是家鸭。)

首先,我们应当注意,古人所说的“浑言则同”、“析言则异”,主要的根据是古代字书的训释和古人的注疏,也注意到语言的实际运用。从上面的例字来看,“肥—腯”在《说文》中异,在实际语言中同。“枝—条”在《说文》中异,在《毛传》中同。“眄—睇”在《说文》“睇,小衺视也”中异,在《说文》“南楚谓眄睇”中同。“趋—走”在《释名》中异,在《说文》中同。“凫—鹜”在实际上异,在《说文》、《广韵》的训释中同。那么,我们应当怎样来判断这些词意义的异同呢?最好的办法是对这些词做一个全面的考察。下面以“睇”和“眄”为例加以说明。

先看“睇”和“眄”。“睇”在先秦和两汉的文献中共出现11次。

屈原《九歌·山鬼》:“既含睇兮又宜笑,子慕予兮善窈窕。”王逸注:“睇,微眄貌也。”

屈原《九章·怀沙》:“离娄微睇兮,瞽以为无明。”王逸注:“睇,眄之也。”

《礼记·内则》:“在父母舅姑之所……不敢……睇视。不敢唾洟。”郑玄注:“睇,倾视也。”

《大戴礼记·夏小正》:“乃睇燕乙也。……言‘乃睇’何也?睇者,眄也。眄者,视可为室者也。”

《汉书·司马相如传》:“长眉连娟,微睇绵藐。”师古曰:“微睇,小视也。”

《汉书·叙传》:“养游睇而猿号兮,李虎发而石开。”师古曰:“游睇,流眄也。”

《后汉书·张衡传》:“亲所睇而弗识兮,矧幽冥之可信。”

注引颜师古曰:“睇,视也。”

《文选·张衡〈南都赋〉》:“微眺流睇,蛾眉连卷。”李善注引郑玄《礼记》注曰:“睇,倾视也。”

《文选·傅毅〈舞赋〉》:“眉连娟以增绕兮,目流睇而横波。”

仲长统《昌言上》:“睇盼则人从其目之所视,喜怒则人随其心之所虑。”

仲长统《昌言中》:“夫男女之际,明别其外内,……由尚有胸心之逸念,睇眄之过视。”

又:

《方言》卷二:“䁓,睇,睎,略,眄也。陈楚之间南楚之外曰睇,东齐青徐之间曰睎,吴扬江淮之间或曰䁓,或曰略,自关而西秦晋之间曰眄。”

《说文》大徐本作:“睇,目小视也。”小徐本作:“睇,目小衺视也。”段玉裁据《诗经·小雅·小宛》正义所引《说文》改为“小衺视也”。

再看“眄”的例句:

《庄子·山木》:“王独不见夫腾猿乎?其得楠梓豫章也,揽蔓其枝而王长其间,虽羿、蓬蒙不能眄睨也。”李云:“眄,或作睥。”

宋玉《神女赋》:“目略微眄,精彩相授。”

《战国策·韩策二》:“韩挟齐、魏以眄楚,楚王必重公矣。”

《史记·鲁仲连邹阳列传》:“臣闻明月之珠,夜光之壁,以暗投人于道,众莫不按剑相眄者。”

扬雄《太玄·沉》:“沉视自见,贤于眇之眄。”

《汉书·文三王传》:“谗臣在其间,左右弄口,积使上下不和,更相眄伺。”

《后汉书·马援传》:“援据鞍顾眄,以示可用。”

《后汉书·郎觊传》:“天神遗以好女,浮屠曰:‘此但革囊盛血。’遂不眄之。”

《后汉书·阴识传》:“夫外戚家苦不知谦退,嫁女欲配侯王,取妇眄睨公主。”

《后汉书·梁冀传》:“为人鸢肩豺目,洞精矘眄。”

《后汉书·卢植传》:“植侍讲积年,未尝转眄。”

《后汉书·吕布传》:“抚剑顾眄,亦足以为人豪。”

《后汉书·儒林传》:“俯仰顾眄,则天业可移。”

《文选·班固〈答宾戏〉》:“是故鲁连飞一矢而蹶千金,虞卿以顾眄而捐相印。”

《文选·傅毅〈舞赋〉》:“眄般鼓则腾清眸,吐哇咬则发皓齿。”

《文选·张衡〈西京赋〉》:“眳藐流眄,一顾倾城。”

《文选·王延寿〈鲁灵光殿赋〉》:“俯仰顾眄,东西周章。……齐首目以瞪眄,徒脈脈而狋狋。”

《文选·曹植〈美女篇〉》:“顾眄遗光采,长啸气若兰。”

张衡《七辩》:“靥辅巧笑,清眸流眄。”

王粲《神女赋》:“扬娥微眄,悬藐流离。”

《说文》:“眄,一曰衺视也。”

从这些例句看,“睇”的意义只是“斜视”(有的还只是“视”),而并非“小斜视”,古注也只是用“眄也”、“倾视”或者“视也”来解释,只有王逸注《九歌·山鬼》说“睇,微眄貌也”,但从《九歌·山鬼》的文句看,也不一定和“眄”有区别。《方言》说得很清楚,“睇”和“眄”是方言的区别。《说文》如果从大徐本,则“小视”和“眄”无别。再比较“眄”的例句,“眄”是“斜视”,“睇”和“眄”并无区别。所以,在全面考察“睇”和“眄”的词义后,可以确定“睇”和“眄”是同义词而不是近义词。

“腯”用得不多。先秦共六次,其中“腯肥”或“肥腯”连用五次,而且主语都是“牲牷”或“牺牲”,不是豕。唯一的一次主语是“豚”的,见于《礼记·曲礼下》:“豚曰腯肥。”也是“腯肥”连用,而且郑玄注:“腯亦肥也。”单用的一次,《左传·桓公六年》:“谓其畜之硕大蕃滋也,谓其不疾瘯蠡也,谓其备腯咸有也。”主语也是“畜”而不是“豕”或“豚”。汉代共三次,一次“肥腯”连用,一次“腯牲”,说的都不是“豕”或“豚”。《方言》卷十三:“腻,腯也。”也没有说是用于“豕”或“豚”的。可见,“肥—腯”在实际语言中并无区别。

这是“浑言则同,析言则异”的一种情况:所谓“析言则异”在实际语言中并不存在。

还有第二种情况。在某些场合有“异”,但在另一些场合无“异”。如“苑—囿”。古注说“有墙曰苑,无墙曰囿”。《楚辞·九叹·愍命》:“熊罴群而逸囿。”《周礼·秋官·掌戮》:“墨者使守门。劓者使守关。宫者使守内。刖者使守囿。”可见囿是有墙的,而且是有人看守墙门的。但“苑”和“囿”之别,古注还有其他说法,如:“大曰苑,小曰囿。”“天子曰苑,诸侯曰囿。”“古名囿,汉名苑。”有的还说“无墙曰囿”(《淮南子·本经》“侈苑囿之大”高诱注)。这说明“苑”和“囿”的区别虽然存在,但人们对其区别已经不太清楚,所以在很多场合下“苑”和“囿”并无区别。

又如“枝—条”。《淮南子·时则》:“燕枝拘,援丰条。”扬雄《太玄·达》："阳气枝枚条出。"司马光注引宋衷曰："自枝别者为枚，自枚别者为条。"孔臧《杨柳赋》："巨本洪枝，条修远扬。"《西京杂记》卷一："有树直上百丈，无枝，上结藂条如车盖。"这说明《说文》："条，小枝也"的解释是有根据的。赵岐《孟子题辞》："宜在条理之科。"焦循注："枝又分而为条，故条之义为分。"这是从词义引申的角度，说明"条"为"枝"之分。但在很多场合，"枝—条"确实无别。

第三种情况是两个词不仅是"析言则异"，而且根本是不同的意义，所谓"浑言则同"只是在某些训释中把它们等同起来，实际上并不存在。如《说文》以"趋"和"走"互训，以及说"凫，舒凫，鹜也"，只能说是《说文》的训释不当。在实际语言中也有用"鹜"来表示野鸭的，如王勃《滕王阁序》："落霞与孤鹜齐飞。"但这样的用法很少。

除了这样全面考察以外，我们还可以采用另一种办法。

从我们的直觉来看，"肥/腯"、"苑/囿"、"枝/条"、"睇/眄"可以算同义词，因为它们的差别不大；"趋/走"、"凫/鹜"不是同义词，因为它们的差别较大。这种直觉是对的，我们可以用语言事实来检验：前面几对词在语言中可以同义连用，意义无别。如：

《左传·桓公六年》："吾牲牷肥腯，粢盛丰备。"

《史记·滑稽列传》："始皇尝议欲大苑囿，东至函谷关，西至雍、陈仓。"

《风俗通·正失》："枝条畅茂，乌登其上。"

王勃《滕王阁序》："穷睇眄于中天，极娱游于暇日。"

后面两对词很少同义连用。"凫"和"鹜"极少连用，下面是仅见的一例，

李尤《弹铭》："丸弹之利，以弋凫鹜。"（《艺文类聚》卷六十引）

例中的“鹜”显然指野鸭,但这种“凫鹜”连用很少。

“趋走”连用的较多,但不是同义连用。如《庄子》例的“趋走”的词义有变化,既非“走”也非“趋”,而是等于“疾行”。更多的“趋走”表示奔走服役,如《汉书》例:

《庄子·盗跖》:“孔子再拜趋走,出门上车。”

《汉书·朱买臣传》:“始买臣与严助俱侍中,贵用事,汤尚为小吏,趋走买臣等前。”

那么,既然在训诂资料中说明了它们“析言则异”(一个限定义素不同),为什么有的是同义词,有的不是呢?这是因为这些区别有的显著,有的不显著。显著的人们不会觉得是同义,在实际语言中也不会把它们同义连用。不显著的人们会觉得是同义,在实际语言中会把它们当作相同的词来连用。显著与否,可以从认知的基本层级和非基本层级来加以说明。人们对基本层级上的单位之间的区别会觉得很突出,而对于非基本层级上的单位,往往不会太注意其区别。苹果和梨,人们不会觉得是同一种水果;而香梨和鸭梨,人们会觉得区别不大。“肥/腯”、“苑/囿”、“枝/条”、“睇/眄”这些词都是非基本层级的,人们对它们区别不会太注意,所以这些是同义词。而“趋/走”是属于基本层级的,人们不会把它们混同,只会认为它们相近。“凫/鹜”虽然都是鸭子,是同一个基本层级的下位区分,但人们对家养的和野生的区分很注意,特别是野鸭会飞,鸭子不会飞,区别很明显,一般不会把它们混同。所以这些是近义词。

同义词和近义词是和人们的感觉和语言使用密切相关的,究竟是同义词还是近义词,有时不能机械地用义素分析法,还要根据人们的感觉和语言的实际运用来确定。

三　什么是反义词

3.1　反义词的基本问题，在《古汉语词汇纲要》中已经说过。

和同义词一样，两个反义词不是两个词的所有义位都相反，而是一个词的一个义位和另一个词的一个义位相反。

反义词总是同中有异的，"同"是构成反义词的基础。也就是说，反义词总是在同一语义范畴里的，"黑—白"都是颜色，"老—幼"都是年龄，"长—短"都是距离，"生—死"都是生命状态，"昼—夜"都是时间。在同一语义范畴里表示两个相反意义的词是反义词。

什么是"意义相反"？根据 J. Lyons(1977)，一般所说的反义词(opposites)应分为三类：

1. complementarities.（互补）如：single-married　male-female

2. antonyms.（反义）如：big-small　good-bad

3. conversness.（反向）如：buy-sell　husband-wife

本书在此基础上，再讨论一些有关的问题。

3.2　首先介绍 D. A. Cruse "*Lexical Semantics*"(1986/2009)。

3.2.1　这本书用很多篇幅深入讨论了反义关系(opposites)。第八章讨论了互补(complementarities)和反义(antonyms)，第九章讨论了方向性反义(directional oppositions)，第十章讨论了反义关系的一般问题(general questions)。J. Lyons 所说的"反向"(conversness)放在第十章中讨论，作者称之为"relational opposites"。

这里重点介绍关于"反义(antonyms)"的论述，主要是关于

“反义(antonyms)”的三个小类的论述。(9.3—9.4,P.204—213)注意:他说的“antonyms”是“大—小”、“好—坏”之类,是和“complementarities”如“生—死”、“男—女”之类相区别的。

(一)作者首先说了“反义”(antonyms)类的几个特点:(按:为了叙述的方便,下面把一些原文的 antonyms 直接译为“反义词”)

(1)它们是可以逐渐变化(gradable)的。

(2)反义词表示一些变量(长度、重量、速度、准确度)的程度。

(3)当程度加强时,一对反义词就在表示变量的尺度上向两端移动。

(4)一对反义词不是把一个概念域一分为二,两者之间还有一个变化的范围。

因此,互补(complementarities)的一对词是非此即彼,如不是“生”就是“死”;而“反义”(antonyms)的一对词可以是既非 x 也非 y,如可以说“既不长也不短”。

反义(antonyms)表示的是相对的量。既可以说“一条长/短的河”,也可以说“一条长/短的眉毛”。

(二)作者把“反义”(antonyms)分为三个小类。三个小类的区分是根据“假性比较级”(pseudo-comparative)和“真性比较级”(true-comparative)而做出的。

1. This box is heavy.

2. This box is heavier than that one.

如果在前面加上“This box is light”,那么,例 3 不能成立,例 4 可以:

3. ? This box is light, but it is heavy.

4. This box is light, but it is heavier than that one.

例 2 的 heavier 是真性比较级，表示重到更大程度；例 4 的 heavier 是假性比较级，表示的不是“重到更大程度”，而是“具有更大的重量(weight)”。作者认为“heavy”有两个有区别而又有联系的意义，一个是“轻重”的重，构成真性比较级；一个是“重量”的重，构成假性比较级。

但“hot”和“heavy”不同：

5. It's hot today.

6. It's hotter today than yesterday.

如果在前面加上“It's cold today”，那么，例 7 和例 8 都不能成立：

7. ? It's cold today, but it's hot.

8. ? It's cold today, but it's hotter than yesterday.

例 8 的 hotter 是真性比较级，表示的是“热到更大程度”。“hot”只有一个意义：“冷热”的热。

以“真性比较级”和“假性比较级”为依据，反义词可分为三小类。

(1)polar antonyms（极性反义词）

两个反义词都只能构成假性比较级：

It's short, but it's longer than the other one. (pseudo-comparative)

It's long, but it's shorter than the other one. (pseudo-comparative)

又如：*heavy*: *light*, *fast*: *slow*, *high*: *low*, *deep*: *shallow*, *wide*: *narrow*, *thick*: *thin*, *difficult*: *easy*.

(2)overlapping antonyms（部分重叠反义词）

两个反义词只有一个能构成假性比较级,另一个不能:

John's a dull lad, but he's cleverer than Bill. (pseudo-comparative)

? Bill's a clever lad, but he is duller than John.

又如:*good*:*bad*, *pretty*:*plain*, *kind*:*cruel*, *polite*:*rude*.

(3)equipollent antonyms (势均反义词)

两个反义词都不能构成假性比较级:

? It's hot, but it's colder than yesterday.

? It's cold, but it's hotter than yesterday.

又如:*nice*:*nasty*, *sweet*:*sour*, *proud of*:*ashamed of*, *happy*:*sad*.

这三类的不同还表现在其他方面。

1. 极性反义词评价色彩是中性的,通常是对度量的客观描写,部分重叠反义词评价有褒贬,势均反义词表示主观感觉和感情。

2. 形成问句"How X is it?"的情况不同。

(1)极性反义词中有一个(如"长")可以构成这种问句,询问时既没有"长"的预设,也没有"短"的预设,只是问长度是多少。

How long it is?

? How short it is?

(2)部分重叠反义词两个都可以构成这种问句,一个没有预设,问的是品性(merit);一个有"坏"的预设,问坏的程度。

How good it is?

How bad it is?

(3)势均反义词两个都可以构成这种问句,都有预设,问的是热和冷的程度。

How hot it is?

How cold it is?

关于"部分重叠反义词"，作者有一个很细致的观察：并非任何一个表示"坏"的事物都可以用"更好"(better)来表示比较，尽管有别的事物比它"更坏"(worse)。

如：

Bill's accident was worse than John's.

? John's accident was better than Bill's.

John's torturing of the cat was crueler than Bill's.

? Bill's torturing of the cat was kinder than John's.

Cedric's insult was ruder than Crispin's.

? Crispin's insult was more polite than Cedric's.

一些"天生是坏"(inherently bad)的事物都不能和 better 搭配使用。如：*headache*, *depression*, *failure*, *debt*, *famine*, *drought*, *storm*, *earthquake*, *flood*.

此书的第十章除了讲到"反向"(converse)以外，还讲了多种反义关系，这里从略。

D. A. Cruse "*Lexical Semantics*"对反义词的分析很值得我们注意，这告诉我们：通常所说的"反义词"以及"意义相反"其实不那么简单，即使是反义(antonyms)，也有各种不同类型的语义关系，这是需要我们认真研究的。

3.2.2 D. A. Cruse "*Lexical Semantics*"说，不同语言里反义词的情况不完全一样。比如英语中的 hot-cold 属于 antonym 的第三小类"势均反义词"，但法语中和 hot-cold 对应的 chaud-froid 却是属于 antonym 的第一小类“极性反义词”。这一点更值得我们注意。拿汉语的反义词和英语的反义词比较,也有一些不同。

首先,D. A. Cruse 说的“假性比较级”,是就英语的情况说的。英语中形容词存在平级、比较级和最高级,有形态的区分,如:heavy, heavier, heaviest。在表示比较的时候,要用比较级(如“heavier”)。汉语在表示性状的程度时,不用形态,而用副词“更”和“最”。如:第一个匣子重,第二个匣子更重,第三个匣子最重,“更重”和“最重”确实是在“重”的基础上程度越来越高。在表示两者的比较时,可以说“这个匣子比那个匣子更重”,这是说这个匣子“重”的程度更高;但也可以说“这个匣子比那个匣子重”,这就仅仅是两者重量的比较,并不表示这个匣子重的程度很高。如果把 Cruse 的例 4“The box is light, but it is heavier than that box”译成汉语,只会说“这个匣子很轻,但是比那个匣子重”,而不会说“这个匣子很轻,但是比那个匣子更重”。所以,汉语中不存在“假性比较级”。因为“轻”和“重”都是相对而言的,关键在于比较的标准是什么。假如这个匣子只有三两重,当然是很轻,这是以匣子一般的重量为标准的,不到一般重量,所以是“轻”。但是,说“这个匣子比那个匣子重”,那就是以那个匣子为标准,假如那个匣子只有一两,三两超过了一两,当然就是“这个匣子比那个匣子重”。把两句话连在一起,“这个匣子很轻,但是比那个匣子重”,这话在逻辑上一点也没有矛盾。这是和英语不同的。

那么,Cruse 基于“假性比较级”和“真性比较级”而区分的反义词的三小类在汉语中是否存在呢?我们来看汉语的事实。

Cruse 把“hot-cold”这类反义词称为第三类。在汉语中,

"冷—热"这对反义词和"长—短"、"轻—重"、"高—低"这类反义词也有所不同。我们可以说"这个匣子很轻，但是比那个匣子重"，但不能说"今天很冷，但是比昨天热"，"今天很热，但是比昨天冷"。既然汉语中不存在"假性比较级"，那么其不同的原因又是什么呢？应该说，其原因在于："长—短"、"轻—重"、"高—低"都是相对而言的，但其适用的范围是长度、重量、高度这些度量的全部，即：处于度量低端（如二两）的甲物是"轻"，但相对于另一个更轻（如一两）的乙物而言，可以说"甲比乙重"；反之，处于度量高端（如一万斤）的甲物是重，但相对于另一个更重（两万斤）的乙物而言，可以说"甲比乙轻"。"冷—热"也是相对而言的，但其适用的范围只是温度这个度量的一部分，就气温而言，"冷"只适用于5摄氏度以下，如果今天是32度，昨天是33度，就不能说"今天比昨天冷"；"热"只适用于30摄氏度以上，如果今天是4度，昨天是2度，就不能说"今天比昨天热"。所以，人们不会说"今天很冷，但是比昨天热"。根据这个不同，"冷—热"和"长—短"、"轻—重"、"高—低"等反义词可以分成不同的类。

Cruse把"good－bad"这类反义词作为第二类。在汉语中，"好—坏"的反义关系也和前两类不同。可以说"甲这个人很坏，但比乙好"，不能说"甲这个人很好，但比乙坏"。其原因在于："坏"的贬义色彩很强，只处于"品行"这个度量的"恶劣"的一端，只有"坏"和"更坏"、"最坏"；"好"的褒义色彩不一定很强，不局限于"品行"这个度量的"优秀"的一端，可以有"好"、"更好"、"最好"，还可以有"稍好"。"甲这个人很坏，但比乙好"，这不是说"比乙优秀"，而是说"比乙稍好"。这种情况，说明汉语中的"好—坏"确实是单独的一类。

也就是说,Cruse 分的三类反义词,在汉语中是可以成立的,但其分类的根据不是"假性比较级"和"真性比较级"。

此外,书中讲到"cold-cool-warm-hot"的关系时,所举的一些英语的例句,在汉语中是不说的。例如:

Place the mixture in a cool oven.

This substance burns with a cool flame.

Put it in the warm part of the refrigerator.

英语中 cool 可以用来修饰具有 hot 性能的名词,warm 可以用来修饰具有 cold 性能的名词,但汉语中不能说"凉的烤箱"、"凉的火焰"和"冰箱里暖和的部分",只能用"不太+热/冷"来表示:"不太热的烤箱","不太热的火焰"和"冰箱里不太冷的部分"。但汉语可以说"凉爽的夏天"、"温暖的冬天"。

所以,Cruse 对反义词的细致分析对我们有启发,但汉语中的反义词的细微差别,还要我们根据汉语的实际情况加以分析。

3.3 潘秋平《从认知语义学看反义词》(2008)

这篇文章从认知语言学的角度探讨反义词,可引起我们进一步思考。

文章提出两个问题:

1. 什么是反义词?通常把具有互补(complementarities)、反义(antonyms)、回复(reversives)、反向(converses)关系的都称为反义词。它们之间是什么关系?

2. 是否有内在二元对立关系的词就是反义词?比如,Fillmore 指出:"land"和 "ground"所指相同,但"land"和"sea"是反义词,而"ground"和"sea"不是。又如"married"和"single"是公认的互补反义词,不是"married"就必然是"single"。但教皇不是已婚的(married),可是在英语中不能说“The Pope is single”。

文章认为,内在的二元对立是构成反义词的必要条件,而其充分条件是“这两个词都必须在同一个的理想认知模式(idealized cognitive models)中被认识”,“形成反义词最重要的因素即是在认知基底(base)中存在一种对称的差异性。”文中讨论的“理想认知模式”是“意象图式”(image schema)和“命题模式”(propositional schema)。

文章以“容器图式”来分析“里—外”、“上—下”等反义词:

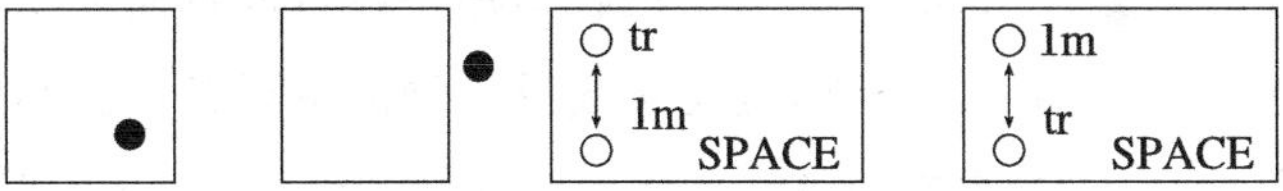

里　　外　　上　　下

以命题模式来分析“买—卖”:

买(Verb:buy)　　卖(Verb:sell)

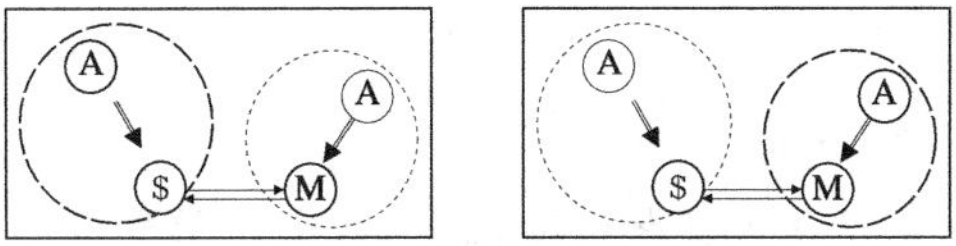

文章认为反义词“是一个依据原型原则建立起来的范畴”,应该从反义词的原型成员入手,找出反义词的特质,然后借助认知语言学在处理原型成员和非原型成员之间的关系时提出的扩展说法,说明不同的反义关系。

比如,“春夏秋冬”不是原型的反义词,但把它们放在一个认知模式中,再套上一个“气温”的认知域,就可以使“冬夏”构成反义词。

文章对一些问题没有充分展开,有些看法也还可以商榷,但总的说来,在研究反义词的思路方面对我们有启发。

四　关于反义词的一些问题

4.1　构成反义词的条件

4.1.1　构成反义词的条件有两个:(1)一个词的一个义位和另一个词的一个义位处于同一语义范畴中,有一个或几个语义要素相同,一个语义要素相反。这是词义的条件,是构成反义词的基本条件,一般谈反义词,都提到这个条件。但是,这里要补充一点:两个词的一个语义要素相反,也可能是表示类别。只有这两个词表对立的才是反义词。(2)两个词在语用中经常同现而表示相反的意义。这是语用的条件,也是构成反义词的重要条件。和同义词一样,反义词也是在语言运用中形成的词汇聚合,在谈反义词的时候,语用的条件也不能不考虑。

根据这两个条件,通常所说的反义词可分为两类。仅符合词义条件的,或者仅符合语用条件的,是宽泛的反义词。既符合词义条件,又符合语用条件的,是严格的反义词。

(一)词义条件:一个语义要素相反,而且不是表示类别而是表示对立。

毫无疑问,构成反义词必须一个语义要素相反(这是广义的"相反",包括互补、对立、反向等,下同),但不能反过来说,凡是有一个语义要素相反的就是反义词。先看下面的例子:

"衣—裳"(上曰衣,下曰裳)

"鼐—鼒"(大鼎为鼐,小鼎为鼒)

"崧—岑"(山大而高为崧,山小而高为岑)

"薪—蒸"(粗曰薪,细曰蒸)

"珠—玑"(圆曰珠,不圆曰玑)

“梳—篦”(疏者为梳，密者为篦)

“羖—羭”(夏羊牡曰羖，夏羊牝曰羭)

“棠—杜”(牡曰棠，牝曰杜)

“偃—仆”(后却曰偃，前却曰仆)

“哭—泣”(有声曰哭，无声曰泣)

和上一节所说的同义词一样，我们也可以凭直觉来判断一下：这些是不是反义词？可能回答都是否定的。这是什么原因？我在《古汉语词汇纲要》中说过，大小、粗细、前后等，也可以是事物的类别，如果含有这些语义要素的词是用于表事物的类别，而不侧重于它们的对立，那就不是反义词。

如果再进一步问：哪些情况是表示类别而不表示对立？我想，回答应该是：反义关系虽然有事物本身的客观性状做依据，但最终还是取决于人们对客观世界的认知。人是以自身为出发点来认识世界的。认知语言学强调身体是认知的出发点，人体部位没有什么反义词，“腹—背”不是典型的反义词，“首—足”和“手—足”更不是。但很多反义词是以人为基准而区分的：在上为天，在下为地；高者为陵，下者为谷；面向为前，背向为后；前行为进，却行为退；水为湿，火为燥；有益于人为善，有害于人为恶。一些基本的反义词，都是和人的生活密切相关的。上述这些词组为什么不是反义词？一是因为其中有些不是认知的基本层次，认知基本层次上的事物、动作、性状如果有对立的因素，人们的感觉会比较强烈，如“陵—谷”，“偾—起”，“笑—哭”。而基本层次的下位词，人们对其对立因素的感觉就不很明显，会把它们看作类别的不同，如同样是“偾”，前(仆)和后(偃)不构成对立，同样是“哭”，有声(哭)和无声(泣)不构成对立。“珠玉”和“瓦砾”是反义的，一贵一贱，而同样是珠，圆

(珠)和不圆(玑)就不构成对立。“鼐—鼒”都是鼎,大和小不会有相反的用途,所以只是类型的不同,不是反义词。二是因为有些对立和人的生活关系不大。如人的性别的差异,“男—女”或“夫—妇”,当然是反义词;而家畜公母的差别,对人来说关系就不怎么大,黑羊的公母(羖—羭)就不是反义而只是类别(其他动物的公母就根本没有词来区分);植物的公母,和人的关系更远,棠树的公母(棠—杜)就更不是反义词了。“羖—羭”、“棠—杜”究竟孰为牡,孰为牝,在古代训诂资料中有不同的说法,这也说明古人对它们的区分不甚清楚,如果是明显的反义词,就不会把它们弄混了。

一个很有意思的例子是“左—右”。作为方位,两者确实是相反的,在甲骨文中“右”作,“左”作,两字不同(也有反书)。但在表“祐助”义时,作“”作“”均可,既有“王”,也有“王”。因为在表“祐助”义时,相反的方位对人就没有实际意义了。

(二)语用条件:语用中经常同现而表示相反的意义。

除了词义条件,还必须从语用条件加以考察。如果两个词符合词义条件,但这些词在语用中从来不同现,这些词仍然不是严格意义的反义词。反义词在语用中同现常常是在两种句法位置上:一是作为反义词而连用,如《孟子·告子上》:“体有贵贱,有小大。”一是作为对文出现,如《孟子·告子上》:“养其小者为小人,养其大者为大人。”我们可以以此来检查两个词是否在语言运用中用作反义词。下面举一些例子。

(1)“智”和“蠢”,“智”和“笨”,词义确实是相反的。但历代文献中没有“智”和“蠢”对文,“智”和“笨”对文,也没有“智蠢”、“智笨”连用。可见在语言运用中没有用作反义词。

(2)“丽”和“丑”,词义确实是相反的。但查检历代文献,对文和连用的极少，只有以下3例，可见很少用作反义词：

阮瑀《文质论》："丽物苦伪，丑器多牢。"

《抱朴子·勖学》："粉黛至则西施以加丽，而宿瘤以藏丑。"

高适《赠别王十七管记》诗："随波混清浊，与物同丑丽。"

(3)"生—存"同义，"死—殁"同义，但只有"生—死"、"存—殁"用作反义词，而"生"和"殁"、"死"和"存"不用作反义词，"活"和"殁"更不用作反义词。在历代文献中"生"和"殁"、"死"和"存"不构成对文，"死"和"存"不连用，"生殁"和"殁生"也很罕见，而且意思和"生死"不完全一样：

《大方广华严经》卷五十："令得天眼见殁生处。" "殁生"指死后转生。

明·丁宾《丁清惠公遗集》卷六："核世系，考生殁。" "生殁"等于说生年和卒年。

(4)"远，遥，遐"和"近，迩"，只有"远—近"、"遐—迩"、"远—迩"用作反义词，但"遐"和"近"、"遥"和"近"都不用作反义词。历代文献无"遐近"、"遥近"，"遐"和"近"对文，"遥"和"近"对文也很少见：

《荀子·正论》："近者境内不一，遥者诸侯不听。"

《春秋繁露》卷七："近夷遐方无有生煞者。"

《汉书·韦贤传》："正遐繇近，殆其怙兹。"师古曰："繇，读与由同。"

崔瑗《郡太守箴》："征遐由近，可不肃祗。"

4.1.2　这些例子说明：如果有两个意义相反的同义词系列(A)和(B)，不是(A)系列中的每一个词和(B)系列中的每一个词都可以作反义词使用,哪个词和那个词作反义词使用是有选择的。进一步考察其选择的原因,就可以看到,多数还是与词的语义构成和语法功能有关。那些不能作为反义词使用的词,实际上不是严格意义的反义词。

(1)为什么“生—死”和“存—殁”是反义词,而“生—殁”和“存—死”不是严格意义的反义词?这是因为两组词的语义构成不同。“生”和“死”指的是一切生物生命的存在和终结;而“存”和“殁”只指人的生命的存在和终结。而且,“生”和“死”既表过程(可以说“犹生”、“既死”),又可以表状态(如《庄子·天下》:“慎到之道,非生人之行而至死人之理。”“死人”指“死了的人”),“存”和“殁”只能表过程,不能表状态(只能说“犹存”、“既殁”,不能说“存人”、“殁人”),其语法功能(做谓语和做定语)也有差异。再者,“生”和“死”是表生命的存在和终结的基本词,“存”和“殁”都是从事物的存在和消失引申为表生命的存在和终结的,两组词的色彩也有差异。

(2)为什么“远—近”是反义词,而“遥”和“近”不是严格意义的反义词?“远/近”既指地域又指时间,义域较宽。“遥”多指地域,很少指时间(而且指时间多限于“遥夜”或“遥夕”),义域较窄。而且“遥”多做状语,如“遥望”、“遥闻”;很少做定语,如未见“遥处”、“遥方”。这样,语法功能也和“近”有差异。

为什么“远—近”、“遐—迩”各自构成反义词?(“远”和“近”对文和连用都很早。“遐迩”最早出现在《史记》所载司马相如《难蜀父老》中,“遐”、“迩”对文晚于《史记》。)这是由于“远—近”都是通语,“遐—迩”都有文的色彩。但“遐—近”不能构成反义词,在文献中“遐—近”对举和“遐近”连用都没有见到;而“远—迩”却能构成反义词，如《论语·阳货》："迩之事父，远之事君。"《左传·宣公十一年》："程土物，议远迩。"这样的例子不少。为什么"遐"和"迩"构成反义词的能力不同？仔细看一看语言资料，可以看到"遐"和"迩"在语用方面是有区别的。"遐"使用得不多，而且时代很早，在先秦文献中出现共13次，其中《尚书》4次，《诗经》7次，《周易》1次，《楚辞·远游》1次，在诸子中没有出现。而"迩"用得较多，而且在较晚的文献中也多次出现，直到唐代，还多次出现"迩来"。所以，"遐"和"近"不在一起用，"迩"和"远"却可以构成反义词，是有道理可讲的。

(3)为什么"智—愚"是反义词，而"智"和"蠢"、"智"和"笨"不是严格意义的反义词？"智"和"愚"都产生得较早，都很常用，语体风格也相同。"蠢"的原义是"动也"、"不逊"(均见《尔雅》)，大约到东汉时才引申为愚蠢，以后用得也不多。"笨"的愚蠢义产生得更晚，而且用于口语。所以"蠢"和"笨"都不用作"智"的反义词。

(4)为什么"丽"和"丑"不构成严格意义的反义词？这个问题从词义上不好解释。只能说"美—丑"用得很多，排斥了"丽—丑"。

4.1.3 下面举出两个相反的同义词组，请大家来判断：哪些是反义词，哪些不是反义词。可能大家的判断是一致的：两组同义词之间连线的是反义词，没有连线的不是反义词。

为什么连线的(如"对—错"、"正—误"、"是—非")是反义词？因为它们在实际语言中对着用。为什么不连线的(如"对"和"误"、"正"和"非"、"是"和"谬")不是反义词？因为尽管它们意义相反，但从来不在实际语言中对着用。这就说明，其实大家心目中有一个明确的判断：仅仅是词义相反，还不是反义词；只有词义相反，而且在实际语言中作为反义使用的,才是反义词。这就是我们所说的严格意义上的反义词。

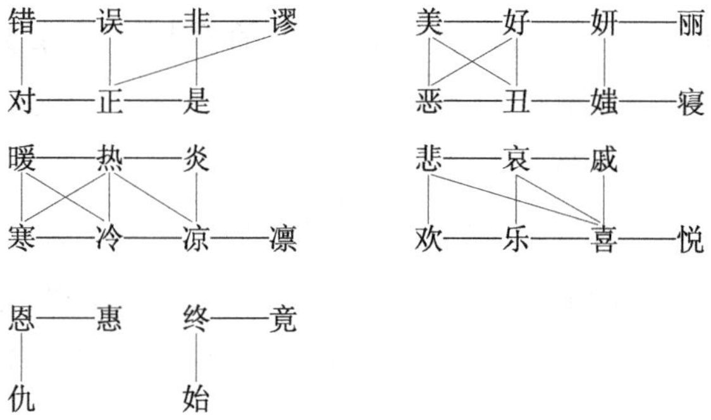

为什么在两组同义词之间,有的词用作反义词,有的词不用作反义词?

这是因为,本章第一节说过,大多数同义词只是几个词的理性意义基本相同,同义词之间也有种种差别,包括语义构成、词义色彩、语体风格甚至语法功能方面的差别,两个词存在这些差别并不妨碍它们成为同义词。而反义词的使用,或者说严格意义的反义词的构成,要两个词在语义构成、词义色彩、语体风格甚至语法功能方面都很一致,但有一个语义要素相反;如果上述方面有一个方面不一致,就不能构成严格意义的反义词,不能在语言中作为反义词使用。这样,在 A1,A2,A3……这个同义词系列中,可能 A1 和 B 除了一个语义要素相反外,其他方面都相同,所以是严格意义的反义词,可以作为反义词使用;而 A2,A3……等和 A1 未必完全一致,和 B 之间,除了一个语义要素相反外,还有其他方面的不同,所以不是严格意义的反义词,不能作为反义词使用。

由此可见,真正的反义词的构成比同义词要严格。两个词在语义构成、词义色彩、语体风格甚至语法功能方面都很一致,但有一个语义要素相反，这才可以构成真正的反义词。仅仅符合语用条件而不符合词义条件的（如下面要谈到的“刑”和“赏”之类的词），也不是严格意义的反义词，而只是宽泛意义的反义词。

4.2 “一对多”的反义词

有时，一个词有多个反义词。这是因为：(1)一个词有多个义位，可以有多个反义词。如：“薄”的一个义位是表示厚度，其反义词是“厚”；另一个义位是表示风俗，其反义词是“淳”。这不难理解。(2)一个词的同一义位，也可以有几个反义词。这需要略加讨论。先看下面的例子：

赏	愚	与	往	喜
刑 罚	智 贤	取 夺	来 返	悲 怒 忧 惧

分析其原因，有两个方面：

（一）有些反义词不是严格的反义词，只是在语言运用时作为对文或连用而出现。如：“赏”和“罚”是反义词，“刑”和“赏”不是，“刑”只是“罚”的一种。“愚”指智力，“贤”指才能，并非严格的反义，先秦一律以“愚”和“智”相对，以“贤”和“不肖”相对。大约到《春秋繁露》才出现“贤愚”连用。“悲”、“怒”、“忧”、“惧”虽然都可以和“喜”作为对文或连用出现，但从词义分析，只有“悲”是“喜”的严格的反义词。这可以用下面的方法检验：可以说“因忧/惧/怒，故不喜”，不能说“因悲，故不喜”。因为“悲＝不喜”，说“因悲，故不喜”是同义语反复。但从先秦的十部书统计，“喜—怒”较多，“悲—喜”不见，这可能因为“喜—怒”是人们表现得最明显的感情，特别是君主的“喜—怒”，通常会和“赏—罚”相应。

（二）词的义位的义域有大小不同。如：“与—取”是最准确的反义，但“与—夺”也是反义。“夺”是“强取”，但“强取”没有反义词,所以和一般的"取"共用一个反义词"与";或者说"与"的义域宽,对方不要而强与之也叫"与"。同样,"来"(从彼处到此处)和"返"(由彼处到原处)意义是有所不同的,但"来"和"返"的反义词都是"往",也就是说"往"的义域宽,"从此处到彼处"和"从原处到彼处"都叫作"往"。但"返"的反义词既可以是"往",也可以是"来"。比如,既可以说"我将往沪一旋即返京",也可以说"我已来沪一旋即返京"。如果用现代汉语表达,"往"的反义词应是"回来","来"的反义词应是"回去"。但在古汉语中,"返"既可以表示"回来",也可以表示"回去",所以,"往"和"来"的反义词都是"返"。反义词之间这种错综的关系,是值得注意的。

4.3 下面把先秦文献中这些"一对多"的反义词(宽泛意义的反义词)的有关统计资料作为附录,以供参考。

	赏—罚	刑—赏	喜—怒	喜—惧	喜—忧	智—愚	贤—愚	取—与	与—夺	往—来	往—返
论语	0	0	0	1	0	0	0	0	0	2	0
老子	0	0	0	0	0	0	0	0	1	1	0
左传	5	8	7	4	4	0	0	8	4	6	0
国语	8	3	4	3	3	0	0	1	0	2	0
墨子	13	3	1	4	0	2	0	0	0	12	4
孟子	0	0	0	0	2	0	0	1	0	2	1
庄子	4	0	5	0	1	0	0	2	1	13	1
荀子	22	3	9	0	3	8	0	4	0	4	0
韩非子	78	11	6	0	0	11	0	0	1	2	1
吕氏春秋	20	3	5	0	3	13	0	8	1	6	2

再把《荀子》和《韩非子》中有关的例句各举一例:

《荀子》

赏—罚　　《荀子·王制》:"无德不贵,无能不官,无功不赏，无罪不罚。”

刑—赏　《荀子·王霸》：“然而天下之理略奏矣，刑赏已诺信乎天下矣。”

知—愚　《荀子·君道》：“使贤者为之，则与不肖者规之；使知者虑之，则与愚者论之。”

喜—怒　《荀子·乐论》：“且乐者，先王之所以饰喜也；军旅鈇钺者，先王之所以饰怒也。”

忧—喜　《荀子·尧问》：“楚庄王以忧，而君以喜。”

取—与　《荀子·臣道》：“恭敬而逊，听从而敏，不敢有以私决择也，不敢有以私取与也。”

往—来　《荀子·解蔽》：“不慕往，不闵来。”

《韩非子》

赏—罚　《韩非子·八经》：“成败有征，赏罚随之。”

刑—赏　《韩非子·制分》：“治国者，其刑赏莫不有分。”

智—愚　《韩非子·五蠹》：“非用于秦者必智，用于燕者必愚也。”

喜—怒　《韩非子·用人》：“喜则誉小人，贤不肖俱赏；怒则毁君子，使伯夷与盗跖俱辱。”

与—夺　《韩非子·显学》：“今上征敛于富人以布施于贫家，是夺力俭而与侈惰也。”

往—来　《韩非子·说林下》：“使女狗白而往，黑而来，子岂能毋怪哉！”

往—反　《韩非子·说林上》：“管仲、隰朋从于桓公而伐孤竹，春往冬反，迷惑失道。”

参考文献:

葛本仪 2003 《再论同义词》,《文史哲》第1期。

黄金贵 2002 《古汉语同义词辨释论》,上海古籍出版社。

蒋绍愚 2015 《同义词和反义词的几个问题》,《北京大学学报》第3期。

刘叔新 1990 《汉语描写词汇学》,商务印书馆。

潘秋平 2008 《从认知语义学看反义词》,《语言学论丛》第37辑。

王 力 1965 《略论清儒的语言研究》,《王力文集》第十六卷,山东教育出版社。

赵克勤 1994 《古代汉语词汇学》,商务印书馆。

Cruse, D. A. 1986/2009 *Lexical Semantics*, Cambridge University press/ 世界图书出版公司。

Lyons, J. 1977 *Semantics*,Cambridge University Press.

Palmer, F. R. 1981 *Semantics* (2nd *edition*), Cambridge University Press.

Saeed, John I. 1997/2000 *Semantics*,Blackwell publishers Ltd. /外语教学与研究出版社。

第六章　词汇和语音、语法的关系

一　音义关系

音义关系是汉语历史词汇研究的一个重要问题。传统训诂学对音义关系有很多讨论，清代的学者对此有很精辟的论述。如：

戴震《六书音韵表序》："训诂音声相为表里。"

段玉裁《广雅疏证序》："学者之考字，因形以得其音，因音以得其义；治经莫重于得义，得义莫切于得音。"

王念孙《广雅疏证自序》："就古音以求古义，触类引申，不限形体。"

正是因为他们对音义关系有深入的了解，所以在训诂学方面取得了超越前人的成就。这在一般训诂学的著作中都有论述，这里不再重复。

1.1　本章要讨论的问题是：究竟怎样看待音义关系？

沈兼士《声训论》："余谓凡义之寓于音，其始也约定俗成，率由自然，既而声义相依，辗转孳乳，先天后天，交错参互，殊未可一概而论。作如是观，庶几近于真实欤？"(《沈兼士学术论文集》，P. 259)

王力先生也说："在人类创造语言的时代，词义和语音是没有必然的联系的。但是，等到语言的词汇初步形成以后，旧词与新词之间决不是没有联系的。"(《汉语史稿》，《王力文集》

第九卷,P.701)

我同意他们的看法。下面做进一步的讨论。

1.1.1　首先要说明:下面讨论的“音义关系”指什么“音”?什么“义”?

音义关系的“音”,有时所指的范围很广。有人说某个声母或某个韵部的字都有某种意义。如刘师培《古韵同部之字义多相近说》:“之耕二部之字,其义恒取于挺生;支脂二部之字,其义恒取于平陈;歌鱼二部之字,其义多近于侈张;侯幽宵三部之字,其义多符于敛曲。……”这样的说法太宽泛,难以验证。下面我们讨论的主要是形声字所表示的音义关系。这里所说的“音”,不仅是这个声符本身的读音,也不是某一个具体的音节,而是这个声符组成的字的一组音,这一组音不完全相同,但都和这个声符比较相近,或有一定的联系。比如,下面将要说到的“非声”,不仅仅指“非”的读音,而是指“诽”、“排”、“骈”等一系列字的音,这些字上古都是微部字,声母可能是帮母、並母或滂母,但都是唇音。

音义关系的“义”,有时也不是某个字的字义(一般来说,字义也就是这个字所记录的词的词义),而是把一组形声字联系在一起的意义;对各个形声字来说,这种“义”可能不是其理性意义,有的只是构成其理性意义的语义要素,有的甚至只是隐含着的或可以联想到的某种意义。如:下面说有一组“非”声字含“非违(分别、违背)义”,这不是说“非违”就是“诽”、“排”、“骈”等词的词义。“诽”的词义是“非议”,“排”的词义是“排除”,“骈”的词义是“旁马”,都不是“非违”;也不能说“非违”是构成“非议”、“排除”、“旁马”的语义要素;而只是说,“非议”是认为他人的言行不正确,“排除”是把某个人或物和自己分开,“旁马”是被中间的马隔开的两匹马,所以都和“非违(分别、违背)”义有一定关系。这种意义,和我们前面第三章所说的词义和语义要素是不同的,但对于说明音义关系很有用,因为古汉语形声字的声符所表示的意义,有不少是这种意义。下面还会看到,一个词的读音所表达的作为理据的意义,有些也是这种意义。如古代一种乐器叫“椌”,其读音所表达的意义(就是这个词的理据)是“空”,但“空”不是“椌”的词义,也不是“椌”的语义要素,只是因为这种乐器中间是空的,“空”是人们在想到这种乐器时联想到的一种意义。这种乐器又名“柷”,其读音所表达的意义(就是这个词的理据)是“触”,但“触”不是“柷”的词义,也不是“柷”的语义要素,只是因为这种乐器演奏时要用椎柄敲触,“触”是人们想到这种乐器时联想到的另一种意义。正因为这种意义比较隐蔽,多数是基于某种联想,所以在研究音义关系时要深入研究才能发现。但是,对于这种意义的把握也容易有见仁见智的情况,有时候还可能只是研究者一种主观的猜测,甚至可能陷于穿凿附会。这也是我们必须注意的。

1.1.2　下面我们以清代和民国时期一些学者的研究为基础,对汉语形声字中的声符所表示的音和字义的关系做一些分析。

字的音义关系有以下几种情况:

(一)一组音表一组义

下面一组字都是以“夗”或“宛”为声符,都是影母元部字,都含“屈曲”义。

《说文》:“夗,转卧也。”段注:“谓转身卧也。……凡夗声、宛声字皆取委曲意。”

宛　《诗经·陈风·宛丘》毛传:“四方高中央下曰宛丘。”

盌　《说文》:“盌,小盂也。”

婉 《说文》:"婉,顺也。"

琬 《说文》:"琬,圭有琬者。"段注:"此当作圭首宛宛者。"

智 《说文》:"智,目无明也。"(按:眼眶凹陷。)

怨 《说文》:"怨,恚也。"(按:心有委屈。)

詋 《说文》:"詋,慰也。"(按:慰其委屈。)

腕 《释名》:"腕,宛也。言可宛屈。"

但并非所有"夗"声或"宛"声的字都含"屈曲"义。如"苑"、"畹"(田三十亩也),不含"屈曲"义。

(二)一组音表多组义

1. 多组义(义1、义2、义3)之间彼此无关。

如从"非"为声符的一些字,读音为帮、滂、並母,微部。

义1: 含"分别/非违"义。

《说文》:"斐,分别文也。"

《说文》:"诽,谤也。"

《说文》:"排,挤也。"

《说文》:"騑,骖,旁马也。"王筠《句读》:"騑谓之骖,义则在旁之马也。"

义2:含"飞扬"义。

《说文》:"坒 ,尘也。"

《说文》:"蜚,臭虫负蠜也。"王筠《句读》引《尔雅翼》:"蜚者,似蠊而轻小,能飞。"《左传·隐公元年》:"有蜚,不为灾,亦不书。"

义3:含"赤"义。

《说文》:"翡,赤羽雀也。"

《说文》:“菲,芴也。”(按:花紫赤色。)

《说文新附》:“绯,帛赤色也。”

但还有不少以“非”为声符的字,与此三义均无关。如:“腓,胫腨也。”“匪,器似竹筐。”“辈,若军发车,百辆为辈。”“俳,戏也。”“悲,痛也。”

(下面各组都有一些音义无关的字,不再注明。)

2. 多组义(义1、义2、义3)之间意义有关。

(1)以“皮”为声符的一些字,读音为帮、滂、並母,歌部。

义1:含“加被”义。

《说文》:“被,寝衣也。”

《说文》:“髲,鬄也。”

《说文》:“鞁,车驾具也。”(按:加于马上。)

义2:含“分析”义。

《说文》:“破,石碎也。”

《说文》:“柀,析也。”

《说文》:“簸,扬米去糠也。”

义3:含“倾斜”义。

《说文》:“颇,头偏也。”

《说文》:“跛,行不正也。”

《说文》:“坡,阪也。”

三组意义的关联:《说文》“皮”段注:“凡物之表皆曰皮,去物之表亦皆曰皮。”沈兼士:“分析则斜敧矣。”

(以上“夗”声、“非”声、“皮”声的分析参照沈兼士1933)

(2)以“雚”为声符的一些字,读音为溪母、群母,元部。

义1:含“弯曲”义。

《说文》:"彏,弓曲也。"

《说文》:"趯,……一曰曲脊貌。"《广韵》:"曲走貌。"

又:杨树达(1934):"关声、雚声多含曲义。""关"声的一些字,为见母、群母,元部,也均有"曲"义。

《说文》:"卷,膝曲也。"《毛传》:"曲也。"

《说文》:"觠,角曲也。"

《说文》:"齤,……一曰曲齿也。"

《说文》:"拳,手也。"朱骏声《说文通训定声》:"张之为掌,卷之为拳。"

《说文》:"眷,顾也。"

义 2:草木之萌芽。

《尔雅·释草》:"蒹,薕。葭,芦。菼,薍。其萌蘿蕍。""蘿"长言之则为"蘿蕍"。

义 3:含"黄"义。

《尔雅·释虫》:"蠸,舆父,守瓜。"注:"今瓜中黄甲小虫。"

《说文》:"權,黄华木也。"

三组意义的关联:草木之萌芽其状勾曲,故称"蘿蕍"。萌芽色黄,故其音又可表黄色。

王国维(1921)以为:"'权'及'权舆'皆本黄色之名……今验草木之萌芽无不黄黑者……。引申之则为凡草木之始。"此又一说。

(3)以"兼"为声符的一些字,读音为见、溪、匣母,元部。

义 1:《说文》:"兼,并也。从又持秝。"其义为握持成双的东西。

义 2:含"含持"义。

《说文》:"嗛,口有所衔也。"

《说文》:“慊,疑也。”(按:心有所疑。)

《说文》:“嫌,不平于心也。”

《尔雅·释兽》:“鼸鼠。”注:“以颊里藏食。”

义3:含“双”义。

《说文》:“缣,并丝缯也。”

《尔雅·释地》:“南方有比翼鸟焉,不比不飞,其名谓之鹣鹣。”

《广韵》:“鰜,比目鱼也。”

《广韵》:“槏,牖傍柱也。”

三义之间的关联:“兼”有两方面的性状:1.持有。2.成双。故此一组音可表三组义。

(三)多组音表一组义

1.“于、分、贲、光、皇、多”声皆有“大”义。

《尔雅·释诂》:“訏,大也。”《说文》:“夸,奢也。”

《说文》:“颁,大头也。”“帉,楚谓大巾曰帉。”

《尔雅·释丘》:“坟,大防。”《说文》:“鼖,大鼓谓之鼖。”

《说文》:“晃,明也。”“駫,马盛肥也。”

《说文》:“煌,煌辉也。”“锽,钟声也。”

《说文》:“侈,奢也。”“哆,张口也。”

2.“非、㒼、赤、者、叚、朱、同”声皆有“赤”义。

《说文》:“翡,赤羽雀也。”“菲,芴也。”

《说文》:“璊,玉赪色也。”“𣯛,以毳为罽色如𧄍。”“樠,松心木。”段注:“盖松心微赤,故与‘𣯛’、‘璊’同音。”

《方言》十三:“烼,赫貌也。”

《方言》三:“卒……或谓之褚。”注:“言衣赤也。”《说文》:

"赭,赤土也。"

《说文》:"瑕,玉小赤也。""騢,马赤白杂毛。"《文选》刘逵注:"霞,赤云也。"

《说文》:"朱,赤心木也。""袾,纯赤也。"

《说文》:"铜,赤金也。"(按:"铜"由"彤"得名。)

3."燕"、"宴"、"隺"、"番"声皆含"白"义。

燕腹白。《尔雅·释畜》:"白州,驠。"

《尔雅·释畜》:"尾本白,騴。"《释鱼》:"鰋,鳀。"注:"今偃额白鱼。"

《楚辞·远游》王逸注:"鹤,白鸟也。"《说文》:"皠,鸟之白也。"王筠注:"从隺之字多有白义。"《说文》:"騅,一曰马白额。""犨,白牛也。"

《说文》:"皤,老人白也。"《玉篇》:"鷭,白鼠也。"《说文》:"蘩(蘩),白蒿也。"王引之《经义述闻》:"'蕃'、'繁'古字通,繁者白色也。……白蒿谓之蘩,白鼠谓之鷭,马之白鬣谓之繁鬣,其义一也。"

(四)多组音表多组相关的义。

以上是就声符来分析字义。其实"同声"不限于同声符。也有字音相同其义相同的情况。王念孙《广雅疏证》很注意这种情况:几组读音相同、相近或相关的字,表示几个相关的意义。举例如下:

1.王念孙《广雅疏证》卷一上:"凡张与大同义,张谓之幠,亦谓之扜,犹大谓之幠,亦谓之讶也。张谓之磔,犹大谓之袥也。张谓之彉,犹大谓之廓也。"

按:"幠"训"张",见《广雅》本条,但无例证。《尔雅·释诂》:

“幠，大也。”《诗经·小雅·巧言》：“乱如此幠。”《尔雅·释诂》：“讶，大也。”《诗经·郑风·溱洧》：“洧之外，洵讶且乐。”《吕氏春秋·壅塞》：“因扜弓而射之。”高诱注：“扜，引也。”《通俗文》：“张申曰磔。”《晋书·桓温传》：“须作猬毛磔。”徐锴《说文系传》引《字书》：“袥，张衣令大也。”《说文》：“彉，弩满也。”

“扜”（影母鱼部）和“讶”（晓母鱼部），“磔”（端母月部）和“袥”（透母铎部），“彉”和“廓”（均为溪母铎部）语音都相关。

王念孙的意思是说：“张与大同义”（即“张”和“大”意义相关。张之乃大），所以某一音表示“张”，就会有相同或相关的音表示“大”；但这些表示“张”与“大”的音不止一组，用“幠”表示“张”，就可以用“幠”表示“大”；用“扜”表示“张”，就可以用“讶”表示“大”；用“磔”表示“张”，就可以用“袥”表示“大”；用“彉”表示“张”，就可以用“廓”表示“大”。可图示如下：

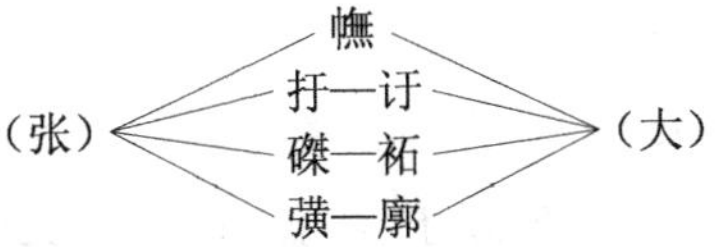

这是音义关系的又一种类型。一个意义，可以用 a、b、c、d 几个不同的音表示（几个音之间无关），而另一个相关的意义，也往往可以用 a’、b’、c’、d’几个不同的音表示，a 和 a’，b 和 b’，c 和 c’，d 和 d’音同或音近。横向的音（扜—讶，磔—袥，彉—廓）相关，纵向的音（扜和磔和彉，讶和袥和廓）无关。横向的关系表示：a、b、c、d 四个词都有“张”义，就都会引申为“大”义，而且其引申义分别用相关的 a’、b’、c’、d’来表示。

2. 王念孙《广雅疏证》卷八上：“糗之言炒，糒之言備也。”

《说文》：“鬻，熬也。”今作“炒”。

《说文》:“糗,熬米麦也。”

《说文》:“糒,干饭也。”(“饭”据段注补。)

《说文》:“𤊹,以火干肉。”

《方言》卷七:“熬,㷅,煎,㷶,鞏,火干也。凡以火而干五谷之类,自山而东齐楚以往谓之熬,关西、陇、冀以往谓之㷶,秦晋之间或谓之㷅 。”

“炒”和“糗”读音相同(糗,《玉篇》“邱九”、“尺沼”二切)。“㷶”和“糒”读音相同。

“熬(干煎)”和“干饭”意义相关。用“炒”表示“熬”,就可以用读音相同的“糗”表示“干饭”;用“㷶”表示“熬”,就可以用读音相同的“糒”表示“干饭”。

可图示如下:

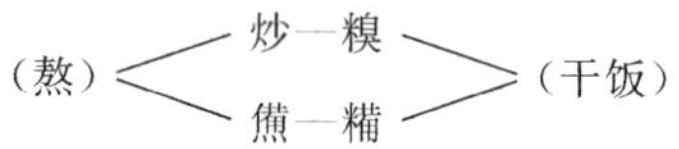

杨树达(1935):“以火干五谷,或谓之糒,或谓之糗,故干饭谓之糒,又谓之糗。糒源于㷶、𤊹,糗源于鬻,𤊹、㷶与鬻义同,知糒、糗二字语源同矣。”

杨树达是另一种解释:他不认为“炒”和“糗”读音相同,而认为“糒”源于“㷶”,“糗”源于“炒”,“㷶”和“炒”同义,语源同,故“糒”、“糗”义同。

(五)同物异名和异物同名

1. 王国维(1921):《尔雅草木虫鱼鸟兽名释例》:“凡雅俗古今之名,同类之异名与夫异类之同名,其音与义恒相关。同类之异名,其关系尤显于奇名,……异类之同名,其关系尤显于偶名。”意思是说:在《尔雅》中,同类之物,如果是单音的,可以用读音相关的单字来表示；不同类之物而性状相似的，如果是双音，可以用读音相关的两个字来表示。其音义都是相关的。下面选列几组：

(1)同类之异名

“《释宫》：‘樴，大者谓之栱，长者谓之阁。’栱、阁一声之转也。‘庙中路谓之唐，堂途谓之陈。’唐、途、陈皆一声之转也。‘二达谓之歧旁，三达谓之剧旁，四达谓之衢，八达谓之崇期，九达谓之逵。’歧、剧、衢、期、逵，皆一声之转也。”

“《释丘》之‘重厓，岸。’‘重甗，隒。’厓、岸、甗、隒四者，皆一声之转也。”

(2)异类之同名

A.“《释草》：‘果蠃之实栝楼。’《释虫》：‘果蠃，蒲卢。’案：果蠃、果蠃者，圆而下垂之意，即《易·杂卦传》之‘果蓏’。……物之圆而下垂者，皆以‘果蓏’名之。‘栝楼’亦‘果蠃’之转语。蜂之细腰者，其腹亦下垂如果蓏，故谓之‘果蠃’矣。……又《释草》：‘葖，芦萉。’《释虫》：‘蜚，蠦蜰。’案：‘芦萉’、‘蠦蜰’乃‘苻娄’、‘蒲卢’之倒语，亦圆意也。芦萉根大而圆，蜚形亦椭圆如芦萉，故谓之蠦蜰。”

愚按：“果蠃”为一种蔓生植物，其果实名“栝楼”，圆而下垂。“果蠃”即细腰蜂，又名“蒲卢”。“蜚”为一种圆薄能飞的小虫，又名“蠦蜰”。“芦萉”郭璞注：“萉宜为菔。”“芦菔”即萝卜。其名皆一声之转。

B.“《释草》：‘菟，苻离。’《释木》：‘瘣木，苻娄。’《释虫》：‘果蠃，蒲卢。’《释木》：‘蚹蠃，螔蝓。’案：苻离、苻娄、蒲卢、蚹蠃，皆有魁瘣臃肿之意。又，物突出者，其形常圆，故又有圆意。‘菟’之名‘苻离’，以其首有台也。‘瘣木’之名‘苻娄’，以其无枝而臃肿也。又蒲卢之腹与蚹蠃之甲,皆有魁垒之意,故四者同名。《释诂》:'毗刘,暴乐也。''毗刘'、'暴乐'皆'苻娄'之转语,其义亦由是引申矣。"

愚按:"莞"即蒲草,郭璞注:"今江东谓之苻离。""瘣木"为病木,"苻娄"为树上大瘤,"蚹蠃"即蜗牛。

C."《释草》:'蘱,薡董。'案:'薡董',长意。郭璞说薡董曰:'其叶似蒲而细。'是长叶之草。又《释天》之'螮蝀',本是虫名,沈方伯说以《庄子》'蝍蛆、甘带'之'带'。虹形如带,故以'螮蝀'名之。是'螮蝀'、'薡董',亦语之转矣。"

愚按:"螮蝀"即虹。

D."《释草》:'蕲茝,蘼芜。绵马,羊齿。'《释木》:'木髦,柔英。'《释虫》:'蠓,蠛蠓。'案:'蘼芜'、'绵马'以下,皆有小意。郭注云:'蘼芜,叶小如萋(按:《尔雅》郭注作"萎")状。'又云:'绵马,草细,叶罗生而毛,有似羊齿。'是二者皆小草。草之小者曰蘼芜,曰绵马,木之小者曰木髦,虫之小者曰蠛蠓,鸟之小者曰绵蛮,殆皆'微'字之音转。《释天》:'小雨谓之霢霂。'亦同语之转也。"

愚按:"蠓,蠛蠓。"郭璞注:"小虫似蚋。"

E."《释虫》:'蒺蔾,蝍蛆。''次蟗,鼅鼄。'《释鱼》:'鼁鱦,蟾诸。'案:'蝍蛆'、'次蟗'、'鼅鼄'、'鼁鱦'、'蟾诸',亦皆缓行之意,即《易》'其行次且'之转语。"

愚按:"蝍蛆"即蜈蚣。"鼅鼄"即蜘蛛。"蟾诸"即癞蛤蟆。

王国维所举的例证,说明人们对不同的名物,往往会着眼于它们相同或相似的性状,而用相近或相关的语音来命名。在命名中音和义的关系是很密切的。

2. 王念孙《广雅疏证》卷二下：引《方言》："黜，短也。"《玉篇》："炪，短也。"《淮南子·人间训》高诱注："叕，短也。"云："并字异而义同。"又引《说文》："竅，短面也。"《广韵》："頢，头短也。"《声类》："惙，短气貌。"云："义亦与黜同。"又云："頢与侏儒，语之转也。故短谓之侏儒，又谓之黜，梁上短柱谓之棳，又谓之侏儒，又谓之棳儒。蜘蛛谓之蝃，又谓之蝃蝥，又谓之侏儒。《尔雅》：'梁上楹谓之棳。'《释文》：'本或作棁。'《杂记》：'山节而藻棁。'郑注：'棁，侏儒柱也。'……《方言》云：'鼅鼄，……或谓之蠾蝓。'蠾蝓者，侏儒语之转也。……盖凡物形之短者，其命名即相似，故屡变其物而不易其名也。"

这段话说得很好。其实，"奇名"和"偶名"有时也只是"一声之转"。不论是"同类之异名"（如"短面"、"头短"、"短气"），还是"异类之同名"（如"矮人"、"短柱"、"蜘蛛"），只要有相同的性状（短），读音（不论是单名或偶名）都可能相同或相近。

1.2 词的内部形式

上面说的是某类义可能用某类音来表示。那么，其音和义之间的关系是任意的，还是有联系的呢？这就牵涉到词的"得名之由"，就是说，一种事物或现象之所以有某个名称，或者说一个词之所以有某种语音形式，有时是有道理可说的。这在近代西方语义学上叫作"词的内部形式"。这最早是由洪堡特提出来的。

1.2.1 洪堡特《论人类语言结构的差异及其对人类精神发展的影响》(1836/2002)

内在语言形式

在语言内在的、智力的方面，正如在语音形式方面一样，需要注意的两个突出的要点是：概念的指称和词语接合

(Redefügung)的规律。就指称而言,……每个概念必须与它本身固有的特征或与其他相关的概念保持内在的联系,同时,分节意识要为每个概念配置表达的语音。甚至对外在的、物质实体的、直接通过感官知觉到的事物来说,也是如此。在这种场合,词也并不是浮现在感觉面前的某个事物的等价品,而是语言创造力量在发明词语的某个特定时刻对这个事物的理解。这正是造成同一事物可以有许多不同表达的主要源泉。比如在梵语里,大象有时叫做“饮水两次的”,有时叫做“双齿的”,有时又叫做“用一只手做事的”动物,尽管指的是同一事物,却表达了各种不同的概念。事实上语言从不指称事物本身,而是指称事物的概念,这种概念是由精神在语言创造过程中独立自主地构成的。我们在这里讨论的正是这样的概念构成,它应被理解为纯内在的、仿佛先于分节意识而发生的过程。(P.105—106)

洪堡特的话很好地说明了:人们在给事物命名时用什么语音形式,往往不是取决于事物本身,而是取决于人们对此事物的“理解”。人们对同一事物的“理解”可能不同,因此词的理据也可能不同,同一事物的命名就有可能采用不同的语音形式。

1.2.2 张永言《关于词的“内部形式”》(1981)一文对“内部形式”做了很好的论述。

“所谓词的内部形式又称词的词源结构或词的理据,它指的是被用作命名依据的事物的特征在词里的表现形式,也就是以某种语音表示某种意义的理由或依据。探求词的内部形式的目的在于阐明一些事物或现象,为什么获得这样那样的名称,借以帮助我们认识词与词之间的语义联系和语言词汇的系统性，进而寻求词义演变和词汇发展的某些规律。”

“每一种客观事物或现象都具有多方面的特征和标志，比如一定的形状、颜色、声音、气味等，但是人们在给它们命名的时候却只能选择一种特征或标志来作为根据，而这种选择在一定程度上又是任意的。因此，在不同的语言或方言里，或者在同一语言的不同发展时期，同一事物或现象获得其名称的根据都可能有所不同；也就是说，表达同一概念的词可能具有不同的内部形式。”

“语言的词汇史是不断地发展丰富的，发展的主要途径是创造新词，而新词的创造多半是在已有的语言材料和构词方法的基础上进行的。因此新造的词的语音形式和意义内容之间的关系一般来说并不是偶然的；也就是说，除了一些‘原始名称’以外，语言里的词往往有可能考出其内部形式或理据。”

“最常见的构成方法是词根复合法和加缀派生法，……这类词的内部形式是显而易见的。”

“此外，还有所谓语义学构词法，……和语音—形态学构词法。”前者如：卓＞卓（桌），倚＞倚（椅），螺蛳＞螺丝。后者如：入＞枘，执＞贽，结＞髻。

单纯词，特别是一些渊源古远的单纯词，其内部形式比较难于明了，可以用历史语言学的方法进行探讨。如“鹤”的内部形式是“白”，“虾”的内部形式是“红”。

双音单纯词的内部形式：古代人名“飞廉”（风伯）的内部形式是“（疾）风”：“风”的上古音 * plum 正是“飞”、“廉”二字的合音。古代人名“离娄”（明目者）得名于“丽廔”，其内部形式是“穿通透明之貌”。

联绵词的内部形式:“伴奂”、“盘桓”、“徘徊”等的联绵词模式为 b‘-g‘-(ɣ-)。“望洋”、“漭浪”等的联绵词模式为 M-NG D-NG。据此可以考知“伴奂”的内部形式是“回旋往复的样子”,“望洋”的内部形式是“模糊不清的样子”。

1.2.3 除了张永言文提到的例子外,下面我们再举几个单音词的例子,说明同一物可以从不同角度命名,所以,其得名之由(内部形式)可以有不同,相应地,其语音形式也可以有不同。

(一)櫋、楣、梠、产、槐。

《说文》:“櫋,屋櫋联也。”《释名·释宫室》:“櫋,緜也。緜连榱头使齐平也。”

《说文》:“楣,秦名屋櫋联也。齐谓之产(檐),楚谓之梠。”《释名·释宫室》:“楣,眉也,近前,若面之有楣也。”

《说文》:“梠,楣也。”《释名·释宫室》:“梠,旅,连旅之也。”(据《御览》改)

《说文》:“檐,槐也。”段注:“檐之言隒也,在屋边也。”

《说文》:“槐,屋梠也。”段注:“槐之言比叙也。”《广韵》:“槐,桷端连緜木也。”

“櫋”、“楣”、“梠”、“檐”、“槐”同为一物,都是屋檐口椽端的横板,但不同方言有不同的叫法,而且有不同的理据。屋檐在屋边,故称“檐”;其作用是“緜连榱头使齐平”,故称“櫋”;或者着眼于连旅屋椽,故称“梠”;着眼于使屋椽比叙,故称“槐”。屋檐板之于屋如眉之于面,故称“楣”。

(二)椌—柷, 楬—敔。

《礼记·乐记》:“然后圣人作为鞉、鼓、椌、楬、埙、篪。”《释文》："椌，柷也。楬，敔也。"《正义》引郑玄云："柷形如漆筩，中有椎。敔状如伏虎，背上有二十四鉏鋙。"

《说文》："椌，柷乐也。"段注："谓之椌者，其中空也。"

《说文》："柷，乐木椌也。"段注："椌之言空也，自其如漆桶言之也。柷之言触也，自其椎柄之撞言之也。"

《说文》："敔，禁也。"段注："敔取义于遏，楬为遏之假借耳。"

"椌"又称"柷"，"楬"又称"敔"，是两种乐器。奏乐开始时击椌，终止时击楬。"椌"中空，故称"椌"，开始奏乐时以椎柄触之，故又称"柷"。"楬"在奏乐终止时击之，取义于"遏"则名为"楬"，取义于"敔(禁也，止也)"则名为"敔"。朱骏声《说文通训定声》谓"楬""假借为擖(jiā)，……按，敔如伏虎，背有鉏铻，以物擽之如刮为声也。"(《说文》："擖，刮也。")这是对"楬"的得名之由的另一种解释。这也是同一物有不同名称，有不同理据。

1.3　讨论了上面的一些问题，最后要讨论音义关系是任意的还是必然的。

从上面的讨论可以看到：几个相关的意义，可以用几个相关的音来表示。这说明音义之间是有联系的。但这几个相关的意义，究竟用哪几个相关的音来表示，这又不是必然的。比如，有"非违"义的"斐、诽、排"等字，都可以用"非"声的字表示，所以音义是有关系的；但"非"声的字又可以表示"飞扬"义和"红色"义，而且，除了"非"声字，"㒼"声、"叚"声等也可以表示红色，所以音义关系又不是必然的。有些(不是所有)事物或现象的命名是有理据的，也就是说，有些词的读音表示这种事物或现象的某种性状，比如屋檐之所以叫"檐"，是因为它处于屋顶之边，音义之间是有关系的；但有时理据也可以不同,人们可以从不同角度为之命名,比如屋檐口椽端的横板也可以叫"櫋"、"楣"、"梠"、"檐",所以音义之间的关系不是必然的。

1.3.1　总的来说,音义关系有以下几种情况:

(一)音和义有象似关系(iconicity)

本节一开始就引王力先生的话说:"在人类创造语言的时代,词义和语音是没有必然的联系的。"这话总体上是正确的,但不排除那时也有一些词音义之间是有象似关系的,因为这是给事物或现象命名的最直观、最简便、最容易被普遍接受的方法。原始汉语或汉藏语的词的读音现在无法考知,但从一些构拟的上古音来看,如"雀"tsĭăuk(精,药),"雁"ŋean(疑,元),大概是模仿雀和雁的鸣叫声,"雨"ɣĭwɑ(匣,鱼)大概是模仿下雨的声音,"吃(口吃)"kĭət(见,物)是模仿口吃的声音。最常见的是象声词,如:"喔,鸡声也。"(影,屋。eŏk)《诗经·大雅·灵台》:"鼍鼓逢逢。"(並,东。bĭwoŋ)当然,拟声词也不可能是对声音的逼真的描写。一是人们对声音的主观感受不完全相同。如:狗叫声,现代汉语叫"wāng wāng",法语叫"ouɑ ouɑ",德语叫"wan wan"。二是拟声词也要受某种语音系统的制约。如"喔喔",古汉语和现代广东话中韵母有"k"尾,北方话中没有。三是有些拟声词也可以不完全象声。如:《说文》:"猩,猩猩,犬吠声。"段注:"远闻犬吠声猩惺然也。"(心,耕。sieŋ)《说文》:"犴,犬吠声。"段注:"猏即犴字。"(疑,元。ŋian)但除了那些不完全象声的拟声词,上述一、二两点并不妨碍它们的音义之间是象似关系,因为象似关系只是某种程度的大致相似,而不是分毫不差的逼真摹写。不过,这样的词数量并不多。而且,由于语音的历史演变,"雀"、"雁"、"雨"、"吃"这些词,在现代汉语中的音和义已经没有象似关系了。

(二)音来自另一个或另一组相关的词的音

"缣"为什么叫"jiān"？是因为其语源"兼"音"jiān"。"腕"为什么叫"wàn"？是因为一组表弯曲的词都音"wan"。为什么白额马叫"騅"？是因为有一组表白色动物的词都音"he"。为什么白州马叫"驠"？是因为有一组表白色动物的词都音"yan"。为什么屋檐叫"檐"，是因为它得义于"隒"。这些词的音义是有关系的。这就是"声义相依，展转孳乳"。但是进一步问：为什么"兼"音"jiān"？表示弯曲的词音"wan"？为什么"騅"和"驠"不能换一换，白额马叫"yàn"，白州马叫"hé"？为什么"隒"音 yǎn？也只能说是约定俗成。

这类词数量比较多，其音义关系有些比较明显，有些比较隐蔽。研究这类词的音义关系，研究这些有音义关系的词的关系，进而研究汉语的词汇系统，这是汉语历史词汇学的重要任务。

(三)音是任意的符号

"其始也约定俗成，率由自然。"有不少产生很早的基本词的音都是任意的符号。《释名》："日，实也。""月，阙也。""人，仁也。""山，产也。"这些都不可信。后来产生的词，其读音也有一些是约定俗成的。如"骗(欺骗)"，为什么音匹羡切(和"跃上马"之"骗"同音)？爆炸的"炸"为什么音 zhà？只能说是约定俗成。

第二类和第三类哪一类数量多？因为没有做过全面的调查和统计，这个问题不好回答。而且，时代不同，情况也就不同。上古汉语以单音词为主(上面的分析都是以单音词和联绵词为例的)，从中古到近代，复音词逐步增加，复音词绝大多数是有理据的，属于第二类。到以复音词为主的时候，第二类的数量和比例应该是大大增加了。这个问题是需要深入研究的。

1.3.2 索绪尔《普通语言学教程》中关于语言符号任意性的论述是大家熟悉的。书中说:

第一编 一般原则

第一章 语言符号的性质

2.第一个原则:符号的任意性……任意性这个词还要加上一个注解:它不应该使人想起能指完全取决于说话者的自由选择(我们在下面将可以看到,一个符号在语言集体中确立后,个人是不能对它有任何改变的)。我们的意思是说,它是不可论证的,即对现实中跟它没有任何自然联系的所指来说是任意的。(P.102—104)

第二编 共时语言学

第六章 语言的机构

3.绝对任意性和相对任意性……符号任意性的基本原则并不妨碍我们在每种语言中把根本任意的,即不能论证的,同相对任意的区分开来。只有一部分符号是绝对任意的;别的符号中却有一种现象可以使我们看到任意性虽不能取消,却有程度的差别:符号可能是可以相对地论证的。

例如法语的 vingt"二十"是不能论证的,而 dix-neuf"十九"却不是在同等程度上不能论证,因为它会使人想起它赖以构成的要素和其它跟它有关联的要素,例如 dix"十", neuf"九",vingt-neuf"二十九",dix-huit"十八", soixante-dix"七十"等等。……法语的 poirier "梨树"也是这样,它会使人想起 poire"梨子"这个单纯词,它的后缀-ier 又会使人想起 cerisier"樱桃树",pommier"苹果树"等等。而 frene"榛树",

chene“橡树”等等却毫无相似之处。

……事实上，整个语言系统都是以符号任意性的不合理原则为基础的。这个原则漫无限制地加以应用，结果将会弄得非常复杂；但是人们的心理给一大堆符号的某些部分带来一种秩序和规律性的原则，这就是相对论证性的作用。……

一切都是不能论证的语言是不存在的；一切都可以论证的语言，在定义上也是不能设想的。……各种语言常包含两类要素——根本上任意的和相对地可以论证的——但是比例极不相同，这是我们进行语言分类可能考虑的一个很重要的特点。(P. 181—184)

1.3.3　认知语言学兴起之后，有人认为象似性在语言的各个要素中都存在，索绪尔的符号任意性的原则应该否定。也许，在索绪尔的时代对象似性的认识不够，但是，在今天看来，索绪尔的看法在总体上仍然是正确的，我们上面的分析就说明了这一点。

张敏(1998)中有一段话介绍功能语言学家的看法：“功能语言学家虽然高度重视语言的象似性，却不否定语言的任意性，他们反对的只是对任意性作用的夸大。任何一个思维健全的人都不会否认体现在不可分析的单个语言符号里的规约性，或曰任意性，否则就无法解释不同语言对于同一事物会有完全不同的名称。这就是说，语素(或单纯词)在语言中具有最高程度的任意性和最低程度的象似性，这和索绪尔的看法是类似的(Haiman 1985a)。”(P. 147)

我们可以把上面所说音和义的三种情况和索绪尔的观点加以对照，列出一个表：

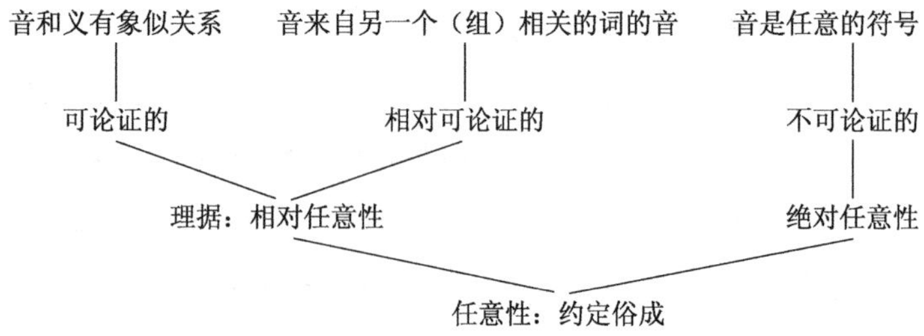

1.3.4　这是汉语的情况。印欧语的情况如何？有人认为，汉语和印欧语编码的区别是“理据性”和“规约性”(convention)(按：规约性即任意性)。我对印欧语很不熟悉，不敢妄加议论。但是，布龙菲尔德《语言论》中说到，英语中一些“强烈的、形象性的含义”是和某些起首音和收尾音有联系的。如：

[fl-]闪动的光 flash，flare　　[fl-]在空中的动作 fly，flap

[gl-]不动的光 glow，glare　　[sl-]平滑潮湿的 slime，slide

[kr-]嘈杂的撞击 crash，crack　　[skr-]令人烦躁的撞击或声音 scratch，scream

[-ɛʃ] 激烈的动作 bash，crash　　[-awns]迅速的动作 bounce，pounce

[-ɛə]大的光或声音 blare，flare　　[-im]小的光或声音 dim，flimmer

而在一些“带有形象色彩的词里”，派生词的元音替换，是利用[i](较小，较灵活）和[æ](较大，较呆笨)所构成的。如：

flap(拍击)：flip(轻拍)　　snap(突然折断)：snip(剪断)

snatch(抢，突然带走)：snitch(偷，告密)　　bang：(重打声)：bing(轻打声)

yap(大声咬,大声叫):yip
(狗咬,叫喊)

布龙菲尔德《语言论》(P.305—308)

可见英语中的音和义也有一定的关系。索绪尔在上述引文中说,各种语言都包括"根本上任意的"和"相对可以论证的"两类要素,"但是比例很不相同"。也许,印欧语词汇的理据性(相对可论证的)少一些,但不是一点没有;汉语的理据性多一些,古汉语词汇的理据性主要表现在单音词的音义关系上,现代汉语词汇的理据性主要表现在复合词上,但也并非全部都有理据。

二 同源词

讨论音义关系离不开同源词。我们通常所说的"同源词",实际上是指同一种语言里的"同族词"(word family),普通语言学中的"同源词"(cognate)是指印欧语或汉藏语中同一来源的词,两个概念是不一样的。不过研究汉语的人已经习惯用"同源词"指word family,所以我们就按照习惯用了。

2.1 什么是同源词?

王力先生在《同源字典》(1982)中下过一个定义并做过简要的说明:"凡音义皆近,音近义同的字,叫做同源字。这些字都有同一来源。""判断同源字,主要是根据古代的训诂。""字典中引用许多古代训诂,无非要证明各组的字确实同源。""但是同源字还有一个最重要的条件,就是读音相同或相近,而且必须以先秦古音为依据,因为同源字的形成,绝大多数是上古时代的事了。"

"读音相同或相近"是确定同源字的最重要条件,那么怎样判断“音同”和“音近”呢?王力先生说,“必须韵部、声母都相同或相近。”韵部是在他古音二十九部的基础上,分为“叠韵”、“对转”、“旁转”、“旁对转”、“通转”等几类。声母分为喉、牙、舌、齿、唇五大类,舌音又分为舌头、舌面两小类,共三十三个声母,分为“双声”、“准双声”、“旁纽”、“准旁纽”等几类。韵部和声母属于这几类的,即为“音近”。

根据这些原则,王力先生撰写了《同源字典》,这是汉语同源词研究的卓越建树。

但是,汉语同源词研究还是有些问题需要进一步讨论的。

(一)是否“音近义同”就一定同源?我在《古汉语词汇纲要》里说过,因为“音近”的条件很宽,在汉语长期的历史发展中,难免有些同义词偶然地合乎“音近”的条件,但实际上并不同出一源。如“但”和“特”都有“仅”义,古书中也有“特,但也”的训释;两字均为定母,元职旁对转。可是,“但”的本义是“袒露”,引申为“徒”,再虚化为副词,为“仅”义。“特”的本义是“牛父”,引申为“独特”,引申为“单独”,再虚化为副词,为“仅”义。两字的“源”不同,并非同源词。

考虑到这种偶然的情况,我在《古汉语词汇纲要》里说:“判断同源词必须严格按照三个条件:(a)读音相同或相近;(b)意义相同或相关;(c)可以证实有同一来源。”对于第三个条件,孟蓬生(2001)提出了批评:“如果已知若干词有同一来源,这一条就已经足够,前两个条件就没有存在的必要。”(P.39)我接受这个批评。这样表达,在逻辑上是有问题的。但我提出三个条件,主要是说并非音近义同的词都是同源词,在判定同源词时,除了音近义同之外,还要采取各种办法,比如追溯两个词的词义演变的起点,来判断它们究竟是否同源。怎样在“音近义同”的词中把一些并不同源的词排除，是一个需要研究的问题。孟蓬生（2001）和张博（2003）提出的“全面考察”和“验证”的方法，都是值得注意的。

（二）反过来说，是否音不近就一定不同源？这个问题也是需要研究的。已经有些学者对此提出了自己的看法，下面就简单地加以介绍和讨论。

2.2　孟蓬生《上古汉语同源词语音关系研究》（2001）

作者在书中提出：

“认为同源词的语音必须相近的观念是一种错误的观念，这种错误观念的存在，严重地影响着汉语同源词研究的深入开展，有必要加以深入的清理。”

作者引李方桂的话说：

“古音部分极不相同之字，可以从同一语根分化出来。此中别有条例，我们现在毫未得其门径而已。”

又引梅耶的话说：

梅耶《历史语言学中的比较方法》：“有效的词源上的符合决不是只根据语音形式之间相似而确定的，而是根据对应的规律。我们之所以能够把阿美尼亚语的 erku 同俄语的 dva（二）相比，并不是因为这两个词的形式相似；在语音方面它们毫无共同之处；而是因为那些对应规律容许我们这样比较，即在印欧语的 ō 在斯拉夫语变成了 a，阿美尼亚语变成了 u，印欧语的 duw 在斯拉夫语变成了 dv，阿美尼亚语变成了 erk。”

作者认为，“语音相转和语音相近是两个不同的概念。”“同源词经历了一个漫长的历史过程，……反映在语音方面必然是声音的递转（直接音转和间接音转交替进行）……因此要求所有同源词语音相近只能是一个不切实际的幻想,它必然导致同源词的大量遗漏。”“同源词的关系与其说是‘音近义通’,不如说是‘音转义通’。”(P. 20—26)

作者赞成说“音转”而不赞成说“音近”,自有其道理,所引梅耶的话很有说服力。不过,王力先生把同源词的音义关系定义为“音义皆近,音近义同”,他所说的“音近”,实际上包括了“对转”、“旁转”、“旁对转”、“通转”等,也就是《上古汉语同源词语音关系研究》所说的“音转”。《上古汉语同源词语音关系研究》对王力的“对转”、“旁转”、“旁对转”、“通转”是持肯定态度的,书中说:“除了阴阳入三声对转规律以外,章太炎、王力的旁转和旁对转都是客观存在的规律。”(P. 92)后面又有专门的章节谈“通转”(P. 175—181)。所以,在这些音转方面,此书和王力先生没有根本分歧。只是作者认为,音转不应只限于通常提到的几种,一些通常没有谈到的音转关系也不应成为判断同源词的障碍。

作者主张采用“平行互证法”,从实际语言材料出发归纳出音转关系,进一步归纳出音转模式,上升为音转规律。

“平行互证法”的基本公式是:

a1∶a2=b1∶b2=c1∶c2=d1∶d2

a1 和 a2 等代表可以发生关系的音或义,也可以代表两个同源词。a1 和 a2 跟 b1 和 b2、c1 和 c2、d1 和 d2 构成平行关系,所以可以互证。平行互证法可证明同源词之间的音转关系、义转关系和音义关系。下面介绍音转关系。

同源词有这样一些平行的音转现象:

(1)隹:鸟。(2)谁:孰(畴)。(3)谁:畴(语气词)。(4)椎:捣。(5)追:逐。(6)辜:孰。(7)辜:粥。(8)弴(追,敦):彫琱琢。(9)

敦:焘帱。(10)惇:篙毒。(11)鷻 :雕。(12)醇:酎。(13)屯迍:笃。(14)钝:錭。

以上诸字声纽皆为舌音,韵部在:之前为微或文,在:之后为幽或觉。通过这组字的平行互证,可以说明微文和幽觉的音转关系,这是以前很少提到的。(P.48—50)

2.3　张博《汉语同族词的系统性与验证方法》(2003)

这是一部研究汉语同族词的重要著作。

(一)作者用"同族词"来称呼汉语中同出一源的词。她把汉语同族词分为两类:"义衍同族词"和"音转同族词"。义衍同族词又分几小类:同义义衍同族词,反义义衍同族词,类义义衍同族词,同义素义衍同族词,义衍类转同族词等。音转同族词也分几小类:单层声转同族词,单层韵转同族词,多层声转同族词,多层韵转同族词。下面介绍对音转同族词的分析。

> "正由于汉语音转同族词是在语音对应规则基础上展开的迭置式音变的产物,那么,它的生成通常就不是孤立的、个别的,而是相互联系的、成批的,因而使汉语音转同族词具有相当程度的系统性。"(P.13)
>
> 1.单层声转同族词(空—洞,巷—衖,……)
>
> 2.单层韵转同族词(缭—缪,燎—瞟,……)
>
> 3.多层声转同族词(俜—命—令—听,仌—凕—冷—汀)
>
> 4.多层韵转同族词(幭—幔—幠—幕—幌,蔑—曼—无—莫—亡)

(二)作者对同族词的音义关系提出了自己的看法:

> "音义关系都被摆在第一位,作为词族的第一要素加以强

调,而源流族属关系却旁落到次要地位,让人感到,音近义同或音同义近似乎不是源自族属关系,而是决定了族属关系;不是因为同源才音近义同或音同义近,而是因为音近义同或音同义近才称其为同源。……这样就可能会把一些出于其它原因音义相同相近的词误系为同源词,而真正有族属关系的词又未能系联在一起。”(P.97—98)

对于这个问题,我认为,同源关系是因,音近义同或音同义近是果,因为同源,所以音近义同或音同义近。这一点,任何研究同源词的都不会否定。但是同源词产生的时代十分久远,很多词演变的源流今天都已经很模糊,所以要研究同源词,只能从音义关系入手,这样做并非倒果为因。不过,从音义关系入手,不能把问题简单化,不能仅仅根据音近义同或音同义近就判定是同源关系,或者仅仅根据音不近就否定其同源关系,这是对的。

就音转而论,作者认为:“语音演变要受到种种条件的限制。”如果缺乏一定条件,“某两个声母(或韵部)相同的同义词尽管其韵部(或声母)相近,但未必有语音相通的关系。”反之,“声母(或韵部)距离很远的两个词,或许是特定条件下语音流转而产生的同族词。”例如:

1. 会匣月……………………合匣缉　　(会合)
2. 活见月……………………潝晓缉　　(水流声)
3. 欱、喝晓月…………………歙晓缉　　(啜饮)
4. 荟影月……………………翕晓缉　　(盛多)
5. 擖见月……………………拾禅缉　　(收拾)
6. 荟影月……………………弇影谈　　(翳蔽)
7. 黯影月……………………黭影谈　　(黑)

这表明，历史上的某一时期或某一区域，在声母为喉牙音的特定条件下，月缉两部曾发生过通转。（P. 329—331）

（三）作者提出了同义词研究的方法：推测与验证相结合（P. 112）

寻找若干组有相同或相近音转关系的同义近义词，构建一个音转同族词系列，使多组同族词彼此互证。

> “证据数量和种类越多，同族词的信度就越高。反之，……同族关系就很可疑。”（P. 23）

> “验证可以引发对更多的同族关系的认知，使同族词系联成为一个发现—验证—再发现的过程。这样，不但可以提高同族词系联的信度，还将极大地提高同族词系联的数量。”（P. 112）

这个方法可以用下面一组词的比较分析为例：

《说文》：“奋，翚也。”“挥，奋也。”朱骏声《说文通训定声》：“挥，假借为翚。”两字都是“振羽疾飞”义。但是，奋，帮母文部。翚，晓母微部。照一般的看法，声母相去甚远。这两个是否可能是同源词？这可以比较下面几组词：

芬……薰（香）

棼……溷（乱）

氛……云（云气）

鼖……韗（鼓）

贲……楎（三爪之物）

忿……恨（恨）

贲……䩓（饰）

濆……垠（边际）

本……根(根)

愤……忶(闷)

幩……釁(裂)

奋……釁(奋动)

这几组字都是上古文部字,而且多数是中古合口三等。左侧的上古为唇塞音声母,中古除"本"字外都是唇齿音声母;右侧绝大多数是中古晓母匣母。所以,这是一组音转同族词。

还可以从谐声、读若、又音等方面加以证明唇音和喉音可以互谐:

谐声:卉:贲。《说文》:"蕡,……从鼓,贲省声。"段注:"卉声与贲声一也。"

分:釁。《说文》:"釁,……从分,分亦声。"

读若:《说文》:"鐼,……读若熏。"

又音:《广韵·文韵》:"鐼,符分切。……又音训。"又《问韵》:"鐼,许运切。"(P.17)

上面两位的研究思路都值得重视。究竟什么语音关系可以构成同源词,这个问题还可以深入研究。

三 词义和句法的相互关系

本章的题目是"词汇和语音、语法的关系"。历来把语音、语法、词汇作为语言研究的三个大的方面。但"语法"(grammar)包括词法(形态学,morphology)和句法(syntax)。词汇和词法的关系很密切,不用多说。主要应讨论的是词汇和句法的关系。所以本章的第三节和第四节都不笼统地说"语法",而说"句法"。而"词汇"也包括构词和词义等几个方面,在讨论词汇和句法的关系时,主要是讨论词义和句法的关系。所以本章的第三节和第四节也不笼统地说“词汇”，而说“词义”

3.1　语言是表达人们对世界的认知的。以往的看法，认为人们用词这个单位记录了对事物、动作、性状的认识，而用句法手段把这些单位组合成句子来表达人们对事件和其他关系的认识，词和句子是两个不同的层面。确实，词和句子是语言的两个不同的层面，但两者之间不是毫无关系的。人们对世界认知而形成的语义要素，有时可以作为词的语义构成成分包含在词里，有时可以单独的作为一个词出现在句子层面的句法组合中。最明显的例子是L. Talmy 所举的例子：

英语　　The bottle floated into the cave.

西班牙语　La botella entró a la cueva flotando.

运动事件中的路径（PATH）要素，在西班牙语中和位移（MOTION）要素融合为一个词 entró，而在英语中单独作为一个词 into 在句子层面表达；方式（MANNER）要素在英语中和位移（MOTION）要素融合为一个词 float，而在西班牙语中单独作为一个词 flotando 在句子层面表达。

这是两种不同语言中的情形。在同一种语言的不同历史时期，这种情形同样存在。下面说一个汉语历史上的例子。

3.2　食——吃饭，衣（yì）——穿衣

自古以来，人们生活中最基本的两件事是吃饭和穿衣。这都牵涉到一个动作和一个对象。那么这两件事在汉语中怎样表达呢？在上古汉语中和现代汉语中是不一样的。简单地说，现代汉语中说“吃饭”、“穿衣”，上古汉语中只说“食”，而从不说“食饭”或“食食”，只说“衣”，而从不说“衣（yì）服”或“衣（yì）衣”。也就是说,虽然动作和对象在语言表达中都不可缺少,但表达的层面不同:动作的对象在上古汉语中是作为词的语义构成要素在动词里面表达的,而在现代汉语中是单独作为一个词在句子层面表达的。

下面说得稍详细一点。

(一)食→吃饭

从语义构成看,上古汉语的动词"食(乘力切,shí)"可以分为两个变体"食¹"和"食²"。"食¹"是基本的,既表示动作,也包含了对象"饭"。"食²"只表示动作,不包含对象"饭"。

1."食¹"最常见的语法组合是"食¹+0",即不带宾语。"食¹"的对象"饭"已包含在动词"食¹"中,不能作为宾语出现。古代汉语中没有"食饭"的说法。

2.如果出现"食¹+N",N绝不是"食¹"的对象,而是"食¹"的凭借。如:

《国语·晋语四》:"公食¹贡,大夫食¹邑,士食¹田,庶人食¹力,工商食¹官,皂隶食¹职,官宰食¹加。"

《左传·文公十一年》:"宋公於是以门赏耏班,使食¹其征。"(征:征收的税。)

《左传·昭公二十年》:"君子不食¹姦,不受乱。"(食姦:指受禄于奸邪之人。)

"食²"如果出现在"食²+N"的组合中,N一定是"食²"的对象(见下)。

3."食¹"既然包含了动作和对象,就表达一个事件(event),所以能居于句首,表示话题或时间。

《国语·齐语》:"食¹必粱肉,衣必文绣。"

《左传·昭公二十八年》:"唯食¹忘忧。"

《战国策·齐策五》："秦王恐之，寝不安席，食¹不甘味。"

《左传·隐公元年》："食¹舍肉。"

"食²"不能，因为它只表示动作，不包含对象，不表达一个事件。

4. "食¹"能构成"A＋食¹"的固定词组，A 表示"食¹"这种事件的方式。如：

《左传·昭公元年》："吾侪偷食¹，朝不谋夕。"

《孟子·滕文公下》："后车数十乘，从者数百人，以传食¹于诸侯。"

《荀子·成相》："臣下职，莫游食¹，务本节用财无极。"

《韩非子·内储说上》："南郭处士请为王吹竽，宣王说之，廪食¹以数百人。"

"食²"不能，因为它不表达事件，"A＋食²＋之"只能表示一个具体的动作。如：

《吕氏春秋·似顺》："夫草有莘有藟，独食²之则杀人，合而食之则益寿。"

"A＋食²＋之"的例子在先秦很少见。

5. "食¹"能构成"VP 而食¹"的组合，VP 是一般性的行为，表示"食¹"这种事件的前提或方式。如：

《孟子·滕文公上》："贤者与民并耕而食¹，饔飧而治。"

《韩非子·六反》："力作而食¹，生利之民也。"

《管子·轻重甲》："吾能令农毋耕而食¹，女毋织而衣。"

《淮南子·俶真》："夫圣人量腹而食¹，度形而衣。"

"食²"不能，只能有"VP 而食²之"，"VP"和"食²"都是具体的动作。如：

《吕氏春秋·遇合》:“缩頞而食[2]之。”

《吕氏春秋·任数》:“攫其甑中而食[2]之。”

《史记·万石张叔列传》:“上时赐食于家,必稽首俯伏而食[2]之。”

6.“食[1]”能构成“A食[1]+者”、“VP而食[1]+者”的组合,表示靠某种方式吃饭(谋生)的一类人。如:

《荀子·礼论》:“持手而食[1]者不得立宗庙。”

《韩非子·难三》:“明君使人无私,以诈而食[1]者禁。”

《商君书·农战》:“夫农者寡,而游食[1]者众,故其国贫危。”

《管子·问》:“问邑之贫人债而食[1]者几何家?”

“食[2]”不能。因为“VP而食[2]之”只能表示具体的动作,不能表示某类人的特点(用以谋生的方式或手段)。

后来出现了“吃”。“吃”和“食[1]”的语义构成不同,“吃”不包含动作的对象,所以上古汉语的“食[1]”,到中古以后要说成“吃饭”,对象要作为宾语出现。由于词的语义构成不同,“吃”和“食[1]”的句法组合有相当大的差别。“食[1]”能进入的六种句法组合,第(1)(2)种“吃”也可以进入,但情况不同。“食”的第(3)(4)(5)(6)种句法组合“吃”都不能进入,如果要进入都要说成“吃饭”。但既然宾语“饭”已经出现,后面就不能再跟一个宾语,所以,“士食[1]田,庶人食[1]力”必须说成“士靠田地吃饭,庶人靠力气吃饭”。句法组合必须改变。(现代汉语也可以说“吃劳保”,但这是熟语性的,不能推广,如不能说“吃工资”、“吃力气”。)

(二)衣(於既切 yì,动词)→著/穿衣

动词“衣”的语义构成也可以分为“衣[1]”和“衣[2]”,“衣[1]”既表示

动作，也包含了对象“衣服”；“衣²”只表示动作，不包含对象。因此，其语法组合也有不同：（但“衣”的情况比“食”简单。）

1.“衣¹”只有下列（1）—（3）种组合：

（1）衣¹＋0

《庄子·马蹄》：“织而衣¹，耕而食。”

《吕氏春秋·贵因》：“禹之裸国，裸入衣¹出。”

（2）衣¹＋N（N是“衣”的凭借）

《左传·昭公三年》：“民参其力，二入于公，而衣¹食其一。”

（3）衣¹＋N（与事，人）

《墨子·鲁问》：“翟虑织而衣¹天下之人矣。”

《墨子·兼爱下》：“是故退睹其友，饥则食之，寒则衣¹之。”

2.“衣²”只有下列（1）、（2）种组合：

（1）衣²＋N（N表示衣服的质料或某种衣服）

《庄子·让王》：“冬日衣²皮毛，夏日衣²葛絺。”

《晏子春秋》卷六：“晏子衣²缁布之衣，麋鹿之裘。”

注意：古代汉语没有“衣衣”或“衣裳”，只有“衣其衣”。

《礼记·坊记》：“于父之执，可以乘其车，不可以衣²其衣。”

（2）衣²＋N^1（与事，人）＋N^2（受事，某种衣服）

《诗经·小雅·斯干》：“乃生男子，载寝之床，载衣²之裳，载弄之璋。乃生女子，载寝之地，载衣²之裼，载弄之瓦。”

或：衣²（与事省略）＋以＋N（受事，某种衣服）

《庄子·天运》：“今取猨狙而衣²以周公之服。”

后来出现了"著/穿"。"著/穿"和"衣"的语义构成不同。"著"和"穿"的对象必须出现(如:著衣,著公服。或者出现在上文或语境中,如《敦煌变文校注·韩朋赋》:"宋王有衣,妾亦不著。")。同样,由于词的语义构成不同,其句法组合也就不同。"著/穿"不可能有以下格式:

1. 著/穿+0(对象在上下文都不出现)

2. 著/穿+ N(N是"著/穿"的凭借)

3. 著/穿+N(与事,人)

4. 著/穿+N^1(与事,人)+N^2(受事,某种衣服)

如果"衣[1] 天下之人"要用现代汉语表达,就要说"给天下的人穿衣",句法组合必须改变。

上面的例子说明,人们对一个事件中动作和对象的认知,有时是把它们包含在一个词的语义构成中来表达,有时是用两个词的句法组合来表达。词的语义构成不同,它所能进入的句法组合也就不同。这就是词和句法的关系。

3.3 在上古汉语中,把某个语义要素作为词的语义构成的不止"食"和"衣",还有不少词都是这种"综合"型的,到后来,这些语义要素都作为单独的词出现在句法层面。这在第三章"从综合到分析"中已经说到。这里再举一个例子:

《左传·僖公十三年》:"夜缒而出。"

《左传·昭公十九年》:"子占使师夜缒而登。"

《左传·僖公十九年》:"殖绰、工偻会夜缒纳师。"

"缒"这个动词体现了复杂的语义关系。《说文》:"缒,以绳有所县也。"它表达的不只是一个动作,而是两个紧密相连的动作:把自己拴在绳上,往下坠或往上拉;不但动作的工具(绳)作为词的语义构成包含在这个动词里，而且“县(悬)”的对象也是不言而喻的：就是动作的主语自己。所以古汉语中的动词“缒”，实际上是有对象的，但对象从来不在动词后面出现。这种句法组合的特点，也是这个词的语义构成决定的。

近年来，人们对词义和句法的关系越来越重视。沈园《句法一语义界面研究》(2007)(“句法一语义界面”是英语“syntax-semantics interface”的中文翻译，指句法和语义的相互关系)介绍了西方语言学家对这个问题的研究，有些研究很深入，很值得我们借鉴。在汉语研究中，词义和句法之间的关系也还需要深入探讨，比如，一些特定的句式(如处置式、动结式)对词义有什么要求？哪些词义要素会影响词的论元配置？这些问题都是有待于深入研究的。

四　词义演变和句法演变的相互影响

那么，在汉语词义和句法的历史演变中，两者的演变会不会互相影响？是词义的演变影响句法，还是句法的演变影响词义？

关于这个问题，贝罗贝、李明《语义演变理论与语义演变和句法演变》(2008)有一段很好的论述：

> 在既有语义变化也有句法变化的实例中，是语义先变，还是句法先变？大致有两种观点：一、功能-类型学派认为语义的变化与形态句法的变化同步(Hopper and Traugott 1993：207)，甚至认为语义变化先于句法范畴的变化(Heine 1993：48；Traugott 2002)。二、形式派认为形态句法的演变是自主的，独立于语义和语用(Lightfoot 1979)。形态句法的演变可以先于语义演变。我们认为这两种可能都是存在的，这和Newmeyer(1998)的观点基本相同。

> 我们推测:
>
> 一、语义驱动的变化:句法演变与语义演变同步,语义演变有规律,句法上的重新分析不会改变直接成分的边界。这是正常的语法化过程。
>
> 二、句法驱动的变化:句法演变先于语义演变,语义演变无规律,而且重新分析通常改变直接成分的边界。这个过程常常导致词汇化或不太正常的语法化。
>
> 关于第一类演变,比如“把”由握持义的动词变为介词,就是这样。
>
> 关于第二类演变,蒋绍愚(1989a)举有很好的例子,比如“为”由动词变为疑问语气助词,“斯”由指示代词变为连词,“必”由表必然的副词变为假设连词,都是语法引起词义的变化。(P.220—224)

他们所说的“语义演变”比“词义演变”范围宽。不过,他们的论述,对我们了解词义演变和句法演变的关系还是很有启发。

我认为,词义演变和句法演变的相互影响有三种情况。

4.1 词义影响句法

词义变了,其句法组合也会随之而变,这是最常见的。比如,“吃(喫)”最初的意义是“食用”,可以用于主动句和被动句,如“我吃鱼”,“鱼被我吃了”。后来引申为“受到、遭受”,就只能用于主动句,不能用于被动句,如只能说“他吃了批评”,不能说“批评被他吃了”。但不是词义引申后其句法组合都要发生变化,词义引申后其句法组合不变也很常见。

下面以“谓”为例说明词义变化影响句法组合变化。

“谓”在先秦有五个主要义项:①(对某人)说。②称(某人为

N)。③说（某人、某物如何），认为（某人、某物如何）。④说（某人），评论（某人）。⑤以为。①是基本义，其余的是派生义。

①谓[1]：（对某人）说。

谓[1] 的词义决定了句子要有三个部分：说的动作（谓[1]），说的对象（动词的间接宾语）和说的内容（动词的直接宾语）。说的内容可以是直接引语（DQ），也可以是间接引语（IQ）。在直接引语前面可以有“曰”，也可以没有“曰”。这样，其常见的句法组合有三种类型：

1）谓[1]＋O＋曰＋DQ

《论语·为政》：“或谓孔子曰：‘子奚不为政？’”

2）谓[1]＋O＋DQ

《诗经·大雅·皇矣》：“帝谓文王：‘无然畔援。’”

3）谓[1]＋O＋IQ

《左传·宣公十二年》：“逢大夫与其二子乘，谓其二子无顾。”

《左传·襄公二十八年》：“今吾子来，寡君谓吾子姑还，吾将使驲奔问诸晋而以告。”

《左传·襄公二十七年》：“子木谓向戌，请晋、楚之从交相见也。”

《左传·昭公二十五年》：“公若从，谓曹氏勿与，鲁将逐之。”

②谓[2]：称（某人为N）。

谓[2] 的词义决定了句子要有三个部分：称的动作（谓[2]），称的对象（动词的间接宾语），对象的称呼（动词的直接宾语）。

其句法组合为：

谓[2]＋O^1(N)＋O^2(N)

《诗经·王风·葛藟》：“终远兄弟，谓他人父。”

虽然谓^{1}和谓^{2}的句法组合都是“动词＋间接宾语＋直接宾语”,但谓^{1}的直接宾语是谓词性的,通常是一个动词词组,谓^{2}的直接宾语是名词性的,通常是一个简单名词。这种不同是由动词词义决定的。

③谓^{3}:说(某人、某物如何),认为(某人、某物如何)。

谓^{3}和谓^{1}都是“说”,但含义不同。谓^{1}是向对方说一句话,目的是向对方提供某种信息或提出某种要求、某个问题,谓^{3}是说(认为)对方如何如何。谓^{3}组成的句子,其构成和谓^{1}大体相同,有三个部分:说的动作(谓^{1}),说的对象(动词的间接宾语)和说的内容(动词的直接宾语)。但谓^{3}和谓^{1}词义不同,所以句中说的内容不是告诉对方的一句话,而是描述对方的性状。而且,有时说的对象和说的内容可以合在一起,构成一个主谓结构,整个做谓^{3}的宾语,这样,句子就不是双宾语,而是单宾语了。

其句法组合有四种类型:

1)谓^{3}＋O^{1}(N)＋O^{2}(P)

《诗经·王风·大车》:“谓予不信,有如皦日。”

2)谓^{3}＋O^{1}(N)＋O^{2}(S＋P)

《诗经·魏风·园有桃》:“不知我者,谓我士也罔极。”

3)谓^{3}＋ O (S＋P,IQ)

《诗经·召南·行露》:“谁谓雀无角,何以穿我屋。”

《论语·八佾》:“孰谓鄹人之子知礼乎?”

4)谓^{3}＋ O (S＋P,DQ)

《左传·昭公二十六年》:“单旗、刘狄剥乱天下,壹行不若,谓‘先王何常之有,唯余心所命,其谁敢讨之’,帅群不吊之人,以行乱于王室。”

④谓[4]:说(某人),评论(某人)。

谓[4]是由谓[3]演变而来的,谓[3]是用言说来描述对象的某种性状,谓[4]演变为"评论"义,表示说话者对对方的一种评价。这个义项在《诗经》中没有出现,到《论语》中才出现,可能比前面三个义项出现得晚一些。

谓[4]评论的内容都是作为谓[4]的直接宾语出现的,个别句子在"谓"后面还有"曰",所以其句法组合有两种类型:

1)谓[4]+O(评论的对象)+DQ

《论语·公冶长》:"子谓公冶长:'可妻也。'"

《论语·公冶长》:"子谓子产:'有君子之道四焉。'"

《左传·襄公二十四年》:"毋宁使人谓子'子实生我',而谓'子浚我以生'乎?"

《左传·襄公十四年》:"惠公蠲其大德,谓我诸戎:'是四岳之裔胄也,毋是翦弃。'赐我南鄙之田,狐狸所居,豺狼所嗥。"

《左传·昭公十二年》:"楚子谓成虎,'若敖之余也。'遂杀之。"

2)谓[4]+O(评论的对象)+曰+DQ

《左传·文公十年》:"楚范巫矞似谓成王与子玉、子西曰:'三君皆将强死。'"

⑤谓[5]:以为。

"谓"本是言说动词,演变为认知动词(见第四章引李明2003)。认知动词是对某一件事的判断,所以,其语法组合只有一种形式,"谓"的宾语是一个小句:

谓[5]+O(S+P)

《左传·僖公二十四年》:"臣谓君之入也,其知之矣。若犹未也,又将及难。"

《左传·襄公十三年》:"吴乘我丧,谓我不能师也,必易我而不戒。子为三覆以待我,我请诱之。"

从谓[1]到谓[5],都是"谓"本身词义的演变,这种演变不是句法组合影响的结果,但会影响句法组合。

4.2 句法影响词义

这又有三种情况:

4.2.1 词的句法位置使得词义发生变化

最明显的是"是"从指示代词演变为系词。我在《古汉语词汇纲要》中说:

> "有些词因为经常出现在某种句法位置上,因而取得了新的意义。
>
> 例如,'是'原是指示代词,后来变为判断词。这种变化是怎样产生的呢?
>
> 这是因为指示代词'是'经常出现在《荀子·天论》'日月星辰瑞历,是禹桀之所同也'这样的句子中。这种句子有个特点:谓语('是禹桀之所同')是个主谓结构,'是'充当这个主谓结构的主语,而且复指整个句子的主语'日月星辰瑞历'。
>
> 日月星辰瑞历,是禹桀之所同也
>
> 主1　　　谓1
>
> 主2　谓2
>
> 在'是禹桀之所同'这个主谓结构中,'是'(主2)和'禹桀之所同'(谓2)构成判断。但因为'是'是复指'日月星辰瑞历'的,所以在意义上,'日月星辰瑞历'(主1)和'禹桀之所同'(谓2)也可以构成判断。这样,'是'的作用逐渐变为联系

一个判断中的主谓两项的‘系词’。”

这种演变过程已经有很多讨论，此处从略。

4.2.2　句法组合的变化影响词义变化

有时，在词义不变的情况下，句法组合可以有一些细微的变化。比如，动词后面可以有处所名词。这些处所名词可以有不同的类别。某种类别的处所名词出现得多了，可能会引起词义的变化。下面举两个例子。

1.“走”的变化

在第三章中说了“走”的词义变化：从表示行走方式的动词（快跑）变为表示行走趋向的动词（趋向）。这里要讨论这种词义演变是怎样发生的。

表示“快跑”的“走”是个不及物动词，后面不带宾语。从较早的文献看，《周易》、《论语》无“走”字，《尚书》中的“走”6 例，最后 2 例是《古文尚书》的，但《胤征》例《左传》曾引用过，所以是可靠的；《武成》例暂不计入。前 5 例都是“奔走”或“走”后面不带名词。如：

《尚书·酒诰》：“纯其艺黍稷，奔走事厥考厥长。”

《尚书·君奭》：“小臣屏侯甸，矧咸奔走。”

《尚书·多方》：“亦惟尔多士攸服，奔走臣我。”

《尚书·多方》：“今尔奔走臣我监五祀。”

《尚书·胤征》：“啬夫驰，庶人走。”

《尚书·武成》：“邦甸、侯、卫骏奔走，执豆笾。”

《诗经》中 2 例，其中《绵》例“走”是使动，《清庙》例“奔走”后面有处所名词，表示奔走的地方。

《诗经·大雅·绵》：“古公亶父，来朝走马。”

《诗经·周颂·清庙》:"骏奔走在庙。"

在《左传》中"走"后面出现了表示"走"的趋向之地的处所名词,有8例:(下面的例句在第三章中已经举过。为了说明"走"词义的演变,此处再举一次)

《左传·文公十六年》:"百濮离居,将各走其邑。"

《左传·宣公十二年》:"赵旃弃车而走林。"

《左传·宣公十二年》:"遇敌不能去,弃车而走林。"

《左传·襄公十八年》:"齐侯驾,将走邮棠。"

《左传·襄公二十三年》:"奉君以走固宫,必无害也。"

《左传·昭公七年》:"寡君寝疾,于今三月矣,并走群望。"

《左传·昭公十八年》:"卜筮走望,不爱牲玉。"

《左传·昭公二十六年》:"王愆于厥身,诸侯莫不并走其望,以祈王身。"

陆德明《经典释文》在襄公二十三年"奉君以走固宫"下注"走如字,一音奏",他还是倾向于"走"不改读的。在其他处均无注。

《国语》也有4例带表示趋向的处所宾语:

《国语·鲁语下》:"从君而走患,则不如违君以避难。"注:"走,之也。"

《国语·晋语二》:"夫狄近晋而不通,愚陋而多怨,走之易达。"

《国语·晋语二》:"且夫偕出偕入难,聚居异情恶,不若走梁。"

《国语·晋语九》:"襄子出,曰:'吾何走乎?'"

可见这种句式在战国初期已经出现了。这种句式,到汉代更加普遍,而且在注释中已有了"奏"的破读音。

《淮南子·说林》："渔者走渊，木者走山。"高诱注："走读奏记之奏。"

在《史记》中，这样的句式更多，注释中标明"音奏"的共有 8 处，有的还注出词义"向也"：

《史记·项羽本纪》："长史欣恐，还走其军。"《正义》："走音奏。"

《史记·项羽本纪》："杀汉卒十余万人。汉卒皆南走山。"《正义》："走音奏。"

《史记·楚世家》："射伤王。王走郧。"《正义》："走音奏。"

《史记·萧相国世家》："沛公至咸阳，诸将皆争走金帛财物之府分之。"《索隐》："音奏。奏者，趋向之。"

《史记·伍子胥列传》："盗击王，王走郧。"《索隐》："奏云二音。走，向也。"

《史记·蒙恬列传》："行出游会稽，并海上，北走琅邪。"《索隐》："走音奏。走犹向也。"

《史记·黥布列传》："可遂杀楚使者，无使归，而疾走汉并力。"《索隐》："走音奏，向也。"

《史记·张释之列传》："上指示慎夫人新丰道，曰：'此走邯郸道也。'"《集解》："如淳曰：'走音奏，趋也。'"《索隐》："音奏。案：走犹向也。"

《史记·吴王濞列传》："因王子定长沙以北，西走蜀、汉中。"《正义》："走音奏，向也。"

不及物动词不带表对象的宾语，但是可以带处所宾语。如"坐"，如果要表达其处所，多数是用"坐于＋P"的形式，如《孟子·梁惠王上》："王坐于堂上。"这种形式很常见，不用多举例。但也可

以不用"于","坐"后面直接跟处所名词,如:

《晏子春秋·谏下》:"景公猎休,坐地而食,……晏子对曰:'臣闻介胄坐陈不席,狱讼不席,尸坐堂上不席。'"

《吕氏春秋·分职》:"公衣狐裘,坐熊席。"

《楚辞·招魂》:"坐堂伏槛,临曲池些!"

这种处所名词表示的是"坐"这个动作所在的地方,"坐"还是一个静态的动作,其词义没有改变。

按照这种"Vi+P"的句法规则,"走"这个不及物动词后面也可以带处所名词。如《诗经》例所显示的,最初带的处所名词是表示"走"这个动作所在的地方,这不会影响"走"的词义。但后来带的处所名词表示"走"的趋向之地,像《左传》以下的诸例,这种"走+P"整个表示动作的趋向。这种用法多了,人们就会把趋向义看作是动词"走"所带的词义,这样,就使得"走"的词义逐渐变化,到后来甚至觉得"走"的词义已经改变,明确地注明"走"的意义是"之也"(见《国语·鲁语下》例韦昭注),而且用音变的办法把它和原来表"快跑"义的"走"区分开来,也就是说,认为"走"是一个趋向动词了。这个例子清楚地表明了句法组合影响词义变化。

2."进"的变化

在上古汉语中,"进"和"入"的词义是不同的。"进"是前进,"入"是入内。《韩非子·外储说左上》:"夫为门而不使入,委利而不使进,乱之所以产也。""进"和"入"的区别很明显。但后来,"进"逐渐演变成"入"义,而"入"在口语中不单用了。这种变化是怎么产生的呢?

上古汉语中,"进"是个不及物动词。先秦十种文献中,"进"共出现 370 余次,带宾语的 44 次,多数是"进"为"推荐"义(如"进贤”），或为“进献”义（如“进酒”），“前进”义的“进”带宾语只有使动宾语，如《左传·宣公四年》：“鼓而进之。”有时“进”后面有介词“于”，表示在某种境界中前进，如《荀子·性恶》：“身日进于仁义而不自知也者，靡使然也。”总之，“进”的词义只表明行走的方向，无须说出进到什么处所，所以后面没有处所宾语；不但如此，在上文中也没有表示进到什么地方的词语。这是先秦的情况。

后来这种情况有了改变。请看汉代文献中的一些例句：

《淮南子·人间》：“师行数千里，数绝诸侯之地，其势必袭郑。凡袭国者，以为无备也。今示以知其情，必不敢进。”

贾谊《过秦论》：“秦人开关延敌，九国之师逡巡遁逃而不敢进。”

《汉书·王莽传下》：“严尤曰：‘称尊号者在宛下，宜亟进。’”

扬雄《太玄·进》：“次八：进于渊，君子用船。测曰：进渊用船，以道行也。”

《汉书·文帝纪》：“代王乃进至渭桥。”

《汉书·天文志》：“太白出西方，进在日前，气盛乃逆行。”

《后汉书·祢衡传》：“衡进至操前而止。”

《后汉书·光武帝纪》：“进至邯郸。”（“进至××”在《后汉书》中多次出现。）

上述例句都说明了“进”到什么处所。有两种情况：(1)在上文说明“进”的处所。如：郑，关（函谷关），宛下。(2)更多的是用介词标明处所。如：于，至，在。这些例句进的处所是一个广大的地域，所以不影响“进”的词义。

但时代再往后（大约是汉末到晋代），在句中出现的“进”的处所就有所变化。例如：

《后汉书·南蛮传》:"盘瓠得女,负而走入南山,止石室中。所处险绝,人迹不至。于是女解去衣裳,为仆鉴之结,著独力之衣。帝悲思之,遣使寻求,辄遇风雨震晦,使者不得进。"注:"此已上并见《风俗通》也。"

《三国志·吴书·朱治传》:"诸父老故人,莫不诣门。治皆引进,与共饮宴。"

《搜神记》卷一:"陈仲举微时,常宿黄申家,申妇方产,有扣申门者,家人咸不知,久久方闻屋里有人言:'宾堂下有人,不可进。'"

《搜神记》卷十二:"秦时,南方有'落头民',其头能飞。其种人部有祭祀,号曰'虫落',故因取名焉。吴时,将军朱桓,得一婢,每夜卧后,头辄飞去。或从狗窦,或从天窗中出入,以耳为翼,将晓,复还。数数如此,傍人怪之,夜中照视,唯有身无头,其体微冷,气息裁属。乃蒙之以被。至晓,头还,碍被不得安,两三度,堕地,噫吒甚愁,体气甚急,状若将死。乃去被,头复起,傅颈。有顷,和平。桓以为大怪,畏不敢畜,乃放遣之。既而详之,乃知天性也。时南征大将,亦往往得之。又尝有覆以铜盘者,头不得进,遂死。"

《晋书·石崇传》:"崇素与舆等善,闻当有变,夜驰诣恺,问二刘所在,恺迫卒不得隐。崇径进,于后斋牵出,同车而去。"

《晋书·皇甫谧传》:"刺史陶侃礼之甚厚。侃每造之,著素士服,望门辄下而进。"

《晋书·刘兆传》:"尝有人著靴骑驴至兆门外,曰:'吾欲见刘延世。'兆儒德道素,青州无称其字者,门人大怒。兆曰:

‘听前。’既进，踞床问兆曰：‘闻君大学，比何所作？’兆答如上事，末云：‘多有所疑。’客问之。兆说疑毕，客曰：‘此易解耳。’因为辩释疑者是非耳。兆别更立意，客一难，兆不能对。客去，已出门，兆欲留之，使人重呼还。”（注意：这个例句需要分析。如果看“兆曰：‘听前。’既进，……”这两个小句，似乎“进”就是“前进”。但前面说客“至兆门外”而不得入，后面说客“出门”，可知“进”的就是“门”；“进门”就是“入门”。）

《魏书·杨播传》：“逸为政爱人，尤憎豪猾，广设耳目。其兵吏出使下邑，皆自持粮，人或为设食者，虽在暗室，终不进，咸言‘杨使君有千里眼，那可欺之’。”

这些例句中，进的处所是一个狭小的、封闭的区域，如：室中，门内，堂下，盘中，室内。在这种情况下，“进”的词义就和“入”相同了。

下面一些例句时代可能更晚一些，“进”的处所直接出现在“进”后面，《魏书》例用“于”，其他诸例都是直接做“进”的宾语。这些处所和上面一些例句一样，都是狭小、封闭的区域，所以，“进”的词义同于“入”。

《魏书·桓玄传》：“玄入建邺宫，逆风迅激，旌旗、服章、仪饰一皆倾偃。是月酷寒，此日尤甚。多行苛政，而时施小惠。迎温神主进于太庙。”

《南齐书·崔景慧传》：“恭祖率轻骑十余匹突进北掖门，乃复出。”

《北齐书·王晞传》：“有顷，奏赵郡王睿为左长史，晞为司马。每夜载入，昼则不与语，以晞儒缓，恐不允武将之意，后进晞密室，曰……”（意思是“使晞进密室”。）

《梁书·陈伯之传》:“伯之顿篱门,寻进西明门。”

下面例句中“进”和“入”都出现,词义和用法都一样。

《南史·谢弘微传》:“曾要何征君讲《中论》,何难以巾褐入南门,乃从东围进。”

《南史·王弘传》:“俄而帝崩,融乃处分以子良兵禁诸门。西昌侯闻,急驰到云龙门,不得进,乃曰:‘有敕召我。’仍排而入。”

《南史·齐宗室传》:“乃进西掖门,开鼓后得入殿内。”

这种情况,到唐代的文献中更多,略举几例:

韩愈《唐故虞部员外郎张府君墓志铭》:“(张)涂进韩氏门,伏哭庭下。”

《旧唐书·玄宗纪上》:“攻白兽、玄德等门,斩关而进,左万骑自左入,右万骑自右入,合于凌烟阁前。”

大概到了唐代,“进”的旧义“前进”仍在使用,而新义“入内”已经固定,“进”和“入”同义,所以可以构成一个复合词“进入”在语言中使用了。“进入”原来是一个连动结构,意为“前进而入某处”,如:

《三国志·吴书·周瑜传》:“转下湖孰、江乘,进入曲阿,刘繇奔走。”

但到唐五代,在下列例句中,“进入”的意思就是原来的“入”或新出现的“进”。如:

王建《宫词》:“昨日教坊新进入,并房宫女与梳头。”

《入唐求法巡礼行纪》卷二:“摇橹进入桑岛东南少海,有岛,于此泊舶。”

花蕊夫人《宫词》:“画船花舫总新妆,进入池心近岛傍。”

"进"的"入内"义,各种辞书都引同一个例句:

王嘉《拾遗记·秦始皇》:"〔有人身长十丈〕云欲见秦王子婴,阍者许进焉。"

仅此一例,显得很孤单也很突兀。通过上面的引例和分析,可以看出,"进"的词义从"前进"演变为"入内",是有一个历史过程的,是逐渐发展的。首先是在汉代,"进"要到达的处所在文中已经出现,但其处所还是一个广大的地区,所以不影响"进"的词义。后来,进的处所可以是一个狭小、封闭的区域,这就使得"进"的词义逐步向"入"演变。《后汉书·南蛮传》例"进"的处所在文中表达得不大清楚,如果是指进室中,那这就是"进"词义演变的开端;这个例句虽然出于《后汉书》,但李贤注说是引自《风俗通》,也就是说,"进"的词义演变从东汉末就已经开始了。在魏晋南北朝时期,这种演变逐步推进,其演变的时代和演变的脉络都比较清晰,例子也不止一个。到了唐代,这种演变已经完成。但那时"进"的旧义和新义还同时并用,后来旧义逐步消失。

特别值得注意的是:引起"进"的词义演变的,开始时并不是在"进"所处的句子中线性组合的改变(比如宾语的增加、减少,或宾语类别的改变),而是"进"的论元的改变,而且这个论元是在"进"前面出现的,甚至是句子的表层结构上是不出现(《拾遗记》例)或在句中不明确的(《晋书·刘兆传》例)。这种论元的变化也会影响动词词义的改变。

4.2.3　构式影响词义

近年来,"构式"(Constructions)理论已经逐渐为大家熟悉。根据 Goldberg 在 *Constructions* 一书中给"构式"下的定义是:"如果短语型式的形式或意义的某些方面不能从其构成成分的特征或其它构式中得到完全预测,那么其短语型式是一个构式。"构式会产生一种"构式意义",如"She baked him a cake"是一个使役构式,具有"有意致使 Y 收到 Z"的意义。这个意义是整个构式具有的,而不是其中的动词"bake"具有的,"bake"仍然是"烤"的意思。

但是,某个词经常处于某个构式中,这个词也会取得这种构式意义,成为这个词的词义的一部分。这时,就是构式影响词义。

在汉语中,使役构式是很常见的。语言类型学把使役分为三种表达方式:1. 词汇使役(lexical causatives),2. 形态使役(morphological causatives),3. 句法使役(syntactic causatives)。这三种方式在古汉语中都有。用使令动词,构成"使/令+N+ VP"的使役句是句法使役,这和词义无关,下面不讨论。古汉语中通常所说的"使动用法"可分为两类:一是用音变构词形成的词做使役动词,这是形态使役;二是一般动词用作使动,这是词汇使役。这里主要讨论词汇使役中构式对词义的影响。

使动用法是上古汉语很常见的语法现象,很多动词,甚至形容词、名词都可以放在述语的位置上,后面带宾语,表示使宾语如何。王力先生在《汉语史稿》"词在句中的临时职务"这一节中讨论"致动"的时候说:

> "当说话人要使宾语所代表的事物具有某一性质的时候,就把表示这一性质的形容词放在宾语前面(这是动词经常所在的位置),使它本身带有动词的性质。这样,可以说是形容词作动词用。"
>
> "当说话人要使宾语所代表的事物具有某一不及物的行为的时候,就把表示这一行为的内动词放在宾语前面。……这可以说是内动词作外动词用。"

“当说话人要使宾语所代表的事物具有某一及物的行为的时候，就把表示这一行为的外动词放在宾语前面。这个外动词所表示的行为并不是主语所表示的事物发出的，而是宾语所表示的事物发出的，甚至二者都不是，而是第三者所发出的。”

“当说话人要使宾语所代表的事物成为另一事物的时候，就把表示这一事物的名词放在宾语前面，使它带有动词的性质。这样，可以说是名词作动词用。”

这些用作“使动”的词，如果只是偶尔使用，产生的只是临时的词义。比如，下面例句中“生死”的“生”，只在这个句子中可以解读为“使……生”，“使……生”并没有成为“生”的固定词义。“肉”、“吴王”、“絜”、“美”、“饱”等词也是如此。实际上，“致使”的意义是这个句式（构式）所具有的，“使……生”这种解读，是把“生”的词义和句式（构式）的语义整合在一起而产生的。

《左传·襄公二十二年》：“吾见申叔，夫子所谓生死而肉骨也。”

《左传·定公十年》：“公若曰：‘尔欲吴王我乎？’”

《国语·越语上》：“其达士，絜其居，美其服，饱其食。”

但这种词义如果经常出现，会成为固定的词义。下面讨论几个例子。

（一）来：到来→使……到来，招徕。

《论语·季氏》：“故远人不服，则修文德以来之。既来之，则安之。”

《孟子·滕文公上》：“放勋曰：‘劳之来之，匡之直之。’”

《韩非子·难三》：“仲尼曰：‘政在悦近而来远。’”

《吕氏春秋·不侵》:“自此观之,尊贵富大不足以来士矣。”

《吕氏春秋·仲秋纪》:“来商旅,入货贿。”

《管子·形势》:“故欲来民者,先起其利,虽不召而民自至。”

《管子·轻重甲》:“故为国不能来天下之财,致天下之民,则国不可成。”

《管子·轻重戊》:“寡人将以来离枝之民。”

《周礼·夏官·怀方氏》:“怀方氏掌来远方之民。”

《汉书·司马相如传》:“仁者不以德来,强者不以力并,意者殆不可乎?”

这种“来”的解读是“使……来”。但是,是否可以认为其中的“来”仍是原有的词义,而“使……”是使动式这种构式所具有的呢?有一点很值得注意:这个意义的“来”也写作“徕”。

《商君书·徕民》:“今以草茅之地徕三晋之民。”

《汉书·武帝纪》:“盖孔子对定公以徕远。”

《汉书·食货志》:“严助、朱买臣等招徕东瓯。”

《汉书·公孙弘传》:“招徕四方之士。”

虽然“徕”和“来”没有读音的区别(“来”有去声一读,《诗经·小雅·鸿雁·序》:“而能劳来还定安集之。”《经典释文》:“劳来,力报反,下力代反。”但这是“慰劳”义。“使……来”义仍读平声,落哀反。),但这个字形告诉我们:人们已经认为这个表示“使……来”的词和原有的“来”不是一个词了,也就是说,“使……”这种语义成分,已经进入“徕”这个词中,成为词义的一部分了。

我们可以这样说:“S+V+N”(→“S致使N进行V这个动

作”）这种使动句式，是古汉语中很能产的一个构式，很多动词（甚至用作动词的形容词、名词）都可以进入这个构式。（哪些动词可以进入这个构式，是一个很复杂的问题，此处不拟讨论。）

“使役”是这个句式（构式）具有的语义；但当某个动词经常在这个句式（构式）中出现时，这个动词也可能获得这种使役义，和它原有的意义整合在一起，其词义因此而发生变化，成为一个使役动词，其词义为“使……V”。

（二）有的词的发展过程只走了一半：从某个时期开始，经常用于使动句式，这个词的解读也可以是“使……V”，但始终没有形成一个固定的词义，也就没有音变产生。如：“走”是一个不及物动词，在先秦的文献中，除《战国策》以外，都没有“走”用于使动句式的例句。直到《战国策》中，出现了下列几例：

《战国策·秦策三》：“秦王惧，于是乃废太后，逐穰侯，出高陵，走泾阳于关外。”

《战国策·齐策三》：“可以为楚王走太子。”

《战国策·赵策四》：“李牧数破走秦军，杀秦将桓齮。”

《战国策·秦策三》：“秦败魏于华，走芒卯而围大梁。”

《战国策》是刘向整理成书的，其中哪些语言成分反映战国时的面貌不好确定。但在马王堆帛书《战国纵横家书》中有这样的句子：

《战国纵横家书·十五》：“秦战胜魏，走孟卯，攻大粱（梁）。”

可见“走”用于使动句式，在战国晚期至西汉初年已经有了。

到《史记》中，这种句子有很多，如：

《史记·项羽本纪》：“项王东击破之，走彭越。”

《史记·魏世家》:“三十年,无忌归魏,率五国兵攻秦,败之河外,走蒙骜。”

《史记·穰侯列传》:“秦使穰侯伐魏,斩首四万,走魏将暴鸢,得魏三县。”

《史记·穰侯列传》:“穰侯为相国,将兵攻魏,走芒卯。”

《史记·白起王翦列传》:“昭王三十四年,白起攻魏,拔华阳,走芒卯,而虏三晋将。”

《史记·白起王翦列传》:“秦始皇既灭三晋,走燕王,而数破荆师。”

《史记·魏公子列传》:“破魏华阳下军,走芒卯。”

《史记·魏公子列传》:“公子率五国之兵破秦军于河外,走蒙骜。”

《史记·廉颇蔺相如列传》:“大破秦军,走秦将桓齮。”

《史记·卫将军骠骑列传》:“走白羊、楼烦王。”

《史记·高祖本纪》:“项羽已破走彭越。”

《史记·张丞相列传》:“陈余击走常山王张耳。”

《史记·卫将军骠骑列传》:“归而袭破走东胡,东胡却千余里。”

《史记·匈奴列传》:“西击走月氏,南并楼烦、白羊河南王。”

《史记·大宛列传》:“其后二年,汉击走单于于幕北。”

《史记·太史公自序》:“唯田单用即墨破走骑劫,遂存齐社稷。”

但在古代文献中,始终没有为这种“走”确定一个特别的训释,也没有为它注一个破读音。只有《汉语大词典》为这种意义立了一个义项:“使……溃逃,驱逐”,这只能说明这种句式中的“走”可以有“使……溃逃,驱逐”的解读,但还不能说它已成为“走”的固定的词义。也就是说,使役义还只能看作是使动这种构式所具有的,而没有固化为“走”的词义。

(三)怎样才能断定这种使役构式中的动词已经具有新产生的词义呢?一是语音的标志,如“见”、“饮”用作使动,变读为“见(xiàn)”、“饮(yìn)”。二是字形的标志,如上述“来(徕)”。三是这个词可以脱离使役句式,而独立使用于别的句式。“贷”可以作为一个例子。

贾昌朝《群经音辨》:“取于人曰贷,他得切,字亦作貣。与之曰贷,他代切。”“与之”是“取于人”的使动(“与之”=“使之取于人”)。因为已经有了音变,而且,“取于人”写作“貣”,“与之”写作“贷”,两个意义在字形上也有了区分,所以可以断定“贷”的“与之”义是固定的词义。

但除此之外,这还可以从“贷(与之)”的句法位置上来断定。

《庄子·外物》:“庄周家贫,故往贷粟于监河侯。监河侯曰:‘诺,我将得邑金,将贷子三百金,可乎?’”《释文》:“贷粟,音特,或一音他得反。……将贷,他代反。”

《左传·昭公三年》:“以家量贷,而以公量收之。”《释文》:“贷,他代反。”

如果不管读音,在《庄子》例中,“贷子”还可以看作“SVN→S使NV”,可以说是使役句式造成“贷”可以有“使子取于人三百金(=与子三百金)”的解读,“使役”义是句式具有的。而在《左传》例中,“贷”显然是“与”义,但后面没有名词,所以,不能认为是“SVN→S使NV”这种句式造成了“贷”的使役义,只能说“贷”已经具有

“使取(=与)”的固定词义了。

4.3 词义和句法共同影响词义

有些词义的演变,似乎是由句法关系造成的;但仔细分析,词义本身仍然是造成演变的一个重要因素。所以,这是由句法和词义的共同影响而造成词义的演变。

4.3.1 我的《古汉语词汇纲要》第八章第一节是“由语法关系而造成的词义变化”,里面举了三个词做例子:“为”、“斯”、“必”。本书的看法有些改变,我认为这是句法和词义的共同影响而造成的词义变化。下面对这三个词的演变重新做一些分析和讨论,例句也增加一些。

(一)为

“为”由动词“作,做”演变为疑问语气词。这经过三个阶段:

(1)疑问代词+以+N+为?

1)《论语·颜渊》:“君子质而已矣,何以文为?”

2)《庄子·让王》:“日出而作,日入而息,逍遥于天地之间而心意自得。吾何以天下为哉?”

3)《韩非子·说林下》:“君长有齐,奚以薛为?”

“何(奚)以文为”即“以文为何(奚)”。“何(奚)以N为”的格式中N是名词。“以”是“用”,“为何(奚)”表示“做什么”,“为”是动词“作,做”,不能去掉。

(2)疑问代词+以+V+为?

1)《论语·季氏》:“是社稷之臣也,何以伐为?”

2)《庄子·逍遥游》:“我决起而飞,枪榆枋,时则不至,而控于地而已矣,奚以之九万里而南为?”

“何(奚)以V为”的格式中V是动词。这种格式,仍可理解为

“以V为何(奚)”;但“以”也可以理解为“因”,“何以/奚以”可以表示“为什么”,做V的修饰语。这样,“何(奚)以V为”就大致等于“何(奚)以V也(乎)”。可比较下面两句:

3)《吕氏春秋·赞能》:“子何以不归耕乎?”

4)《战国策·秦策五》:“君其试臣,奚以遽言叱也?”

所以“何以V/奚以V”可以成句。这样,“为”就成为多余的;因为处在疑问句的句末,所以被人们理解为疑问语气词。

(3)VP+为?

1)《谷梁传·定公十年》:“夷狄之民,何为来为?”

2)《楚辞·渔父》:“何故深思高举,自令放为?”

“为”已成为语气词,所以,可以用在疑问句的句末。

“为”从动词演变为疑问语气词,是因为另一个词“以”的歧义(用/因)而产生重新分析,改变了直接成分的边界,“为”成为多余的了,然后又因为处于疑问句的句末,被人们当作疑问语气词。这可以说是句法变化影响词义变化,但首先还是因“以”的歧义而使“为”的词义变化,所以这一演变也和词义的变化有关。

(二)斯

“斯”从指示代词演变为连词。这也经过三个阶段。

1)《论语·尧曰》:“子张曰:‘何谓惠而不费?’子曰:‘因民之所利而利之,斯不亦惠而不费乎!’”

“斯不亦惠而不费乎”是个陈述句。“斯”是指示代词,回指上文“因民之所利而利之”,在“斯不亦惠而不费乎”这个小句中做主语。做主语的“斯”在句中的地位比较突出,其指示代词的性质不会改变。

2)《论语·尧曰》:“子张问于孔子曰:‘何如斯可以从政矣?’子

曰:'尊五美,屏四恶,斯可以从政矣。'"

"尊五美,屏四恶,斯可以从政矣"是个因果复句。"尊五美,屏四恶"是因,"可以从政矣"是果。"斯"本是指示代词,回指"尊五美,屏四恶","斯"和"可以从政矣"也是因果关系。因为"尊五美,屏四恶"和"可以从政矣"的因果关系已经很清楚,再用"斯"回指上一小句而和"可以从政矣"构成因果关系已属多余。所以"斯"的指示代词的性质逐渐淡化。另一方面,"斯"处在"因"和"果"之间,这种因果关系本来是由句式而不用虚词表示的,但既然"斯"的指示代词的性质已经淡化,那么,"斯"在句中起什么作用呢?人们会觉得"斯"是用来连接因果的,于是对这类句子做新的解读(重新分析)。这样,"斯"就逐渐取得了连词的功能。

3)《论语·先进》:"冉有问:'闻斯行诸?'子曰:'闻斯行之!'"

当"斯"逐渐演变为连词之后,人们就可以把它作为连词来使用,所以,可以用在这种表因果的语句中。

"斯"的这三个句子虽然都是出现在《论语》中的,是同一个时代平面的句子,但就句中"斯"的性质和功能来看,是反映了"斯"演变的三个阶段。

(三)必

"必"原来是一个副词,最常见的意义是"必定,一定"。后来演变为假设连词"如果"。前一种意义大家都很熟悉,例子不用举了。后一种意义,是清代学者吴昌莹在《经词衍释·补遗》中首先提到:

> "必,若也。《昭二十七年》:'必观之。'《家语·五刑解》:'义必明,则民不犯。《史记·孟尝君传》:'必受命于天,君何忧也。必受命于户,则高其户耳。'《项羽纪》:'必欲烹若翁。'《高祖纪》:'必欲诛无道秦。'"

在现代编纂的几部词典中都列有此义项：

《汉语大字典》："**必** ⑧ 连词。表示假设关系，相当于'假使'、'如果'。《左传·昭公十五年》：'必求之。'《史记·廉颇蔺相如列传》：'王必无人，臣愿奉璧往使。'杜荀鹤《题会上人院》：'必能行大道，何用在深山。'"

《汉语大词典》："**必** ⑪ 连词。表示假设关系。倘若，如果。《论语·颜渊》：'子贡问政。子曰："足食，足兵，民信之矣。"子贡曰："必不得已而去，于斯三者何先？"曰："去兵。"'《史记·项羽本纪》：'吾翁即若翁，必欲烹而翁，则幸分我一杯羹。'宋梅尧臣《题老人泉寄苏明允》诗：'渊中必有鱼，与子自徜徉；渊中苟无鱼，子特翫沧浪。'"

《古代汉语虚词词典》："**必** 连词……可译为'果真'、'假使'等。"例句为：《左传·昭公十五年》："必求之，吾助子请。"《论语·颜渊》："子贡曰：'必不得已而去，于斯三者何先？'"《史记·廉颇蔺相如列传》："王必无人，臣愿奉璧往使。"等。

下面，我们对"必"的这个意义进行一些讨论。

"必"在历史上有没有连词"假如"这个意义？应该说是有的。这将在下面进一步论证。但上述例句中很多"必"不是连词"假如"。

先看先秦的例句。

《论语》中"必不得已而去"的"必"是个副词。《经词衍释·补遗》："必，果也。《论语》：'必不得已而去之。'"这是对的。

吴昌莹所举的《左传·昭公二十七年》的例子，只有"必观之"三个字，看不清楚"必"的用法。今引其上下文如下：

《左传·昭公二十七年》："（费无极）谓子常曰：'子恶欲饮

子酒。'又谓子恶:'令尹欲饮酒于子氏。'子恶曰:'我贱人也,不足以辱令尹。令尹将必来辱,为惠已甚,吾无以酬之。若何?'无极曰:'令尹好甲兵。子出之,吾择焉。'取五甲五兵,曰:'寘诸门。令尹至,必观之。而从以酬之。'及飨日,帷诸门左。"

前面说"令尹好甲兵",后面说"令尹至,必观之",显然是说"令尹必定观之"。把"必"看作"若",是误解文意。

《汉语大字典》和《古代汉语虚词词典》引的《左传·昭公十五年》例,也引得太短。今引其上下文如下:

《左传·昭公十五年》:"楚费无极害朝吴之在蔡也,欲去之。乃谓之曰:'王唯信子,故处子于蔡。子亦长矣,而在下位,辱。必求之,吾助子请。'又谓其上之人曰:'王唯信吴,故处诸蔡。二三子莫之如也,而在其上,不亦难乎?弗图,必及于难。'"

这是费无极两边挑拨的话。他一方面怂恿朝吴,让他必须去求上位;一方面对处于上位的人说,要他防备朝吴。"必"是"必须",不是"假使"。

我调查了《左传》中"必"的用法,不见"必"有"假使"义。

《史记》中的"必"是否有"假使"义呢?一般认为有"假使"义的有如下例句:

《史记·项羽本纪》:"吾翁即若翁,必欲烹而翁,则幸分我一杯羹。"

《史记·高祖本纪》:"足下必欲诛无道秦,不宜踞见长者。"

《史记·廉颇蔺相如列传》:"王必无人,臣愿奉璧往使。"

《史记·孟尝君列传》:"文曰:'人生受命于天乎?将受命于户邪?'婴默然。文曰:'必受命于天,君何忧焉?必受命于户,则可高其户耳,谁能至者!'"

其实,这些例句都不是。

先看"必欲"。《史记》中"必欲"用得很多,除上述例句外,再举两例:

《史记·晋世家》:"王必欲致士,先从隗始。"

《史记·乐毅列传》:"王必欲伐之,莫如与赵及楚、魏。"

"欲"表示意愿,后面的动词是未然的动作。"必"仍是"一定"的意思,但因为放在"欲"前面,表达的也是未然的意思。正是这种未然的语境,使得"必"读起来似乎有"假使"的意思。把"必欲+V"读作"如果一定要"也是读得通的,但实际上,"如果"是由语境产生的,不是"必"的词义。

再看其他的"必"。"王必无人,臣愿奉璧往使。"这个"必",《王力古汉语字典》是这样解释的:

必 ㊀副词。①一定。《诗·邶风·旄丘》:"何其久也?~有以也。"②果真。《史记·廉颇蔺相如列传》:"王~无人,臣愿奉璧往使。"

这是很对的。这个"必"不是假设连词"如果",而是副词"果真"。《史记·孟尝君列传》:"必受命于天。"这个"必"也是"果真"。《史记》中这种"必"也很多,举例如下。这些例句中的"必"都能用"果真"解释:

《史记·高祖本纪》:"正月,诸侯及将相相与共请尊汉王为皇帝。汉王曰:'吾闻帝贤者有也,空言虚语,非所守也,吾不敢当帝位。'群臣皆曰:'大王起微细,诛暴逆,平定四海,有功者辄裂地而封为王侯。大王不尊号,皆疑不信。臣等以死守之。'汉王三让,不得已,曰:'诸君必以为便,便国家。'甲午,乃即皇帝位汜水之阳。"

《史记·晋世家》:"献公私谓骊姬曰:'吾欲废太子,以奚齐代之。'骊姬泣曰:'太子之立,诸侯皆已知之,而数将兵,百姓附之,奈何以贱妾之故废适立庶?君必行之,妾自杀也。'"

《史记·廉颇蔺相如列传》:"复请李牧,牧杜门不出,固称疾。赵王乃复强起使将兵。牧曰:'王必用臣,臣如前,乃敢奉令。'王许之。"

《史记·仲尼弟子列传》:"且王必恶越,臣请东见越王,令出兵以从,此实空越,名从诸侯以伐也。"

把这种"必"解释为"果真"是有根据的。

《玉篇》:"必,果也。"

《广韵·质韵》:"必,审也。"

"果真"和"假使,如果"不同,"假使,如果"是单纯的假设,"果真"是"假使+一定"或"假使+确实"。如果把上述句子中的"必"解释为"假使,如果",就剩下了单纯的假设,而把"一定/确实"的意思丢掉了。实际上,"一定/确实"正是"必"本身的意义,而"假使"是语境造成的:上述句子说的都是一种假设的情况,这种语境,把"假设"的意义带给了"必"。

所以,上述句子中的"必"还不是假设连词,虽然已经朝假设连词跨近了一大步。

那么,"必"到什么时候演变为假设连词呢?请看下面一例:

《太平经》卷五十三:"其子事者,必若父有伏匿之事,不敢以报其子;子有匿过,不敢以报其父母,皆应相欺,以此为阶也。"

《太平经》认为，君主对臣有四种态度：师父事之，友事之，子事之，视臣若狗、若草木。子事其臣，则是君臣之间如有错误互相隐瞒。这里的"必若"是"必"和"若"同义并用，"必"义同"若"，是单纯的假设，没有"一定，确实"之义。这就是假设连词了。据此，可以认为，"必"在东汉的口语中已经演变为假设连词。

假设连词"必"，到唐代就用得很多了。张相《诗词曲语辞汇释》卷二："必，假拟之辞，犹倘也，若也，如也，或也。"也可"必若"连用。举唐诗例甚多。如：

杜甫《丹青引》："将军画善盖有神，必逢佳士亦写真。"

杜甫《送韦讽上阆州录事参军》诗："必若救疮痍，先应去蟊贼。"

下面补充一些敦煌变文和《旧唐书》中的例句：

《敦煌变文校注·燕子赋》："你亦未能断事，到头没多词句。必其倚有高才，请乞立题诗赋。"

《敦煌变文校注·欢喜国王缘》："必若有人延得命，与王齐受(寿)百千年。"

《旧唐书·鲁炅传》："中官冯廷瓌曰：'将军必能入，我请以两骑助之。'"

《旧唐书·安禄山等传》："必若玄宗采九龄之语，行三令之威，不然使禄山名位不高，委任得所，则群黎未必陷于涂炭，万乘未必越于岷、峨。"

这些"必"，都没有"一定，确实"之义，而只是单纯的表假设了，所以，已经演变为假设连词。

所以，"必"的词义演变首先是由于经常处于假设语境中，而其演变的完成,是由于其原有的词义"一定,确实"的消失。

4.3.2 语境吸收(absorption of context)

"为"、"斯"、"必"三个词的词义演变,都是"语境吸收"(absorption of context)。"语境吸收"(absorption of context)见于J. Bybee等的著作,摘引如下:

> More interesting from us perspective, however, are the cases discussed in § 6.11 of grams whose meaning appears to change due to the linguistic contexts to which they are restricted by newer developing grams. In these case, modal meaning seems to arise in forms that were previously indicatives. As we pointed out there, since new grammaticalizations of tense and aspect tend to arise in main, asserted clauses, pre-existing tense and aspect forms tend to be preserved longer in subordinate clauses, especially those that are not asserted but rather have some other modality, such as the expression of conditions of purposes or complements to verbs of wanting or ordering. Since these old forms have so little semantic content of their own, if they survive, they are available to absorb the modal content of their context. After being excluded from indicative functions for a time and associated only with subordinate modal functions, when these forms move back into main clauses uses, they are reported to express a weak kind of hortative or obligation sense. Our claim is that these elderly forms have picked up some modal flavor from their subordinate clause environ-

ment. Note that such cases differ from the more usual change by inference in that the meaning they are absorbing comes from the LINGUISTIC context, the context of the clause and its function in the sentence, more than from the general pragmatic context. (Bybee, Joan, Revere Perkins and William Pagliuca 1994: *The Evolution of Grammar: Tense, Aspect, and Modality in the Language of the World*. P. 296)

§ 6.11

A good example … is found in Armenian, … In the centuries between the Classical and Modern periods, a periphrastic progressive arose, … and gradually taking on habitual functions as well. The forms of older present indicative still exist, but they are not used with indicative function. Rather, these 'simple verb forms' show up in the following contexts: (purpose clauses; protases of reality conditions; following the conjunction 'until', in the complement to 'to be necessary' etc.)

Another interesting development for the Armenian simple present forms is that they no longer can be used in main clauses for simple assertions of present tense. Rather, in main clauses a simple present expresses weak obligation, … or hortative. … Such a main clause use only develop as a result of the association of simple present forms with subordinate clause functions of obligation and purpose. (P. 231—232)

"语境吸收"是指一个词经常处于某种表示语法意义的语境中,这个词原有的词义淡化,逐步吸收了语境的语法意义,形成一个新的词义。J. Bybee 等举了一个语境吸收的例子:亚美尼亚语中有一个原来表示现在时陈述的语言形式,因为长期处在表目的、条件等的从句中,后来,当它用在主句中时,它不再表示直陈功能,而是表示较弱的强制或劝告语气,这是它处在强制或目的从句中的结果。

在汉语中,我们可以举"要"的演变作为"语境吸收"的例子。

"要"本是一个表意愿的情态动词,后来演变为假设连词。在现代汉语中"要"的这两种用法并存,如:

(A)我要走了,明天再来。——助动词(表意愿)

(B)我要走了,就不来了。——假设连词

但从历史上看,假设连词是由表意愿的情态动词演变来的。请看下面的例句:

> 《朱子语类》卷六十二:"易是变易,阴阳无一日不变,无一时不变。庄子分明说'易以道阴阳'。要看易,须当恁地看,事物都是那阴阳做出来。"

这种"要"是情态动词,表示主观意愿。但这种"要……"的句子,后面还有后续句,即:句 A,句 B。句 A 表示要做某事,句 B 表示会遇到某种情况。句 A 是假设的条件,但这种假设关系不是用虚词来表达的,而是由句式来表达的。句 A 中的"要"的语义只是表示"做某事"是一种设想的行为而不是已经实现的行为,但既然是在假设句中,"做某事"就必然是一种设想的行为而不是已经实现的行为,有没有情态动词"要"都一样。所以,在这种句式中,"要"的语义逐渐淡化。既然"要"的意义淡化了,那么,在句子中起什么作用呢？因为这种“要”经常出现在假设句中，久而久之，人们会认为“要”的作用是表示假设。我们可以这样来表示其演变过程：

1.要看易＝欲看易	“要”原来的意思是“欲”。
2.要看易＝（若）欲看易	但“要看易”是假设句的上句，所以可加上“若”。
3.要看易＝若看易	“要”的原义“欲”淡化，吸收语境义“若”。

《朱子语类》卷一百零六：“今之官司合用印处，缘兵火散失，多用旧印。要去朝廷请印，又须要钱，所以官司且只苟简过了。”

1.要去朝廷请印＝欲去朝廷请印

2.要去朝廷请印＝（若）欲去朝廷请印

3.要去朝廷请印＝若去朝廷请印

这种由语境吸收而产生的意义逐渐固化，成为“要”的固定词义。到后来，“要”就可以作为一个假设连词用了，在句法中的位置，也可以离开情态动词的位置（紧贴动词前），而处于主语前。如最后一例。

《醒世姻缘传》第五十二回：“小冬子要不早娶了巧妮子去，只怕卖了妹子嫖了也是不可知的！”

《醒世姻缘传》第六十六回：“狄希陈在外一边挣，一边说道：‘二位哥体量我，到家就来。要扯了谎，就是个禽兽畜生！’”

《醒世姻缘传》第七十二回：“孙氏道：‘大闺女二十五岁哩。要闺女不嫌，可就好。’”

由“语境吸收”而造成词义演变，“语境”是关键。“为”、“斯”和“必”的词义演变正是这样。“为”演变为疑问语气词，“斯”演变为承接连词,“必”演变为假设连词,都是吸收了它们经常所处的语境的意义,这是句法对词义演变的影响。但是,并不是任何词处在同样的语境中都会发生同样的词义演变的。这种词义演变的一个必要条件是这个词原有意义的弱化以至消失。“为”的演变,首先是由于“以”的歧义,使“何(奚)以 V 为”这种格式发生重新分析,“为”成为多余的成分,然后才吸收了语境的意义,演变为疑问语气词。“斯”的演变,是因为“斯”的指代性不是很强,有可能弱化而吸收语境意义;如果换一个指代性更强的“此”,即使处在同样的语境中,也不会吸收语境意义而变成承接连词,不会有“闻此行诸”这样的句子。“要”的演变也是如此,如果换一个更典型的表意愿的情态动词“欲”,即使处在同样的语境中,也不会吸收语境意义而变成假设连词。“必”如果只是吸收了语境意义,而其本身的词义“一定,确实”没有消失,其演变只能到达“果真”这一步;只有进一步演变,“必”本身的词义消失了,这才演变为假设连词。这又是词义变化对这种演变的影响。所以,由“语境吸收”而产生的词义演变,是句法和词义共同影响的结果。

4.3.3 上面说到“是”从指示代词演变为系词,是由于“是”所处的句法位置造成的,但是没有把“是”的演变看作“语境吸收”。为什么这样处理呢?因为“语境吸收”是一个词经常处于某种语境中,其原有的词义弱化以至消失,同时吸收了语境的意义(如疑问、连接、假设等)。而“是”所处的句法位置(N1,是 N2)本身并没有表判断的语法意义,N1 和 N2 在句法上并不构成判断;只是 N1 和 N2 在语义上所指相同,这为“是”演变成系词提供了条件。所以,这是和“语境吸收”有区别的。

现在把本节所说的内容总结一下。词汇和语法的相互影响,有三种情况：(一)词义影响句法。(二)句法影响词义。(三)词义和句法共同影响词义。

有时候，(一)和(二)不容易区分。因为我们在研究汉语的历史演变时，看到的往往只是演变的结果，词义的变化和句法的变化同时存在，不容易分清是什么影响了什么。比如：

1)帝谓文王："无然畔援。"

2)子谓子产："有君子之道四焉。"

从1)到2)，"谓"的词义发生了变化，由"对……说"变为"评论……说"，句法结构也发生了变化，"谓"后接的成分，从对人的嘱咐变为对人的评论。这两方面的变化孰先孰后？何者影响何者？能不能说是句法影响词义变化？

1)秦人开关延敌，九国之师逡巡遁逃而不敢进。

2)宾堂下有人，不可进。

从1)到2)，"进"的词义发生了变化，由"前进"变为"入内"，句法结构也发生了变化，"进"的宾语，从表示广大地区的处所名词变为表示狭窄、封闭区域的处所名词。这两方面的变化孰先孰后？何者影响何者？能不能说是词义影响句法变化？

面对这些语料，我们怎么区分哪一种是词义影响句法组合，哪一种是句法组合影响词义？能不能说"谓"是句法影响词义，"进"是词义影响句法？

这要做具体分析。"宾堂下有人，不可进"这样的句子，和"秦人开关延敌，九国之师逡巡遁逃而不敢进"相比，其区别只是把"进"的处所宾语从原来广大的地区换成狭小的区域，这种宾语是和"进"原来的词义"前进"相容的，所以，可以在词义不变的情况下，出现宾语的这种变化。但这种句子用多了，"进"的词义就会变成和"入"一样。所以,这是句法变化在前,是句法组合影响词义。而"子谓子产:'有君子之道四焉。'"这样的句子和"谓(对……说)"的词义是不相容的,当"谓"的词义是"对……说"的时候,下面不可能出现"有君子之道四焉"这样的话。所以,不可能是先出现句法组合的变化,然后影响词义演变,而只能是"谓"的词义先由"对……说"演变为"评论",然后下面才能接"有君子之道四焉"之类评论性的话。所以,这是词义变化在前,是词义影响句法组合。

上面所说的,只是对词汇和语法的相互影响的一些初步认识。这个问题过去研究得不够,今后还需要进一步研究,才能有比较深入的认识。

参考文献

贝罗贝、李明 2008 《语义演变理论与语义演变和句法演变研究》,《当代语言学理论和汉语研究》(沈阳、冯胜利主编),商务印书馆。

蒋绍愚 2001 《音义关系析论》,《中国语文研究》第1期。

蒋绍愚 2002 《读〈广雅疏证〉札记》,《纪念王力先生百年诞辰学术论文集》,商务印书馆。

蒋绍愚 2011 《词汇、语法和认知的表达》,《语言教学与研究》第4期。

蒋绍愚 2013 《词义演变三例》,《综古述今 钩深取极——语言暨语言学专刊系列之五十》,台北。

蒋绍愚 2015 《词义演变和句法演变的相互关系》,《汉语史学报》第15辑。

孟蓬生 2001 《上古汉语同源词语音关系研究》,北京师范大学出版社。

社科院语言研究所古代汉语研究室编 1999 《古代汉语虚词词典》,商务印书馆。

沈兼士 1931/1986 《声训论》,《沈兼士学术论文集》,中华书局。

沈兼士 1933/1986 《右文说在训诂学上的沿革及其推阐》,《沈兼士学术论文集》,中华书局。

沈 园 2007 《句法—语义界面研究》,上海教育出版社。

王国维 1921/1959 《尔雅草木虫鱼鸟兽名释例》,《观堂集林》,中华书局。

王　力　1958/1988　《汉语史稿》,《王力文集》第九卷,山东教育出版社。

王　力　1982　《同源字论》,《同源字典》,商务印书馆。

杨树达　1934/1983　《形声字声中有义略证》,《积微居小学金石论丛》,中华书局。

杨树达　1935/1983　《字义同缘于语源同例证》,《积微居小学金石论丛》,中华书局。

张　博　2003　《汉语同族词的系统性与验证方法》,商务印书馆。

张　敏　1998　《认知语言学与汉语名词短语》,中国社会科学出版社。

张　相　1954　《诗词曲语词汇释》,中华书局。

张永言　1981　《关于词的"内部形式"》,《语言研究》第1期。

布龙菲尔德　1933/1985　《语言论》,袁家骅、赵世开、甘世福译,商务印书馆。

洪堡特　1836/2002　《论人类语言结构的差异及其对人类精神发展的影响》,姚小平译,商务印书馆。

索绪尔　1949/1980　《普通语言学教程》,高名凯译,商务印书馆。

Bybee, Joan, Revere Perkins & William Pagliuca　1994　*The Evolution of Grammar: Tense, Aspect, and Modality in the Language of the World*. The University of Chicago Press.

Goldberg E. Adele　1995/2007　*Constructions: A Construction Grammar Approach to Argument Structure*(中译本),吴海波译,北京大学出版社。

Talmy, L.　1985　Lexicalization Patterns: Semanic Structure in Lexical Form, *Language Typology and Syntactic Description*, Timothy shopen, ed. Vol 3. Cambridge University Press.

Talmy, L.　2000a　*Toward a Cognitive Semantics: vol. 1: Concept Structuring Systems*, Cambridge, MA: MIT press.

Talmy, L.　2000b　*Toward a Cognitive Semantics: vol. 2: Typology and process in Concept Structuring*, Cambridge, MA: MIT press.

第七章　词汇系统和词义系统

一　词汇有没有系统

词汇有没有系统？这个问题是有争论的。黄景欣《试论词汇学中的几个问题》(《中国语文》1961 年第 3 期)认为词汇是成体系的。刘叔新《论词汇体系问题》(《中国语文》1964 年第 3 期)不同意这个意见，认为未能建立"标明所有词汇单位间的意义对应关系的语义体系"，因此"不可以认为词汇是一个体系"。

邢公畹《〈词汇学和词典学问题研究〉序》(1984)："平常我们说'词汇体系'仅仅是指这个语言的词汇自成一套，有别于其他语言而已。但是语言本身却是一种不断趋向更完善、更丰富的'有序结构'，……'词汇'不过是把'物质'和'能量'供给语言这一有序结构的东西而已，本身说不上'体系'。"

刘叔新《汉语描写词汇学》(1990)："二十多年前，拙文《论词汇体系问题——与黄景欣同志商榷》(《中国语文》1964 年第 3 期)曾提出，就目前所看出的词汇内部的结构关联说，'不可以认为词汇是一个体系。'近年来，由于几种新的结构组织，特别是单向依赖组，为笔者发掘出来，以前的结论就须要大大更改。"(P. 382 注)

他认为："严格来说，体系不仅要求所含的成分全部处于相互影响或相互因应的一定关系状态，而且应该具有若干明确的组织层次。"(P. 383)

这个问题后来没有进一步讨论。

二　关于词汇系统的几种看法

20 世纪 80 年代以后，有几位学者谈到了词汇系统的问题。下面做一简单介绍。

2.1　洪成玉《词义的系统特征》(1987)

(1)词义的类聚性：同义类聚，同形类聚，同音类聚。

(2)词义的结构性：词义的结合有选择性、有序性、固定性。(比如："郊"只能和"内"、"外"结合，不能和"上"、"下"结合；"吃"在现代汉语普通话中只能和"饭"、"菜"结合，不能和"水"、"烟"结合。)

(3)词义的依赖性：词义只有在相关词义的协同作用下才能表示出来。(比如："赤、红、朱、绛"和"走、趋、步"都是相互依存的，其中任何一个词的词义都离不开其他几个词。)

(4)词义的互补性：词义互相补充，表示一个上位义。(木豆谓之豆、竹豆谓之笾、瓦豆谓之登。)

2.2　许威汉《论汉语词汇体系》(1989)

(1)词的内部形式的联系(同源词)

(2)词的外部形式的联系(同类词)

(3)词的复合形式的联系(成片复合化)

2.3　刘叔新《汉语描写词汇学》(1990)

11 种结构组织：

(1)同义组(略)

(2)反义组(略)

(3)对比组　　　　挨近—离开　清洁—污浊　(两个词互相

对立但未构成反义)

(4)分割对象组　　树根—树干—树枝—树叶

(5)固定搭配组　　意气风发　映入眼帘　戴高帽

(6)特定搭配组　　理发　耍花招　耍枪

(7)互相依赖组　　武器—杀伤力　祖辈—孙辈

土地—庄稼　海军—舰艇

(8)单向依赖组　　嫂子—哥哥　扫—扫帚　炒菜—油

鞭炮—点燃　麦浪—麦田、麦子、波浪

(9)挨连组　　春夏秋冬　唐宋元明清

(10)级次组　　尺寸分厘　省地县乡

(11)同语素词族组　　地雷　坠地　死心塌地

2.4　贾彦德《汉语语义学》(1992)

(1)分类义场　气体、液体、固体

(2)部分义场　大腿、小腿、脚

(3)顺序义场　春、夏、秋、冬

(4)关系义场　教师、学生

(5)反义义场　生、死

(6)两极义场　大、小

(7)部分否定义场　全体、部分　　前进、停止、倒退

(8)同义义场　午夜、子夜

(9)枝干义场　采、摘

(10)描绘义场　黑沉沉、黑压压

2.5　张志毅、张庆云《词汇语义学》(第三版)(2012)

语义场中的义位结构:

同义结构(略)

反义结构(略)

上下义结构(羊:山羊、绵羊、羚羊)

类义结构(笔、墨、纸、砚)

总分结构(房子:房顶、门、窗、墙、地板)

交叉结构(老、少、边、穷)

序列结构(春、夏、秋、冬)

多义结构(铁:坚固、农具、兵器、黑色、严厉)

构词结构(车:车辆、纺车、车床、车工、车水)

组合结构(战士凯旋、希望凯旋、光荣凯旋、凯旋的歌声)(P.68—87)

义位的系统性:

同义聚合系统(略)

反义聚合系统(略)

多义聚合系统(略)

同素义族聚合系统(略)

演变系统(多义化演变系统,连锁演变系统,泛称和特称的系统演变)

对立系统(同义对立:女儿≈闺女、姑娘。反义对立:女儿↔父亲、母亲。同层对立:女儿∪儿子、侄女。异层对立:女儿⊂孩子、儿女)

依存系统(关系依存:母鸡、鸡蛋。层级依存:军、师、旅、团。次第依存:春、夏、秋、冬。邻义依存:市区、近郊、远郊)

互补系统(房子:房顶、窗户、墙壁)

组合系统(*慈祥的孩子,*下级指示,*兄弟城市)

层级系统(语义场的层级、上下义结构的层级、类义结构的

层级、语义场内义位关系的层级:中心成员、边缘成员)(P.136—146)

上述五位学者提到的各种词汇和词义关系,都是整个词汇系统中一些比较重要的类别,或者说是一些比较重要的子系统。这些学者彼此的看法有同有异(见下3.1),这些问题是可以进一步深入研究的。

2.6 徐国庆《现代汉语词汇系统论》(1999)

"词汇是个系统。所谓系统,就是由相互作用、相互制约并与外部环境发生联系的诸要素所构成的统一的整体。""无论从词汇内部的各词汇成分之间的有机联系上,还是从词汇与外部环境的有机联系上,都可以说词汇是个系统。"

聚合平面:"词汇系统中起码存在着语音、语义、词汇、语法、文字这五种聚合关系。"

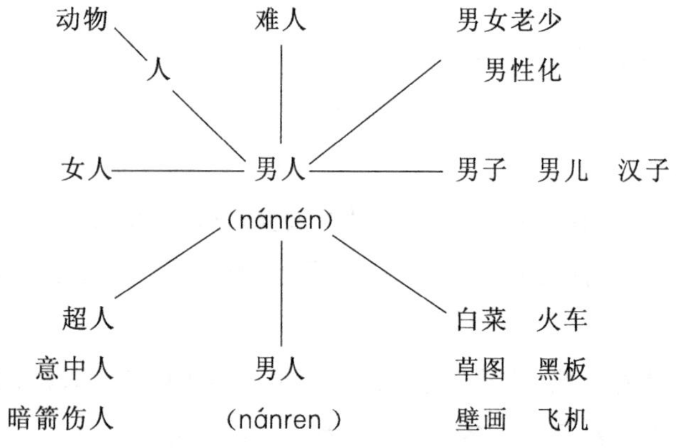

意思是说:"男人(nánrén)"这个词,在词汇系统中有多种聚合关系:"动物—人"是它的上位词,"女人"是它的反义词,"男子、男儿、汉子"是它的同义词,"难人"是它的同音词,"男人

(nánren)"是它的同形词。它和"男女老少、男性化"同有一个语素"男",和"超人、意中人、暗箭伤人"同有另一个语素"人",和"白菜、火车"等同属偏正式构词。

层级平面:词汇层。

(1)功能词汇层

A. 构词词汇层:

语根层,

非语根层。

B. 造句词汇层:

通用词汇层,

非通用词汇层。

(2)潜在词汇层

A. 新质词汇层。

B. 旧质词汇层。

按:此书对词汇系统的论述似乎面面俱到,但实际上比较浮泛。"聚合平面"把"语音、词汇(构词)、语法、文字"几方面的问题牵扯在一起,而在关键性的语义(词义)方面,只剩下同义(男人—男子、男儿、汉子)、反义(男人—女人)、分类(动物—人—男人)三种关系。"层级平面"是在词义之外对词汇的另几种分类,相当粗略。

2.7 中国古代学者没有"词"的概念,更没有"词汇系统"的概念。但他们在对汉语词汇深入研究的基础上,揭示了一些值得注意的现象。下面是王念孙《广雅疏证》的几段话及其例证:

(一)"凡人忧则气敛,乐则气舒。故乐谓之般,亦谓之凯;大谓之凯,亦谓之般,义相因也。"(卷一上)

《尔雅》:"般,乐也。" 《逸周书·祭公》:"允乃诏,毕桓于黎民般。"注:"般,乐也。"

《方言》:"般,大也。" 《说文》:"幋,覆衣大巾也。" 《说文》:“鞶,大带也。”　《声类》:“盘,大石也。”

《说文》:“凯,乐也。”亦作“恺”。　《尔雅》:“南风谓之凯风。”注:“凯,乐也。”

《广雅》:“凯,大也。”　《说文》:“铠,大镛也。”　《说文》:“螘,蚍蜉也。”

(二)“凡远与大同义。远谓之荒,犹大谓之荒也。远谓之遐,犹大谓之假也。远谓之迂,犹大谓之讦也。”(卷一上)

《诗经·大雅·公刘》:“豳居允荒。”注:“荒,大也。”

《广雅》:“荒,远也。”

《说文新附》:“遐,远也。”

《尔雅》:“假,大也。”　《书·大禹谟》:“不自满假。”传:“假,大也。”

《说文》:“嘏,大远也。”

《广雅》:“迂,远也。”

《尔雅》:“讦,大也。”　《诗经·大雅·抑》:“讦谟定命,远猷辰告。”传:“讦,大也。”

(三)“凡与之义近于散,取之义近于聚。聚取声又相近,故聚谓之收,亦谓之敛,亦谓之集,亦谓之府;取谓之府,亦谓之集,亦谓之敛,亦谓之收。取谓之捊,犹聚谓之裒也。取谓之掇,犹聚谓之缀也。取谓之捃,犹聚谓之群也。”(卷一上)

《玉篇》:“府,取也。”　《玉篇》:“府,聚也。”

《说文》:“捊,引取也。”　《玉篇》:“捃,拾也。”

王念孙的意思是说:

(一)“乐(快乐)”和“大”的意义相关,所以,一些词如“般”、“凯”既有“乐”义,也有“大”义。

（二）“远”和“大”意义相关，所以，“荒”既有“远”义也有“大”义；“遐”有“远”义，“假”有“大”义；“迂”有“远”义，“讦”有“大”义。

（三）“取”和“聚”意义相关，所以，一些词如“收”、“敛”、“集”、“府”既有“取”义，也有“聚”义；“捊”有“取”义，“裒”有“聚”义；“掇”有“取”义，“缀”有“聚”义；“捃”有“取”义，“群”有“聚”义。

王念孙是主张“触类引申，不限形体”的，他把“遐/假”、“迂/讦”、“捊/裒”、“掇/缀”、“捃/群”这些音近义通的字看作一个单位（用今天的话说，是一个词的不同变体）。那些写作同一个字的单位（如“般”、“凯”、“荒”、“收”、“敛”、“集”、“府”）和这些写作两个字的单位（如“遐/假”、“迂/讦”、“捊/裒”、“掇/缀”、“捃/群”）都可以同时表示两个相关的意义。

在本书第六章讲到音义关系时，曾举过王念孙《广雅疏证》中的另两段话，那是从音义关系的角度讲的。如果从词汇和语义的关系看，那两段话和这里的三段话性质相同，也可以放到这里用作例子。

用今天的眼光看，王念孙揭示了词汇—语义方面的一个重要现象：从语义范畴看，有的语义范畴（如“乐”和“大”，“大”和“远”、“取”和“聚”）是相关的；从词汇聚合关系看，有这样一些词群（如“般、凯”，“荒、遐/假、迂/讦”和“收、敛、集、府、迂/讦、捊/裒、掇/缀、捃/群”），它们兼跨两个相关的语义范畴，在一个语义范畴里是同义词，在另一个相关的语义范畴里也是同义词。这些词群的性质不能只用“同义词”来概括，而是一种特殊性质的词汇聚合关系。在汉语中，这种词汇聚合关系究竟有多少？包括哪些词？从古到今是如何发展的？现代汉语中是否还存在？这些问题都有待于深入研究。

2.8　D. A. Cruse:“*Lexical Semantics*”(1986/2009)

此书的第五章到第十二章都是谈词的聚合关系。

(一)第五章“词汇架构”(lexical configurations)中说:词汇架构的两种最复杂的类型是“层级结构”(hierarchies)和“比例系列”(proportional series)。“层级结构”又分“分支的层级结构”(branching hierarchies)和“不分支的层级结构”(non-branching hierarchies)两种,“分支的层级结构”中的一种是“分类关系”(taxonomy),另一种是“整体部分关系”(meronomies hierarchies)。

(二)第六章谈“分类关系”(taxonomy)。

下图是分类的层级结构(taxonomic hierarchy)之一例:

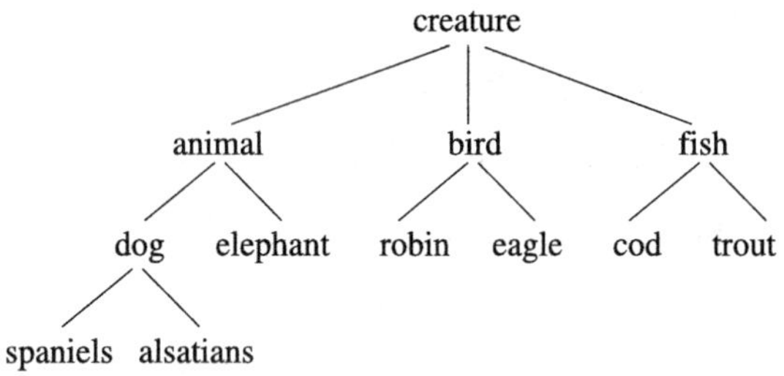

层级结构是“上下义关系”(hyponymy)的一种,其中下位节点(作者称为“daughter-nodes”)必须是相应的上位节点(作者称为“mother-nodes”)的下位义,如 dog: animal;而相邻的下位节点(作者称为“sister-nodes”)必须是不相容的(incompatibles),如 dog: cat。

并非所有的上下义关系都是分类关系。如果相邻的下位节点不是不相容的,那么,这种上下义关系就不是分类关系。例如,下面两种上下义关系都不是分类关系:

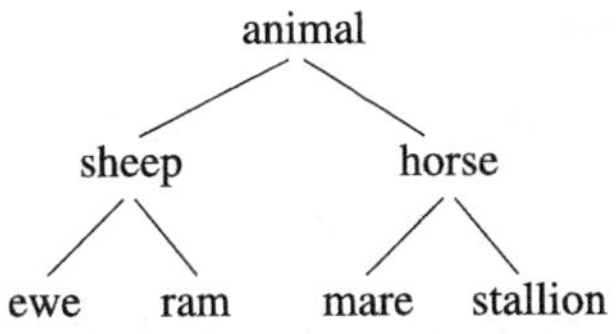

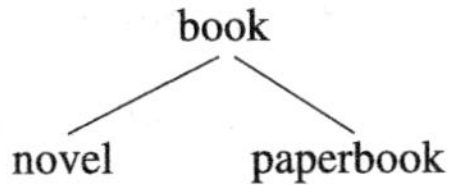

作者对此做了分析。这里就不详细介绍了。

作者提出一个分类关系的检验式：

A useful diagnostic frame for taxonomy is: An X is a kind/type of Y, and a Z is another kind of Y.

比如：麻雀是鸟的一类，而老鹰是鸟的另一类。鸟和麻雀、老鹰就是分类关系。

（三）第七章谈整体部分关系（meronomies hierarchies）。

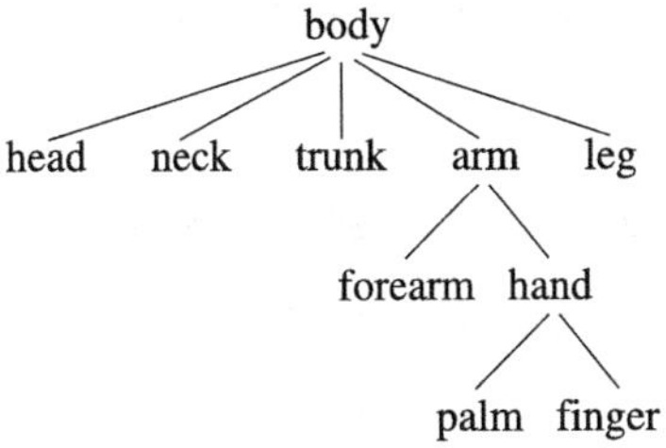

表示整体的词称“整体词”（holonym），表示部分的词称“部分词”（meronym）。整体和部分是相对的。如：hand 相对于 arm 来说是 meronym，但相对于 finger 来说是 holonym。

整体部分关系的检验式是：

The parts of a Y include the X/Xs, and Z/Zs, etc.

（四）第八章谈“不分支的层级结构”（non-branching hierarchies）。包括下面几种：

1. chains（链条）：shoulder, upper arm, elbow, forearm, wrist, hand.

2. helica(螺旋):Sunday, Monday…

3. cycle(循环):red, orange, yellow, green, blue, purple.

(五)第五章中谈了"比例系列"(proportional series)。

A,B,C,D 四个词,如果构成下列关系:A 和 B 的关系如同 C 和 D,B 和 A 的关系如同 D 和 C,A 和 C 的关系如同 B 和 D,C 和 A 的关系如同 D 和 B,那么,这就是最简单的比例系列。

A—B		mare——stallion	
C—D		ewe——ram	

加以扩展可以是:

mare	stallion	foal	(university)	lecturer	student
ewe	ram	lamb	(prison)	warder	convict
cow	bull	calf			

刘叔新(1990)对此提出过批评。"结合到现代汉语较多词语事实和语感来看,还难以认为对称系列是一种客观上存在的结构组织。""'母马—公马'与'母猴—公猴'之间,'马—母马'与'狮子—母狮'之间,都不可能建立其对称关系。""两对词彼此对称,须建立在联想的基础上,而这种联想往往只是分析者个人主观上存在,……未必是客观事实。"(P. 376—378)动物性别的对比,可能有语言的差异;但 D. A. Cruse 对这种词汇架构确实没有提出明确的界定和验证方法,论证是不够充分的。

(六)第五章中还谈了"寄生关系"(endonymy)。一个词的意义包含在另一个词中,这两个词就具有寄生关系。如:

animal ——— horse

horse ——— mare

hand —————— finger

hand —————— glove

foot —————— kick

左边的词是 endonym(被包含项),右边的词是 exonym(包含项)。寄生关系可以用这样的方式检验:在下列语句中,第 2 句是多余的。

It's a horse, but it's an animal.

It's a glove, but it's for covering the hand.

He kick me, but with his foot.

除了同类的词以外,像"white—whiten"也是寄生关系。

D. A. Cruse 的论述,可供我们在研究词汇系统时参考。

三　怎样看待词汇系统

3.1　词汇的系统性,可以表现在不同方面。比如:汉语的复合词,有些是具有同一语素的;词语的组合(搭配)也有一定的限制。这些都反映了词汇的系统性。但讨论词汇系统,主要是看词汇的聚合系统。

上面诸家谈的,大多是一些词汇的聚合方面的子系统。刘叔新的 11 种结构组织说得较全,我们可以以此为基础,参照其他各家之说加以分析。刘叔新的 11 种结构组织除了(5)、(6)、(11)以外,其余八种都是聚合关系的子系统。有些子系统是大家都很熟悉的,如同义词、反义词。"分割对象组"有一部分和贾彦德的"分类义场"、张志毅、张庆云的"总分结构"以及 A. D. Cruse 的"整体部分关系"相同,下面会说到,这是词汇系统的一个重要部分。"对比组"、"互相依赖组"、"单向依赖组"、"挨连组"、"级次组"都对认识词汇系统很有意义。其中"挨连组"、"级次组"和 A. D. Cruse 的"不分支的层级结构"以及贾彦德的"部分义场"、"顺序义场"大体相同。"互相依赖组"、"单向依赖组"如"祖辈—孙辈""嫂子—哥哥"之类是一种重要的词汇聚合关系,但在确定这两种关系时,要区分事理的依赖和词义的依赖。比如,"土地—庄稼"在词义上未必互相依赖,"鞭炮—点燃","鞭炮"在词义上对"点燃"的依赖也不很明显(可参见《现代汉语词典》对"鞭炮"和"爆竹"的释义)。

同源词是不是词汇的聚合子系统?同源词是词汇发展的历史联系。王力《同源字典》收 3000 多个同源词,严学宭说可以有 5000 多个,包括的面是很广的。从共时的角度看,有些同源关系已不明显;但多数同源词的语义联系仍然可以看出来,是一种隐性的联系。研究现代汉语的词汇系统不会考虑同源词,但研究汉语词汇系统的历史发展时,同源词是必须考虑的。

3.2 上述研究加深了我们对汉语词汇系统的认识。但有一个问题必须回答:以上几个子系统能不能涵盖汉语词汇的全部?

刘叔新(1990)说:"现代汉语词汇是否成为体系……要看这些词语几个组织是否把全部词汇都容纳进去;还要看各结构组织及它们的相互关系,能否使词汇形成层次。每一种词语结构组织,装容下的所有词语单位都不是词汇的全部成员。……但是,所有词语结构组织加连起来,却成了一个巨大的密网,把现代汉语全部词语都网罗了。这里,主要是单向依赖组和同素族起了'补漏'作用。如'噼啪'、'的嗒'等象声词不能进入同义组、反义组、对比组等一系列结构组织,甚至与同素族也不相干连,但在意义上却依赖于

'声音'或'声响',进入了单向依赖组。"所以,作者说:"单向依赖组,为笔者发掘出来,以前的结论就须要大大更改。"(P.383,已见前引)

在讨论这个问题时,首先要明白一点:词汇系统的特点是什么?

毫无疑问,语言是一个系统,在语言内部,语音、语法、词汇都是系统。但是,和语音系统相比,词汇系统有很大的不同:

语音系统是人口腔中发的音。其特点是:1.简单。2.封闭。3.成员之间联系紧密。

词汇系统是人对客观世界的认知。其特点是:1.复杂。2.开放。3.成员之间联系不紧密。

词汇系统首先要能把全部词汇包括进去,形成一个层级系统。但这个系统中上一层和下一层的领属关系有的不很明显,特别是同一层上的各个单位(词)相互间的关系,有很多比较松散。诚然,如刘叔新(1990)所说:"严格来说,体系不仅要求所含的成分全部处于相互影响或相互因应的一定关系状态,而且应该具有若干明确的组织层次。"但词汇系统不是这样。

怎样把词汇全部包括进去?光靠11个子系统是不行的,在11个子系统之外,还有很多遗漏。"单向依赖组"也起不到"补漏"的作用。像"噼啪"、"的嗒"等象声词,说它们和"声音"或"声响"有单向依赖关系相当勉强。要把全部词汇包括进去,首先要考虑的是"分类结构",可以把大多数词汇包括进去。

根据人类学家B. Berlin等的研究,各种语言分类的层级结构有普遍相似之处,其层级一般不超过五层,偶尔出现六层。这五

层是:

起点(unique beginner)	植物(plant)
形态(life form)	灌木(bush)
属(genus)	玫瑰(rose)
种(species)	香水月季(hybrid tea)
变种(variety)	和平月季(peace)(香水月季的一种)

(转引自 D. A. Cruse, *Lexical Semantics*, P. 145—146)

现代汉语的各种义类词典,所采取的基本框架就是分类关系。比如,《同义词词林》(1983)被称为汉语的第一部义类词典,有一级类 12 类,二级类 94 类,三级类 1428 类,四级类 3925 类(词群),收词 7 万多条。最近出版的《现代汉语分类词典》(2013),有一级类 9 类,二级类 62 类,三级类 508 类,四级类 2057 类,五级类 12659 类,收词 82955 条。这些词典把现代汉语的绝大部分词汇都收了进去。比如,像"噼啪"、"的嗒"等象声词,《现代汉语分类词典》就归为"拟声词"一类(二级类),放在一级类"辅助词"下面。

但是,说义类词典的基本框架是分类关系,不等于说义类词典是严格按分类关系来编排的。前面说过,分类关系是上下义关系的一种,如果严格按分类关系(也就是上下义关系),是无法把绝大部分词汇包括进去的。

比如,下面是一个很基本的分类关系:

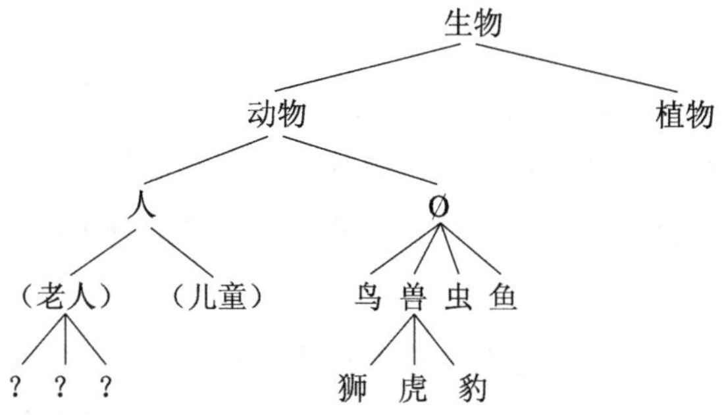

图表中的 Ø 表示词汇缺项（lexical gap），“非人的生物”在汉语中没有这个词。Ø 的下位义是“鸟”、“兽”、“虫”、“鱼”，“人”的下位义是什么？这就不像“鸟”和“兽”那么好分，因为对人的分类是多角度的，“男人”、“女人”是按性别分，“老人”、“小孩”是按年龄分，“工农商学兵”是按职业分，还有很多不同角度的分类。只有立体的图表，才能把这种种不同的分类都列在“人”的下位。在义类词典里，这些不同的分类都只能放在并列的栏目，如《现代汉语分类词典》以“生物”为一级类，“人”为二级类，“人”下面就是 A 泛称，B 性别，C 年龄，D 亲属，E 体态，F 体格，G 品性……共 11 个类。更重要的是，这些三级类的“人”，如老人、小孩，胖子、瘦子，经理、保安等，和三级类的鸟、兽、虫、鱼不同，后者是生物学上的分类，前者不是生物学上的分类。这是和严格的分类关系一个很大的不同。或许，我们可以把这些不严格的分类称为“词汇学的分类”。

同时，严格的分类关系也无法把“头”、“手”、“脚”等包括进去，更不用说“手指”和“指甲”。因为这些不是“人”的下位义，而是人体的一部分。所以，用分类关系不够，还必须用“整体部分关系”。即“人”为整体，第一层分出“头”、“躯干”、“手”、“脚”等部分，第二层再在“手（上肢）”下分出“胳膊”、“手腕”、“手（手腕以下部分）”，然后第三层再在“手(手腕以下部分)”下分“手掌”和“手指”,第四层在“手指”下再分“指头”和“指甲”。但这只是从外表看人的整体和部分,在人体内部,肌肉、骨骼、内脏等也是人的部分,表达这些部分的词也要包括到词汇系统中去。所以,“整体部分关系”也不是在一个平面上,而应该是立体的。

这种整体部分关系,在义类词典里是和分类关系并列的,如《现代汉语分类词典》在一级类“生物”下面的分类可以用列表表示如下:

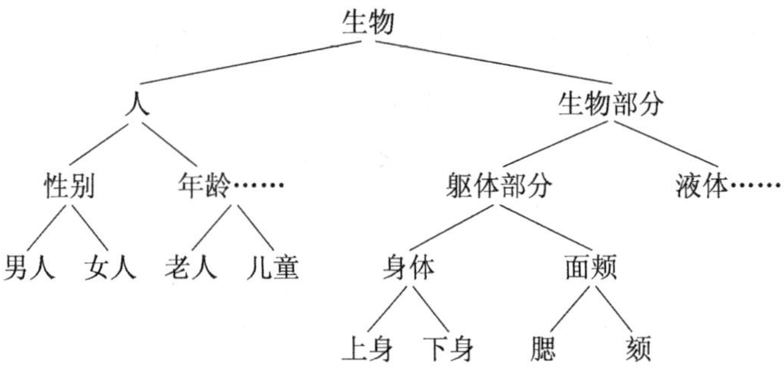

显然,“人”下面是词汇学的分类关系,“生物部分”以下是整体部分关系(也有分类关系,此处不谈)。这是两种不同的层级关系,词典把它们并列,是因为词典不可能在同一个词项“人”下同时出现一个分类的层级和一个整体部分的层级。

这样,把分类关系和整体部分关系(两者都是层级结构)加在一起就可构成一个词汇系统,把全部(或者说得谨慎一点,绝大部分)词包括进去,而且是“具有若干明确的组织层次”。但要求这个系统中“所含的成分全部处于相互影响或相互因应的一定关系状态”,仍是无法实现的,这是因为词汇是一个松散的系统。

在这样一个总的词汇系统中,我们再来看本章第二节介绍的各种子系统。有些子系统是处于总系统的同一区域的，比如，刘叔新（1990）所说的“同义组”、“反义组”、“对比组”、“挨连组”，都是总系统的分类关系的某个分支下相同或相邻层级的词之间的关系，“分割对象组”（或贾彦德所说的“部分义场”）、“级次组”，是总系统的整体部分关系的某个分支下不同层级的词之间的关系。“单向依赖组”、“互相依赖组”则是跨区域的，某一区域的一个词和另一区域的一个词的词义有关系。这些子系统的词之间才是“处于相互影响或相互因应的一定关系状态”，是词汇总系统中相互联系比较紧密的。

当然，把分类关系和整体部分关系加在一起建构词汇系统也会遇到不少问题。比如在词汇学的分类关系中，“人”和“物”是两个大的分类子系统的起点，这两个分类子系统是各自分立的。人的动作和物的运动也是两个各自分立的子系统，《现代汉语分类词典》的一级类之伍“生物活动”是人的动作，一级类之柒“运动与变化”是物的运动，两者是分开的。但有些动词，却是人和物通用的。比如“倒”，《现代汉语词典》的释义是：“（人或竖立的东西）横躺下来。”放在哪一个分类子系统里都不合适。《现代汉语分类词典》没有收“倒”的这一义项。这个问题在研究古代汉语词汇系统时会更突出，在现代汉语中，由于复音化，很多表示人的动作和表示物的动作的词语，都用不同的复音词区分开了，如人是“倒下”，墙是“倒塌”；人是“站立”，物是“竖立”。但古代汉语中很多是同一个单音词，人和物都是“倒”，都是“立”。这些人和物通用的单音词如何放入分类层级关系中，这是研究古代汉语词汇系统时应该考虑的问题。

至于义类词典有些分类和收词的不当，那是词典编纂中有待于进一步完善的问题。不过,这也反映词汇系统的具体处理会有不少困难。词汇是一个十分复杂的系统,要把每一个词都妥帖地放到词汇系统中合适的节点上,绝对不会是一件轻而易举的事情。

四　以概念场为背景研究汉语词汇系统及其历史变化

上面讨论的是有关词汇系统的共同性的问题,所以用的很多是现代汉语和英语的例子,但对汉语历史词汇的研究也适用。下面讨论怎样从词汇系统的角度来研究汉语词汇和词义的历史演变。

汉语词汇发展史应从多角度研究,如:各个历史时期汉语词汇的基本面貌,词汇与社会的联系,语言接触对词汇的影响,基本词汇的变化,常用词的演变,构词法的变化,词义和词义结构的变化等,这些都需要做专题研究,通过研究弄清汉语词汇发展演变的脉络,探究发展演变的趋势,总结发展演变的规律。这里只谈一个问题:以概念场为背景,考察汉语词汇系统在不同历史时期的变化。

4.1　早在1931年,德国语言学家J. Trier就说过:一个时代的一个词汇场(lexical field)之所以能和另一个时代的词汇场进行比较,是因为它们覆盖着同一个概念场(conceptual field)。(转引自J. Lyons, *Semantics*, Cambridge University Press, 1981, P. 253)

为什么要以概念场为背景呢?因为,汉语发展的不同时期词汇系统的面貌是不同的,成员不同,分布不同,从而结构也有所不同。怎样把两个或几个不同历史时期的词汇系统加以比较呢?打一个比方,两块花样不同的地毯,怎样比较?最好的办法是把它们铺在同一块有地板砖的地面上,以地板砖的格子为坐标,就能很清楚地显示两块地毯的不同。要比较不同时期的汉语词汇词义系统，最好把它们覆盖在同一概念场上。

这里有一个问题：在本书第三章说过：各种语言的概念化是不完全相同的，对于不同民族和不同时期的同一民族来说，同一个概念场，概念的成员和分布就有可能不同。既然如此，概念场是否可以用作比较词汇词义系统的坐标？

首先要说明的是：作为比较背景的，不会是总的概念场，总的概念场太大，难以把握，用作比较背景的只是某个子概念场。尽管子概念场中的概念及其分布有所不同，其中一些次要的概念域也可能有所差别，但各个主要的概念域是相同的，其中的概念要素也是相同的。所以总的说来，可以以概念场为坐标，来比较不同的词汇场。从下面的举例可以看到，像“运动”概念场，“人体运动”概念场，“人体”概念场，这些场上的概念和概念要素，古今都是相同的，所以，用它们作为背景来考察汉语某一部分词汇的历史演变，是可行的。（下面说“××概念场”，都是指子概念场，既然已经有了“××”修饰，“子”字就省说了。）

子概念场也是一个层级结构，包括上下位层级结构（如“运动”概念场、“人体运动”概念场）和总分层级结构（如“人体”概念场）两种。从顶层以下的各层，可以是概念，也可以是概念域，如“人体”概念场中的“头”、“手”是概念，“人体运动”概念场中的“进退”、“起仆”是概念域。

两种概念场的层级划分都是多角度的。如对马的分类，可以从公母分（骘，騇），从性能分（骥，驽），从毛色分（骊，骠），从年龄分（驹，馲）。又如 393 页图 2“人体运动”主要是从运动的方向分类，还可以从运动速度分类（步：行：趋：走：奔）。394 页图 3“人体”是从人的外形组成部分分,还可以从人体组成成分分(皮:肉:骨……)。

以概念场为背景研究汉语词汇的历史演变,有时要制作一些图表,图表以概念场为背景,把不同时期的词汇放在上面,显示其在概念场背景上的分布。图表的设计要根据具体情况而有所不同。有的不同时期词汇的语义结构和在词汇场上的分布没有很大差别,图表就只要把概念场上不同层级的概念和概念域用□画出来,如下页图1、图2那样,然后以此为框架,填上不同时期的词,再加以比较,就可以看出不同时期词汇的演变。有的图表设计要和概念要素的分析结合起来,如附录"打击"义动词的三个图表。打击概念场及其概念要素古今中外没有变化,但在古代汉语、现代汉语、英语中,概念要素交汇成词的方式不一样,如古代汉语的词,大多是打击和对象、工具、方式、速度、力度、结果维度分别交汇而成,而现代汉语的词,有很多是打击和工具、方式、速度、力度等维度集结交汇而成。所以其图表的设计形式就要不同,使得这些不同的词能在这同一概念场的背景上得到不同的呈现。拿这三个图表做比较,就能看出它们词汇结构的不同和在概念场背景上分布的不同。能不能做恰当的图表设计,取决于对某个时期处于这个概念场背景上的词做全面的调查和分析。

4.2　下面举几个例子说明。

下页图1是"运动"概念场的示意图,图2是"人体运动"概念场的示意图,394页图3是"人体"概念场示意图。三个图中加□的是概念或概念域。图1和图2都在下层的几个概念域下标明了表达一些概念的古代汉语的词(用[　])和现代汉语的词(不用[　])。图3没有标表达概念的词。394页图4"饮食"概念场是根据动作、主体、对象等维度而制作的图表，有上古、中古、近代三个表，可以看出饮食概念场中不同时期的词汇面貌。

图 1　“运动”概念场(分类结构)

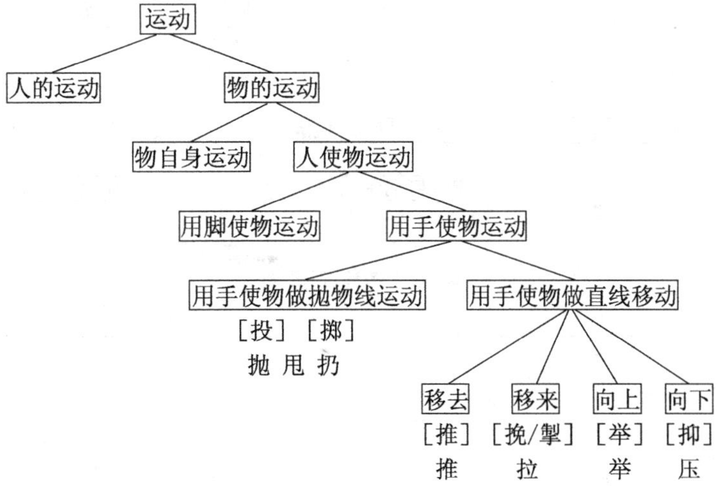

图 2　“人体运动”概念场(分类结构)

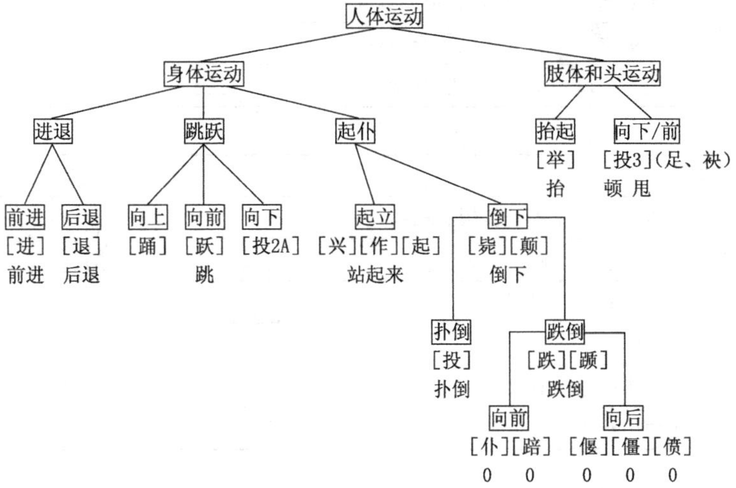

图 3 “人体”概念场(总分结构)

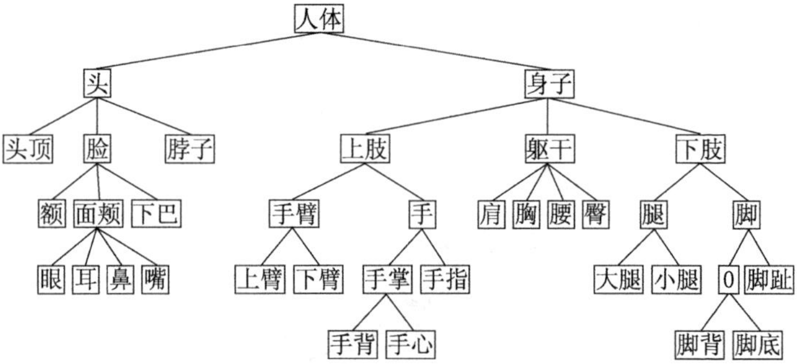

图 4 “饮食”概念场

上古

<table>
<tr><td>主体</td><td colspan="2">人</td><td colspan="3">鱼、鸟</td></tr>
<tr><td rowspan="3">对象</td><td>饭</td><td>食、饭、餐、啖</td><td rowspan="3">对象</td><td rowspan="3">虫粮</td><td rowspan="3">唼(啑)</td></tr>
<tr><td>粥、羹</td><td>歠(啜)</td></tr>
<tr><td>水、酒</td><td>饮、歃</td></tr>
<tr><td rowspan="4">方式</td><td>少吃</td><td>尝</td><td colspan="3" rowspan="4">0</td></tr>
<tr><td>不咀嚼</td><td>吞、嚃(《礼记》:毋嚃羹)</td></tr>
<tr><td>一口吃下</td><td>嘬(《礼记》:毋嘬炙)</td></tr>
<tr><td>使……吃</td><td>哺(餔)、啖、食、餧(《礼记》:餧兽之药)</td></tr>
</table>

中古

<table>
<tr><td>主体</td><td colspan="2">人</td><td colspan="3">鱼、鸟</td></tr>
<tr><td rowspan="3">对象</td><td>饭</td><td>喫、食、饭、餐、啖</td><td rowspan="3">对象</td><td rowspan="3">虫粮</td><td rowspan="3">喫</td></tr>
<tr><td>粥、羹</td><td>喫</td></tr>
<tr><td>水、酒</td><td>喫、饮</td></tr>
<tr><td rowspan="3">方式</td><td>少吃</td><td>尝</td><td colspan="3" rowspan="3">0</td></tr>
<tr><td>不咀嚼</td><td>吞</td></tr>
<tr><td>使……吃</td><td>哺(餔)、餵</td></tr>
</table>

近代

<table>
<tr><td>主体</td><td colspan="2">人</td><td colspan="3">鱼、鸟</td></tr>
<tr><td rowspan="3">对象</td><td>饭</td><td>喫</td><td rowspan="3">对象</td><td rowspan="3">虫粮</td><td rowspan="3">喫</td></tr>
<tr><td>粥</td><td>喫</td></tr>
<tr><td>水、酒</td><td>喝</td></tr>
<tr><td rowspan="4">方式</td><td>少吃</td><td>尝</td><td colspan="3" rowspan="4">0</td></tr>
<tr><td>不咀嚼</td><td>吞</td></tr>
<tr><td>无节制</td><td>噇(饭、酒)</td></tr>
<tr><td>使……吃</td><td>餵</td></tr>
</table>

通过这些图表,可以比较直观地看到不同历史时期在同一概念场中的词汇的变化。

但仅仅这样还不够,还要做进一步的分析。可以注意三个方面:

(一)在不同历史时期,在同一概念场中,概念有什么变化?即:哪些事物/动作/形状归为一类,成为一个义元?(第一次分类)

如图4,表饮食的动作,上古根据对象的不同[饭、粥/羹、水/酒]分为三类,是三个概念。中古合成一类,是一个概念。(中古用“食”、“饮”是存古。)近代分为两类,是两个概念。同一个概念可以用不同的词表达:对象同是“饭”,上古用“食”,后来用“吃”;对象同是“水”,上古用“饮”,近现代用“喝”。

图2:“投2A(河、地)”、“投3(袂、足、角)”先秦是一类,后代分成不同的类。“仆”、“偃”的概念古代有,近现代无。近现代的“跳”,不包括先秦“投2A”的全部(“投地”不能说“跳地”),和“跃”的使用范围有交叉。古代跌倒概念域下有向前和向后两个下位的概念域,各有“仆/踣”两个成员和“偃/僵/偾”三个成员,现代

跌倒概念域下不再分。

(二)在不同历史时期,这些概念用什么词表达?是一个词,还是几个词,还是词汇缺项?如果是几个词,相互是什么关系?如果发生了历史替换,那么,原先的词和后来的词是否完全相同?

图1:用手使物做抛物线运动 概念域中,古代有“投”、“掷”两个词,现代有“抛”、“甩”、“扔”三个词。“抛”的义域(semantic scope)比“投/掷”宽:“投”、“掷”的方向主要向下或向远处,“抛”还可以向上。“甩”和“投/掷”的方式有所不同。移来概念域中,古代有“挽”、“掔”两个词,方式有所不同;现代“拉”兼表了“挽/掔”的意义。图2:起立概念域中,古代有“兴/作/起”三个成员,意义有别;现代都用“站起来”,无法显示其差别。

图3:“头顶”这个概念,古代用“颠”或“顶”表达,现代用词组“头顶”。“脖子”这个概念,古代用“颈/项/领”表达,三者交叉;现代用“脖子”。“上肢”、“下肢”这两个概念,古代分别用“手”、“足”表达,但“手”、“足”同时又表示“手”、“脚”这两个概念。“上臂”这个概念古代用“肱”表达,现代词汇缺项;“下臂”这个概念古代和现代都词汇缺项。

(三)多义词的各个义位,一般都分布在不同子概念场中。这些义位结合成词的关系有何不同(第二次分类)?在不同历史时期,其结合成词的关系有何变化?

如:“投”上古兼有“投掷”义和“赠送”义,到中古又兼有“到达(某时)”义。“掷”在六朝和唐代都有“投掷”和“舍弃”两个意义,在其他时期只有“投掷”一个意义。“投”有的时代有“赠送”的意义,有的时代没有;“送”始终有“赠送”和“(迎)送”两个意义。这些词都跨不同的概念场。(见409页图7)

或者反过来说，在不同历史时期（或不同语言中），一些基本意义相同的词，其引申或比喻意义处在哪些不同的概念场中，有什么不同的意义？

如：表示五味的词，在古代汉语、现代汉语、韩语、英语和其他语言中，引申或比喻意义各不相同，有的处在不同的概念场中。（见第八章）

五　概念要素分析法

“概念要素分析法”是对词的语义构成进行分析的一种方法。这种分析法还不成熟，还存在不少问题。用这种方法来分析词义，还只是一种尝试。本节对“概念要素分析法”做一简单介绍，并举出一个应用的实例。

5.1　义素分析法

在讨论“概念要素分析法”前，先要说到“义素分析法”（componential analysis）。这在20世纪后半叶的词汇、词义研究中是比较盛行的，我的《古汉语词汇纲要》和一些论文也用了这种方法。

“义素”（semantic components）是根据某种语言中处于同一语义场中的词汇的比较而得出的。最简单也最典型的例子是把英语的“boy”、“girl”、“men”、“women”加以比较而得出三个义素：[human]/[±male]/[±adult]：

man	woman	+adult
boy	girl	−adult
+male	−male	

这对某种语言的词义分析有些用处。但如果要做跨语言的比

较和研究,"义素"就显得无能为力。因为,不同的语言,义素可能不同。如:各种语言都有亲属称谓词,但情况是很不相同的。英语不区分长幼,所以汉语中的"哥哥"和"弟弟"、"伯伯"和"叔叔"在英语中不分;父系和母系也不大分,所以汉语的"侄儿"和"外甥"在英语中不分。而分析汉语的亲属称谓就必须有[±长]之类的义素,如:

兄	姐	+长
弟	妹	−长
+男	−男	

有些民族的亲属称谓更加复杂。如:美洲印第安 Iroquois 部落 Seneca 语中,有些称谓不但和对象的辈分、性别有关,而且和说话者的性别有关。

he:awak:男性称自己的儿子和兄弟的儿子。(儿子和侄儿同一称呼)

女性称自己的儿子和姐妹的儿子。(儿子和外甥同一称呼)

heyē:wōtē? 男性称自己姐妹的儿子。(外甥)

hehsō?neh:女性称自己兄弟的儿子。(侄儿)

(见 Leech, Geoffrey 1981, P.237—238)

要对这些亲属称谓词进行分析,凭借英语中分析得出的义素就更是不够了。所以,要做跨语言的词汇、词义的分析比较,需要采用另一种方法。我们不妨试用"概念要素分析法"。

5.2 概念要素分析法

本书第三章介绍了 L. Talmy 的"词化"理论。L. Talmy 从位移事件(Motion event)分解出六个语义要素(semantic elements):MOTION(运动),FIGURE(动体),GROUND(背景),PATH(路径),MANNER(方式),CAUSE(致使)。这些语义要素不是通过对同一语义场的几个词的比较得出的,而是分析运动事件得出的:任何一个运动事件,都必须有这些语义要素,所以这些语言要素是跨语言的。我们这里所说的"概念要素",是从 L. Talmy 的"语义要素"(semantic elements)得到启发,两者的性质基本相同。"概念要素"是通过分析某一子概念场而得出的。比如,"打击"概念场中可以有很多概念,表示不同的打击动作。但无论什么打击动作,都有对象(人或物),都有工具(手、脚等也是工具),都有方式(如拍打,连击),都有一定的速度(快或慢),都有一定的力度(重或轻),都有结果(打碎,打飞)。这些"对象"、"工具"、"方式"、"速度"、"力度"、"结果",类似于 L. Talmy 所说的运动事件的"语义要素",我们称之为"打击"概念场的六个维度。但是,我们的"概念要素"和 L. Talmy 的"语义要素"有所不同。L. Talmy 分析语义要素的目的是为了建构不同语言的"词化模式",如英语的运动动词"float"、"roll"、"slip"等都是"MOTION+ MANNER"这个词化模式,而西班牙语的"entró"、"salir"、"irse"等都是"MOTION + PATH"这个词化模式。但仅用"MOTION"和"MANNER"却不能把"float"、"roll"、"slip"等区别开。我们的目标是要分析不同概念的不同构成,所以,只用这些维度不够,我们还要往下分析。我们看到,每一维度都包含若干或多或少的节点,如"力度"方面有"轻/重"两个节点。而"工具"方面就包含相当多的节点,如"鞭/棍/刀/斧……"等等。在"打击"概念场中,这几个维度的节点以不同的方式交汇在一起,形成一个一个不同的交汇点,这个概念场中的不同概念就处在这个多维网络的不同交汇点上。如:用斧子猛烈打击对象使之断裂,这就是“劈”;用鞭子猛烈打击人或牲畜使之疼痛,这就是“抽”。而那些交汇在一起的若干维度上的节点,就是构成某个概念的概念要素。(可参见下页用概念要素对“夯”和“tamp”等的具体分析。)

应该看到,概念要素分析法还是一种不成熟的方法。概念要素如何确定,有没有一套可行的、客观的操作方法?这是一个尚未解决的难题。概念要素分析法能适用于哪些子概念场?这个问题也不好回答。比如动植物种类繁多,草木鸟兽虫鱼等要用概念要素分析法说明各自的特性及彼此间的区别,看来相当困难(“义素分析法”对此也无能为力)。但我们看到,L. Talmy 为位移事件确定了六个语义要素,用以分析比较多种语言中与位移有关的词和词义,取得了公认的成效。尽管有学者认为这六个语义要素之外还应该增加一些,但这种用语义要素来分析词和词义的方法,并没有人加以否定。所以,我们不妨试着先把“概念要素分析法”用于一些适合的概念场(如“打击”概念场,和下面举例说到的“运动”概念场、“投掷”概念场),并在研究的过程中使这种方法逐步完善。任何一种语言研究方法都是在语言研究的实践过程中逐步完善起来的。

这里有一个问题:L. Talmy 说的是“semantic element”(语义要素),用来分析各种语言中的“lexicalization pattern”(词化模式)。而这里所说的是“概念要素”,分析的是概念的结构。那么,要把“概念要素分析法”用于汉语历史词汇研究,是否有距离?我认为,语义和概念当然不是一回事,但两者也不是截然分开的。L. Talmy 曾说过:语义是通过语言形式表达出来的概念。(转引自史文磊《汉语运动事件词化类型的历时考察》,P. 73)所以,说到语义,就会牵涉到概念;说到概念,也会牵涉到语义。“语义要素”和“概念要素”,只是侧重点不同而已。L. Talmy 分析的是“lexicalization pattern”(词化模式),侧重于语义。本书说的是以概念场为背景研究汉语词汇系统及其历史变化,所以侧重于概念。如果把各个历史时期的词汇放到概念场上,一些词覆盖了一些概念,那么,这些词就是这些概念的语言表达形式,这些概念的结构,也就是这些词的语义结构,或者说,这些词的语义结构就是这些概念结构的映射(mapping)。所以,从词汇研究的角度,用概念要素分析法来分析词的语义结构(词义结构),是可以的。

下面举例说明用概念要素分析法来比较汉语和英语中大致对应的词的词义。([　]中的是构成这个词的概念要素。在[　]中,处于 :号左边的是维度,处于 :号右边的是节点。比如:“方式”是维度,“连续向下”是节点。几个节点的交汇就是某个词的词义。)

【夯】和【tamp】

汉语“夯”的词义结构:

[动作:打击]+[对象:物]+[工具:重物]+[方式:连续向下]+[力度:重]+[目的:使结实]

“夯”的词义是:用重物+重重地+连续向下+打击+某物+使之结实。

英语的 “tamp”和现代汉语的“夯”大体相当,但使用的工具通常不是重物。

tamp 的词义结构:

[动作:打击]+[对象:物]+[工具:非重物]+[方式:连续向下]+[力度:重/轻]+[目的:使结实]

Tamp 的词义是“to pack down tightly by a succession of blows or taps”。

【痕】和【bruise】

《说文》:“痕,殴伤也。”朱骏声《说文通训定声》:“凡殴使皮肤起青黑而无创瘢者为痕,有创瘢者为痏。”

其词义结构是:

[动作:打击]+[对象:人]+[工具:拳/棒]+[方式:连续/单击]+[力度:强]+[结果:皮肤青肿但没有破](强调动作)

英语的“bruise”和古代汉语的“痕”大体相当,其意思是“to injure by blow that discolors skin without breaking it or any bone”。

其词义结构是:

[结果:皮肤青肿但没有破]+[动作:打击]+[对象:人]+[工具:拳/棒]+[方式:连续/单击]+[力度:强]。(强调结果。所以,可以说:“she bruised her knee”。)

六 词义系统的分析

词汇是个系统,词义也是个系统。很多词在历史演变中形成了多种意义,这些意义不是零散的、互不相关的,而是互相联系的,构成一个系统。厘清一些重要的词的词义系统,有助于对词汇系统的把握。

采用“概念要素分析法”可以分析词义,也可以分析词义系统。下面,我们以“投”这个词为例,对它的词义和词义系统做一分析。

6.1 “投”这个词,在古书中有多种用法,下面举一些常见的例句,有注释的在句子后面附上。

(1)《诗经·大雅·抑》:“投我以桃,报之以李。”郑笺:“犹掷也。”

(2)《吕氏春秋·离俗》:“而自投于苍领之渊。”高诱注:“犹沉也。”

(3)《左传·昭公三年》:“王闻群公子之死也,自投于车下。”

(4)《汉书·外戚传》:“从床上自投地,啼泣不肯食。”

(5)《左传·宣公十四年》:“楚子闻之,投袂而起。”杜预注:“振也。”

(6)《文选·江淹〈杂体诗〉》:“投袂既愤懑。”刘良注:“投袂,犹奋袂也。”

(7)《吕氏春秋·古乐》:“昔葛天氏之乐,三人操牛尾投足以歌八阕。”高诱注:“投足,犹蹀足。”

(8)《老子》:“兕无所投其角,虎无所措其爪。”

(9)《诗经·小雅·巷伯》:“取彼谮人,投畀豺虎;豺虎不食,投畀有北;有北不受,投畀有昊。”毛传:“弃也。”

(10)李白《赠易秀才》诗:“少年解长剑,投赠即分离。”

(11)《史记·淮阴侯列传》:“足下右投则汉王胜,左投则项王胜。”

(12)《汉书·东方朔传》:“投宿诸宫。”

(13)《汉书·游侠传》:“投暮,入其里宅,因自匿不见人。”

应该怎样了解和分析“投”的词义呢?

《汉语大词典》为“投”立了19个义项,各个义项大致都用同义词来释义。现将《词典》抄录如下(例句有删节):

①掷;扔。《左传·成公二年》:“齐高固入晋师,桀石以投人。”②向下跳。《汉书·扬雄传》:“乃从阁上自投下。”③掷

入,投进去。韩愈《鳄鱼文》:“以羊一猪一,投恶溪之潭水。”④仆倒;跌落。《左传·昭公十三年》:“王闻群公子之死也,自投于车下。”⑤投射。巴金《家》二三:“他向克明这面投了一瞥憎恨的眼光。”⑥置放;弃置。《孙子·九地》:“投之亡地然后存,陷之死地然后生。”韩愈《平淮西碑》:“蔡之卒夫,投甲呼舞。”⑦迁置;贬徙。《礼记·乐记》:“下车而封夏后氏之后于杞,投殷之后于宋。”郑玄注:“举徙之辞也。”《建炎以来系年要录·建炎元年七月》:“今绍已投岭外。”⑧投靠,投奔。《世说新语·赏誉下》:“卫玠避乱,从洛投敦。”⑨投宿。杜甫《石壕吏》诗:“暮投石壕村,有吏夜捉人。”⑩投赠。《诗·卫风·木瓜》:“投我以木瓜,报之以琼琚。”⑪呈交;寄。《唐语林·补遗三》:“有举子投卷。”⑫合;投合。《楚辞·大招》:“二八接舞,投诗赋只。”王逸注:“投,合也。”⑬犹靠近。王安石《送程公辟守洪州》诗:“九江右投贡与章,扬澜吹漂浩无旁。”⑭挥。参见“投袂”。⑮用。《老子》:“兕无所投其角,虎无所措其爪。”《盐铁论·世务》引此,投,作“用”。⑯投壶。《礼记·少仪》:“侍投则拥矢。”参见“投壶”。⑰骰子。《古文苑·班固〈弈旨〉》:“夫博悬于投,不专在行。”⑱介词。(1)犹到,待。《后汉书·独行传·范式》:“投其葬日,驰往赴之。”(2)犹向。《史记·淮阴侯列传》:“足下右投则汉王胜,左投则项王胜。”⑲姓。

6.2　一般词典的释义,主要是用同义词释义。这种方法有其优点:简明,清楚,读者容易理解。词典主要是供读者查检,服务于这一目的,像上面这样排列义项和释义,是很适合的。但如果要对“投”的词义和词义系统做准确的说明和研究,则上述的义项设立和释义还有欠缺。我们不妨换一种方法,用“概念要素分析法”来分析和考察"投"的词义。

这是一件十分细致的工作。蒋绍愚《汉语词义和词汇系统的历史演变初探——以"投"为例》(2006)一文对此有较详细的分析，有兴趣的读者可以参看，在这里只能说一说大致的步骤和简单的结论。

步骤：

(一)对"投"在古代文献中出现的纷繁的意义加以归纳，概括为若干个意义。这就是下表中的十项：①投掷。②扔掉。③放逐。④放置。⑤致送。⑥身体向下运动。⑦投奔、投靠。⑧投宿。⑨到(某时)。⑩肢体或头快速运动。(为了简便，这些意义大部分先用同义词解释，然后再用概念要素分析法确定其准确的意义。)

(二)确定什么是"投"的基本意义，并根据其他义位和基本义关系的远近，把"投"的十个意义大致排列一下，放在各自相关的概念域中，并分析这些概念域中有哪些维度，进而根据这些维度分析"投"各个义项的概念要素。

根据我的考察，"投"的基本意义是"用手使物做抛物线运动"，处在"用手使物运动"这个大的概念域中。这个概念域有如下几个维度：核心要素(K)，运动的主体(F)，运动的驱动者(C)，运动的途径(P)，运动的方式(M)，运动的起点(S)，运动的终点(T)，运动的目的(A)。"投"的其他义项都是其基本义的引申义或隐喻义，这些义项所处的概念域和"用手使物运动"的概念域有或近或远的联系，所以，上述几个维度也大致适用。这样，就可以根据这些维度及其节点确定各个义项的概念要素，各个概念要素的汇总，就是这个义项比较准确的意义。

如①[投 1A]的概念要素是：

[K:运动]+[C:人]+[F:物]+[P:空中,距离较长]+[M:快速,抛物线]+[S:手]+[T:他人/处所]

①[投 1A]的词义是:人使物在空中长距离地做快速的抛物线运动,从人的手中到达他人或别的处所。

其他意义也可以照样做。

(三)根据概念要素分析法确定的意义,再回过头来分析、考察"投"的各个意义之间的联系,把它们分成几个词,词下再分义项。这样就可以看出"投"的词义系统。

上面说的"投"的十项意义:

①是基本意义。

②的各语义要素和①很相近,只是多了一个概念要素:[A:舍弃]。

③是②的隐喻,以舍弃物比喻放逐人。

④也是人使物移动,只是并非远距离、快速移动,而是把物放置某处。

⑤也是把物送至他人处,和④的概念要素很近,只是多了一个要素[A:赠与]。

所以这五项意义联系较紧,可以合并成一个词,写作[投 1],分为五个义项。

⑥是人使自身运动到达某处。

⑦是⑥的隐喻,以处所的改变比喻人际关系的改变(投靠)。

⑧是人使自身从地面位移到他处而停止(投宿)。

⑨是空间运动投射为时间运动(到某时)。

这四个义项联系较紧,可以合并为一个词,写作[投 2]。

⑩和前面的都不同,是人(动物)使自己的肢体运动,所以另作

一个词,写作[投 3]。

6.4　现在,先把一个总表列在下面,然后再做一些简要的说明。

图 5　"投"的各个义位总表

	义位	意 义	概念域	K	C	F	P	M	S	T	A
1	[投 1] A	投掷	用手使物运动	运动	人	物	空中,距离较长	快速,抛物线	手	他人/他处	—
2	[投 1] B	扔掉	用手使物运动/所有关系改变	运动	人	物	空中,距离较短	快速直线	手	地上	舍弃
3	[投 1] C	放逐	对人的惩处	位移	君主	臣民	—	—	朝廷	边裔	抛弃
4	[投 1] D	放置	用手使物移到某处	位移	人	物	—	—	自身处	他处	—
5	[投 1] E	致送	所有关系改变	关系改变	人	物	—	—	自身	他人	赠与
6	[投 2] A	身体向下运动	人体运动	运动	人	自身	空中	快速	原处	他处	—
7	[投 2] B	投奔投靠	人际关系改变	关系改变	人	自身	—	—	原来的依附者	新的依附者	—
8	[投 2] C	投宿	行旅	位移后停留	人	自身	地面	—	原处	他处	留宿
9	[投 2] D	到(某时)	动态的时间关系	时间推移	—	时间	时段	—	原来的时点	新的时点	—
10	[投 3]	肢体或头快速运动	人体运动	运动	人/动物	肢体或头	空中,距离较短	快速直线	原处	下方/前方	—

经过这样的分析和整理,各个义项的词义都可以用概念要素加以清晰、准确的描写,各个意义之间的联系也看得很清楚,可以据此看到词义演变的脉络。这是用概念要素分析法分析词义和词义系统的长处。

6.5 研究词义系统,对词典编纂有重要意义。如果词典中一个词的义项只是杂乱地任意罗列,那么,读者查检时就会感到目乱心烦,不得要领。只有厘清了各个词的词义系统,按照词义系统来排列义项,这样才能井然有序。尤其是历史大词典的编纂,如果词的义项不做合理的归纳,义项的排列杂乱无序,就根本无法对这个词历史演变的年代做出清楚的说明。现在的词典编纂有一个有利条件:可以充分利用各种语料库,查找大量的书证,在此基础上,对词的意义可以有更全面的了解。但是,义项的合理归纳和义项的有序排列,不能靠电脑来做,而是必须靠人脑的。只有编纂者用科学的方法厘清了词义系统,把这个词义系统作为纲,纲举目张,把各个义项有序地排列出来,然后再对各个义项产生的时代做出准确的考察,这样,一部名副其实的汉语历史词典才能编纂出来。

概念要素分析法的另一个长处是:如果有些义项的意义不能用同义词来解释,仍然可以通过概念要素的分析,做出比较清楚的说明。

比如:在《汉语大词典》中,有两个义项:②向下跳。《汉书·扬雄传》:"乃从阁上自投下。"④仆倒;跌落。《左传·昭公十三年》:"王闻群公子之死也,自投于车下。"其实这两个义项都是表中的⑥[投 2A]身体向下运动。

在《汉语大词典》中另有两个义项:⑭挥。参见"投袂"。⑮用。《老子》:"兕无所投其角,虎无所措其爪。"《盐铁论·世务》引此,投,作"用"。这也是不准确的。"投袂"就是"甩袖子","投角"就是"用角顶"。不过这是随文解释。其实这两个义项就是表中的⑩,其概括的意义是"肢体或头快速运动"。

表中这些义项的解释都是根据概念要素分析法得出的。在词典编写中，虽然义项的解释仍应以同义词解释为主，但在无法用同义词解释时，也可以用这样的解释法来解决问题。

6.6　在理清了"投"的词义系统的基础上，还可以制作一些有关的图表，显示一些相关的概念场和相关的词的历史演变。

图 6　"用手使物做抛物线运动"概念场的词汇

（加*表示是最常用的，加-表示少见）

先秦	投 1A*	擿-				
《史记》	投 1A*	擿-				
《论衡》	投 1A	0				
《世说新语》	投 1A	掷 1*				
佛典	投 1A	掷 1*	抛 1			
敦煌变文	投 1A-	掷 1	抛 1*			
《朱子语类》	投 1A	掷 1*	0			
元刊杂剧	0	0	抛 1*	摔		
《西游记》	0	掷 1	抛 1*	摔-	丢 1-	
《红楼梦》	0	掷 1*	抛 1	摔	丢 1-	扔 1-

图 7　与"投掷"相关的概念场

（只举各时期最主要的词，加-表示少见）

	投掷概念场	赠送概念场	到达某个时点概念场
上古	投＝擿	赠＝遗＝送＝投	至＝到
中古	投＝掷＝抛	赠＝遗＝送＝投-	至＝到＝投
近现代	抛＝掷＝投	赠＝送	至＝到＝投至/投到-

七　词义的演变与概念场分布的变化

上面谈了某个子概念场(如"人体运动"概念场,"饮食"概念场)中词的分布的历史演变,也谈了某个词的词义和词义系统的分析以及词义的历史演变。这两个方面是有关系的。我在《古汉语词汇纲要》中介绍了德国语言学家特里尔(J. Trier)举的一个例子:在13世纪初高地德语中,"知识"概念场是由Wisheit, Kunst, List三个词覆盖的。一百年后覆盖在这个概念场上的词变成了Wisheit, Kunst和Wizzen三个词。但这不仅仅是词的替换和词义的变化,而且关系到它们在概念场中的分布。(P.19—20)如下图:

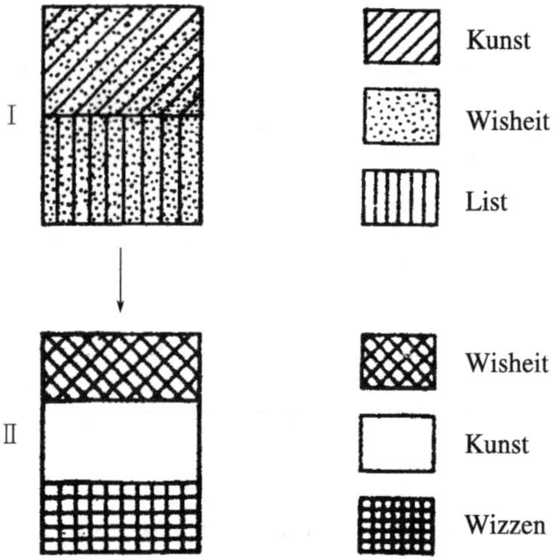

我们在考察汉语词汇的历史演变时,也要把词义的演变和概念场中词汇分布的变化结合起来。下面举两个例子。

7.1　视、看、瞧和读、看、念、诵

"看"最早见于《韩非子·外储说左下》:"梁车新为邺令,其姊往看之。"是"看望"之义。后来,"看"的词义逐渐发展,到现代汉语中，“看(kàn)”具有多种意义：①看视(看花)，②观察与判断(据我看)，③取决于(要看情况)，④看望(看朋友)，⑤对待(看待)，⑥诊治(看病)，⑦照料(照看)等。这些意义分别处于不同的概念场，每当“看”的一个新的意义出现，都可能引起某一概念场分布的变化。下面仅举其中一个意义为例。

“看”到汉代以后演变为“看视”义，处于观看概念场。如：

王延寿《鲁灵光殿赋》：“仰看天庭，飞陛揭孽，缘云上征，中坐垂景。俯视流星，千门相似，万户如一。”

又演变为“阅读”义，从而进入阅读概念场。

《世说新语·文学》：“北人看书，如显处视月；南人学问，如牖中窥日。”

“看”的这两个意义牵涉到两个概念场，把这两个概念场联系起来，其中词汇的变化是：

	观看概念场	阅读概念场	
		不出声	出声
上古	视	读	诵
中古	视＝看	读＝看＝念	诵＝念
近现代	视＝看＝瞧	读＝看＝念	念＝读

这就说明：随着“看”的词义的变化，相关概念场的分布也发生了变化。

7.2　寐、寝、卧、(瞑)眠、睡

这是一个小的词汇系统。汪维辉《东汉—隋常用词演变研究》(2000)(P. 139—156)对这些词的演变做过研究。本文在此基础上进一步做一些调查和分析，并把它们放到有关的概念场中。

下面是对这几个词在(1)先秦、(2)西汉、(3)东汉、(4)魏晋南北朝四个时期的调查。

(一)先秦十种文献的调查

【寐】“睡着”义 21 例。

《左传·昭公十二年》:“王揖而入。馈不食,寝不寐。”

【寝】

1.“睡觉”义 34 例。

《论语·公冶长》:“宰予昼寝。”

2.“睡着”义仅 1 例。

《韩非子·二柄》:“昔者韩昭侯醉而寝,典冠者见君之寒也,故加衣于君之上,觉寝而说,问左右曰:‘谁加衣者?’左右对曰:‘典冠。’”

3.“躺”义 9 例。

《吕氏春秋·古乐》:“乃令鱓先为乐倡,鱓乃偃寝,以其尾鼓其腹,其音英英。”(鱓:即鼍。)

【卧】

1.“睡觉”义 12 例。

《韩非子·外储说右上》:“昭侯闻堂溪公之言,自此之后,欲发天下之大事,未尝不独寝,恐梦言而使人知其谋也。……一曰……堂溪公每见而出,昭侯必独卧,惟恐梦言泄于妻妾。”(一处用“独寝”,一处用“独卧”,反映战国末期“卧”=“寝”。)

2.“睡着”义先秦可以确定的仅《墨子》1 例。

《墨子·经说上》:“卧,知无知也。……梦,卧而以为然也。”

《荀子》例疑似“睡着”义。

《荀子·解蔽》:“孟子恶败而出妻,可谓能自强矣,未及思也;有子恶卧而焠掌,可谓能自忍矣,未及好也。"注:"恶其寝卧而焠其掌。"

另有"睡卧"(打瞌睡)2 例。

3."躺"义 4 例。

《吕氏春秋·报更》:"昔赵宣孟将上之绛,见骫桑之下,有饿人卧不能起者。"

【瞑】本义为闭眼。

《左传·文公元年》:"丁未,王缢。谥之曰灵,不瞑。曰成,乃瞑。"

引申为睡觉。仅《庄子》2 例。

《庄子·知北游》:"神农隐几阖户昼瞑。"

【眠】睡觉。先秦仅 1 例。

屈原《悲回风》:"涕泣交而凄凄兮,思不眠以至曙。"

【睡】先秦义为"打瞌睡"。7 例。

其中"睡寐"1 例,"睡卧"2 例:

《庄子·知北游》:"言未卒,啮缺睡寐。"〔此例可理解为"睡"即"寐"。但也可理解为"睡而寐"(打瞌睡并睡着了)。〕

《韩非子·外储说左上》:"魏昭王欲与官事,谓孟尝君曰:'寡人欲与官事。'君曰:'王欲与官事,则何不试习读法?'昭王读法十余简而睡卧矣。王曰:'寡人不能读此法。'夫不躬亲其势柄,而欲为人臣所宜为者也,睡不亦宜乎。"〔此例"睡卧"即下文之"睡",即打瞌睡。〕

(二)西汉:《史记》的调查

【寐】共 7 例,均为"睡着"义。6 例为仿古用法,非仿古仅 1 例。《淮南子》5 例。

【寝】动词 5 例,均为“睡觉”义。

【卧】动词 35 例,“睡觉”义 24 例,“躺”义 11 例。

【眠】无。

【睡】仅 1 例,为“打瞌睡”义。

(三)东汉:《论衡》(附佛经)的调查

【寐】无。

【寝】睡觉:“昼寝”9 例,其他 4 例。躺:“寝石”8 例,其他 11 例。

【卧】共 43 例,“睡觉”义 25 例,“睡着”义 10 例,“躺”义 8 例。

一个最大的变化是“卧”除了表示“睡觉”外,还可以表示“睡着”。《释名·释姿容》:“卧,化也,精气变化不与觉时同也。”很清楚地反映了东汉时人们对“卧”的新义的认识。

【眠】无。

【睡卧】睡着。1 例。《偶会》:“(赵武)命时当生,睡卧遭出也。”

在东汉佛经中可以见到“睡”表示“睡觉”的意思。

《道地经》:“多欲多恚多痴多因缘多食,舍行贪身欲睡眠,忘意疑过。”

《修行本起经》:“大雄常自觉,觉诸不觉者。历劫无睡卧,岂当眠寐乎?”

《道行般若经》:“所语柔软,微妙至密,少睡卧行步出入。”

(四)魏晋南北朝:《搜神记》①

① 今按:今本《搜神记》中各条,有真有伪。汪绍楹作《搜神记》校注,于各条下注明此条是否有书引作《搜神记》。本书所引《搜神记》例句中,卷四例、卷二十例,及卷十九“被石酒气”“只此一杯”“酒之美矣”三例,汪注皆云“本条未见各书引作《搜神记》”,“非本书,应删正”。因未能参照汪注,本书 416 页两表中所列《搜神记》数据均不可靠。

【寐】“睡着”义3例。“睡觉”义1例：

卷十八：“于是书生密便诵书，至明不敢寐。”

【寝】“睡觉”义9例。“寝石”义1例。

【卧】动词23例，“睡觉”义16例，“躺”义5例。“睡着”义2例，如：

卷三：“乃以药饮女，女即安卧不知人。”

卷十九：“被石酒气冲入鼻中，亦各醉卧三月。”

有的“卧”表“睡觉”，但兼有“睡着”义。如：

卷二十：“（李信纯）于城外饮酒，大醉。归家不及，卧于草中。遇太守郑瑕出猎，见田草深，遣人纵火爇之。信纯卧处，恰当顺风，犬见火来，乃以口拽纯衣，纯亦不动。卧处比有一溪，相去三五十步，犬即奔往入水，湿身走来卧处，周回以身洒之，获免主人大难。犬运水困乏，致毙于侧。俄尔信纯醒来，见犬已死。”

李信纯是在草里睡觉。但火烧到他都不知道，肯定是睡着了。

【眠】“睡觉”义4例。“睡着”义7例，全部列出如下：

卷四：“眠觉，日已向晡。”

卷五：“时祐得安眠，夜中忽觉，乃呼左右，令开被。”

卷十五：“村人应病死者，蒋辄恍惚熟眠经日，见病人死，然后省觉。”

卷十六：“渔人始得眠，梦人驱遣。”

卷十九：“非（人名）惊扰不得眠，遂起。”

卷十九：“只此一杯，可眠千日也。”

卷十九：“酒之美矣，而致醉眠千日，今合醒矣。”

按:在魏晋南北朝,有些作品中"眠"表示"睡着"义的不多。《世说新语》"眠"19例,全是"睡觉"义,无1"睡着"义。

【睡】"睡觉"义1例。

下表综述调查的数据:

	寐 睡着	寝 睡觉	寝 睡着	寝 躺	卧 睡觉	卧 睡着	卧 躺	眠 睡觉	睡 打瞌睡
先秦 (十种文献)	21	34	韩1	9	12	2	4	瞑2 眠1	7
西汉 (《史记》)	非仿古1	5	0	0	24	0	11	0	1
东汉 (《论衡》)	0	昼寝9 其他4	0	寝石8 其他11	25	10	8	0	睡卧1 佛经有 "睡觉"义
魏晋南北朝 (《搜神记》)	睡着3 睡觉1	9	0	寝石1	16	2	5	睡觉4 睡着7	睡觉1

如果把这些词分别义项放到不同的概念场中,就是下面的情况:

	"睡眠"概念场		"躺卧"概念场
	"睡着"概念域	"睡觉"概念域	
先秦(十种文献)	[寐]21卧4寝1	[寝]34 卧 12 瞑2	[寝]9卧4
西汉(《史记》)	[寐]非仿古1《淮南子》5	[卧]24寝5	[卧]11
东汉(《论衡》)	[卧]10睡卧1	[卧]25寝4	[寝]19卧8
魏晋南北朝(《搜神记》)	[眠]7卧2寐3	[卧]16眠4睡1寐1	[卧]5寝1

表中加[ ]的词表示是这个概念域中的主导词，其他的是非主导词。在这些概念域中这些主导词在四个时期中的演变是：

“睡着”概念域中的演变为：“寐—寐—卧—眠”。

“睡觉”概念域中的演变为：“寝—卧—卧—卧”。

“躺卧”概念场中的演变为：“寝—卧—寝—卧”。

“睡觉”概念域和“躺卧”概念场是有联系的，“睡觉”概念域的“寝”、“卧”的引申义就进入了“躺卧”概念场。“眠”不能引入“躺卧”概念场，因为“寝”、“卧”侧重于姿势，“眠”侧重于状态(闭眼)。

7.3 在研究词义的演变和概念场中词汇分布的变化时，有一个问题要注意：词在概念场中的位置，并不是“一个萝卜一个坑”，某一概念域或概念的背景上，词汇分布的重叠和缺项是常见的事。重叠可能是同义词或近义词，几个词和某一概念大致对应，但彼此意义有别，这些词的同时存在有利于语言表达的准确和丰富。缺项(lexical gap)是任何语言都会存在的，在一个历史时期，某个概念可能有一个相应的词对应，而在另一个历史时期，也可能出现词汇缺项。所以，在词汇和词义演变过程中，一个新词或新义位的出现，可能引起概念场上分布的变化(增加一个新的位置)，也可能不引起概念场上分布的变化(与原有的词重叠)；反之，一个词或义位的消失，可能引起概念场上分布的变化(引起相关词的重新分布)，也可能不引起概念场上分布的变化(只是原有的重叠位置上减少一个词，或者留下一个缺项)。对于这些问题，都要具体问题具体分析。

对汉语词汇系统历史演变的研究还刚刚开始。对于整个词汇系统我们现在还难以把握，只能一点一滴地从一些局部做起。如果做好若干个重要的子概念场的演变研究,或许能总结出一些规律性的东西。经过较多的积累,把一些基本的子概念场全都做了,就能显示汉语词汇系统及其演变的大致面貌。

参考文献

洪成玉　1987　《词义的系统特征》,《北京师院学报》第4期。
黄景欣　1961　《试论词汇学中的几个问题》,《中国语文》第3期。
贾彦德　1992　《汉语语义学》,北京大学出版社。
蒋绍愚　2006　《汉语词义和词汇系统的历史演变初探——以"投"为例》,《北京大学学报》第4期。
蒋绍愚　2007　《打击义动词的语义分析》,《中国语文》第5期。
刘叔新　1964　《论词汇体系问题——与黄景欣同志商榷》,《中国语文》第3期。
刘叔新　1990　《汉语描写词汇学》,商务印书馆。
梅家驹等　1983　《同义词词林》,上海辞书出版社。
史文磊　2014　《汉语运动事件词化类型的历时考察》,商务印书馆。
苏新春　2013　《现代汉语分类词典》,商务印书馆。
汪维辉　2000　《东汉—隋常用词演变研究》,南京大学出版社。
邢公畹　1984　《词汇学和词典学问题研究》,天津人民出版社。
徐国庆　1999　《现代汉语词汇系统论》,北京大学出版社。
许威汉　1989　《论汉语词汇体系》,《古汉语研究》第4期。
张志毅、张庆云　2012　《词汇语义学》(第三版),商务印书馆。
郑锦全、高　虹　2003　《英文的冲击接触动词及其对应的中文词语》,《语言暨语言学》第四卷第三期。
Cruse, D. A　1986/2009　*Lexical Semantics*, Cambridge University Press/世界图书出版公司。
Leech, Geoffrey　1981　*Semantics*(second edition), Penguin books Lid, Harmondsworth, England.
Lyons, J.　1981　*Semantics*, Cambridge University Press.

附录

一、上古汉语中手的打击义动词

<table>
<tr><td colspan="6">上位义：击、打</td></tr>
<tr><td rowspan="8">A
工
具</td><td>手</td><td colspan="4">摽、挌、殴、搏、扑</td></tr>
<tr><td>鞭</td><td colspan="4">鞭</td></tr>
<tr><td>竹</td><td colspan="4">笞、笪、抶、搒</td></tr>
<tr><td>杖</td><td colspan="4">捶</td></tr>
<tr><td>刀斧</td><td colspan="4">斫、斲、斮、斯、析、劈、伐、斩、刜、刺</td></tr>
<tr><td>棍状物</td><td colspan="4">筑、捣</td></tr>
<tr><td>椎</td><td colspan="4">椓、毅、豛</td></tr>
<tr><td>车鞅</td><td colspan="4">抉</td></tr>
<tr><td rowspan="11">B
方
式</td><td>旁击</td><td colspan="4">搫</td></tr>
<tr><td>侧击</td><td colspan="4">扺</td></tr>
<tr><td>横擿</td><td colspan="4">敲</td></tr>
<tr><td>敲击</td><td colspan="4">搉</td></tr>
<tr><td>拘击</td><td colspan="4">摷</td></tr>
<tr><td>反手击</td><td colspan="4">批</td></tr>
<tr><td>两手分击</td><td colspan="4">捭</td></tr>
<tr><td>繇击</td><td colspan="4">毁</td></tr>
<tr><td>从上击下</td><td colspan="4">㱿</td></tr>
<tr><td>从下击上</td><td colspan="4">炈</td></tr>
<tr><td>过击</td><td colspan="4">拂</td></tr>
<tr><td rowspan="4">C
部
位</td><td rowspan="2">背</td><td>挨、扑</td><td rowspan="4">C
对
象</td><td>衣</td><td>㨐</td></tr>
<tr><td>挞（目的：罚）</td><td>悬衣</td><td>㲉</td></tr>
<tr><td rowspan="2">头</td><td>摼（方式：捣）</td><td>金鼓</td><td>摐</td></tr>
<tr><td>毃</td><td></td><td></td></tr>
</table>

(续表)

<table>
<tr><td rowspan="4">D
力
度</td><td>深</td><td>抌</td></tr>
<tr><td>小</td><td>攴</td></tr>
<tr><td>轻</td><td>拍、拊</td></tr>
<tr><td>强</td><td>攻</td></tr>
<tr><td>E 速度</td><td>快</td><td>扚</td></tr>
<tr><td rowspan="3">F
目的
/
结果</td><td>击中</td><td>撴、毃</td></tr>
<tr><td>击伤</td><td>擊、痍、痏</td></tr>
<tr><td>发声</td><td>攷(考)、敂(叩/扣)(对象:门、钟)、鼓(对象:鼓)</td></tr>
</table>

二、现代汉语中手的打击义动词

<table>
<tr><td colspan="6">上位词:打</td></tr>
<tr><td>C 对象</td><td colspan="2">人或物</td><td>人</td><td>脸</td><td>物</td></tr>
<tr><td></td><td colspan="4">B 方式・D 强度・E 速度</td><td>F 结果/目的</td></tr>
<tr><td rowspan="6">A
工
具</td><td>拳</td><td>重击:捶</td><td rowspan="6">揍(力度:重)
殴打(方式:连续,力度:重)</td><td></td><td rowspan="5">出声:敲
破碎:瓴
去掉表层:削</td></tr>
<tr><td>手掌</td><td>猛推:搡
轻击:拍</td><td>掴</td></tr>
<tr><td>刀斧</td><td>重击:砍
连续重击:剁
快速断开:劈</td><td></td></tr>
<tr><td>条状物</td><td>重击:捅
轻击:戳、扎
快击:抽</td><td></td></tr>
<tr><td>块状物</td><td>远击:拽</td><td></td></tr>
<tr><td>重物</td><td>重击:砸</td><td></td><td>重击,使结实:夯</td></tr>
</table>

三、英语中手的打击义动词

<table>
<tr><td colspan="8">上位词:strike</td></tr>
<tr><td colspan="2" rowspan="2">C 对象/部位</td><td rowspan="2">对象:人</td><td colspan="4">部位</td><td rowspan="2">对象:物</td></tr>
<tr><td>头</td><td>脸</td><td>屁股</td><td>耳</td></tr>
<tr><td rowspan="15">A
工
具</td><td>手</td><td>buffet</td><td></td><td></td><td></td><td></td><td rowspan="13"></td></tr>
<tr><td>手掌</td><td>cuff
clout
slap</td><td></td><td>smack</td><td>spank</td><td></td></tr>
<tr><td>拳</td><td>plug</td><td>conk</td><td></td><td></td><td>box</td></tr>
<tr><td>鞭</td><td>flay
flog
lash
paddywhack
tan
thrash
whip</td><td></td><td></td><td></td><td></td></tr>
<tr><td>鞭/杖</td><td>baste
belabor</td><td></td><td></td><td></td><td></td></tr>
<tr><td>杖</td><td>cane</td><td></td><td></td><td></td><td></td></tr>
<tr><td>棍棒</td><td>club
cosh
cudgel
drub</td><td></td><td></td><td></td><td></td></tr>
<tr><td>大头棒</td><td>bludgeon</td><td></td><td></td><td></td><td></td></tr>
<tr><td>警棍</td><td>truncheon</td><td></td><td></td><td></td><td></td></tr>
<tr><td>皮带</td><td>belt
strap</td><td></td><td></td><td></td><td></td></tr>
<tr><td>板子</td><td>paddle</td><td></td><td></td><td></td><td></td></tr>
<tr><td>桦树条</td><td>birch</td><td></td><td></td><td></td><td></td></tr>
<tr><td>刀</td><td>knife</td><td></td><td></td><td></td><td></td></tr>
<tr><td>刀/斧</td><td></td><td colspan="4"></td><td>chop</td></tr>
<tr><td>锤</td><td></td><td colspan="4"></td><td>hammer</td></tr>
</table>

(续表)

B方式·D力度·E速度	不连续 hit 打击 bop 打击 smite 打击 sock 投物打击 swipe 挥击 swat 重拍 bash 重击 punch 用拳猛击 slug 重击 slog 重击 thump 重击 wallop 重击 whack/ thwack 重击 biff 急速地打 clip 急速地打 tap 轻轻地打 rap 急速地轻打	连续 beat 连续地打 pummel 用拳连击 clobber 粗暴地连击 pelt 粗暴地连击
	结果:使对象变形	结果:使对象发声
	brain 打碎脑袋 batter 打得皮肤青肿或破裂 bruise 打得皮肤青肿 contuse 打得皮肤青肿 maul 打得皮肤青肿 bash 打碎 smash 打碎 pound 捣烂 tamp 砸实	bang 发大声撞击 knock 敲击

(摘引自蒋绍愚 2007《打击义动词的语义分析》,《中国语文》第 5 期)

第八章　词汇与文化

一　语言与文化

语言和文化有很密切的关系。一方面，语言反映文化，一方面，文化影响语言。语言反映文化是很明显的事实，人类文明的一切成果都会用语言记录下来。“文化”的范围很广，包括物质文化、制度文化；也包括人类的思想感情、审美情趣等。这些文化都有多种表现形式，如建筑、绘画、雕塑和音乐、舞蹈等，但人类的一切文化，都会以语言为载体，在语言中得到反映，并在文献中记载下来。不过，研究语言反映的文化主要不是语言学的任务，比如，通过“布、帛、衣、裳、褐、裘、冠、冕”来研究古代的服饰应该是服饰史或文化史的任务，通过“学而不厌”、“诲人不倦”、“有教无类”等研究中国古代的教育思想应该是教育史的任务。在语言学的范围里，主要关注的是文化对语言系统和语言结构有什么影响，以及语言系统和语言结构如何反映文化。对语言和文化的关系的研究，人们通常称之为文化语言学。

在中国，1950 年出版的罗常培《语言与文化》是文化语言学的奠基之作。从 20 世纪 80 年代以来，文化语言学有很大的发展。

对于文化和语言的关系，研究者有两种不同的意见。

一种意见认为：a. 语言是一个民族看待世界的样式，是对该民族具有根本意义的价值系统和意义系统。b. 语言不仅是思维和表达的工具,而且是思维过程的一部分;不仅是文化的载体,而且是文化事实本身。c. 语言的本质属性是人文性,即它的文化功能。必须把汉语置于汉文化的大背景下才能真正认识其真实面貌。(因此对《马氏文通》以来的语法研究持否定态度。)d. 所谓"文化认同",就是指汉语言和汉文化在本质属性和特点上保持高度的一致。e. 文化语言学就是语言学。持这种意见的,人们称之为"文化认同派"。

照这种看法,汉语的语音结构、语法结构、词汇结构都是中国文化的反映。在这些问题上,当然还可以做进一步的探索,但至少到目前为止,还不能被证实。

一种意见认为:文化和语言相互影响,但不是一回事。文化属性是语言属性的一个方面,但不是全部。文化语言学是对语言结构研究的一个补充、发展,但不是代替。要把语言和文化结合起来研究,既可以由语言来观察文化,也可以从文化的背景下来研究语言。邢福义主编的《文化语言学》,上编是从语言看文化,下编是从文化看语言。持这种意见的,人们称之为"文化参照派"。

后一种看法比较符合实际。本章按照这种看法来讨论词汇和文化的关系,着重考察中国文化对汉语词汇在词汇系统、词汇结构、构词方式、同源词、词义引申等方面的影响,以及在汉语词汇中反映的中国文化。

什么是文化? 各人的看法也略有差别。邢福义主编的《文化语言学》认为,文化包括物质文化、制度文化、思想文化。马清华《文化语义学》认为,文化包括文明、价值观念、认知方式。认知方式是否包括在文化的范围内,这里暂不讨论。但在本章里,也会讨论到认知方式对语言的影响。

二　汉语历史词汇与中国古代文化

在语言系统的语音、语法、词汇几个方面，词汇和文化的关系最密切，研究中国古代文化和汉语历史词汇的关系，是汉语历史词汇研究的一个重要方面。

2.1　在做这种研究时，要注意几个前提：

（一）要区分语言的普遍性和汉语的特殊性，不能把在诸语言中普遍存在的现象说成是中国文化对汉语的影响。

比如，汉语中一些表示人体部位的词可以引申为表示其他事物，如："口"用作"瓶口"、"路口"，"耳"用作器物之耳，"目"表示孔眼，"鼻"表示器物隆起或突出的部分，还有一些原来表示客观事物性状的词可以用于表示人事，如："冷"表示冷淡，"落"表示死亡。有的论文把这些说成是中国古代"天人合一"的哲学思想的反映。其实，这些现象在别的语言中也很常见。认知语言学认为人体隐喻是一种很基本的隐喻。如在英语中，也可以说"the mouth of the bottle"，"the eye of the needle"，"the tongue of a bell"，"the nose of a plane"，同时，也可以用 cold 表示冷淡，用 fall 表示阵亡。显然，把汉语中这些词义引申说成"天人合一"的哲学思想的反映是不妥的。

（二）要注意汉语和中国文化的历史变化。有的研究者对此注意得不够，看到现代汉语中的一些词汇现象，就说这反映了中国人的一种文化心理。比如，说乌鸦叫是一种凶兆，这反映了中国人不喜欢乌鸦。其实这只说对了一半。请看下面三首唐诗：

张籍《乌夜啼引》："秦乌啼哑哑，夜啼长安吏人家。吏人得罪囚在狱，倾家卖产将自赎。少妇起听夜啼乌，知是官家有敕书。下床心喜不重寐,未明上堂贺舅姑。少妇语啼乌,汝啼慎勿虚。借汝庭树作高巢,年年不令伤尔雏。”

元稹《听庾及之弹乌夜啼引》:“君弹乌夜啼,我传乐府解古题。良人在狱妻在闺,官家欲赦乌报妻。乌前再拜泪如雨,乌作哀声妻暗语。后人写出乌啼引,吴调哀弦声楚楚。四五年前作拾遗,谏书不密丞相知。谪官诏下吏驱遣,身作囚拘妻在远。归来相见泪如珠,唯说闲宵长拜乌。君来到舍是乌力,妆点乌盘邀女巫。今君为我千万弹,乌啼啄啄泪澜澜。感君此曲有深意,昨日乌啼桐叶坠。当时为我赛乌人,死葬咸阳原上地。”

白居易《答元郎中杨员外喜乌见寄》:“南宫鸳鸯地,何忽乌来止。故人锦帐郎,闻乌笑相视。疑乌报消息,望我归乡里。我归应待乌头白,惭愧元郎误欢喜。”

可见,在唐代人看来,乌啼是报喜讯。而且不只是唐代,在汉代和南北朝时期,也都认为乌鸦是好鸟。《说文》:“乌,孝鸟也。”这是因为乌鸦能“反哺”。晋成公绥作《乌赋》,其序说:“有孝乌集余之庐,乃喟然而叹曰:余无仁惠之德,祥禽曷为而至哉!夫乌之为瑞久矣,以其反哺识养,故为吉乌,是以《周书》神其流变,诗人寻其所集,望富者瞻其爰止,爱屋者及其增叹,兹盖古人所以为称。若乃三足德灵,国有道则见,国无道则隐,斯乃凤鸟之德,何以加焉!”也是把乌鸦称为“祥禽”。

从什么时候起把乌啼看作凶兆呢?

宋陆佃《埤雅》卷十八:“今人闻鹊噪则喜,闻乌噪则唾,以乌见异则噪,故唾其凶也。”

大概是从宋代开始,人们的文化心理和习俗有了改变。可见,对文化和语言都要注意历史的变化，不能以偏概全。

（三）对语言事实要有准确的了解，不能主观猜测或道听途说。探求词语的理据是研究词汇和文化的关系的一个重要的方面，因为事物的命名之由有时能反映当时人们的认识或社会习俗。但在这样做的时候，首先要对这个词语有准确的理解，否则就容易发生错误。比如，古代有一种乐器叫“火不思”或“浑拨四”、“浑不似”，此乐器在历史上最早见于何时，意见不一。宋俞琰《席上腐谈》：“浑拨四形较琵琶小，胡人改造琵琶，昭君笑曰：‘浑不似也。’后讹为浑拨四。”（转引自俞正燮《癸巳存稿》）。其实，这是突厥语的音译，“昭君”云云是俗词源。如果以此为据，推论这种乐器汉代就有，那就不对了。这种对词语做望文生义的解释然后推论其文化含义的，到现在还有。如有人对“埋单”一词加以发挥，说广东的餐饮业服务态度好，为了不使顾客尴尬，事先问清楚谁付账，就把写好的账单放在谁的碗底下，所以叫“埋单”。其实，“埋”在粤语里是“集结”之意，“埋单”义同“结账”，和“埋藏”的“埋”毫无关系。对词语的意义理解错误，对其文化含义的发挥当然也就错了。

不过，历史上的俗词源解释虽然不正确，有时候却可以反映当时人的心理。如上面所说的古人把乌鸦称为“孝鸟”，其实是没有根据的。鸟类都会反哺，何止是乌鸦？张永言对此做过解释。《大戴礼记·夏小正》：“十月，……黑鸟浴。黑鸟者何也？乌也。”《广雅·释鸟》：“慈鸟，乌也。”“慈”有“黑”义，本来“慈鸟”等于说“黑鸟”。但后来“慈”的“黑”义消失，人们望文生义，认为“慈鸟”就是“孝鸟”。（张永言《词的“内部形式”》，《语文学论集》，语文出版社，1999年）但这种望文生义的解释却反映了当时人们对乌鸦的看法:不是恶鸟,而是祥禽。这在研究当时人的文化心理时,是可以作为参考的。

2.2 古汉语词汇对中国古代文化的反映

下面从几个方面来谈这个问题。

(一)词汇结构

1. 亲属称谓词的繁复

汉语的一个特点是亲属称谓词的繁复,这和中国古代的宗法制度有关。从纵向看,从"高祖父"到"云孙"直系亲属共十三辈;从横向看,有兄弟姐妹,从父兄弟,从祖兄弟,族兄弟,有伯、叔、姑、姨、舅、娣、姒等。父党、母党、妻党分得很清楚,父党(同一姓氏)为"中",母党和妻党(不同姓氏)为"外"。古代还有"诸母"、"庶兄"、"母弟"等称谓,是一夫多妻制的反映。但英语中的"half-brother"、"step-brother"等称谓,在汉语中没有。

2. 官称的繁复

中国古代有一个庞大的官僚机构,除正式的官名外,其他官称也很多。皇帝的宰辅,历代的正式官名不一,如丞相、三公、尚书令、同中书门下平章事、大学士等;在正式官名外又称为"宰相","揆",宋称"阁老"("阁老"在唐代为中书舍人年深者之称),明清称"中堂"。郡守称"府君"、"明府",后来县令亦称"明府",县尉称"少府"。

官位既尊,对人的尊称也就用官名。这样就形成了官称的贬降。如:一般的百姓在墓志铭上也可以称为"××府君",还可以称一般文士为"解元",称富人为"员外",称医生为"郎中"、"大夫",称打酒、卖茶的为"酒博士"、"茶博士",直到民国时期称一般士兵为"老总"。

3.等级制度的反映

同样一件事,不同等级的有不同说法。如:

《礼记·曲礼》:"天子死曰崩,诸侯曰薨,大夫曰卒,士曰不禄,庶人曰死。"(按:实际上,"卒"是除天子外的通称,诸侯也可称"卒"。)

《公羊传·桓公十六年》何休注:"天子有疾称不豫,诸侯称负兹,大夫称犬马,士称负薪。"

4.敬辞和谦辞

中国文化的传统是自谦而敬人,这在汉语词汇中有明显的反映。

谦称:一般人自称"臣"、"仆"、"走"("牛马走")、"不佞"、"愚"、"贱子"。妇女自称"妾"、"奴"(唐代男子也可自称"奴"。见蒋礼鸿《敦煌变文字义通释》)。帝王自称"孤"、"寡人"、"不穀",古白话中官员自称"下官"、"卑职",生员自称"学生"、"后学",较下层的自称"奴才"、"小人"。

尊称:"君","子","先生","公","明公","丈人","卿","贤"。古白话中称"官人"、"相公"。又有以称呼对方的下属以示不敢斥指的,如"左右"、"从事"、"执事"、"足下"、"阁下"等。直接称之为"尔"或"汝"是表示轻蔑。《孟子·尽心下》:"人能充无受尔汝之实,无所往而不为义也。"

汉语中敬辞和谦辞很多,下面略举一些。

令尊/家父，　令堂/家母，　夫人/内人，　令兄/家兄，令郎/小儿，　令爱/小女，　尊姓/敝姓，　台甫/草字，　贵庚/贱庚，仙乡/贱处，　府上/舍下，　大作/拙作，　高见/鄙意，　贵干/贱事，　拜谒/枉顾，　奉告/明示。

(二)词源

有的词源反映古代的制度、习俗或观念。

1. 邦—封 “邦,国也。”段注:“邦之言封也。古邦封通用。”《说文》:“封,爵诸侯之土也。”

按:甲骨文无“邦”字,西周金文始见“”字。甲骨文即“封”之初文,其义为以土培树。《周礼·地官·封人》:“封人:掌设王之社壝,为畿封而树之。凡封国,设其社稷之壝,封其四疆。造都邑之封域者亦如之。”郑玄注:“畿上有封,若今时界矣。”贾公彦疏:“谓王之国外四面五百里各置畿限,畿上皆为沟堑,其土在外而为封。”孙诒让正义:“《大司徒》注云:‘千里曰畿。封,起土界也。’”郭沫若《甲骨文字研究·释封》:“是则古之畿封实以树为之也。此习于今犹存,然其事之起乃远在太古,太古之民多利用自然林木以为族与族间之畛域。”(转引自《甲骨文字诂林》),于此可见古代以树为界划分区域的制度。

2. 脚—却 《释名》:“脚,却也。以其坐时却在后也。”《说文》:“脚,胫也。”段注:“脚之言却也,凡却步必先胫。”

按:《释名》的声训很多不可信,但这条声训有道理。段玉裁之说和《释名》一样,以“却”训“脚”,但他说“凡却步必先胫”,却未必正确:举步往前难道不是也“先胫”吗?还是《释名》说得对,以“却”为“脚”,是因为“坐时却在后也”。古人席地而坐,屈膝,脚(胫)在后,臀在踵上。“脚(胫也)”的命名,反映了古人坐的姿势。

3. 膿—壤《说文》:“ 膿,益州鄙言人盛讳其肥谓之膿。”段注:“《方言》曰:梁益之间,凡人言盛及其所爱讳其肥膿谓之壤。……李善曰:讳,《方言》作玮。按:李所据《方言》作玮,许书讳亦当作玮。玮,奇也。惊羡之意也。”宋本《方言》作“伟”。《说文》:“壤,柔土也。”《尚书·禹贡》：“厥土惟白壤。”马注：“天性和美也。”《释名》：“壤，瀼也。肥瀼意也。”（据毕沅校注）《尔雅·释训》：“穰穰，福也。”

按：《方言》究竟是“讳其肥”还是“玮（伟）其肥”？这牵涉到古人的审美观念：“肥”是美还是不美？从“瀼”的同源词“壤”、“穰”来看，应当是赞美之辞。还有一个旁证：《说文》：“艳，好而长也。”段注：“《诗》言庄姜之美，必先言‘硕人颀颀’，言鲁庄之美，必先言‘猗嗟昌兮’。”可见，古人是以高大丰硕为美的。

4. 出—出，侄—至。《尔雅·释亲》：“男子谓姊妹之子为出，女子谓晜弟之子为侄。”

按：这和古代氏族社会的婚嫁制度有关。在母系社会时，不是女子出嫁，而是男子从他所在的部落“嫁”到另一部落去。所以，A部落的男子称其姊妹之子为“出”，意即其姊妹之子要从 A 部落出去，“嫁”到 B 部落去。而 A 部落的女子的兄弟要“嫁”到 B 部落，兄弟之子会再从 B 部落“嫁”到（至）A 部落来，所以称晜弟之子为“侄（至）”。图示如下：

	A 部落	B 部落
（未成年）	A 女 A 男	B 女 B 男
（成年后）	A 女＋B 男	B 女＋A 男
	子 —————→	出
	至 ←—————	子

（三）词义引申

有的词义引申途径反映古代的物质文化、制度文化和思想文化。各举一例：

1. 管(竹管—管理)

"管"的本义是竹管,也指一种管状的乐器。后来引申为"管理"。这里的中间环节是什么呢? 应是"管"的另一意义"钥匙"。《左传·僖公三十二年》:"郑人使我掌其北门之管,若潜师以来,国可得也。"掌握了"管",就掌握了管理之权。但古代的钥匙不是今天的常见的那样,而是管状的。《礼记·月令》:"〔孟冬之月〕修键闭,慎管钥。"郑玄注:"管钥,搏键器也。"孔颖达疏:"以铁为之,似乐器之管钥,搢于鏁内以搏取其键也。"古代"管(钥匙)"的形制,是"管"的词义引申的关键。(一说"管"即锁,是"细长中空的管状物"。见黄金贵《古代文化词义集类辨考》。如果是锁,也可以成为"管"词义引申的中间环节。)

2. 省(省察—行省)

"省"的本义是省察。后来有一级行政单位之义。这是怎样引申的呢? 蔡邕《独断》卷上:"汉天子正号曰皇帝……所居曰禁中,后曰省中。……禁中者,门户有禁,非侍御者不得入,故曰禁中。孝元皇后父大司马阳平侯名禁,当时避之,故曰省中。"《汉书·昭帝纪》:"帝姊鄂邑公主,益汤沐邑,为长公主,共养省中。"颜师古注:"省,察也。言入此中,皆当察视,不可妄也。"读音从息井切(xǐng)变为所景切(shěng)。隋唐时设"三省":尚书省、中书省、门下省,为中枢机构。元代废尚书省,以中书省统领全国政务,又在各地设"行中书省",代行中书省的权力,简称"行省"。发展到清代就成了行政区的一级,也就是今天"河北省"、"广东省"的"省"。

3. 金(黄金—秋天)

"金"可表示"秋天"之义,如"金风"指秋风,"素秋"指秋天。这种词义的引申是因为阴阳五行学说的影响。阴阳五行学说把五色、四季、四方和五行相配，秋天属金，其色为白，故有此词义的引申。太子的东宫又称“青宫”、“春宫”，也是这个道理。

（四）词义演变

1. 百姓（百官—平民）

《尚书·尧典》：“克明俊德，以亲九族；九族既睦，平章百姓；百姓昭明，协和万邦。黎民于变时雍。”传：“平，和；章，明。”正义：“和协显明于百官之族姓。”

《孟子·梁惠王上》：“今恩足以及禽兽，而功不至于百姓者，独何与？”

这反映了社会的变化。最初只有贵族有姓，所以“百姓”指百官。后来贵族衰微，其后代成为平民。《左传·昭公三十二年》：“故《诗》曰：‘高岸为谷，深谷为陵。’三后之姓，于今为庶。”所以“百姓”指平民。

2. 中人（中等的人—居间介绍或作证的人）

《论语·雍也》：“中人以上，可以语上也；中人以下，不可以语上也。”“中人”指中等人。这是“中”普通的词义。

《金瓶梅》卷三十一：“见上面借一百两银子，中人就是应伯爵。”“中人”指居间作证的人。

第一义的“中人”很早就有，而且很常用。第二义的“中人”，是明清时代商业经济发达以后才有的。

3. 民主（民之主—民作主）

《尚书·多方》：“天惟时求民主，乃大降显休命于成汤。”

《万国公法》（丁韪良译，1864 年）把国家分为“君主之国”和“民主之国”。（卷一）。此书是译自 Henry Wheaton “*Element of International Law*”，1836。

这两个词字面一样,实际上结构不同。古代的“民主”是偏正,指“万民之主”。现代的“民主”是主谓,指人民做主。从文化背景来说,显然反映了古代和现代政治观念的不同。

4.因循(褒义—贬义)

《汉书》共7例,皆为褒义。

《汉书·冯奉世传》:“大冯君,小冯君,兄弟继踵相因循,聪明贤知惠吏民,政如鲁、卫德化钧,周公、康叔犹二君。”

《汉书·外戚传下》:“君子之道,乐因循而重改作。”

《明史》28例。除1例中性外,27例皆为贬义。

《明史·刘纲传》:“其所以示警戒,劝更新者,至深切矣。尚可因循玩愒,重怒上帝哉!”

《明史·路振飞传》:“上谓臣僚不改因循,必致败亡。”

“因循”一词的褒贬变化,反映了社会心理的改变:从重沿袭到重变革。

(五)词语的隐含意义

诗文中很多词语具有隐含意义,隐含意义大多有其文化背景。

1.花

在诗文中,有一些花象征人的某些品格。

兰　象征品德高尚。屈原《离骚》:“扈江离与辟芷兮,纫秋兰以为佩。”

菊　象征隐逸。陶渊明《饮酒》:“采菊东篱下,悠然见南山。”

梅　和松、竹合称“岁寒三友”。葛立方《满庭芳·和催梅》词:“梅花,君自看,丁香已白,桃脸将红,结岁寒三友,久迟筠松。”

莲　出污泥而不染。见周敦颐《爱莲说》。

2.云

在诗文中，"青云"、"白云"、"碧云"、"彩云"等，各有其文化含义。

青云　多指显贵的高位。《史记·范睢蔡泽列传》："不意君能自致于青云之上。"

白云　多指隐者的处所。陶弘景《诏问山中何所有赋诗以答》："山中何所有？岭上多白云。只可自怡悦，不堪持寄君。"

碧云　多指高空的云。杜牧《别鹤》："声断碧云外，影孤明月中。"

彩云　多指仙境的云。李白《庐山谣》："遥见仙人彩云里，手把芙蓉朝玉京。"

（六）比喻和联想

"隐喻映射的普遍性有所不同；一些似乎是具有共性的，另外一些是广泛的（wide-spread），还有一些似乎是某些文化特有（culture-specific）的。"（Lakoff. 1993：244—245）

1. 马

《周易》在乾卦中说到龙，在坤卦中说到马。《周易·坤》："牝马地类，行地无疆。"《周易集解》："干宝曰：'行天者莫若龙，行地者莫若马，故乾以龙繇，坤以马象也。'"说明中国文化中，很早就给马很高的地位。古代以马为宝。《左传·僖公二年》："晋荀息请以屈产之乘与垂棘之璧，假道于虞以伐虢。公曰：'是吾宝也。'"

《论语·宪问》："子曰：'骥不称其力，称其德也。'"显然，这是以马喻人。也是最早的把马用作隐喻。那么，马有什么样的品德呢？

一是疾速。《庄子·知北游》："子曰：'人生天地之间，若白驹之过郤，忽然而已。'"苏轼《百步洪》："有如兔走鹰隼落，骏马下注千丈坡。"

二是识途。《韩非子·说林上》:“管仲、隰朋从于桓公而伐孤竹,春往冬反,迷惑失道,管仲曰:‘老马之智可用也。’乃放老马而随之,遂得道。”

三是护主。《三国志·蜀书·先主传》注引《世语》:“(刘备)所乘马名的卢,骑的卢走,堕襄阳城西檀溪水中,溺不得出。备急曰:‘的卢,今日厄矣,可努力!’的卢乃一踊三丈,遂得过。”

四是胸怀壮志。曹操《短歌行》:“老骥伏枥,志在千里。烈士暮年,壮心不已。”

在古代诗文中,以骐骥、騄駬、骏马比喻杰出人才,更是不可胜数。这是中国文化中马的形象。

但在别的文化中,马的形象就有所不同。有些词语,汉语要说“牛”的,在英语里却说“horse”(见周国宝 2009):

初生牛犊	colt
老黄牛	a willing horse
吹牛	to talk horse
牛饮	drink like horse
健壮如牛	as strong as horse
犟得如牛	as stubborn as horse
九牛拉不转	Wild horse cannot drag.

显然,英语中的“horse”和汉语中的“马”在用作隐喻时,有很大的差别,这是两种文化背景的不同。

2. 火

汉语的“火”在用作隐喻时,常见的有以下几种:

一是比喻愤怒。此义现代很常见,但出现较晚。最初是佛教以“火”比喻焦灼不安的感情。迦叶摩腾译《大智度论》卷十七:“不应作而作，应作而不作，懊恼火所烧，后世堕恶道。”后来喻愤怒。李群玉《自澧浦东游江表途出巴丘投员外从公虞》诗：“中夜恨火来，焚烧九回肠。”也比喻强烈的感觉或欲望。元好问《壬辰十二月车驾东狩后即事》诗之三：“郁郁围城度两年，愁肠饥火日相煎。”《初刻拍案惊奇》卷十七：“〔吴氏〕自此动了一点欲火，按捺不住，只在堂中孝帘内，频频偷看外边。”

二是比喻红色。《国语·吴语》：“皆赤裳、赤旟、丹甲、朱羽之矰，望之如火。”杜甫《奉送卿二翁统节度镇军还江陵》诗：“火旗还锦缆，白马出江城。”仇兆鳌注：“朱旗，红旗也，诸侯所建。”

三是比喻灾难或凶险。《孟子·梁惠王下》：“以万乘之国伐万乘之国，箪食壶浆，以迎王师。岂有他哉？避水火也。如水益深，如火益热，亦运而已矣。”《三国志·魏书·刘表传》“说表遣子入质”裴松之注引傅玄《傅子》：“嵩对曰：‘……今策名委质，唯将军所命，虽赴汤蹈火，死无辞也。’”

四是比喻迅速。《孙子·军争》：“故兵以诈立，以利动，以分合为变者也，故其疾如风，其徐如林，侵掠如火，不动如山。”柳宗元《叠后》诗：“劝君火急添功用，趁取当时二妙声。”

除此以外，“火”还有两种意义，虽然不是隐喻，但很常用。

一是中医指引起烦躁、发炎、红肿等症状的病因。如“上火”、“清火”。

二是五行之一的“火”。如汉朝为火德，南方为“火维”。

和英语相比，英语的“fire”有如下隐喻（见王英雪 2010）：

ANGER IS FIRE：He blazes with anger.（火比喻愤怒）

LOVE IS FIRE：Love is burning in my heart.（火比喻爱情）

ENTHUSIASM IS FIRE：His speech lacked fire.（火比喻激情）

IDEALS ARE FIRE：... burning with the fire of lust，with the fire of hate，with the fire of delusion.（火比喻情欲）

CRITICISM IS FIRE：She answered the fire from her political critics.（火比喻批评）

Go through fire and water.（赴汤蹈火。火比喻凶险）

两者比较，汉语中“火”比喻红色、比喻疾速是英语中没有的；英语中“fire”比喻爱情、比喻激情是汉语没有的。大概汉语中爱情和激情都比较含蓄，到不了“火”的程度。

3. 赤/红

汉语在上古时表示红色的有“绛/赤/朱/丹”等，“红”是粉红，和上面四个词不一样，人们对它们的好恶也不一样。《论语·乡党》：“君子不以绀緅饰，红紫不以为亵服。”因为“红”是间色，不是正色。后来“红”的词义改变，和“赤、朱”同义。这一组词有如下几种比喻义（以“赤”为主，兼及其他词）：

比喻显贵。杜甫《自京赴奉先县咏怀五百字》：“朱门酒肉臭，路有冻死骨。”陈师道《赠二苏公》诗：“前驱吴回后炎皇，绛旗丹毂朱冠裳。”

比喻忠诚。刘长卿《疲兵篇》：“赤心报国无片赏，白首还家有几人。”

比喻女子的容貌和服装。傅毅《舞赋》：“貌嫽妙以妖蛊兮，红颜晔其扬华。”《木兰诗》：“阿姊闻妹来，当户理红妆。”

比喻流血和诛灭。《文选·扬雄〈解嘲〉》：“客徒朱丹吾毂，不知一跌将赤吾之族也。”

比喻裸露。韩愈《山石》诗:“当流赤足蹋涧石,水声激激风吹衣。”

比喻空无所有。《韩非子·十过》:“晋国大旱,赤地三年。”

“红/赤”表示革命,这是近现代的事,这里不谈。

再看英语:“red”有如下比喻(见曾祥文 2006):

可用于褒义,表示尊贵和爱情、喜庆:

the red carpet(红地毯)

red rose(红玫瑰)

red-letter day(吉庆的日子)

但更多的用于贬义,比喻流血、战斗:

a red battle(血战)

red revenge(血的报复)

red hand(血腥的手)

red-headed(狂怒的)

red ruin(战祸)

see the red light(觉察危险逼近)

比喻放荡:

a red waste of his youth(浪费青春)

a red light district(红灯区)

比喻亏损:汉语中经济上的“赤字”是受西方影响而来的。

get into the red(发生亏损)

be in the red(负债)

“赤/红”是一种鲜艳的颜色,所以无论汉语还是英语都对它有喜爱的意思。但“赤/红”又容易和流血联系,所以汉语和英语中都可用作贬义;不过汉语中用得少,英语中用得多。至于汉语中“赤裸”的意义,是英语中没有的,英语中“放荡”和“亏损”的意义,是汉语中没有的,这又是不同民族联想的不同了。

4. 五味

五种味觉在任何民族中都是有的,但其隐喻各不相同。下面选四种语言做一比较。

	古代汉语	现代汉语	韩语	日语	英语
甜	甘 味美。 甘愿。 松,宽。	甜 香甜(睡得真甜)。 舒适,愉快、幸福。 漂亮,会说话(长得甜/嘴甜)。	달다 1. 香,胃口好。 2. 满意,欣然。	甘い 1. 淡,口轻。 2. 浅薄。 3. 松弛。 4. 姑息,娇惯。 5. 天真,乐观。 6. 钝,软。 7. 迟钝,笨。	sweet 1. 新鲜的。sweet water. 2. 好看/听的。sweet music. 3. 温柔的。sweet person. 4. 芳香的。sweet smell. 5. 对……友好的。She was really sweet to me.
苦	苦 竭力。甚。	苦 竭力。损耗太过。	쓰다 1. 胃口不好。 2. 痛苦,惨痛。 3. 刺耳的。	苦い 不愉快,痛苦。	bitter 1. 怨愤,仇恨。bitter enemies. 2. 寒冷。The weather turned bitter.
辣	辛 痛苦,悲痛。 辛苦,劳苦。	辣 狠毒。 泼辣/性感/灼热(辣子/辣妹/火辣辣)。	맵다 1. 酷寒,凛冽,寒峭。 2. 厉害,凶狠,毒辣。 3. 嘴尖,尖刻。 4. 令人窒息。	辛らい 1.(原浆酒)醇。 2. 严格,刻薄。	hot/peppery 易怒的。the peppery old general.
酸	酸 酸痛,悲伤,贫寒,迂腐。	酸 酸痛,悲伤,迂腐。	시다 不顺眼。	酸っぽい (“手酸”用だるい)	sour 1. 令人失望。 go/turn sour. 2. 坏脾气的。 He is sour.

（续表）

咸	咸	咸	짜다 （性情或态度） 1.厉害，狠。 2.小气，吝啬。	鹹らい 咸	salty 不太正经的。salty humour.

甜味是使人愉快的，所以用于隐喻也是褒义的，只有日语中表示“浅薄、钝/软，迟钝/笨”比较特殊。“苦”是使人不快的，用于隐喻也多是贬义。但汉语中“苦”多和“艰辛”、“劳苦”联系起来，“苦读”、“苦干”等就成了褒义，这和其他三种语言不同。古汉语味觉的“辛”，在现代汉语中说“辣”，但“辛”和“辣”的隐喻却很不相同。“辛”的隐喻近于“苦”，表示艰辛、辛苦；而“辣”的隐喻是尖锐、强烈。为什么同一种味觉，同是在汉语中，古今隐喻会有如此不同？这还需要研究。日语“酸っぽい”的隐喻“酸痛”和汉语相同，但没有汉语“悲伤，贫寒，迂腐”的隐喻。英语“酸”的隐喻和汉语不同。味觉“咸”在汉语和日语中都没有隐喻，韩语和英语的隐喻不同。

5.近年来有些论文谈到了爱情比喻的中西比较。见刘英凯《中西作品中比喻差异及其社会文化成因》(《北京大学学报》1993年第3期)、张绪忠《中西比喻差异的哲学探源》和薛孟得《中外比喻词典》。此处从略。

（七）禁忌和避讳

禁忌是各民族都有的。因为禁忌，一些词要改说成另一些词。如：

陆容《菽园杂记》：“民间俗讳，各处有之，而吴中为甚。如舟行讳住、讳翻，以箸为筷儿，幡布为抹布；讳离散，以梨为圆果，伞为竖笠；讳狼籍，以榔槌为兴哥；讳恼躁，以谢灶为谢欢喜。”

直到现在,粤语中不叫“伞”而叫“遮”,不叫“舌”(讳“折本”)而叫“俐”,不叫“空屋”(讳“凶屋”)而叫“吉屋”,都是出于这种避讳心理。

避讳是汉语特有的。特别是避帝王的讳。如:

“庄—严” 因汉明帝名刘庄,所以“庄”要改为“严”,“庄丽”改为“严丽”,“装饰”改为“严饰”,甚至“老庄之学”改为“老严之学”。

“世—代” 为避唐太宗李世民的讳,“世”要改成“代”。本来“世”是三十年为一世,祖孙三辈叫“三世”;朝代叫代,夏商周叫“三代”。因为避讳的缘故,本该说“三世将门子”的,说成了“三代将门子”,久而久之,“世”和“代”就成了同义词。

“元—原” 顾炎武《日知录》卷三十二:“元者,本也。本官曰元官,本籍曰元籍,本来曰元来。唐宋人多此语,后人以‘原’字代之,不知何解。……或以为洪武中,臣下有称‘元任官’者,嫌于元朝之官,故改此字。”如果是这个原因,那也是一种因避讳而发生的变化。

(八)名字

古人有名有字。研究古人的名和字,有时也可以从中透露出一些文化信息。

如孔子的一个弟子冉耕字伯牛。可见在当时已经用牛耕田了。

梁武帝萧衍小字练儿。“练当是道家修炼,犹练师之称。梁武帝家世奉道,故人名用道家术语,后乃改宗佛法。”“南北朝人名取义与此相类者,其例尚多。如‘啖鬼’、‘桃棒’等。”都反映当时道教

的盛行。(均见周一良《魏晋南北朝史札记》)

韩愈字退之。反映了“过犹不及”的思想。

直至今日,还有人取名用“鑫森淼焱垚”等字,其中原因之一,是因为命中缺五行之一,要在名字中弥补。说明五行之说对人还有影响。

(九)外来词

汉语中的外来词的吸收也很能体现中国文化的特点,很多外来词逐渐被“汉化”,即逐渐取得和汉语固有的词语相同或相近的形式,以至人们觉察不到它们是一个外来词了。

1. 比丘尼—尼—尼姑

“比丘尼”是梵文的音译,指已受具足戒的女性。但三个音节的音译词,人们不容易接受,所以后来简称为“尼”。但单用一个“尼”意义又不太明确,所以又加上类名“姑”,成为“尼姑”。“尼姑”这个“汉化”的词在汉语中稳定下来。

2. 胡麻—脂麻—芝麻

宋代以前,外来的东西常常在前面加个“胡”,如“胡琴”、“胡麻”、“胡椒”等。这些词有的保存下来,但人们已经意识不到“胡”的意义了。有的东西就去掉“胡”,改用别的名称。如“芝麻”,原称“胡麻”。沈括《梦溪笔谈·药议》:“胡麻直是今油麻,更无他说。……中国之麻,今谓之大麻是也,有实为苴麻,无实为枲麻,又曰麻牡。张骞始自大宛得油麻之种,亦谓之麻,故以胡麻别之,谓汉麻为大麻也。”后来种植既久,就去掉“胡”字,但要和中国固有的“麻”区别,就改称“脂麻”(因为有油)。后来俗称“芝麻”。李时珍《本草纲目·谷一·胡麻》:“巨胜、方茎、狗虱、油麻、脂麻,俗作芝麻,非。”

3.洋钱—大洋

明清时期,外来的东西常常在前面加个“洋”,如“洋葱”、“洋枪”、“洋钱”。有些名称保留下来,如“洋葱”。有些“洋”字去掉了,如“洋枪”。最有趣的是“洋钱”,“洋钱”即银元,因为最初是从西班牙进来的,所以称“洋”。但后来人们把银元叫作“大洋”,这就把“洋”当作一种货币,和“外来的”无关了。

4.业—孽

“业”是佛教的用语,梵文 karman“羯磨”的意译。业由身、口、意三处发动,分别称身业、口业、意业。业分善、不善、无记(非善非不善)三种,有什么业就有什么报,由此决定在第六道中的生死轮回。一般都指恶业,如《百喻经·为二妇故丧其两目喻》:“亲近邪友习行非法,造作结业堕三恶道。”这和汉语“业”原来的用法(事业、功业)相差较远,后来就逐渐为“孽”所代替。汉语中原有“孽”表示“灾难、罪恶”之义。如:

《尚书·太甲中》:“天作孽,犹可违;自作孽,不可逭。”(《孟子》引《太甲》作“天作孽,犹可违;自作孽,不可活”。)

《诗经·小雅·十月之交》:“下民之孽,匪降自天。”郑玄笺:“孽,妖孽,谓相为灾害也。”

班固《典引》:“俾其承三季之荒末,值亢龙之灾孽。”

“业”和“孽”都是疑母字,“业”为业韵,“孽”为薛韵,都是入声韵,主要元音相近,韵尾不同。到后来入声韵尾合并为ʔ以至消失,两个字的读音相近,原来写作“业”的一些词语,后来也写作“孽”。比如:

《景德传灯录》卷三十:“你岂知在业海之中罪坑之内。”

《镜花缘》第二回:“情愿堕落红尘,受孽海无边之苦。”

梁简文帝《菩提树颂》："是以三界六趣，绕业障而自迷；八解十智，导归宗而虚豁。"

《西游记》第七十七回："如来道：'你在此处多生孽障，跟我去，有进益之功。'"

《大宋宣和遗事》亨集："业畜不要作业，收来收来！"

《平妖传》第三回："狐能变化，莫非这孽畜弄这道儿，我且悄悄看他怎地。"

纪君祥《赵氏孤儿》第三折："把这一个小业种剁了三剑。"

《初刻拍案惊奇》卷十七："这个孽种，须留他在房里不得了。"

5. 宅急便

有一些词语，本是汉语中的，后来传到海外，又作为外来词重新进入汉语。这些词语，可以作为中外文化交流的例证。

如：台湾有一种快递服务，叫"宅急便"，似乎是日语的说法。但是，"便"的"邮递"之意，实际上是汉语原有的。

欧阳修《与薛少卿书》："又少便人作书入京。"

苏轼《菩萨蛮·回文》："邮便问人羞，羞人问便邮。"

陈确《与张考夫书》："但未知后会之期，便羽更望一及之。"

王世贞《鸣凤记》："聊附鸿便之笺，惭无拜使之敬。"

只是后来在汉语中不用了，但在日语中使用，日语"郵便"就是"邮政、邮件"之意。后来，"宅急便"作为日语又回来了。

（十）构词法

构词法中有两点是汉语的特点：

1. 举两端以赅全体

如:天地,大小,反正,好歹,长短,左右。这种"反义相成词"据统计有 371 个。在英语中,这种词或是分开说"heaven and earth","good and bad",或是用一个词说,如"universal","anyhow","size","length"等。

2. 偏义复词

"偏义复词"有两类。一类是两个同类语素复合,偏指其一。如:

《礼记·玉藻》:"年成不顺,……大夫不得造车马。"

一类是两个反义语素复合,偏指其一。如:

《史记·绛侯周勃世家》:"孝文且崩时,诫太子曰:'即有缓急,周亚夫真可任将兵。'"

《史记·刺客列传》:"多人不能无生得失,生得失则语泄。"

《汉书·刑法志》:"爪牙不足以供耆欲,趋走不足以避利害。"

《洛阳伽蓝记·白马寺》:"吾世荷国恩,不能坐看成败。"

这些词的实际意义都是后一语素所表示的,是事情坏的一面。但说话时在前面加一个反义语素,就显得比较委婉,这和人们的文化心理有关。

3. 语素顺序是否反映汉民族的文化观念?这个问题有过争论,有人认为多数是人们所肯定的语素在前面,如天地、乾坤、公婆、夫妇、是非、吉凶、大小、长短等。但反例很多,如:

天地、乾坤—阴阳;公婆、夫妇—姑嫜;是非—曲直;吉凶—祸福；大小—细大；长短—短长。

现在这个问题已有结论：其决定因素首先是声调，按平上去入四声的顺序排列，其次才是意义。丁邦新（1969）有详细分析。王云路（2010）有补充说明。下面引谭达人（1989）的统计：

谭达人《略论反义相成词》（《语文研究》1989年第1期）

	义序		调序	
总数	371	100%	371	100%
符合	258	70%	239	65%
不符合	63	17%	30	8%
难定	50（难分，两可）	13%	102（二字同调）	27%

63个不合义序的词中，9个同调，其余54个，合调序的46个，不合的8个。

30个不合调序的词中，3个难分义序，其余27个，合义序的19个，不合的8个。

既不合调序又不合义序的8个：弟兄，死生，往来，怯勇，异同，歉丰，曲直，险夷。前6个有异序词（其实"险夷"也有异序词）。

调序的力量要大于义序的力量。

三　认知的差异对词汇的影响

上面谈了文化对汉语词汇的影响。上面所说的"文化"，主要是物质文化、制度文化、思想文化。除此以外，还有什么外部因素影响汉语词汇？

3.1　洪堡特："每一语言都包含着一种独特的世界观（weltansicht）。……人用语音的世界把自己包围起来，以便接受和处理事物的世界。……他主要按照语言传递事物的方式生活，而因为人的感知和行为受制于他自己的表象，我们甚至可以说，他完全是按照语言的引导在生活。”(P. 72)

我们应当怎样看待洪堡特的话？洪堡特所说的“世界观”，指的是人们对世界的看法，也就是世界在人们头脑里的模样。这个模样，在不同的人群的头脑里确实是不完全一样的。语言的差异说明了这一点，比如，汉语的“水”包括水果的汁，欧洲语言不包括，果汁必须说“juice”，不能说“water”。汉语说“去年”，在他的观念里是时间在动，时间离自己而去；英语说“last year”，在他的概念里是自己在动，自己从上一年进入了今年(见下)。这些都说明不同语言的人对世界的看法有差异。但是，这种差异不能夸大。世界在人们头脑里的模样其相同的方面是主要的、基本的。东西方的语言的“水”所指的大体相同，“水资源”、“水利”、“水灾”、“节水”等概念中的“水”都不牵涉水果的汁，不会因“水”是否包含水果的汁而造成不同的理解或产生不同的观念。无论是说“去年”还是“last year”，说话人指的都是先于今年的那一年。这种认知的差异也不会形成思想观念的不同，真正造成思想观念不同的不是日常语言中的词义，而是不同思想观念中的不同术语。如中国古代“五行”观念的“水”(从生辰八字推断某人缺水)，和佛教地水火风(“四大”)的“水”，以及古希腊哲学家认为是构成万物的“水”，这些“水”显然是不同的。但这些术语的差异不属于语言范围，不以语言区分，而以思想观点区分。

语言和词汇的差别主要反映不同民族认知的差异。认知的差异可以以语言和民族来区分，思想观念的差异不能以语言和民族来区分。同一语言和民族的会有同样的认知方式，这种认知方式会反映在语言中，儿童在学习母语的时候就接受了这种认知方式，说汉语的人，当他说“旧的一年即将过去，新的一年即将到来”时，他对时间的认知就一定是时间在动。同一语言和民族的可以（而且常常）有不同的思想观念，改变思想观念并不需要改变语言。一个英国人也可能接受“五行”观念；一个希腊人如果信佛教，也可以认为世界由“地水火风”四种元素构成。人们常说东方重综合，西方重分析，这种思维习惯，也可以不改变语言而互相学习。

思想和认知都会影响人们对世界的看法。思想属于文化范畴。认知是否属于文化范畴，对此有不同的看法（见上）。当然，文化的差异会影响到认知的差异。但有些认知的差异，如下面谈到的一些，无法从物质文化、制度文化、思想文化来解释其原因，有些是人们生活的自然环境不同而造成的，自然环境不是文化；有些（比如对颜色的区分）确实是对世界认识的不同，但无法说出不同的原因是什么。这些差异，我们称之为认知的差异。我们在谈了文化对词汇的影响之后，还要来谈认知对词汇的影响，主要的目的是为了说明，不能把语言差异的外部原因不加分析地都看作文化的差异，除了文化之外，认知也是一个重要因素。

3.2　认知对词汇的影响有如下几方面：

（一）词汇的细度

对同一个或同一类事物，有的语言分得很细，用几个不同的词来表达；有的语言分得较粗，只用一个或较少的词。

汉语的“稻”、“米”、“饭”是分得很清楚的，农作物叫“稻”，农作物的籽实叫“米”，煮熟了的叫“饭”。英语这三者不分，都叫 rice，德语都叫 reis，蒙古语都叫 tvtvrg-a。

汉语把坐具有背和无背的分为“椅子”和“凳子”，藏语两个词语不分,只有一个词。日语也统称いす。

汉语把猪肉部位分得很细,如"肘子"、"前臀尖"、"后臀尖"等。俄语分得较粗。有人统计汉语和俄语有关词语的比例为 9∶4。

英语的野生动物除了 wild ~外另有专名,如:buffalo, mustang, badger, mallard。汉语只有"鹜"(家鸭)和"凫"(野鸭)、"鹅"和"雁"有区分,其他野生的牛、马、羊只能说"野牛"、"野马"、"野羊",而没有专名。

上古汉语四季的狩猎有不同名称。《左传·隐公五年》:"故春蒐,夏苗,秋狝,冬狩。"后来汉语中没有这种区别。

汉语跳跃不分单腿和双腿,都叫"跃"(古代)或"跳"(现代)。英语双腿叫 jump,单腿叫 hop。

伽罗语(印缅语的一支)搬运的动词十分发达,如 ripe-(像搬运圆木那样用肩搬运),ke-(用有带的袋子靠肩搬运)。

纵向方位词:藏语与现代汉语之比为 10∶2。

嘉绒藏语方位名词共 18 类:直上方、直下方、上游方、下游方、靠山方、靠水方,各按近指、远指、极远指分三类。

吕宋岛上的 Ilocano 语用不同的指示代词表示"说话者近处的事物"、"听话者近处的事物"、"离开说话者和听话者的事物"、"看不见的地方的事物"、"已经不存在的事物"。

基本颜色词:新几内亚的加雷族 2 个,尼日利亚的提乌族 3 个,菲律宾的哈努诺族 4 个,爱斯基摩人 5 个,非洲某些种族 6 个,缅甸语 7 个,英语 11 个。

(二)义域的宽度

不同语言中相应的词的义域(外延)的宽窄可能不同。如:

汉语"首/头"包括头发覆盖的部分,甚至可以用来指头发,如

“白首/头”指白发（但“黑发”、“黄发”不能说“黑首/头”、“黄首/头”），现代汉语“洗头”指洗头发。日语相同。英语的 head 不包括头发覆盖的部分。

汉语“鼻”可指象鼻。日语同。英语“nose”不指象鼻，但可指鸟嘴。

畜生：北京话不包括鸡鸭，萧山河上话包括鸡鸭和青蛙、乌龟。

上述两个方面，都和我们在第三章所说的“两次分类”（特别是“第一次分类”）有关。

（三）认知的角度

同一事物可以从不同的角度认知，因此，在不同语言（或方言）中可以从不同角度用词表达。如：

缝衣针上穿线的小孔，在汉语中可以叫“针眼”（就小孔似眼而言），也可以叫“针鼻”（就其在针的较粗的部位而言），也可以叫“针屁股”（浙江兰溪话，就其在针的末端而言）。

汉语的“红茶”，英语叫“black tea”，俄语相同。这是因为这种茶水的颜色较深，说“红”和说“黑”都可以。

汉语的“温泉”，英语叫“hot spring”，俄语叫“горячий источник”烫泉。这是因为温度不是绝对的，说“温”和说“热”都可以。

汉语的“病历”，英语叫“medical record”。实际上，去医院看病，记录下来的既有患者的病症，也有医生的治疗。但汉语侧重于病症，所以叫“病历”；英语侧重于治疗，所以叫“medical record”。

如果一个地方正在油漆，为了提醒人们注意，会看到用汉字写的这样的提示：

油漆未干,请勿靠近　不便之处,敬请原谅

如果是用英文写,就会是:

Wet paint. Please keep away. We apologize for any inconvenience caused.

把两者加以比较,可以看到很有趣的差异:汉语说"油漆未干",英语说"油漆还是湿的"。汉语说"请勿靠近",英语说"请离开一点"。汉语说"请你原谅",这是对听话者提出的请求;英语说"我们表示歉意",这是从说话者发出的歉意。这些都是从同一事物的两个不同角度来表达。

(以上有的例子转引自马清华《文化语义学》)

四　几个案例的分析

4.1　东西南北

"东西南北"是四个基本的方位,这在任何语言里都有。现在我们要提出一个问题:这四个方位,在汉语里地位是否是同等的?

(一)可以看一看汉语的事实。

1. 在老舍《四世同堂》里,可以看到很多"东 V 西 V","东"和"西"都是泛指,如:

> 东转西转,东扫西射,东倒西歪,东拼西凑,东张西望,东瞧西望,东扫西瞧,东想想西想想,东张张西望望,东打听西问问,东瞧瞧西看看,东晃一下西晃一下,东扑一下西扑一下,东一块西一块,东一束西一根,东一把西一把,东一脚西一脚,东一句西一句,你说东他说西。

"V 南 V 北"只有一例:

> 走南闯北。

2.在先秦、西汉32种书中：

(1)“东”和“西”对举的很多：

《周易·既济》：“九五，东邻杀牛，不如西邻之禴祭，实受其福。……《象》曰：东邻杀牛，不如西邻之时也。”

《诗经·大雅·桑柔》：“自西徂东，靡所定处；多我觏痻，孔棘我圉。”

《诗经·大雅·文王有声》：“镐京辟廱，自西自东，自南自北，无思不服。”

《礼记·祭义》：“八十、九十者东行，西行者弗敢过；西行，东行者弗敢过。”

《庄子·逍遥游》：“卑身而伏，以候敖者；东西跳梁，不辟高下；中于机辟，死于网罟。”

《商君书·定分》：“为治而去法令，犹欲无饥而去食也，欲无寒而去衣也，欲东，西行也，其不几亦明矣。”

《管子·小称》：“公曰：‘仲父命寡人东，寡人东；令寡人西，寡人西。’”

《韩非子·有度》：“夫人臣之侵其主也，如地形焉，即渐以往，使人主失端，东西易面而不自知。”

《吕氏春秋·明理》：“其妖孽有生如带，有鬼投其陴，有菟生雉，雉亦生鷃，有螟集其国，其音匈匈，国有游蛇西东，马牛乃言，犬彘乃连。”

《吕氏春秋·当务》：“齐之好勇者，其一人居东郭，其一人居西郭，卒然相遇于途。”

(2)“南—北”泛指方向仅1次：

《淮南子·说林》：“杨子见〔歧〕路而哭之，为其可以南可以北。"

(3)"东西南北"在上述32种书中出现23次。

《庄子·大宗师》:"子来曰:'父母于子,东西南北,唯命之从。'"

《淮南子·泰族》:"孔子欲行王道,东西南北七十说而无所偶,故因卫夫人、弥子瑕而欲通其道。"

(4)"东南西北"在上述32种书中未见。

这说明,无论是古代还是现代,汉语中"东"和"西"是基本方位,"南"和"北"不是。

(二)我们要进一步问:其原因是什么?

决定汉语中"东"和"西"是基本方位的,有三方面的原因。

1. 天文地理

日出东方,日落西方,这是人们最容易感知的方位。但这是全人类共同的,仅仅根据这一点,不足以说明为什么有的语言以"东/西"为基本方位,有的不是。应该说"日出东方,日落西方"这一因素在有的民族的认知中由于其他因素而突显,在有的民族的认知中由于其他因素而减弱。在华夏民族的认知中是什么因素使之突显呢?是河流的方向。太阳从东向西,河流从西向东,这两个因素加在一起,使华夏民族自古就把"东西"作为基本的方位。下面的例句很好地说明了这一点:

《淮南子·天文》:"昔者共工与颛顼争为帝,怒而触不周之山,天柱折,地维绝,天倾西北,故日月星辰移焉;地不满东南,故水潦尘埃归焉。"

《吕氏春秋·圜道》:"云气西行云云然,冬夏不辍,水泉东流,日夜不休。"

《淮南子》虽然是西汉的书，但其中记载的是上古神话，这说明从很早的时候开始，我们的祖先就注意到日月从东到西和江河从西到东这两个方向。《吕氏春秋》的话也是同样的意思。

我们可以用别的民族的方位观念来比较一下。

彝语的方位表示法是：东：日出；西：日落；南：水尾；北：水头。东南、东北等方位用动物名称表示。（见《彝语词汇学》）彝语也是用日月运行和江河流向来定方位，但彝族居住地区江河的流向是从北向南，和日月运行方向不一致。

美国加州西北部的印第安人用“向上游的、向下游的、向河这面的、离开河的”代替“北、南、东、西”。这是用江河的流向来定方位，但美国加州江河的流向不是从西到东。

华夏族居住地区的江河流向从西向东，而日月运行方向从东向西，两者叠合在一起，使得汉语中的“东”和“西”成为基本方位。

2. 居住方式

华夏民族的房屋自古就是坐北朝南的。考古发掘的今甘肃秦安大地湾乙址的居住遗址，以 901 号大型房址为中心，901 号房由前堂、后室与东西厢房组成。南面有许多大小房屋，都是坐北向南，面对 901 号房址。每一小区以一座较大房址为区内中心，如 405 号房址。……房址之西，有一座小型房址。房屋的构造都是具体而微。（见许倬云《万古江河 · 中国地区考古略说》）

这种格局一直保留到周代和秦汉时期，周代和秦汉时期的房屋结构也是前堂后室，堂有东序、西序，两边有东夹、西夹。室的两旁有东房、西房。

因为是这种格局，所以和自己的房屋相邻的是东邻和西邻，而南邻和北邻只能是比东邻西邻稍远一些的“前后家”。这一点在

《礼记》的一条材料中反映得很清楚:

《礼记·杂记下》:"姑姊妹,其夫死,而夫党无兄弟,使夫之族人主丧。妻之党,虽亲弗主。夫若无族矣,则前后家,东西家;无有,则里尹主之。或曰:主之,而附于夫之党。"

所以,在《周易》中就有"西邻"、"东邻"之说,《左传》中也有"西邻",汉焦延寿《易林》"西邻"四见,但在先秦和汉代都未见"南邻"和"北邻",直到左思《咏史》才见"南邻"一词。说明在周秦时期的邻居都是指东边和西边的。

《周易·既济》:"九五,东邻杀牛,不如西邻之禴祭,实受其福。"

《左传·僖公十五年》:"西邻责言,不可偿也。"

焦延寿《易林》卷一:"西邻孤媪,欲寄我室。"

焦延寿《易林》卷七:"西邻小女,未有所许。"

左思《咏史》:"南邻击钟磬,北里吹笙竽。"

3.政治形势

周秦是华夏文化形成的关键时期。周和秦原来都是僻居西隅的小国,后来逐渐向东方发展。在当时的政治地图中,"东—西"远比"南—北"重要。像"西周—东周"、"关西—关东"、"山西—山东"都是重要的政治术语,而"南—北"找不出这样的词汇来。

下面是《诗经》中"东—西"之间来往的例子。

《诗经·豳风·东山》:"我东曰归,我心西悲。"

《诗经·小雅·大东》:"东人之子,职劳不来;西人之子,粲粲衣服。"

《诗经·大雅·桑柔》:"自西徂东,靡所定处。"

《诗经·大雅·绵》:"自西徂东,周爰执事。"

《诗经·大雅·文王有声》："镐京辟廱，自西自东，自南自北，无思不服。"

最后一例是为了表现文王影响的广大，所以东西南北一起说。

而"南一北"之间来往的，除上例外仅一例，而且说的是风，不是人的行旅。

《诗经·小雅·何人斯》："彼何人斯？其为飘风，胡不自北？胡不自南？"

所以，天文地理、居住方式、政治形势都影响着华夏民族对"东/西"和"南/北"的认知。这种认知是人们自己没有明确意识到的，但在语言使用中却非常一致地表现出来，而且毫无例外。这说明这种"集体无意识"是非常深层的，植根于全民族意识的深处，要把它发掘出来，不是那么容易。

4.2　时间的表达

（一）时间的表达，一般都用空间概念的投射。汉语"前年"、"后年"、"来年"、"去年"的"前"、"后"、"来"、"去"本来都是说明空间的，但又都用来表示时间。

不同语言的时间表达方式有所不同。英语过去的一天叫"last day"，未来的一天叫"next day"。这使我们想到坐车时经过的车站：已过去的是"last station"，将到来的是"next station"。显然，这是以空间运动投射为时间进程，人穿越时间隧道，从"last day"进到"next day"。

Space：last station　　　　next station

——————人——————→人在动，人穿过时间隧道

Time：last year　　　　next year

2013 年　2014 年　2015 年

而汉语的时间表达有所不同。已过去的是“前天”，将到来的是“后天”。如果也像英语那样，人穿越时间隧道，那就是人从“前面”到“后面”，人只能倒着走了。显然，汉语采用的不是这种投射策略，而是人不动，时间在动，时间列车向“我”迎面驰来，离“我”而去。“前—后”不是人的方向，而是时间列车的前部和后部。前部的一节车厢（前天）已经过去，后部的一节车厢尚未到来。

空间：前　　　　　　　　后

←————时间———— 时间在动，时间列车迎面驰来

时间：前年　　　　　　　后年

2012年　　2014年　　2016年

我们知道，运动都是相对运动。在空间运动中，一般是背景不动，人在动：人往东跑，从A点移到B点。但从相对运动来说，也可以说是人不动，背景在动：A、B两点向西移，B点和人重合，A点移到人的后面。前一种叫“moving ego”，后一种叫“moving object”。用空间移动的投射来表示时间，可以采用这两种策略，英语采用的是“moving ego”，汉语采用的是“moving object”。

说到时间进程，在说汉语的人的概念里，总是时间在动。这可以找到很多例证。如：

> 《诗经·唐风·蟋蟀》：“今我不乐，日月其除。……今我不乐，日月其迈。……今我不乐，日月其慆。”毛传：“除，去也。迈，行也。慆，过也。”
>
> 《论语·子罕》：“子在川上曰：‘逝者如斯夫！不舍昼夜。’”
>
> 《论语·微子》：“往者不可谏，来者犹可追。”
>
> 李白《行路难》：“弃我去者，昨日之日不可留。”

白居易《琵琶行》:“弟走从军阿姨死,暮去朝来颜色故。”

直到我们常说的“光阴似箭,日月如梭”,也都是时间在动。

“前年”、“后年”是如此,“来年”、“去年”也是如此。时间列车迎面驰来,已过去的是“去年”,将到来的是“来年”。

参见下页图一。

(二)有人提出,如果这样解释,那怎样解释“前景”和“前途”呢?这些“前”不表示过去,而是表示将来。

我认为,这两者性质不同。“前年”、“后年”说的是时间本身,也就是我们用作比喻的时间列车,它和“我”做相对运动。“前景”、“前途”说的不是时间运动,而是在时间运动中“我”看到的景象,时间列车向前驰去,前面的路就是“前程”,前面的景色就是“前景”,这当然都是将来的事情。

参见下页图二。

(三)除了“来年”和“去年”,“来”和“去”在表时间时也有另一种用法。如:

白居易《偶作寄朗之》诗:“老来多健忘,唯不忘相思。”

杜甫《江上值水如海势聊短述》诗:“老去诗篇浑漫与,春来花鸟莫深愁。”

张谓《春园家宴》诗:“山简醉来歌一曲,参差笑杀郢中儿。”

杜牧《杏园》诗:“莫怪杏园憔悴去,满城多少插花人。”

这些“来”和“去”不是表示时间本身的进程,而是表达事物在时间长河中的变化。时间长河从往古到将来奔流,“我”站在河边观察,“我”所处的时点“现在”,就是“来”和“去”的坐标。过去不老,现在老了,“老来”表示“老”的到来。现在已经老了,今后还将更老,“老去”表示“老”的持续下去。同样,“醉来”表示原来不醉,现在醉了。“憔悴去”表示现在已经憔悴,今后将更憔悴。显然,这也是空间运动在时间进程上的投射:某事物向我而来,离我而去。只不过“来年”、“去年”说的是时间本身和“我”的相对运动,所以“来”表示将来,“去”表示过去。“老来”和“老去”说的是“我”在观察事物在时间长河里的变化,所以“来”表示“到来”(已然),“去”表示“下去”(将然)。看起来两者正好相反,实际上只是观察的对象不同,所以投射的方式不同罢了。

参见图三。

图一

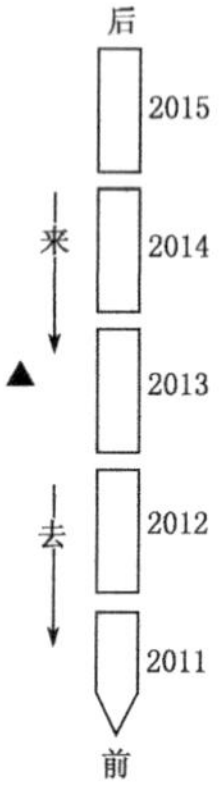

图二

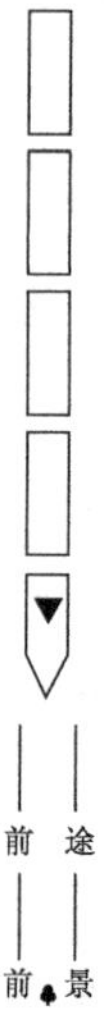

图三

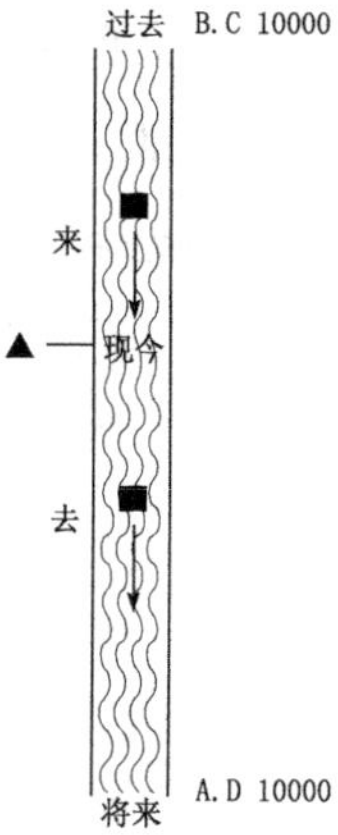

(四)至于“上个月”和“下个月”是以物体在空中坠落来比喻时间的过去。但这不是人和时间列车或人和时间隧道的相对运动,而是物体(移动的时间)和空间(时间坐标)之间的相对运动。物体坠落总是自上而下,“上”是时间在前的,“下”是时间在后的。人是观察者，这仍然是时间在动，人不动。

当然，这个问题不能说得太绝对化。英语中可以说“we are getting close to Christmas”，这是“我”在动；也可以说“Christmas is coming up on us ”，“Time is flying by”，“the coming year”，这是时间在动。也可以说 “antedate”(cf. “ante room”)，“the day before yesterday”，“the day after tomorrow”。而在汉语中，如果主体意识很强烈时，也可以说“我们带着新的期待，迈向新的一年”。但从总体上看，汉语是“时间在动”的观念占优势，英语是“人在动”的观念占优势，两种语言在认知方面是存在差异的。（参见 Clark 1973，戴浩一 1994）

顺便说一说，法语的 *avant* 既表示空间的“在……前面”，又表示时间的“在……以前”，如 le jour d'*avant*（前一天），dev*ant* 表示“在……前面”，古代可以表示“在……以前”；而 *après* 既可以表示空间的“在……后面”，又可以表示时间的“在……以后”，如 *après*-demain(后天)。这和汉语一致。

从语言类型来看，在表达时间进程时，哪些语言是采用“moving ego”的视角的，哪些语言是采用“moving object”的视角的，这个问题可以进一步研究。

4.3 “动作—结果”的表达

(一)戴浩一(1994)分析过一个例句：

汉语说：

她嫁错了人。

用英语表达是：

She has married the wrong guy.

他说：“采取客观主义的路子，会认为两个句子有同样的深层结构,而采取了不同的转换规则。采取非客观主义的路子,会认为两个句子的差别来自同样有效的观念系统的语法体现。汉语把错误归于'嫁',英语只报导想嫁的人和所嫁的人之间有差距。采取萨丕尔—沃尔夫的相对主义,会把这一观念差别归因于中英文化有不同的价值系统(中国文化好把过失归于自身,英国文化常诿过于人)。"

他的观察很对,确实,从句子来看,汉语"她嫁错了人",错的是"她";英语"She has married the wrong guy",错的是"guy"。问题也提得很好:这种差异是文化的差异?还是观念的差异?我们还可以加上一句:会不会是其他的差异?

这个问题是不能仅仅根据这两个例句就做出回答的。为了回答这个问题,我们必须多看一些例句。

先看英语。英语中表达某人做错了某事,可以用两种句法。

(1)可以用动词来表示错误:

1)We have mistaken the house.

2)He'd mistaken the address, and gone to the wrong house.

3)I mistook him for his brother.

4)He made mistakes in calculations.

5)A letter for me was left by mistake at his desk.

6)The parents may mistakenly believe that they are to blame for their child's illness.

7)They were wrong about my age.

8)You guessed wrong.

9)I blamed him wrongly.

以及用“mishear/misread/mispronounce/misplace/misprint/mislead”等动词。

(2)可以在宾语前面加“wrong”：

10)He did it the wrong way.

11) He came the wrong way.

12) He said the wrong thing.

13)He was on the wrong train.

14)He got the wrong number.

15)He arrested the wrong man.

16)He is the wrong man for the job.

例 1)We have mistaken the house. =We come to the wrong house.

例 2)He'd mistaken the address, and gone to the wrong house. 前一分句是用动词表示错误，后一分句是在宾语前加“wrong”。

可见，(1)和(2)两种句法在表达“做错事”的意思上基本相同。

但是，第(1)种句式用汉语翻译很顺，都可以翻译为“×错了”或“错×了”。但第(2)种句式很多无法直译，只有例 10)可以译为“他采用了错误的方法”，其他句子都不能用“错误的+宾语”来翻译。

这是为什么？是文化的差异？还是观念的差异？我认为都不是，而是语言的差异。

这是因为英语的“wrong”不能简单地和汉语的“错误”等同。英语“wrong”的意思是：

Wrong：1. Not morally right；unjust. 2. (a) not true or

correct. (b) (pred) (of a person) mistaken. 3. [usu. attrib] not required, suitable or the most desirable.

特别第三个意义(用作定语),表示的是意想中的对象和实际的对象的差异,汉语中没有完全对应的词,不能翻译为汉语“错误”。例如例15),如果翻译成“他抓了一个错误的人”是绝对不通的。但如果按照“wrong”的第三个意义,翻译成“他抓了一个不该抓的人”,就文从字顺。当然,这句话也可以说成“他抓错了人”。

同样,第(2)类的其他例句,只要不是把“wrong”翻译为“错误”,而是正确地按第三个意义翻译,那么,同样可以在宾语前面加上适当的定语,而把句子翻译通。如“他说了不恰当的话”,“他上了一班他不打算上的火车”,而这些话换一个方式说,就是“他说错了话”、“他上错了车”。对汉语来说,一件事往往也可以有两种表达方式:一是“×错了”或“错×了”,一是“不合适的/不该×的+宾语”。和英语相比,没有文化的差异或观念的差异,甚至句式也没有差异,有差异的只是充当宾语的定语的词,英语可以说“wrong”,汉语通常不能说“错”。

回到“她嫁错了人”和“She has married the wrong guy”这两个句子。其实汉语也不是必须在动词上表达这件事情的错误,也可以说“她嫁了一个不合适的丈夫”,用文言文说是“此女所适匪人”。这里不存在汉语是把错误归于女子还是归于男子的问题,因为照后一个句子,“不合适”的是那个男子。同样,当英语用“wrong+object”表达时,也不能说英语都是把错误归于宾语,因为,在说“We come to the wrong house”的时候,我们能说这是把错误归咎于“house”吗?所以,说用动词来表示就是把错误归咎于主语,用“wrong+object”来表达就是把错误归咎于宾语,这样说未免太简单化了。

(二)上面主要是说汉语的"错"和英语的"wrong"词义有差异。那么,在表达"动作—结果"关系时,汉语和英语在句法结构方面有没有差异呢?

戴浩一(2002)又一次谈到"她嫁错了人"和"She married the wrong person"这两个例句。他说:

> "在英语中没有'动作—结果'的建构(construal),而着重在动作后的对象是否和动作前所要找的对象相符合。"所以,汉语中用'动作—结果'来表达的,英语中常常用'wrong+object'来表达。如:
>
> 她嫁错了人。 She married the wrong person.
>
> 他进错了门。 He entered the wrong door.

他又说:

> "'动作—结果'基模虽然在汉、英语都存在,但是在汉语中占主导地位,而在英语中占次要甚至边缘地位。"

英语:he hammered the metal flat. He kicked the door open.

* he killed someone dead. * He cried his eyes red.

这个观察是对的。所以,上面所举的英语第(2)组"wrong+object"的例句,在汉语中都可以用"动词+错"表达;而汉语中用"动词+错"表达的"动作—结果"关系,要在英语中用"V+O+C"表达就很受限制。这是汉语和英语在句式方面的差异。

就汉语本身说,"动作—结果"的表达也有两种形式:"V错了+O"和"V了+错O"。如:

V+错/+O　　　　V+/错+O

说错了话　　　　说了错话

写错了字　　　　写了错字

做错了事　　　　做了错事

做错了决定　　　做出了错误的决定

选错了职业　　　选择了错误的职业

嫁错了人　　　　嫁了一个不合适的丈夫

这两种表达法,意义有没有细微的区别?

拿“说错了话”和“说了错话”比较,可以看出:前者的程度轻,只是不经意地把话说错了(比如,把“星期二上课”说成了“星期三上课”);后者程度重,说话者未必是不经意的,但说的话内容不当(比如,说“学生就是该惩罚”)。其他句子都有类似的差别。

“动词+错”是动结式,这种结构是后起的,“错”表示错误也是后起的。在此以前,只有“误+动词”。“误+动词”表达的意义,和后来“动词+错”有什么细微的差别?

《史记·留侯世家》:“良与客狙击秦皇帝博浪沙中,误中副车。”

《史记·外戚世家》:“宦者忘之,误置其籍代伍中。”

《世说新语·德行》:“范宣年八岁,后园挑菜,误伤指,大啼。”

陆游《示客》诗:“世间可笑走踆踆,误认虚空作汝身。”

“误+动词”并不强调动作的施行者是不经意地做此事,而只是表示做的结果和原意不一致,如“误中副车”,是说本来是要击秦始皇的,结果却击中了副车。这和“动词+错”表达的语义是不大一样的。所以,即使在动结式和“错”产生以后,“误+动词”也不能用“动词+错”来代替,《世说新语》例和陆游诗例就是如此。直到今天,“误导了学生”也不能说成“引导错了学生”。“误+动词”和

“动词＋错”，在语义表达上是有差异的，但这种差异难以归结为文化或观念的原因。

那么，在动结式产生以前，说汉语的人有没有“不经意地做事，因而产生错误的结果”这种观念？这种观念在当时用什么方式表达？这是关系到洪堡特所说的“世界观”的问题，即人们对世界的看法的问题。这个问题现在还说不清楚，是应该研究的。

上面的讨论告诉我们，在讨论语义和语言表达形式的复杂关系时，要做深入的分析。对于两种语言或同一种语言的不同历史时期的差异，究竟能不能归结为文化或观念的原因，更要全面分析，不能仅凭一两个例子就下断然的结论。

参考文献

戴浩一　1994　《以认知为基础的汉语功能语法刍议》，《功能主义与汉语语法》，北京语言学院出版社。

戴浩一　2002　《概念结构与非自主语法：汉语语法概念系统初探》，《当代语言学》第1期。

戴庆厦、岭福祥主编　1998　《彝语词汇学》，中央民族大学出版社。

丁邦新　1969　《国语中双音节并列语两成分间的声调关系》，《史语所集刊》39本下册。

黄金贵　1995　《古代文化词义集类辨考》，上海教育出版社。

蒋礼鸿　1981　《敦煌变文字义通释》，上海古籍出版社。

蒋绍愚　1998　《古汉语词汇与汉民族文化》，《语言学论丛》第20辑。

蒋绍愚　2007　《东南西北》，《语苑撷英(二)》，中国大百科全书出版社。

蒋绍愚　2008　《五味之名及其引申义》，《江苏大学学报》第3期。

蒋绍愚　2008　《语言中的文化信息》，《语文、经典与东亚儒学》，台湾学生书局。

刘英凯　1993　《中西作品中比喻差异及其社会文化成因》，《北京大学学报》第3期。

罗常培　1950/1989　《语言与文化》，语文出版社。

马清华　2000　《文化语义学》,江西人民出版社。
苏新春　2006　《文化语言学教程》,外语教学与研究出版社。
谭达人　1989　《略论反义相成词》,《语文研究》第1期。
王英雪　2010　《汉英语言中关于“火”的隐喻比较》,《鸡西大学学报》第10卷第6期。
王云路　2010　《中古汉语词汇史》,商务印书馆。
邢福义主编　1990　《文化语言学》,湖北教育出版社。
许倬云　2006　《万古江河》,上海文艺出版社。
薛孟得　1986　《中外比喻词典》,物资出版社。
于省吾主编　1996　《甲骨文字诂林》,中华书局。
曾祥文　2006　《英汉“红色”之文化内涵差异对比》,《武汉冶金管理干部学院学报》第16卷第1期。
张绪忠　2010　《中西比喻差异的哲学探源》,《东北师大学报》第4期。
张永言　1999　《关于词的“内部形式”》,《语文学论集》,语文出版社。
周国宝　2009　《跨文化视域中的英汉“马”隐喻对比研究》,《北京理工大学学报》第11卷第3期。
周一良　1985　《魏晋南北朝史札记》,中华书局。
洪堡特　1836/2002　《论人类语言结构的差异及其对人类精神发展的影响》,姚小平译,商务印书馆。
Clark, E. V.　1973　Space, Time, Semantics and the Child. In T. E. Moore (ed.) *Cognitive Development and the Acquisition of Language*. New York: Academic Press.
Lakoff, George　1993　The Contemporary Theory of Metaphor. In A. Ortony (ed.) *Metaphor and Thought*. Cambridge: Cambridge University Press.
Wheaton, Henry 著,丁韪良译　1864　《万国公法》,北京。